LA POÉSIE DEPUIS BAUDELAIRE

Cet ouvrage est publié dans la collection U sous la direction de
Robert Mauzi, professeur à la Sorbonne.

Chez le même éditeur :

Henri COULET, *Le Roman jusqu'à la Révolution*
Michel RAIMOND, *Le Roman depuis la Révolution*
Roger FAYOLLE, *La Critique*
Michel MAZALEYRAT, *Éléments de métrique française*

Henri Lemaitre

LA POÉSIE DEPUIS BAUDELAIRE

ARMAND COLIN

Illustration de couverture :

Eau forte d'Henri Matisse réalisée en 1929.
(Galerie Reis-Cohen, New York.)

Tous droits réservés

Septième édition, deuxième tirage

Tous droits de traduction et de reproduction par tous procédés réservés pour tous pays.
Toute reproduction ou représentation intégrale ou partielle, par quelque procédé que ce soit, des pages publiées dans le présent ouvrage, faite sans autorisation de l'éditeur est illicite et constitue une contrefaçon. Seules sont autorisées, d'une part, les reproductions strictement réservées à l'usage privé du copiste et non destinées à une utilisation collective, et d'autre part, les courtes citations justifiées par le caractère scientifique ou d'information de l'œuvre dans laquelle elles sont incorporées (art. L 122.4, L 122.5 et L 335.2 du Code de la propriété intellectuelle).
Des photocopies payantes peuvent être réalisées avec l'accord de l'éditeur. S'adresser au : Centre français d'exploitation du droit de copie, 3, rue Hautefeuille, 75006 Paris. Tél. : 43.26.95.35.

© Armand Colin Éditeur, Paris 1965, 1993
ISBN : 2-200-21314-X

Armand Colin Éditeur - 103, boulevard Saint-Michel - 75240 Paris Cedex 05

Première Partie

HISTOIRE DE LA POÉSIE
depuis Baudelaire

INTRODUCTION

Il cantar che nell'anima si sente...
                                                    PÉTRARQUE

Continuité de la poésie Il peut sembler paradoxal de donner pour épigraphe à une étude de la poésie française moderne un vers italien, et de Pétrarque ! Pourtant, la continuité poétique, dont l'âge qui commence avec Baudelaire et quelques précurseurs entreprend la poursuite, est celle d'une actualité de l'enchantement et d'une spiritualité du sens, que ce vers de Pétrarque enchâsse dans sa perfection. Et c'est aussi Ronsard qui, parlant d'une femme, mais pour susciter un autre monde, s'exclame :

> Nom tant de fois par Homère chanté,
> Seul tout le sang vous m'avez enchanté[1].

Le même ensorcellement de la langue française produit les éclats de pure poésie qui, après Ronsard et Racine, étincellent dans Nerval, Baudelaire, Apollinaire et Supervielle, produit aussi la houle des images et des rythmes qui, après Agrippa d'Aubigné et Corneille, soulève à nouveau le flux poétique de Hugo, de Péguy, de Claudel et de Pierre Emmanuel.

---

1. *Sonnets pour Hélène*, II, 19.

INTRODUCTION

Il fallait donc tout d'abord rappeler cette admirable continuité de la poésie française pour entreprendre ensuite de saisir le sens profond des audaces et des ruptures modernes, rappeler aussi cet indéfini et séculaire va-et-vient qui tantôt partage la poésie et tantôt la réunit : pureté — jusqu'au diamant ou jusqu'au silence ; plénitude — jusqu'à l'éloquence ou jusqu'à l'ivresse.

La poésie en question Rappel d'autant plus opportun que la poésie moderne a l'air d'avoir comme à plaisir accumulé les ruptures, jusqu'à la provocation. Tout a commencé avec le romantisme, et Baudelaire voyait clair lorsqu'à 24 ans, il se demandait comme question primordiale : *Qu'est-ce que le romantisme ?* (Texte 8). Tout a commencé avec le romantisme, et en particulier cette grande *querelle de la tradition et de l'invention, de l'ordre et de l'aventure* dont reparlera Apollinaire (Texte 31).

Quand Victor Hugo mettait un bonnet rouge au vieux dictionnaire, se doutait-il de l'immense répercussion de cet acte, provisoirement assez anodin ? Mise en question de la poésie, le romantisme fut timide dans son œuvre — particulièrement en ce qui concerne la mise en question du langage et des techniques —, mais il n'en fut pas moins fécond dans ses prolongements : d'autant plus que, bien vite, dès le temps de Nerval et de Baudelaire, du germanisme de l'un et de l'anglicisme de l'autre, le romantisme français ouvrit les portes de notre poésie aux afflux du romantisme européen.

Ce pourquoi, en profondeur, le romantisme a duré, il dure encore, car, depuis lors, la poésie n'a cessé d'être en question, et son histoire est celle d'une succession de nostalgies, de ruptures et de découvertes, celle aussi d'une succession d'aventures, concertées pour fonder un ordre aussitôt contesté dans son succès ou dans son échec. Mais histoire au cours de laquelle n'ont point cessé non plus de paraître de grands et authentiques poètes. Aussi ce siècle, de Baudelaire jusqu'à nous, ressemble-t-il au XVIe[1], autre siècle de mise en question poétique, autre pépinière de grands et authentiques poètes. Et nous voici peut-être justifié d'avoir commencé cette histoire sous le signe de Pétrarque et de Ronsard.

Jamais sans doute, de Rimbaud à Claudel, de Mallarmé à Saint-John Perse, les poètes n'ont autant fait de la poésie le sujet et l'objet du poème. Jamais sans doute la théorie poétique n'a tenu une telle place dans la préoccupation du poète, parfois jusqu'à contrecarrer la création elle-même : et le plus grand poète du surréalisme, Paul Éluard, devra, pour s'accomplir, se libérer du carcan de l'orthodoxie doctrinale. N'est-il pas significatif qu'au départ, la recherche de Charles Baudelaire ait été d'abord critique et esthétique avant de devenir créatrice, et que la création poétique ait été chez lui sans cesse accompagnée et nourrie par la réflexion théorique : le point

---

[1]. Le siècle, surtout, qui va de 1550 à 1650, de Ronsard aux Baroques et aux Précieux, que, justement, sans que ce soit un hasard, notre siècle a redécouverts et réhabilités.

d'interrogation posé au second chapitre du *Salon de 1846* semblait ne concerner que la définition du romantisme ; en fait, il concernait la définition de l'art et de la poésie ; malgré la réponse donnée par Baudelaire lui-même dans ses *Notes sur l'Art philosophique* (Texte 14), le point d'interrogation est resté posé, et l'histoire de la poésie française est, à beaucoup d'égards, l'histoire des variantes successives de cette interrogation sur la nature de la poésie et l'histoire correspondante des réponses toujours efficaces et toujours provisoires.

La poésie en conflit Car la poésie naît et se féconde des innombrables conflits qui éclatent dans les régions — son domaine — où s'établit le contact de l'âme et du langage : elle est alors malédiction, mais tente aussi de retourner sa malédiction, contre la société, contre la civilisation, contre les hommes, contre Dieu, contre le langage, parfois contre elle-même. Les *poètes maudits*, selon la formule célèbre de Verlaine, deviennent, parce qu'ils sont maudits, des poètes qui maudissent : ainsi naît, déjà avec Baudelaire, et pour connaître pendant un siècle une fortune inouïe, cette poésie de la malédiction subie, assumée et retournée. Mais comme la poésie est langage, c'est alors le langage qui se charge d'assumer et de retourner la malédiction, jusqu'à devenir la *décomposition* dadaïste (Texte 39) ou la contre-création d'Henri Michaux (Texte 49). Il y a là sans doute l'une des clés les plus révélatrices des tentatives à la fois les plus fécondes et les plus déconcertantes de la poésie moderne.

En conflit avec la société, le poète identifie poésie et révolte ; en conflit avec Dieu, le poète se veut semblable à l'ange qui est tantôt Lucifer et tantôt Satan, la lumière rebelle ou la ténèbre précipitée ; en conflit avec l'évidence ou la banalité de la conscience, le poète, de l'*Aurélia* de Nerval au *Sommeil* de Tristan Corbière (Texte XXXVII), des Paradis artificiels de Baudelaire aux rêves provoqués du surréalisme (Texte 42), se trouve ou se perd dans l'exploration de l'inconscient onirique : Freud autorisera la systématisation d'une poésie de l'inconscient, pressentie bien avant la diffusion de son influence ; en conflit avec lui-même, avec son cœur et avec son intelligence, le poète a vocation d'*héautontimoroumenos*, selon le titre d'un poème des *Fleurs du Mal* :

> Je suis la plaie et le couteau !
> Je suis le soufflet et la joue !
> Je suis les membres et la roue,
> Et la victime et le bourreau !

C'est Lautréamont torturant son double à force de rhétorique et d'imagerie ; c'est Rimbaud qui chante l'exaltation du tourment dans l'aventure du *Bateau Ivre* (Texte XXII), mais c'est aussi la *Complainte* de Laforgue dont l'ironie poétique est plus cruelle et plus désespérée que toutes les lamentations romantiques (Texte XL) ; Henri Michaux devra traverser la crise de

INTRODUCTION

l'identité et dresser l'inventaire de sa solitude avant de pouvoir opérer *l'exorcisme*[1] de son tourment.

En conflit enfin avec le langage, sa patrie natale pourtant, le poète cherche son salut parmi les décombres produits par son propre acharnement ; le drame, le pathétique de la recherche du poète sont peut-être dans la dialectique de ce double acharnement : acharnement dans la ruine d'un langage poétique qui ne cesse de renaître de ses cendres, acharnement dans la poursuite d'un ordre du langage qui ne cesse de susciter le doute de l'illusion verbale (cf. Mallarmé, Texte XXVIII). Jamais les poètes n'ont autant exalté le verbe ni autant douté des formes ordonnées de son efficacité : aussi ont-ils incessamment exploré tous les pouvoirs de l'hermétisme, entre les limites extrêmes du silence et de l'incohérence, entre Mallarmé et Dada. Déjà Nerval, pour avoir franchi, mais en *frémissant*, les *portes d'ivoire ou de corne qui nous séparent du monde invisible*[2], avait masqué derrière l'illusion formelle du sonnet et de l'alexandrin l'identification absoue du *charme* et de l'*obscurité* (Texte 4).

Aussi cette poésie est-elle si souvent une *poésie tragique* : pour Baudelaire déjà, la condition poétique est une fatalité ; c'est aussi le sens de ce que Claudel, parlant de Mallarmé, appellera *la catastrophe d'Igitur* ; c'est peut-être la raison profonde du renoncement de Rimbaud adolescent. C'est aussi la raison d'un étonnant prestige poétique du silence et de la vanité glorifiés paradoxalement dans le cérémonial et le rituel de la parole et du rythme, cela, aussi bien dans la concentration mallarméenne que dans la magnificence verbale de Saint-John Perse (Textes XXX et CXXI). L'œuvre d'Henri Michaux est tout entière dominée par ce tragique du langage que produit l'humour noir le plus rigoureusement linguistique qu'on ait jamais inventé : mais Laforgue ou Corbière, sans parler de Jarry, avaient ouvert la voie.

Ainsi, même réduite aux aventures de son langage et aux affres de son conflit avec elle-même, la poésie, comme l'avait affirmé Baudelaire, ne peut, quel que soit son acharnement, échapper au « spiritualisme » (Texte 14), car la poésie en conflit, par le pathétique ou par l'humour, par le lyrisme ou par l'ironie, par la brièveté ou par la rhétorique, c'est toujours le jeu symbolique de la nostalgie et du désespoir, de la création et de l'échec, de l'être et de la vanité. Ce n'était peut-être pas seulement le signe d'une mode passagère que ce titre du numéro spécial sur la poésie d'une revue de 1942 : *De la poésie comme exercice spirituel*[3]. Car, au moment même où il se révolte, au moment même où il invoque Satan, ou se plonge dans les phantasmes de l'inconscient, au moment même où il tourmente son langage pour mieux figurer le tourment de son cœur ou de son intelligence, le poète reste plus que jamais un *inspiré* : le surréalisme proclame la toute-puissance de l'inspiration (Texte 40) ; Henri Michaux reprend à son compte l'*Exegi monumentum*

---

1. *Exorcismes*, tel est le titre d'un recueil d'Henri Michaux (1943).
2. *Aurélia*, I, 1.
3. *Fontaine*, Alger, 1942.

aere perennius d'Horace ! (Texte 49) et sans doute est-il inutile d'insister sur la *voyance* et l'*illumination* rimbaldiennes : s'il est une unité de ce siècle si divers, où la poésie s'est si souvent délibérément voulue signe de contradiction, c'est bien que le Poète est en effet l'inspiré, mais anxieux de pourchasser l'inspiration dans tous les recoins de l'inconnu ; le siècle de la résurrection d'Orphée, d'Orphée sans cesse partagé entre la lumière et les ténèbres, sans cesse torturé par le drame insoluble et fatal de son langage.

La poésie en triomphe

Est-ce à dire que soit toujours restée sans solution la question poétique ? L'*exercice spirituel* ne fut-il jamais rien d'autre que l'exercice tragique d'une inspiration déchirée ? Le triomphe poétique, dont s'étaient réjouis un Ronsard et un Hugo, est-il resté, dans la poésie moderne, frappé d'interdiction ?

Sans doute suffirait-il déjà de nommer Claudel, pour qui, la Muse étant la Grâce, et le poème collaboration à la création divine, la poésie est jubilation, inépuisable variation lyrico-dramatique sur le thème du *gaudium de veritate* (Texte 38). Ici la parole, en devenant cosmique et respiratoire, en se réglant sur l'ample pulsation du verset[1], acquiert la plénitude du pouvoir créateur : l'accord du poète et du monde, figuré par la continuité liquide de l'océan et par la mathématique divine des constellations, résout à la fois le tragique de l'âme et le drame du langage ; le solide optimisme claudélien n'ignore ni le péché de l'homme ni les risques du verbe, et il ne faut jamais oublier que, de son propre aveu, Claudel est parti de Rimbaud : mais le dérèglement rimbaldien devient libération des puissances poétiques qui produisent l'ordre dynamique du grand lyrisme des *Odes*. Ce terme même est significatif, qui inaugure le « siècle nouveau »[2] sous le signe d'une jubilation à la fois pindarique et chrétienne ; or la référence pindarique est ici hautement symbolique : l'Ode du grand poète dorien n'était-elle pas un chant de victoire et de triomphe comme l'est aussi celle du poète chrétien ? Qu'il suffise de rappeler le titre de la troisième Ode : *Magnificat* (Texte LXXIV).

Contemporain de Claudel, et, dans une large mesure, son antipode, Paul Valéry est aussi, à sa manière, un triomphateur : disciple de Mallarmé, obsédé par le mythe de Narcisse, traqué par la tentation du nihilisme intellectuel, il n'en réussit pas moins à *déchirer le transparent glacier des vols qui n'ont pas fui* (Mallarmé, Texte XXX). Le risque de réduction au silence inclus dans la recherche d'une absolue pureté est ici dominé par l'intellectualisation du symbolisme verbal : *O ma mère Intelligence* (Texte LXVI) ; car le langage trouve en lui-même, dans son imagerie, ses rythmes et ses symboles, de quoi se refaire une substance et échappe ainsi à la tragique fatalité de *l'aboli bibelot d'inanité sonore*. Et curieusement, Valéry se rencontre avec Claudel pour promouvoir le symbolisme poétique de l'eau : *La mer, la mer, toujours recommencée !* certes pour lui donner un autre sens, mais

---

1. Cf. textes 34 et 35.
2. Les *Cinq Grandes Odes* sont suivies d'un *Processionnal pour saluer le siècle nouveau*.

INTRODUCTION

c'est aussi un sens triomphal : *Stable trésor, temple simple à Minerve... Oui ! Grande mer de délires douée*[1]. Et finalement, après avoir traversé l'angoisse de la méditation sur la mort, au-delà de toute croyance en une quelconque immortalité, le poète trouve dans cette contemplation d'une mer symbolique la source de l'élan poétique qui le sauve, et le *Cimetière marin* s'achève sur un cri de triomphe :

> Envolez-vous, pages tout éblouies !
> Rompez, vagues ! Rompez d'eaux réjouies
> Ce toit tranquille où picoraient des focs !

C'est que le triomphe poétique est lié à la victoire du rythme sur le temps : la mer de Valéry, l'océan de Claudel sont les figures de cette victoire rythmique. Aussi les grands représentants du triomphe poétique dans la poésie moderne sont-ils les grands maîtres du rythme, qu'il s'agisse du verset des Odes claudéliennes ou du décasyllabe du *Cimetière marin* ; tandis que les représentants de la poésie en conflit se débattent avec le rythme, expriment le tragique de leur destin poétique par la syncope, la discordance, la césure arythmique, l'abolition de la ponctuation — et non seulement de la ponctuation formelle, points, virgules, etc., mais aussi de la ponctuation substantielle fondée sur l'organisation métrique et l'ordonnance prosodique, ce qu'a, pendant des siècles, représenté, entre autres formes, ce que représente encore chez de très grands poètes, l'alexandrin français.

Ainsi le comble du triomphe poétique, c'est peut-être l'épopée, comme l'a très bien vu Alain[2] :

> Le mouvement poétique nous emporte ; il nous fait entendre les pas du temps qui jamais ne s'arrête, et qui même, chose à remarquer, jamais ne se hâte... Le poème nous emmène, et tel est le sens de l'épopée.

S'étonnera-t-on que cette phrase d'un philosophe agnostique soit l'un des meilleurs commentaires qui se puisse inscrire en marge de l'*Ève* de Charles Péguy, avec Victor Hugo sans doute notre plus grand poète épique ? Poème qui, lui aussi, comme le temps assumé par le rythme, *jamais ne s'arrête* et *jamais ne se hâte* (Texte LXX), poème dont la seule comparaison avec *Zone* d'Apollinaire (Texte LXXVI), qui est de la même année, pourrait suffire à illustrer le contraste rythmique entre la poésie de conflit et la poésie de triomphe, et ce n'est pas non plus par hasard que *Zone* relève d'une poésie lyrique de l'actualité et *Ève* d'une poésie épique de l'éternité. Dans l'œuvre de Charles Péguy, l'ample déroulement régulier de la *tapisserie* verbale figure le triomphe poétique dans son rapport essentiel avec une histoire où le temps est bien, selon une parole de William Blake, la *miséricorde de l'éternité*.

Or la nostalgie du triomphe poétique, inscrite dans l'effort rythmique

---

1. *Cimetière marin*. Cf. aussi la théorie du délire dans le *Phèdre* de Platon.
2. *Vingt Leçons sur les Beaux-Arts : la Poésie*.

La poésie en triomphe

du poète, n'a pas disparu de la poésie contemporaine : Saint-John Perse, dès 1924, en pleine époque surréaliste, avec *Anabase* — titre grec à comprendre dans son sens propre comme les héllénismes de Valéry — commence une *pérégrination* (ô *Pérégrin*... Texte CXXI) qui le conduira à faire de la poésie un inlassable « processionnal »[1] : et c'est encore le rythme qui assure le triomphe du poète, le rythme qui ordonne la figuration verbale des mythes et des images.

Car la poésie contemporaine se nourrit de mythes, qu'elle invente ou qu'elle emprunte à la tradition : mythes grecs, mythes bibliques, mythes chrétiens ; le mythe en effet, composé avec le rythme, produit, au-delà du lyrisme et du tragique, au delà des ténèbres et des terreurs, la possession de la *gloire* : c'est ce mot que choisit pour titre d'un de ses plus importants recueils Pierre-Jean Jouve, poète cependant apocalyptique, dont un autre recueil s'intitule *Sueur de Sang*. De son côté Pierre Emmanuel, à la recherche d'une *poésie raison ardente* (Texte 52), tente, pour chanter les mythes d'Orphée ou de Babel, de puissantes et riches restaurations rythmiques. Même effort, chez le même poète, lorsque la poésie se fait quête de Dieu : il est significatif que tout un courant de la poésie contemporaine se fonde sur une expérience à la fois féconde et ambiguë des rapports entre mystique et poésie, un peu comme si l'angoisse poétique devait se résoudre dans le triomphe mystique, mais sans que jamais doive l'emporter le risque de confusion entre les deux ordres : la poésie reste inquiète, mais, par l'ordonnance rythmique, une fois encore, elle assume et domine cette inquiétude. Ainsi Patrice de la Tour du Pin définit la poésie comme une *quête de joie*, par le recours à la *légende*, car

> Tous les pays qui n'ont plus de légende
> Seront condamnés à mourir de froid

et il pourra plus tard écrire :

> Je crus alors ma fonction poétique sauvée par l'ouverture d'un domaine nouveau, le champ nettement religieux ; dans ma hâte d'atteindre le cœur de cette terre promise, je me mis à décrire le voyage[2]...

Rythme, mythe, légende, symbolisme mystique, telles sont les principales démarches du triomphe poétique ; mais tout se passe comme si, à partir d'exercices spirituels souvent divergents, nombre de poètes s'attachaient à restaurer l'ordre du langage, qui peut seul, en les assumant, triompher des interrogations et des conflits : tel est le sens de la libre restauration du décasyllabe et de l'alexandrin dans l'œuvre de La Tour du Pin, de Pierre Emmanuel, de Jean-Claude Renard ; tel est également le sens de l'épanouissement du verset chez Saint-John Perse et de l'éventuelle réduction du poème à la maxime poétique chez Pierre Reverdy ou René Char.

---

1. Cf. p. 11, note 2.
2. *Lettre aux confidents*, 1960.

INTRODUCTION

Au début du siècle, tandis que Claudel inventait le verset, tandis que Péguy déroulait sa tapisserie, Guillaume Apollinaire partageait son œuvre entre la recherche d'une arythmie savante et la continuité vivante d'une rythmique traditionnelle : peut-être est-ce le symbole du partage et de l'oscillation de la poésie moderne entre le conflit et le triomphe, avec toutes les conséquences extrêmes, avec aussi toutes les tentatives de contrepoint ou de synthèse, et toutes les tentations de complaisance ou d'échappatoire, que propose semblable oscillation...

Mais il est temps de nous efforcer de suivre pas à pas l'histoire complexe de cette aventure poétique, que jalonnent, depuis Baudelaire jusqu'à nous, les hommes, les doctrines et les œuvres.

CHAPITRE I

BILAN ET SUCCESSION DU ROMANTISME

Timidités et pressentiments du romantisme

Le romantisme inaugure une révolution, mais il ne l'accomplit pas, car l'anticlassicisme de la versification et la personnalisation du lyrisme ne suffisent pas, pour reprendre une image de Sainte-Beuve, à assurer la conquête de la Toison d'or. Le romantisme cependant — et c'est dans l'histoire de la poésie son plus sûr mérite — retrouve le goût de l'expérience, la passion de l'aventure : il faut en particulier souligner l'importance de son sentiment de l'*universalité poétique*, car, avec lui, la poésie est partout, au théâtre et dans le roman, et peut-être même dans la vie. Ainsi se trouve préparé, à la faveur aussi de la critique romantique de la notion de genre, le refus de considérer la poésie, justement, comme un simple genre, la volonté d'y voir au contraire une *manière de sentir*, comme dira Baudelaire (Texte 8). Déjà, dans le romantisme le plus profond, la poésie cesse d'être liée à une forme : l'*Aurélia* de Nerval est un récit et un journal, mais aussi un poème ; le romantisme pittoresque, médiéval et fantastique pratique la formule du *poème en prose*[1], dont la nouveauté ne fructifiera que plus tard, mais qui, déjà, fait éclater les formes traditionnelles de l'expression poétique.

---

1. Aloysius Bertrand, *Gaspard de la nuit*, 1842.

Mais une *manière de sentir*, pour qu'elle devienne poésie, ne doit-elle pas engendrer une *manière d'écrire* ? Or la question des rapports entre poésie et langage reste dans le romantisme quelque chose de bien confus : il est sans doute inutile de rappeler longuement que Lamartine transcrit sa manière de sentir dans le langage poétique du XVIIIe siècle, la comparaison que nous proposons (Texte I) entre un poème de Lamartine et un poème de Nerval est, pensons-nous, suffisamment significative. Dans son ensemble, le romantisme ne s'est pas vraiment posé le problème du langage ; il a cru, au contraire, bien souvent, que la communication poétique s'établissait d'elle-même par le moyen de l'effusion lyrique ou de l'effet dramatique. Or c'est le problème du langage, plus exactement celui de l'originalité du langage poétique, qui se posera aux successeurs du romantisme, peut-être, en grande partie, parce que le romantisme avait introduit dans la poésie une manière de sentir qui imposait l'invention d'un langage.

Certains romantiques se sont cependant posé la question, qui apparaissent aujourd'hui, pour cette raison même, comme des précurseurs : la destinée posthume de Gérard de Nerval en est un exemple saisissant, Nerval dont on ne sait pas très bien si l'on doit le classer encore parmi les romantiques ou déjà parmi les « modernes ». Charles Nodier a, lui aussi, ressenti cette rupture entre l'exigence d'une nouvelle inspiration poétique et les structures du langage littéraire traditionnel (Texte 1). Hugo enfin, l'énorme Hugo, par le déchaînement de l'ivresse verbale, mais aussi, et peut-être surtout, par la libération des puissances de l'antithèse épique et symbolique, a pu porter son langage et son rythme jusqu'à figurer efficacement l'*inouï* psychologique, mythologique, métaphysique, cet *inouï* dont le romantisme avait créé la tentation sans toujours en découvrir le langage. Après le romantisme, malgré Nodier, Nerval et Hugo, la découverte reste encore à faire.

C'est que le romantisme s'est souvent donné pour alibi d'innombrables diversions (grâce auxquelles d'ailleurs nous lui devons de la très belle poésie, mais une poésie à laquelle tournera le dos, à partir de Baudelaire, la poésie moderne) ; la principale est sans doute la diversion pittoresque, car le romantique, c'est aussi quelqu'un pour qui le monde extérieur existe : le poète moderne, ce sera, à beaucoup d'égards, quelqu'un pour qui le monde extérieur n'existe plus, ou, en tout cas, se confond avec le monde intérieur, lequel devient de plus en plus mystérieux et insondable. Or le romantisme pittoresque subordonne le langage à deux impératifs qui n'ont rien de « spirituel » : la description et la beauté formelle. La couleur locale, l'exactitude de l'image et de la métaphore, l'effet de la versification et du rythme, telles sont les orientations principales de l'effort pittoresque. Nous sommes loin de la poésie « bizarre » et insolite que recherchait un autre romantisme, nous sommes loin aussi de la poésie métaphysique et mystique d'un Nerval. L'épopée de Hugo elle-même souffre souvent de cette équivoque entre le « pittoresque » et le « spirituel », équivoque qui explique sans doute l'incapacité du romantisme à créer vraiment le langage du surnaturalisme poétique que réclamera Baudelaire (Texte 14).

De même, le romantisme continue à considérer le langage poétique comme une *expression*, et il reste attaché à la recherche de l'effet expressif, alors que sa manière de sentir appelait, plutôt que l'expression, la suggestion et, plutôt que l'effet expressif, la correspondance symbolique ; autre équivoque romantique que cette équivoque de l'expressionnisme et du symbolisme, de l'effet et de la correspondance, entre lesquels la plupart des romantiques n'ont pas su ou pas voulu choisir. Pourtant, c'est bien dans le romantisme, et dans les influences qu'il a consciemment subies, que se trouvent quelques-unes des plus importantes parmi les sources du symbolisme moderne[1] ; le romantisme en effet contient déjà la théorie et la pratique des *correspondances* et des *analogies* : mais le plus souvent ce n'est que de la « philosophie » ou de la « mystique », pas encore du langage. Même le Nerval des *Chimères* ne renonce pas tout à fait à orner son symbolisme mystique d'effets pittoresques et plastiques. Et ainsi le romantisme lègue à ses successeurs ce jeu d'harmonie et de discordance qui affecte le rapport, dans le langage poétique, entre plastique et spiritualité.

La poésie de la plastique et l'impasse de l'Art pour l'Art Théophile Gautier (1811-1872) assure la continuité du romantisme pittoresque à la poésie de la plastique, et se fait, dès ses années romantiques, le théoricien de l'Art pour l'Art. Il ne fait alors que suivre et appliquer une esthétique que n'avait pas ignorée l'âge préromantique et romantique (Texte 2), esthétique qui n'est pas non plus étrangère à la peinture et qui joue son rôle dans la polémique entre Ingres et Delacroix. Les préfaces d'*Albertus* et de *Mademoiselle de Maupin*, 1832 et 1834, ne sont que de peu postérieures à la bataille d'Hernani (Texte 5). L'Art pour l'Art, c'est bien un romantisme de la gratuité du beau, mais comment assurer cette absolue gratuité sans réduire le langage poétique à un formalisme, en refusant à la fois l'expressionnisme et le symbolisme ? C'est bien ce qui se passe dans l'œuvre poétique de Théophile Gautier et de ses amis ou disciples : ces poèmes sont faits avec des images — dont beaucoup *pourraient* devenir des symboles, ce qui explique qu'on trouve ici des pressentiments mallarméens ou valéryens (Textes III et V) ; mais ces images restent des images, ou alors le poème devient un simple « objet esthétique » ; à la limite même, la forme se confond avec la matière, et, à force de se vouloir plastique, la poésie ne peut plus être que « marmoréenne » : ainsi naît ce culte du marbre, du *Paros dur*, commun à Théophile Gautier et à Leconte de Lisle (Texte VI), et la poésie de l'Art pour l'Art devient une pure description sculpturale d'objets ; par exemple le Cygne, qui est pour Baudelaire et Mallarmé un *mythe*, n'est pour Sully Prudhomme qu'une *figure* (Textes VII, XIV et XXX).

C'est donc la technique qui constitue le poème et si les poètes de l'Art pour l'Art choisissent l'analogie marmoréenne, c'est que la plastique se définit par sa difficulté : de là à concevoir la poésie comme pure virtuosité, il n'y a qu'un pas que franchit allègrement, et gracieusement, un Théodore de Banville (1823-1891), qui voit dans l'acrobate le plus exact analogue du poète ; il est vrai qu'il voit aussi dans l'acrobatie poétique le signe d'une

---

1. En particulier Swedenborg et Fourier.

aspiration peut-être spirituelle, ce qu'il appelle le *gouffre d'en-haut* (Texte IV) ; il n'en reste pas moins que ses titres sont révélateurs : après avoir publié les *Cariatides* (1842) et les *Stalactites* (1846), il publie son chef-d'œuvre sous le titre d'*Odes funambulesques*, l'année même des *Fleurs du Mal*, en 1857.

Dans les années 1850, cette poésie de la plastique connaît un important développement, car elle coïncide avec la réaction contre les abus du romantisme de l'effusion, elle trouve des complicités dans les autres arts, particulièrement la peinture, elle s'accorde avec la mode du néo-héllénisme et du néo-paganisme (il y a même une *École païenne* contre laquelle réagira Baudelaire avec son article sur ce sujet de 1852, comme avait déjà fait Daumier avec les caricatures de son *Histoire ancienne* de 1841-1843)[1]. Mais la poésie de la plastique et de l'Art pour l'Art ne laisse finalement dans l'histoire de la poésie qu'une trace mineure, car elle réduit le langage poétique à une combinaison, sans grande portée, de formalisme et de pittoresque. La formule même qui avait servi de drapeau à cette esthétique la condamnait à s'enfermer dans une impasse : *l'Art pour l'Art*, c'est nécessairement la formule d'une poésie close sur elle-même, qui continuera, sans évoluer, jusqu'à produire cette sorte de perfection de l'Art pour l'Art que sont les *Trophées* de José-Maria de Heredia (1893).

L'Art pour l'Art, l'esprit positif et le Parnasse

C'est en 1852 que Théophile Gautier avait publié la première édition d'*Émaux et Camées*, dont cinq autres éditions parurent jusqu'à la mort du poète en 1872, avec chaque fois addition de pièces nouvelles toujours conformes à l'esthétique de l'Art pour l'Art. Mais entre ces deux dates que séparent vingt années, prend place l'épisode parnassien. *Le Parnasse contemporain*, revue de poésie[2], fut l'organe de cette nouvelle école, en attendant d'accueillir des jeunes qui devaient en démentir les principes. Mais c'est dans cette revue, qui publia les premiers poèmes de Mallarmé, que Verlaine fit paraître ce manifeste parnassien que fut en 1866 l'un des *Poèmes Saturniens* (Texte 7). C'est dire qu'il y eut place peut-être pour quelque confusion dans la doctrine et surtout la pratique parnassienne. Sans doute parce que, comme nous l'avons noté à propos de Sully Prudhomme et de son *Cygne*, la frontière entre l'image et le symbole, entre la plastique et la poésie pure est parfois quelque peu incertaine. Il reste que le Parnasse fait figure de transition : issu du romantisme par l'intermédiaire du pittoresque, il prépare, un peu malgré lui, le « symbolisme » par l'intermédiaire de son imagerie et de son culte du rythme et du verbe. Il fut avant tout un travail sur le langage, travail d'inspiration formaliste mais d'une incontestable efficacité, ce qui explique que les poètes qui doivent le plus au Parnasse, Mallarmé par exemple, soient précisément ceux qui l'ont fait

---

1. Cf. Louis Ménard, *Rêveries d'un païen mystique* (1868).
2. Deux séries, 1866-1871. Le *Parnasse* avait été précédé par la *Revue fantaisiste* et *L'Art*, sous la direction de Catulle Mendès et Xavier de Ricard. Le second *Parnasse contemporain* fut dirigé par Leconte de Lisle.

oublier en le reléguant dans ce qui apparaîtra désormais comme une impasse sans issue.

Mais le Parnasse ne se réduit pas à l'Art pour l'Art et au culte de la forme : il veut aussi tenter d'intégrer la poésie au mouvement intellectuel contemporain, alors que précisément, dans le même temps, Baudelaire proclamera l'incompatibilité de la poésie avec l'esprit positif (Texte 10), et c'est à Baudelaire que donnera raison l'histoire ultérieure de la poésie. On sait en effet que les années 1850 et suivantes verront se développer cette traduction esthétique du positivisme que sont réalisme et naturalisme. Or le Parnasse fut aussi — on ne doit pas l'oublier, si l'on veut comprendre quelques-unes des raisons profondes de son échec — une tentative de naturalisme poétique. Lorsque Leconte de Lisle (1818-1894) voue sa poésie à l'évocation descriptive de l'Antiquité ou de la nature exotique (*Poèmes antiques*, 1852-1874. *Poèmes barbares*, 1862-1878. *Poèmes tragiques*, 1884), il se propose de mettre la poésie au service d'une intention réaliste. Il va même plus loin : il rêve d'une synthèse de la poésie et de la science qui inspirera aussi les grands poèmes scientifiques de son disciple Sully Prudhomme (1839-1907 ; *Le Zénith*, 1875). Et Leconte de Lisle est éventuellement grand poète *malgré* son naturalisme et son scientisme (un peu comme Zola est grand romancier malgré sa doctrine) : il l'est grâce à l'irréductibilité de son génie symbolique, grâce à son sentiment tragique du destin (Texte VI), tandis que la poésie scientifique de Sully Prudhomme semble bien définitivement périmée.

Il y a d'ailleurs dans le Parnasse une division profonde entre formalisme et naturalisme : ses poètes mineurs, Léon Dierx (1838-1912) ou Catulle Mendès (1842-1909), en attendant Heredia, choisissent volontiers une poétique de la ciselure verbale dont se souviendront quelques poètes néo-classiques de la fin du siècle. D'autres, bien oubliés aujourd'hui, François Coppée par exemple, commenceront par le formalisme le plus rigoureux pour ensuite lui préférer un réalisme populaire ou petit-bourgeois.

Mais l'unité entre formalisme et naturalisme se fait par la doctrine de l'impassibilité, déjà prônée par Théophile Gautier (Texte III), cette image de la beauté qui séduira encore, provisoirement, le jeune Baudelaire : *Je hais le mouvement qui déplace les lignes* (*La Beauté*, sonnet écrit vers 1842-1844) : la doctrine de l'impassibilité prétend en effet réunir dans une esthétique commune le formalisme de la plastique, la primauté technique de l'Art pour l'Art et l'objectivité de la poésie naturaliste, en un mot les trois grandes orientations de la poésie parnassienne, les trois grands courants fondamentaux d'une littérature qui entreprend de recueillir la succession du romantisme en accordant la poésie avec l'esprit contemporain. Mais, malgré l'adhésion fugitive, pour leurs débuts, de Baudelaire, de Verlaine et de Mallarmé, le Parnasse n'aura pas vraiment de suite, il n'engendrera pas la poésie future, et il est déjà, de ce fait, un échec historique ; on ne peut se dissimuler qu'il soit aussi un échec poétique : Leconte de Lisle en fut rapidement conscient qui, en attendant de succéder à Victor Hugo à l'Académie en 1886, se réfugie dans une religion du beau qui veut être un défi au temps : mais sa puissance créatrice et son effort technique ne peuvent le dégager de l'ambiguïté où il s'enferme lui-même, comme sa *Niobé* dans le marbre de sa pétrification (Texte VI) : entre l'exigence de son art, les principes de sa « philosophie » et le drame de son âme, Leconte de Lisle ne trouve qu'exceptionnellement le secret de l'unité créatrice ; il est même souvent en retrait par rapport à Vigny son précurseur et à certains égards son maître. Leconte de Lisle illustre ainsi la raison profonde de l'échec parnassien : l'incompatibilité totale, en cette seconde moitié du XIXe siècle, comme Baudelaire en aura bientôt une conscience si aiguë, entre la poésie et le formalisme, le positivisme ou le naturalisme. La poésie va connaître la même aventure que l'art : c'est la poésie non conformiste qui sera la poésie vivante, et si, avec Sully Prudhomme et Heredia, le Parnasse produira des poètes officiels et académiques, c'est Baudelaire, Rimbaud et Mallarmé qui seront les véritables « phares ».

Hugo tel qu'en lui-même Pendant ce temps, la poésie française conservait son géant ; et même, c'est après 1850 que le génie de Hugo va donner toute sa mesure : de *La Légende des Siècles* et des *Contemplations* à *Dieu* et *La Fin de Satan*[1], l'œuvre de Hugo est le lieu de convergence de la totalité poétique ; toutes les poésies peuvent y trouver leurs références. Tandis qu'il salue le *frisson nouveau* des *Fleurs du Mal*, tandis que Baudelaire, qui songe surtout au poète d'avant *La Légende des Siècles*, ne lui est guère favorable[2], Hugo, exilé et visionnaire, mais aussi glorieux et populaire, réalise pleinement sa vocation de Mage ; il donne libre cours à ce verbalisme génial qui déposera dans la poésie moderne, celle de Péguy, de Claudel, de Pierre Emmanuel, l'inépuisable ferment de la parole dynamique ; on l'accusera certes de rhétorique et de grandiloquence (comme Corneille, comme Péguy), mais Hugo est le triomphe parfois monstrueux, toujours prestigieux, de cette race poétique française qui ne veut pas mourir et dont il renouvelle alors la vitalité : ce n'est pas par hasard que Péguy a écrit ses admirables pages sur Corneille dans un texte intitulé *Victor-Marie, comte Hugo !* Car pour lui l'exaltation de Corneille et l'exaltation de Hugo, c'est l'exaltation de la même dimension poétique, cette dimension de la grandeur visionnaire et du déroulement épique que contestent également le formalisme parnassien, et la concentration baudelairienne ou mallarméenne, l'idéalisme symboliste et le purisme valéryen. Tandis en effet que se forme progressivement l'esthétique de la poésie pure, l'œuvre de Hugo démontre comme la marche se démontre en marchant, la validité poétique de ce qui est au-delà de toute esthétique, démonstration sans doute nécessaire pour que se maintînt, face aux poétiques de la rareté, une poétique du jaillissement. En tout cas, Hugo devait connaître en notre temps une véritable résurrection ; peut-être même fut-ce une découverte : ce ne peut être sans raison, et son influence apparaîtra de plus en plus clairement avec le recul du temps. Sans doute n'est-ce ni le Hugo de 1830 ni celui des funérailles officielles de 1885, c'est un Hugo alors inconnu ou méconnu, ce Hugo surnaturaliste, que même

---

1. *La Fin de Satan*, 1854-1860. *Dieu*, 1855. *La Légende des Siècles*, 1859-1883.
2. M. Victor Hugo... est un ouvrier beaucoup plus adroit qu'inventif... (*Salon de 1846*, IV).

Baudelaire n'a pas su reconnaître. C'est l'œuvre de Hugo qui affirme le lien substantiel entre le symbole et le mythe, entre le rythme et le verbe, entre l'ici-bas et l'au-delà, entre la vision et la parole : peu importe désormais son idéologie, bien qu'elle ne soit pas toujours négligeable ; ce qui compte, c'est sa gigantesque démonstration du pouvoir créateur du verbe, c'est son expérience de la démiurgie poétique, c'est ce dialogue épique instauré au-delà des frontières de l'humanité (Textes VIII et IX). Hugo est le maître d'une poésie de *l'impatience des limites*, cette impatience qui, après avoir inspiré Péguy et Claudel, inspire encore aujourd'hui Pierre Emmanuel et Jean-Claude Renard : *La poésie peuple la terre, les eaux, les forêts et le ciel de tout un monde imaginaire, ajouté au monde réel, qui aide celui-ci à se figurer ce qui était avant lui et ce qu'il pourrait y avoir au-dessus de lui*[1]. En même temps, Hugo reste le maître d'une poésie de réintégration de l'être à la parole, dont le besoin s'est fait de plus en plus urgent après l'abolition symboliste, mallarméenne ou surréaliste de l'être dans le dire (Textes 25, 53 et 54).

Mais la seconde moitié du XIXe siècle verra se succéder les doctrines et les écoles, souvent éphémères, les expériences surtout qui revêtent le plus souvent le caractère d'une recherche, d'une *quête* à la fois spirituelle et technique. C'est cette exigence d'unité entre une spiritualité et un langage qui confère toute sa valeur exemplaire à la quête de Charles Baudelaire et fait de lui le véritable initiateur de la poésie moderne.

---

1. Stanislas FUMET, *L'Impatience des limites*, E.L.F., Lyon, 1942.

CHAPITRE II

LA QUÊTE DE CHARLES BAUDELAIRE 1821-1867

Poésie et esthétique   Que Baudelaire ait été critique d'art, le plus grand sans doute du XIXe siècle, voilà qui n'est pas sans importance pour comprendre sa quête poétique. Il n'est certes pas le premier poète à avoir conçu une théorie générale de l'art ; mais il n'en inaugure pas moins la recherche moderne de la poésie à travers l'esthétique ; bénéficiant de la rupture romantique avec la notion de genre, reprenant l'idéal romantique de la synthèse des arts, — celui de Hugo, de Delacroix, de Wagner — Baudelaire ne conçoit pas la poésie comme différant dans sa nature de la peinture ou de la musique : il voit au contraire, dans cette unité poétique de langages techniquement différents, une application et une confirmation de son esthétique de l'analogie et de la correspondance : ce ne sont pas seulement les parfums, les couleurs et les sons qui se répondent (Texte X), ce sont aussi les arts eux-mêmes, les couleurs de la peinture, les sons de la musique, les syllabes, les rythmes et les « allégories » de la poésie. Aussi la connaissance de Baudelaire et des raisons de son influence exige-t-elle autant la lecture des *Curiosités esthétiques* que celle des *Fleurs du Mal* ou du *Spleen de Paris*, et les ressorts de sa poétique se révèlent aussi bien dans les pages qu'il écrit sur Delacroix, sur Constantin Guys ou sur Wagner que dans ses poèmes ou dans ses articles sur Théophile Gautier ou sur l'École païenne (Textes 8-15).

Car c'est le principe même de sa recherche que l'expérience d'une spiritualité esthétique capable de fonder une poésie universelle, dont la poésie verbale n'est qu'une des expressions techniques possibles ; on a parfois même l'impression qu'une des premières démarches de cette poésie verbale chez Baudelaire est comme une traduction de la poésie de Delacroix, de Wagner, de Goya, et de quelques autres : le poème célèbre des *Phares* en témoigne, comme aussi l'influence considérable, sur l'imagerie et le symbolisme de Baudelaire, des peintres et des graveurs : ne citons, pour exemple, parmi bien d'autres, que l'influence des gravures de Meryon sur les *Tableaux parisiens* des *Fleurs du Mal*, et l'influence du graveur Rethel ou du sculpteur Christophe sur le macabre baudelairien.

En conséquence, les événements qui marquent l'histoire contemporaine des arts réagissent sur les termes mêmes dans lesquels Baudelaire se pose le problème poétique, et il en ira de même après lui jusqu'à nos jours. Ce qui se passe du côté de la peinture ou de la musique, et aussi dans les autres secteurs de la littérature, lui importe autant que ce qui se passe du côté de la poésie proprement dite : si le roman s'engage dans la voie du réalisme, ce lui est une raison d'affirmer son surnaturalisme poétique ; si Delacroix est incompris et si on lui préfère les *babioles* de Meissonier, ce lui sera une raison de prôner et de pratiquer une poétique de *l'âme* ; si la peinture, avec Chenavard, cède à la tentation philosophique et idéologique, ce lui est une raison d'affirmer son esthétique de *l'art pur*, art pur dont la poésie lui semble être le langage nécessaire (Texte 14).

Les refus baudelairiens

Or l'art contemporain est dominé par des tendances esthétiques contraires à cette recherche de l'art pur, et la poésie, comme nous avons vu au chapitre précédent, n'y fait pas exception. Certes, il y a Delacroix, il y a Wagner, il y a aussi Edgar Poe, mais ce sont là, déjà, des artistes maudits : Baudelaire en a douloureusement conscience, qui voue à leur culte une part importante de son œuvre et de son activité d'écrivain. Mais il lui faut d'abord opposer un refus total et absolu à tous les aspects de la conformité esthétique, car il n'est, à ses yeux, de poésie possible qu'à partir de ce refus initial et essentiel : c'est avec Baudelaire que commence — sérieusement, plus sérieusement sans doute qu'au temps du romantisme — cette identification de la poésie avec le refus de la conformité esthétique qui, de Rimbaud au surréalisme, marquera si profondément la poésie moderne.

Or il se trouve que les refus esthétiques de Baudelaire risquent parfois de paraître contradictoires, comme sont contradictoires les occasions de ces refus : s'il proteste contre le moralisme et l'esthétique de l'utilité sociale, le voici qui a l'air de rejoindre Théophile Gautier et l'Art pour l'Art ; de même lorsqu'il oppose *l'art pur* à *l'art philosophique*. Il n'en est rien, pourtant, et Baudelaire refuse tout aussi bien le formalisme et la plastique, et il est aussi éloigné que possible du Parnasse, quoi qu'on en ait dit (Textes 12 et 13). Certes, il lui est arrivé dans sa jeunesse de céder à la tentation formaliste, mais la célébrité quelque peu imméritée du sonnet *La Beauté* ne doit pas faire illusion : Baudelaire refuse la poésie plastique et le néo-paganisme comme il refuse en peinture l'ingrisme et le culte abusif de la ligne, pour glorifier au contraire le colorisme symbolique.

De même, s'il refuse un certain idéalisme — celui par exemple des peintres qu'il appelle les *singes du sentiment* — c'est qu'il a une trop haute idée du sens poétique de l'idéal, ce n'est pas qu'il veuille prôner un retour de la poésie à la nature. Au contraire, le refus de la nature est peut-être le plus violent et le plus irréductible des refus baudelairiens (Texte 11), c'est une des formes de son refus général du « positif » (Texte 10) ; et c'est alors que le refus commence de s'élaborer en affirmation : entre poésie et nature, il y a incompatibilité, et, pour ainsi dire, hostilité réciproque, et l'un des textes les plus importants pour la compréhension de la poétique baudelairienne est cet *Éloge du maquillage* que contient, à propos de la beauté féminine, son étude sur Constantin Guys ! La nature elle-même ne peut devenir poétique que si, par le symbolisme des correspondances, le poète (ou le peintre, Corot ou Théodore Rousseau) la revêt de spiritualité : alors, mais alors seulement, *la Nature est un temple...* (Texte X).

Baudelaire va donc pourchasser toutes les prétentions du positif et du naturel à envahir le domaine poétique : il s'acharne contre la théorie bourgeoise de l'utilité de l'art, et il dramatise volontiers le débat (Texte 12), car le positivisme esthétique, qu'il s'agisse d'utilitarisme ou de réalisme, est à ses yeux le sacrilège majeur : pensant peut-être à Courbet (cf. Texte 3,1) mais aussi au réalisme romanesque ou poétique, il écrit au chapitre IV du *Salon de 1859* :

> Celui-ci, qui s'appelle lui-même *réaliste*, mot à double entente et dont le sens n'est pas bien déterminé, et que nous appellerons, pour mieux caractériser son erreur, un *positiviste*, dit : « Je veux représenter les choses telles qu'elles sont, ou bien qu'elles seraient, en supposant que je n'existe pas. » L'univers sans l'homme.

Formule capitale : pour Baudelaire la poésie est de l'homme, c'est-à-dire de l'*âme*, mot qui revient si souvent sous sa plume, et c'est cet humanisme poétique qui fait l'unité de tous ses refus : la plastique, le positif, le naturalisme, ne sont que les formes camouflées de la négation de *l'homme spirituel*, formule par laquelle Baudelaire désigne ses « saints de l'art », particulièrement Edgar Poe. Et face à l'artiste et au poète, Baudelaire se pose la question que reprendra cent ans plus tard Pierre Emmanuel, au titre d'un recueil de méditations sur sa métaphysique personnelle de la poésie : *Qui est cet homme ?* Or ni la plastique, ni le positif, ni le naturel, ne peuvent fournir la réponse. Ils sont de ce fait disqualifiés et les refus de Baudelaire ne sont que le constat de leur carence. Aujourd'hui il nous faut bien reconnaître que, tant en ce qui concerne la peinture et la musique que la poésie, l'histoire lui a donné raison.

Mais justement l'influence considérable de Baudelaire sur toute la poésie ultérieure, sur les poètes et les poétiques les plus divergents, sur Claudel et sur les surréalistes, sur Apollinaire et sur Valéry, sur Cocteau et sur Pierre-Jean Jouve, ne peut s'expliquer que par la profondeur de ces refus, par le potentiel libérateur qu'ils contenaient. Aussi Baudelaire inaugure-t-il l'intransigeance poétique, intransigeance qui ne fera que s'accroître au fur et à mesure de son évolution, car il se sent, il se croit, environné d'illusions et d'impostures : il donne aux poètes futurs l'exemple de cette rigueur dans le refus, où lui-même voit la seule morale, la seule *hygiène* de la poésie. Mais peut-être faut-il souligner que, malgré la tentation du satanisme, Baudelaire refuse aussi, quoique moins explicitement, une esthétique de la révolte pure : il n'est ni Rimbaud ni Lautréamont. Pour le comprendre, il ne faut jamais perdre de vue sa référence constante au « spiritualisme » : *un pur* pneumatique, *Baudelaire*, disait Claudel[1], et sans doute avait-il raison.

Poétique de l'insolite Mais ce « spiritualisme » baudelairien est d'une extrême complexité : il contient même de nombreuses contradictions qui, dans son cas, se sont révélées fécondes, mais qui expliquent tout aussi bien qu'on ait pu ensuite donner de cette poétique et de cette spiritualité les interprétations les plus divergentes, tandis qu'on pouvait voir les poètes se disputer, pour ainsi dire, le patronage baudelairien. En tout cas, il ne faut jamais perdre de vue que poétique et spiritualité ont, chez Baudelaire, leur source première dans les refus que nous venons d'examiner.

Or il y a un ordre de réalité qui se manifeste simultanément, selon de mystérieuses correspondances, dans le monde intérieur et dans le monde extérieur, et qui est, à beaucoup d'égards, l'inverse du positif, du naturel et du formel : cet ordre de réalité, qu'il éprouve avec une intensité toute « spirituelle » en effet, dans la mesure où les sens eux-mêmes sont des organes de « l'âme », Baudelaire l'a lui-même nommé en employant un mot qui devait connaître au XXe siècle une vogue parfois abusive, et devenir l'un des poncifs de la poésie moderne (tant en ce qui concerne la peinture ou le cinéma que la poésie verbale) ; parlant en effet, dans son article sur l'*Exposition Universelle de 1855*, de la véritable spiritualité poétique par opposition au formalisme esthétique de Winckelmann[2], Baudelaire a, *deux fois*, recours à ce mot :

> Que dirait un Winckelmann moderne... en face d'un produit chinois, produit étrange, bizarre, contourné dans sa forme, intense par sa couleur, et quelquefois délicat jusqu'à l'évanouissement ? Cependant c'est un échantillon de la beauté universelle ; mais il faut, pour qu'il soit compris, que le critique, le spectateur opère en lui-même une transformation qui tient du mystère, et que, par un phénomène de la volonté agissant sur l'imagination, il apprenne de lui-même à participer au milieu qui a donné naissance à cette floraison *insolite*... Que dirait, qu'écrirait, en face de ces phénomènes *insolites*, un de ces modernes professeurs-jurés d'esthétique, comme les appelle Henri Heine ?

Ainsi, comme il n'y a pour Baudelaire de beauté que poétique, se trouve

---

1. *Positions et propositions*, I.
2. 1717-1768. Théoricien du « beau idéal », dont le principal disciple français fut le peintre David.

mis en branle le processus d'*identification du poétique et de l'insolite* qui est une des opérations essentielles du « spiritualisme » baudelairien : grâce en effet au jeu des correspondances et des analogies, l'insolite, quelle qu'en soit l'occasion, devient le sésame nécessaire de ce passage de la nature à la surnature et du réel au magique en quoi consiste la poésie. Aussi comprend-on que, dans le même texte, Baudelaire en vienne à énoncer l'une des maximes initiales de sa poétique, maxime qu'il prend même soin de souligner : *Le beau est toujours bizarre* (Texte 9). Et l'expression symbolique de l'insolite, dans la vie intérieure, dans le monde extérieur, et dans leurs correspondances, domine la poésie des *Fleurs du Mal*, et, plus encore, explique l'originalité fascinante des *Petits Poèmes en Prose*, dont d'ailleurs Baudelaire dira, dans sa dédicace à Houssaye : *Je vous envoie un petit ouvrage dont on ne pourrait pas dire, sans injustice, qu'il n'a ni queue ni tête, puisque tout au contraire y est à la fois tête et queue...* La fausse modestie de l'expression humoristique ne saurait ici masquer toute la satisfaction qu'éprouve le poète à avoir ainsi réalisé, non sans peine, une œuvre où triomphe, jusque dans la forme, la poétique de l'insolite. Et à combien de poèmes ultérieurs, de Lautréamont aux surréalistes, d'Apollinaire à Cocteau, ne pourrait-on pas donner comme épigraphe cette boutade de Baudelaire ?

Poétique de l'art pur   Mais pour Baudelaire, et bien que son dandysme l'expose à la tentation de rechercher pour eux-mêmes l'insolite et le bizarre, ils ne sont tout de même, le plus souvent, que des moyens : l'inépuisable domaine de l'insolite, fantastique ou quotidien, imaginaire ou concret, est, lui aussi, une *forêt de symboles* (et c'est souvent la meilleure explication des images, allégories et symboles baudelairiens que le potentiel poétique de l'insolite qu'ils contiennent, parfois même sous des apparences banales). C'est que l'insolite, en déclenchant le libre fonctionnement du rêve et de l'imagination, produit ces « *fêtes du cerveau* » qu'il est arrivé à Poe et à Baudelaire lui-même de rechercher, selon une mode romantique, dans les paradis artificiels ; mais justement la poésie est désormais la quête perpétuelle, tantôt comblée, tantôt angoissée ou frustrée, d'un paradis de l'âme, dont les paradis artificiels ne pouvaient être qu'une approximation bâtarde.

Baudelaire s'est présenté lui-même comme un *parfait chimiste*, et plus tard, on le sait, Rimbaud parlera *d'alchimie* : ce sera un autre thème permanent de la poésie moderne que ce thème alchimique ; or de même que l'alchimiste est à la recherche du pur métal, le poète est à la recherche de l'art pur (Texte 14, IV) et le symbolisme de l'insolite est un des moyens indispensables de cette recherche. Ainsi la poésie devient une véritable catharsis, non pas certes une catharsis morale, mais une catharsis « spirituelle », celle qui peut seule permettre d'entendre *le langage des fleurs et des choses muettes*. L'art pur, ce n'est donc pas l'art pour l'art, c'en est même le contraire ; l'allégorie chimique, ou alchimique, permet de mieux comprendre le sens des refus baudelairiens : positivisme, naturalisme, formalisme sont des obstacles à la découverte du paradis poétique, des obstacles aussi à la connaissance de l'angoisse poétique, car ce sont les écrans qui masquent le clair-obscur de l'âme. L'art pur ce sera un art de la communication directe avec l'intérieur de l'âme, une sorte de lyrisme absolu, et c'est là, profondément, ce que Baudelaire entend par spiritualisme ; c'est ce qui motive toutes les admirations du critique et toute la symbolique du poète ; il suffit d'ailleurs de citer ce qu'il dit d'Edgar Poe, son modèle et son *intercesseur*, selon sa propre parole :

> Edgar Poe n'est pas spécialement un poète et un romancier ; il est poète, romancier et philosophe. Il porte le double caractère de l'illuminé et du savant. Qu'il ait fait quelques œuvres mauvaises et hâtives, cela n'a rien d'étonnant, et sa terrible vie l'explique ; mais ce qui fera son éternel éloge, c'est la préoccupation de tous les sujets réellement importants, et seuls dignes de l'attention d'un homme spirituel.

Un *homme spirituel*, telle est la définition idéale de l'artiste en général et du poète en particulier, et toute l'œuvre de Baudelaire se placera sous le signe d'une quête de la spiritualité poétique, selon des techniques qui sont à la fois des techniques de vie intérieure et des techniques de langage. Cette quête se poursuivra, sous les formes les plus diverses, à travers toute l'histoire de la poésie postbaudelairienne, et Baudelaire est bien l'initiateur de cette triple mise à l'épreuve poétique de la vie intérieure, du monde extérieur et du langage. Rien n'est à cet égard plus significatif que sa technique de « l'allégorie » qui est l'organisation analogique de l'âme, du monde et du verbe dans l'unité d'un « tableau » poétique (cf. Texte XIV). Or cette technique, avec d'autres noms, selon des développements multiples, se rencontrera, avec une remarquable constance, dans le symbolisme, dans le surréalisme, et chez nombre de poètes indépendants.

Poétique de la magie surnaturaliste

Ainsi les problèmes techniques sont au cœur même du problème poétique, lequel consiste précisément dans l'unité de la technique et de la spiritualité : si Baudelaire refuse l'Art pour l'Art, c'est que précisément celui-ci se fonde sur une dissociation de la technique et de la spiritualité ; si au contraire, comme il dit (Texte XIV), tout pour lui devient allégorie, et si ainsi il peut apparaître comme le véritable fondateur du « symbolisme » (au sens large), c'est que le symbole est cette intuition verbale dont, en vertu de la relation directe entre le signe et le sens, la forme technique ne fait qu'un avec la signification spirituelle : *tu m'as donné ta boue et j'en ai fait de l'or* ; c'est l'alchimie technique du langage symbolique qui opère cette transmutation de la réalité naturelle en surréalité poétique.

Mais il faut en revenir à Baudelaire lui-même qui écrit, encore dans l'article sur l'Exposition Universelle :

> Edgar Poe dit, je ne sais plus où, que le résultat de l'opium pour les sens est de revêtir la nature entière d'un intérêt surnaturel qui donne à chaque objet un sens plus profond, plus volontaire, plus despotique. Sans avoir recours à l'opium, qui n'a connu ces admirables heures, véritables fêtes du cerveau, où les sens plus attentifs perçoivent des sensations plus retentissantes, où le ciel d'un azur plus transparent s'enfonce comme un abîme plus infini, où les sons tintent

musicalement, où les couleurs parlent, où les parfums racontent des mondes d'idées ? Eh bien, la peinture de Delacroix me paraît la traduction de ces beaux jours de l'esprit. Elle est revêtue d'intensité, et sa splendeur est privilégiée. Comme la nature perçue par des nerfs ultrasensibles, elle révèle le surnaturalisme.

De même la poésie de Baudelaire (Texte 14).

Tous les termes de ce texte doivent être retenus comme éléments de définition de la magie surnaturaliste, à la fois dans ses opérations et dans son résultat : le tableau ou le poème. Mais sans doute faut-il souligner la référence à *l'intensité* d'une *perception ultrasensible*. On peut dire, pensons-nous, sans abus, que Baudelaire a ainsi communiqué à la poésie française une véritable fringale d'intensité perceptive et d'ultra-sensibilité (notons au passage que Baudelaire, qui connaissait parfaitement sa langue et ses ressources, donnait certainement à ce préfixe son sens propre et littéral : pour le poète, il s'agit toujours de *passer outre*[1]). La poésie, désormais, ne cessera de rechercher, d'inventer et d'expérimenter les techniques psychologiques, figuratives, rythmiques et verbales de ce surnaturalisme, en allant sans doute parfois bien au-delà de ce que Baudelaire lui-même eût imaginé : mais n'est-ce pas le destin des vrais génies que d'être ainsi dépassés sur leur propre lancée ?

En tout cas, c'est bien le pouvoir créateur de cette magie perceptive qui constitue l'essence de la poésie et qui produit les formes et les rythmes de l'écriture poétique : c'est un poète d'aujourd'hui, Pierre-Jean Jouve qui écrivant de Baudelaire, dit : *Dans l'acte des mots du poète est sa mystique, et se révèle aussi sa magie* (Texte 51). Il est vrai en effet, selon Baudelaire, que la poésie se définit par l'unité du langage et de la spiritualité, dans les opérations magiques de leurs correspondances.

Mais déjà se manifeste chez Baudelaire l'éventuel conflit entre une magie poétique qui constituerait elle-même la mystique du poète, et cette même magie poétique opérée comme symbole d'une mystique qui la dépasserait : c'est toute la question — insoluble, croyons-nous, — de la religion et du christianisme de Baudelaire ; mais il inaugure ce drame des rapports entre poésie et mystique, entre une mystique de la poésie et une poésie de la mystique qui ne cessera de tourmenter la poésie française depuis *Les Fleurs du Mal* : l'*Azur* de Mallarmé n'est sans doute qu'un azur poétique, comme la mer de Valéry, tandis que le temps de Péguy est le véhicule de l'éternité et l'océan de Claudel la figure de la création ; et d'autres parallèles pourraient être établis, par exemple entre Saint-John Perse et Pierre-Jean Jouve. Il est des moments en effet où Baudelaire, comme tant de ses successeurs, met en œuvre une poétique de l'évocation pure : *sorcellerie évocatoire*, dit-il, dans *Fusées*, mais alors sans que cette évocation ait une autre substance et un autre contenu qu'elle-même ; il est d'autres moments où, de toute évidence, la *magie suggestive* a pour objet l'évocation d'une surnature métaphysique où Dieu et Satan se partagent la *double postulation* du poète. Équivoque à qui nous

---

1. Rimbaud dira de la poésie qu'elle *sera en avant* (lettre à Demeny, 15 mai 1871).

devons toute la richesse humaine des *Fleurs du Mal*, toute la richesse humaine aussi de la poésie ultérieure.

Mais, dans un cas comme dans l'autre, se trouve à nouveau posé le problème du langage, dans des termes bien différents de ceux où l'Art pour l'Art et le Parnasse avaient posé le problème de la forme, à tel point d'ailleurs qu'après Baudelaire, on parlera beaucoup plus du « langage » ou du « verbe » que de la « forme » : et cette évolution dans la terminologie de la théorie poétique ne laisse pas d'être significative.

Le problème du verbe poétique Alors que le romantisme avait, du moins en apparence, situé la poésie dans le cœur, comme le voulait Musset (que Baudelaire déteste !), Baudelaire, comme Théophile Gautier, comme le Parnasse, situe la poésie dans le langage, ce qui explique sans doute qu'il ait dédié *Les Fleurs du Mal* à Théophile Gautier, *poète impeccable*. Mais à la différence des Parnassiens et de Gautier — et l'on avouera que cette différence est de taille — Baudelaire éprouve le langage comme étant bien au-delà de la « forme ». Aussi les problèmes techniques sont-ils pour lui tout autre chose que des problèmes formels, et, si par exemple, il apprécie, comme plus tard Valéry, la bienfaisance poétique de la contrainte, c'est en proportion de sa portée spirituelle et « magique » :

> Je connais un poète, d'une nature toujours orageuse et vibrante, qu'un vers de Malherbe, symétrique et carré de mélodie, jette dans de longues extases[1].

La rigueur malherbienne est ainsi vantée pour la même raison que l'ultra-sensibilité de Delacroix, et non pas parce qu'elle produit une « forme » impassible et marmoréenne (cf. Texte 15, III).

Ainsi la restauration par Baudelaire d'un certain « classicisme » formel ne doit donner lieu à aucun malentendu, et ses véritables disciples, Mallarmé ou Valéry, ne s'y sont pas trompés : les techniques de la poésie, rythmes et sonorités, ordonnances et prosodies, images, symboles et allégories, ne sont justifiées que dans la mesure où elles sont capables de produire efficacement l'*extase* poétique ; elles ne sauraient en aucun cas trouver en elles-mêmes leur propre justification. C'est la fécondité poétique du verbe qui justifie sa forme. Baudelaire engage de la sorte la poésie dans une voie sinon tout à fait nouvelle (c'est la grande tradition de l'Orphisme) du moins relativement neuve par rapport à la tradition d'une poésie qui ne serait qu'un ornement ou un mode d'expression. Ainsi naît vraiment le symbolisme, qui définit les techniques du verbe poétique par l'unité indissoluble du signe et du sens, du dire et de l'être. Mais la question se pose dès lors, elle se pose déjà à propos de Baudelaire, de savoir si la quête de cette unité ne risque pas de conduire à l'anéantissement du sens dans le signe et de l'être dans le dire : de cette crise du verbe poétique, Mallarmé est le témoin le plus célèbre. Il se peut que, tout au long de son histoire, la poésie postbaudelairienne ait

---

1. *L'Œuvre et la vie d'Eugène Delacroix*, 1863.

été, au moins en partie, une poésie de crise, une poésie témoin d'une véritable crise du langage. Elle n'a cessé en tout cas de rechercher, dans les opérations techniques les plus variées, les plus audacieuses, parfois les plus aberrantes, cette unité de l'être et du dire dans le poème, qui avait été l'ultime objet de la quête de Charles Baudelaire.

CHAPITRE III

LES GRANDES DÉCOUVERTES

Ainsi, ce qui compte le plus sans doute dans l'héritage baudelairien, c'est cette redécouverte que le problème de la poésie est avant tout le problème du *langage* poétique. La poésie postbaudelairienne se situera au-delà du dilemme romantisme-classicisme, en opérant un retour aux sources de la poésie, en rejoignant la tradition orphique et néo-platonicienne dans la définition de la poésie comme *charme*, dans le sens à la fois lyrique et magique de ce terme, que Valéry choisira pour servir de titre à son œuvre majeure. En effet, dans le romantisme comme dans le classicisme, le langage poétique était resté subordonné et dépendant, contraint de prendre la forme d'un discours ou d'une effusion : ce qui explique que plus tard la recherche de la « poésie pure » dans les œuvres classiques et romantiques ait consisté à isoler des moments de langage poétique pur dans l'ensemble d'un discours ou d'une effusion (jamais comme au XXe siècle on n'a autant cité, comme exemples de poésie, des vers isolés !). De leur côté, l'Art pour l'Art et le Parnasse opéraient une véritable réduction de la poésie au langage, mais à un langage lui-même réduit à ne plus être qu'une matière formelle. Enfin le positivisme et le naturalisme tendaient à une abolition de la poésie[1], alors que Baudelaire,

---

1. Cf. la célèbre boutade de Courbet : *Des nymphes, montrez-moi-z-en !*

après Nerval, se concentre sur la recherche de l'unité poétique par l'élaboration d'un langage qui soit alors au delà de la matière et de la forme, qui soit un système de signes : aussi la poésie se trouve-t-elle engagée, pour résoudre le problème de son langage, dans la voie du symbolisme. Ce sera la voie de ses grandes découvertes dans les années 1860-1890.

Révolte et Voyance   En 1869 [1] paraissait chez le libraire Albert Lacroix, et sans que l'événement suscitât la moindre attention, un livre qui, sous la forme d'une sorte de roman-feuilleton fantastique, n'en avait pas moins le caractère d'une épopée singulière : les *Chants de Maldoror* avaient pour auteur un jeune homme de 23 ans né à Montevideo, cette ville sud-américaine qui est aussi la patrie de Laforgue et de Supervielle. Isidore Ducasse (1846-1870) avait pris pour la circonstance le pseudonyme de Comte de Lautréamont et ce pseudonyme, comme dans le cas de Nerval, était d'ores et déjà un acte poétique ; il en est de même pour le nom du héros, ce Maldoror dont les syllabes contiennent dans leur association quelque chose de luciférien.

Dans la forme, ces *Chants* sont une curieuse synthèse de rhétorique épique et de désordre romantique, avec, dans l'imagerie, une prédominance des visions de feu et de glace. Mais c'est surtout, tout au long, une poésie de la *fureur* dont les variations oscillent entre la dérision satirique et la colère métaphysique. Mais précisément l'extension même de ce champ d'action de la fureur fait des *Chants de Maldoror* l'épopée de la révolte absolue : révolte contre la littérature par les moyens mêmes de la littérature ; révolte, bien sûr aussi, contre la société (il faut songer que cette œuvre a été écrite par un adolescent solitaire dans les dernières années du Second Empire) ; mais révolte, surtout, contre Dieu, contre le Créateur (Texte 16), et le blasphème poétique a rarement trouvé langage mieux approprié que cette période oratoire ou cette ordonnance strophique (Texte XIX), qui servent à revêtir de grandeur le dérisoire, l'infernal et le chaos. Révolte métaphysique et révolte poétique coïncident dans l'unité que leur confère la révolte du langage contre lui-même, et ce sont bien les images de Prométhée et de l'archange rebelle qui peuplent cet univers, où ils sont suscités par l'exercice systématique de ce langage lui aussi rebelle et prométhéen.

Ici l'accès au surnaturalisme par le moyen de la révolte atteint une telle perfection que Lautréamont peut même écrire : *c'est le cauchemar qui tient la plume*, et la révolte coïncide si exactement avec le rêve que la vision poétique réunit dans un unique spectacle les deux dimensions du surnaturel ; par exemple :

> Si la terre était couverte de poux, comme de grains de sable le rivage de la mer, la race humaine serait anéantie, en proie à des douleurs terribles ; quel spectacle ! Moi, avec des ailes d'ange, immobile dans les airs, pour le contempler !

On comprend que le surréalisme ait fait de Lautréamont son prophète.

Ainsi la poésie est intégralement rupture avec la « réalité » : l'obsession angélique qui remplit les *Chants de Maldoror*, dont on peut même dire qu'elle

---

1. En 1868 avait paru le premier chant.

est leur plus profond facteur d'unité, motive non seulement les péripéties épiques de l'œuvre, mais aussi, et par un même mouvement, les péripéties de son langage, et, de la sorte, il peut arriver, il arrive souvent, que le « monde réel », comme déjà dans les poèmes en prose de Baudelaire, devienne pour ainsi dire le pur et simple vocabulaire d'une transposition onirique (Texte XX); même dans le cadre apparent de la « réalité », le langage poétique se définit comme *la passion d'atteindre à l'infini par les moyens les plus insensés*. A la limite — et c'est presque constamment que Lautréamont se porte à cette limite — le surnaturalisme luciférien de la révolte coïncide avec la pratique systématique d'une démence concertée, comme en témoigne la synthèse, dans le langage même, de l'ordonnance et du déchaînement.

Dans le même temps, un autre adolescent se présente comme un *voleur d'étincelles* et pour Arthur Rimbaud (1854-1891) la révolte prométhéenne s'identifie à la *voyance* poétique (Texte 17); mais les aspects techniques de la voyance sont aussi importants que cette voyance même, dans la mesure où ils la constituent : la voyance rimbaldienne, en effet, est elle-même langage, et le célèbre *dérèglement de tous les sens* est destiné à produire des phénomènes de langage qui à leur tour produiront, comme réciproquement, la voyance (cf. Textes XXI et XXIV). Car tandis que la voyance est communication directe avec un au-delà, le langage devra, par un mouvement rigoureusement analogue et correspondant, être la figuration de ce dépassement :

> Donc le poète est vraiment voleur de feu... Il devra faire sentir, palper, écouter ses inventions ; si ce qu'il rapporte de là-bas a forme, il donne forme ; si c'est informe, il donne de l'informe. Trouver une langue ; — du reste toute parole étant idée, le temps d'un langage universel viendra... Cette langue sera de l'âme pour l'âme, résumant tout, parfums, sons, couleurs, de la pensée accrochant la pensée et tirant. Le poète définirait la quantité d'inconnu s'éveillant en son temps dans l'âme universelle[1].

Ainsi peu importent les moyens et les armes de la voyance poétique, qui appelle comme une collaboration de l'art et du rêve, de la conscience et du dérèglement, de la lucidité et du délire ; de même entre lumière et ténèbre, « illumination » et « enfer », nature et surnature, s'instaure un rapport analogique qui s'exprime par le symbolisme réciproque du langage (cf. Textes XXXIII, XXXIV, XXXV). Telle est la poétique qui a produit non seulement les *Poésies*, écrites entre 1869 et 1873, mais surtout les poèmes en prose de la *Saison en Enfer* (1873) et les *Illuminations*, écrites à une date incertaine entre 1872 et 1875 et publiées par Verlaine en 1886. Dans un cas comme dans l'autre, mais surtout dans les *Illuminations*, Rimbaud atteint au plus haut degré de son ambition poétique, ce mouvement qui partant de l'insurrection contre le monde aboutit à la possession d'un univers magique, où le pouvoir du verbe prétend constituer un être nouveau ; ce qui explique l'ambiguïté peut-être concertée du mot même d'*Illuminations* : révélation

---

1. Lettre dite « du Voyant » (à Demeny, 15 mai 1871).

spirituelle et illustration verbale ayant en commun d'être également visionnaires[1].

Mais déjà *Le Bateau Ivre* (1871. Texte XXII) contenait à la fois l'exaltation de l'aventure poétique du voyant et la déception qui en résulte, ce qui confère au célèbre poème sa beauté dramatique et son intérêt documentaire. S'il est vrai en effet que ce poème traite, avec une virtuosité étonnante chez un adolescent de dix-sept ans, un symbole qu'il emprunte aux lieux communs parnassiens[2], il reste que, pour avoir *vu quelquefois ce que l'homme a cru voir*, Rimbaud prophétise ici son propre destin, et peut-être aussi le destin de toute poésie exclusivement démiurgique et prométhéenne : après les *Illuminations*, il ne lui reste plus qu'à mourir, et si la mort biographique de Rimbaud est de 1891, sa mort poétique coïncide à peu près avec sa vingtième année : c'est après avoir mis au point, au cours d'un séjour en Angleterre au début de 1874, le texte des *Illuminations*, et après en avoir remis le manuscrit à Verlaine en février ou mars 1875, que Rimbaud va commencer sa seconde vie, celle qui l'entraînera dans une aventure vécue qui n'a plus rien à voir avec l'aventure poétique. De même Lautréamont, après avoir renié son délire et sa révolte dans ses *Poésies*, était mort aussitôt en 1870.

Mais justement, les *Chants de Maldoror*, figurant la révolte absolue par le langage de la révolte poétique, figuraient aussi la limite et de cette révolte et de ce langage : rien au-delà, ni univers, ni spiritualité, ni poésie, rien au-delà sinon le renversement opéré par Lautréamont lui-même dans ses *Poésies* (*Je veux que ma poésie puisse être lue par une jeune fille de quatorze ans*), et encore était-ce la même limite, seulement inversée. La même limite (doit-on dire le même échec ?) sera l'épreuve décisive de la révolte surréaliste.

Arthur Rimbaud, dans *Alchimie du Verbe* (Texte 18, II), fera son propre procès : si la révolte et la voyance avaient été les techniques de redécouverte du paradis perdu, voici que l'univers magique produit par la poésie risque de se dissoudre dans une sorte d'autoportrait, où le poète qui se veut démiurge ne produit qu'une image de lui-même, projection kaléidoscopique de ses « complexes ». Ainsi s'explique que Lautréamont et Rimbaud, après Nerval, aient été si aisément la proie des psychanalystes.

Mais tandis que le surnaturalisme de Lautréamont s'annihile dans son propre déchaînement, tout en proposant *la nouveauté et l'originalité des images et des métaphores*[3], la surhumaine entreprise de Rimbaud ne sombre pas dans la vanité, comme le prouve l'influence qu'elle exercera : en 1886 paraissent les *Illuminations*, publication qui fait partie des différents événements littéraires constituant, cette année même, la révolution symboliste ; 1886, c'est aussi l'année de la découverte de Rimbaud par Claudel : *La lecture des*

---

1. On ne doit pas oublier que le romantisme avait transmis à Nerval, Baudelaire et Rimbaud la tradition de l'*illuminisme* (cf. Nerval, *Les Illuminés*). Baudelaire d'ailleurs disait d'Edgar Poe qu'il était un *illuminé* (cf. p. 27).
2. Cf. ÉTIEMBLE, *Le Mythe de Rimbaud*, t. II, p. 81.
3. Rémy DE GOURMONT, *Le Livre des masques, portraits symbolistes*, 1896.

Illuminations, *puis, quelques mois après, d'Une* Saison en Enfer, *fut pour moi un événement capital*[1].

C'est que la voyance rimbaldienne, tout en étant une expérience personnelle et par là limitée, devient aussi une méthode poétique : le langage y est en effet constitué par l'enregistrement direct des « images mentales[2] », et la définition du symbole comme « image mentale » autorise une liberté quasi totale de la poésie, et en particulier la double exploration de l'idéal et de l'inconscient : ainsi s'explique que symbolisme et surréalisme aient dans l'œuvre de Rimbaud leur source commune.

Mais l'échec final de Rimbaud, qui reste un adolescent, et surtout un romantique, tient sans doute à ce qu'ayant assuré un premier progrès de la poésie — la coïncidence de son langage avec les « images mentales » — il ne s'en est pas moins trouvé prisonnier de cette impasse que dénonce *Alchimie du Verbe*. Mais, par là même, il définit, sans illusion et sans échappatoire, ce qu'avait déjà pressenti Baudelaire, la portée métaphysique du problème poétique, ou bien alors la poésie doit redevenir sensible, impressionniste et musicale. L'œuvre de Rimbaud rend inévitable le choix entre métaphysique et musique ou la recherche d'un contrepoint poétique de musique et de métaphysique.

Impression, intuition, musique L'orageuse amitié de Rimbaud et de Verlaine est restée célèbre : le coup de revolver du 10 juillet 1873 appartient à l'histoire littéraire. Il semble cependant qu'avec l'œuvre de Verlaine (1844-1896), nous sommes bien loin de la révolte et de la voyance rimbaldiennes. Mais la poétique de Verlaine, marquée en revanche par la faiblesse et la timidité de son tempérament, est, elle aussi, profondément révolutionnaire, et peut-être faut-il se méfier d'une éventuelle interprétation quelque peu sentimentale de la poésie verlainienne : Paul Verlaine n'est tout de même pas seulement une sorte de Lamartine symboliste !

Ce qui peut faire illusion, c'est qu'il apparaît d'abord, auprès de Rimbaud et de Mallarmé, sans parler de Lautréamont, comme un lyrique, peut-être même un lyrique *pur*, mais à condition de donner à cet adjectif tout son sens baudelairien ; ce que recherche Verlaine, avec ce mélange de nonchalance et d'intransigeance qui est dans sa nature, ce sont les voies et moyens de la pureté lyrique : il découvre alors l'identité essentielle de la poésie et de la musique, et prend cette idée, fort ancienne, assez au sérieux pour l'inscrire dans la forme même du langage poétique ; une fois encore c'est l'identification de la poésie et de son langage qui motive la recherche de l'inspiration et la pratique de l'écriture. Et le sens profond de la *musicalité* poétique est inscrit dans les titres et la technique des *Romances sans paroles* et des *Ariettes oubliées* (1874) en même temps que dans le célèbre *Art poétique* (Texte 19).

---

1. *Contacts et circonstances*, 1940.
2. L'expression est d'Edmond JALOUX (*Anthologie des essayistes français contemporains*, p. 196).

Car l'état poétique appelle le langage musical dans la mesure même où il exclut les intermédiaires rationnels, discursifs ou affectifs, aussi bien l'ordre que l'éloquence ou le sentiment. Il exige au contraire l'*essai*[1] d'une langue où expression et impression ne fassent qu'un. Aussi la musicalité verlainienne, contrairement à ce que l'on croit parfois, est-elle tout autre chose qu'une simple poétique de la sonorité : la pratique de l'*impair, plus soluble dans l'air*, est bien — cette image le dit clairement — la technique de notation des au-delà de l'âme ; la préférence donnée à la *nuance* est la préférence donnée à une technique de langage qui figure l'immédiate continuité du poète à lui-même et au monde, car une esthétique de la nuance est une esthétique de la continuité. Il n'est pas jusqu'au pittoresque lui-même, dans cet art du paysage poétique où triomphe le génie verlainien, qui ne soit radicalement modifié dans sa nature et dans son expression (Textes XXXII, XXXIII, XXXV) : la musicalité du langage rassemble dans leur unité poétique la fugacité et la profondeur des impressions. Il en est de même pour ce pittoresque spirituel qui remplit aussi bien la *Bonne Chanson* que *Sagesse* (Textes XXXII, XXXIV, XXXV) et il n'est pas rare — c'est même alors le sommet de la poésie verlainienne — que le pittoresque de paysage et le pittoresque d'âme se rejoignent dans l'unité symbolique de la même musicalité.

Ainsi la musicalité est la forme lyrique de l'analogie et de la correspondance : la diversité même du génie et de la destinée de Baudelaire, de Lautréamont, de Rimbaud, de Verlaine et de Mallarmé démontre la fécondité de cette multiple exploration de la poésie symbolique. Pour sa part, et grâce à sa technique de la musicalité, Verlaine fonde l'impressionnisme poétique, mais un impressionnisme non pas à fleur de peau comme le croiront certains de ses imitateurs : c'est un impressionnisme où la continuité d'une poésie immédiate figure la plénitude et la richesse d'une intuition — au sens bergsonien du terme — qui réunit le son, le rythme, le mot et le sens dans l'unité et la présence du poème ; ce pourquoi le poème verlainien est si souvent instantané, avec sa durée intérieure ramassée dans le cycle musical des assonances et des échos, des images correspondantes et des rythmes analogiques.

Derrière des apparences « régulières », le vers non seulement s'assouplit, mais éventuellement se disloque ou s'ondule : même lorsque oubliant sa théorie de l'Impair, Verlaine pratique l'alexandrin ou l'octosyllabe, il trouve le moyen de les rendre eux aussi *plus solubles dans l'air* ; c'est alors *une haleine, la respiration de l'esprit, une ondulation, une série de gonflements et de détentes*[2] ; la continuité musicale l'emporte sur l'analyse formelle, cette analyse formelle — compte de syllabes, découpage rythmique par la césure et la rime, organisation de rapports entre l'ordre poétique et l'ordre syntaxique — que le Romantisme avait continué de respecter, que l'Art pour l'Art et le Parnasse

---

1. Le mot est de Verlaine lui-même dans une lettre à Lepelletier de la fin de 1873 (*Correspondance*, I, p. 130).
2. Paul Claudel (article de la *Revue de Paris*, 1er février 1937).

avaient élaborée en système, que Baudelaire lui-même n'avait pas totalement répudiée.

C'était une autre révolution, dont les effets se feront sentir à retardement, comme dans le cas de Rimbaud : car une part importante de l'œuvre de Verlaine ne sera connue qu'après 1880 : *Sagesse* paraît en 1881, *Jadis et Naguère* en 1885, *Parallèlement* en 1889. Or sans Verlaine, on ne peut comprendre ni Laforgue ni Apollinaire. Et même ce goût de la *Chanson* se maintiendra tout au long de l'histoire de la poésie moderne, en concurrence ou en contrepoint avec le déchaînement onirique ou le délire prophétique ; le surréalisme lui-même devra reconnaître les profondeurs de la poésie musicale ; témoin, par exemple, Paul Éluard. En un sens, il est vrai, Verlaine réconcilie tradition et révolution : car rien n'est plus traditionnel, en poésie, que la musicalité de la chanson, et Verlaine fait songer, bien sûr, il y invite lui-même, à Villon et à Charles d'Orléans ; sa poésie religieuse, dans nombre de pièces de *Sagesse*, familiarise l'émotion mystique par le langage de la chanson, un peu comme fera plus tard Marie Noël (cf. Textes XXXIV, XXXV). Mais cette tradition, la poétique de Verlaine en bouleverse les usages : on ne chantera plus après lui comme avant, car la musicalité poétique a rompu tous ses liens avec la *littérature* et avec *l'éloquence*.

La recherche de l'absolu

Lautréamont et Rimbaud expérimentent l'identification de la poésie et de la rupture ; Verlaine est cet autre alchimiste qui musicalise le langage pour apprivoiser les au-delà de l'intuition. Ils répondent, chacun à sa manière, à l'obsession de l'idéal baudelairien, et cette poésie, qu'elle l'avoue ou non, est d'essence *méta*-physique. Est-il alors possible que la poésie puisse, dans l'exclusivité du dire qui la constitue, découvrir l'absolu dans le langage et même réduire à l'exercice du langage la révélation de l'absolu ? Comme si une Providence avait veillé au plein accomplissement historique de cette génération de poètes, voici que Stéphane Mallarmé (1842-1898) se lance, consciemment et douloureusement, dans cette aventure, la pointe extrême de l'aventure du langage, la tentative de fusion de l'être et du dire.

Or le héros de cette aventure est, dès le point de départ de son itinéraire, un héros de l'impuissance :

> Muse moderne de l'impuissance qui m'interdis depuis longtemps le trésor familier des rythmes, et me condamnes (aimable supplice) à ne faire plus que lire — jusqu'au jour où tu m'auras enveloppé dans ton irrémédiable filet l'ennui — les maîtres inaccessibles dont la beauté me désespère ; mon ennemie et cependant mon enchanteresse, aux breuvages perfides et aux mélancoliques ivresses, je te dédie, comme une raillerie ou — le sais-je — comme un gage d'amour, ces quelques lignes vécues et écrites dans les heures clémentes où tu ne m'inspires pas la haine de la création et le stérile amour du Néant[1].

Stéphane Mallarmé a alors 23 ans, il est profondément marqué par

---

1. *Symphonie littéraire, L'Artiste*, 1er février 1865.

l'influence du Parnasse qui lui inspire à la fois le désir de transformer le verbe en absolu, pour compenser l'échec formaliste par un succès métaphysique, et la crainte de ne trouver dans le verbe que néant et vanité. Tel est le drame de cette poésie, revêtue cependant de sérénité : *Ces Nymphes, je les veux perpétuer...* (Texte XXVIII), mais la perpétuité poétique peut-elle résulter de la seule *volonté* du langage ?

Car si Verlaine assume le lyrisme pour le porter au-delà de lui-même par la musicalité, Mallarmé refuse délibérément le lyrisme. C'est aussi que, contrairement à celui de Rimbaud et de Verlaine, le drame de Mallarmé n'est pas dans sa vie, ni dans son cœur, ni peut-être même dans son « âme » — comme le prouverait sa biographie, on ne peut plus normale et unie —, mais dans son *esprit*, dans cette *région où vivre* qui est le refuge de sa personnalité profonde, mais où aussi il rencontre et l'exigence de l'absolu et le risque de l'impuissance. C'est le sens profond du poème dans lequel, dès 1864, il exprime sa nostalgie : *l'Azur* (Texte XXVII).

Plus de vingt ans plus tard, en 1886, alors que son influence aura fait de lui, un peu malgré lui, un chef d'école et le maître incontesté des symbolistes, il prônera, en termes parfaitement clairs, une poétique de *l'isolement de la parole* (Texte 20, I) afin de produire *cette surprise de n'avoir ouï jamais tel fragment ordinaire*. Rupture consommée entre l'ordre de la parole, subsistant, dans la poésie, en soi et par soi (peut-être aussi pour soi) et le domaine inutile et illusoire de *l'ordinaire*.

Ainsi, tandis que son esprit devient *ce solitaire habituel de sa propre Pureté, que n'obscurcit plus même le reflet du Temps*[1], après avoir traversé l'expérience du spleen, Mallarmé opère l'identification totale du verbe et du pouvoir de l'Esprit, mais en même temps la réduction totale de ce pouvoir à sa parole. Telle est la raison, tel est le sens de l'hermétisme mallarméen : nulle « substance » de réalité ou de sentiment ne doit venir encombrer une parole déliée *(ab-solue)* de toute relation avec l'ordre du temps ou de la signification :

> A quoi bon la merveille de transposer un fait de nature en sa presque disparition vibratoire, selon le jeu de la parole, cependant, si ce n'est pour qu'en émane, sans la gêne d'un proche ou concret rappel, la notion pure (Texte 20, I) ?

Et Mallarmé transpose ainsi dans l'ordre métaphysique la poétique parnassienne de la difficulté, illustrant de façon saisissante ce dépassement qu'opère sur elle-même une poétique de la forme lorsqu'elle se confond avec une recherche de l'absolu : la souffrance que lui fit éprouver la composition d'*Hérodiade*, qu'il avoue dans nombre de ses lettres, atteint un tel degré qu'elle lui inspire cette poésie sur la poésie qu'on trouve dans *Don du Poème* :

> Je t'apporte l'enfant d'une nuit d'Idumée !
> Noire, à l'aile saignante et pâle, déplumée...

---

1. Lettre à Cazalis, 14 mai 1867.

La recherche de l'absolu

C'est avec Mallarmé que commence cette méditation cyclique du Poète sur la poésie, ce poème, au second degré, de la parole se contemplant elle-même, douloureusement ou extatiquement, origine du mythe valéryen de Narcisse.

Mallarmé est donc conduit à porter jusqu'à son terme le processus poétique implicite dans un symbolisme qui se veut absolu : si le symbole se définit par l'identité du signe et du sens, l'absolu du sens est alors dans la pureté du signe, la *fleur* poétique est nécessairement *l'absente de tous bouquets* (Texte 20, I) : la poésie mallarméenne produit alors, comme signe privilégié de sa recherche de l'absolu dans le langage, ce thème perpétuel de l'*absence*. Rimbaud déjà avait dit : *La vraie vie est absente*, entendant que la vérité de la vie est dans l'absence, et c'est bien dans l'absence que, systématiquement, Mallarmé recherche l'essence idéale de la poésie : toute *existence* est alors impureté, il n'est d'*essence* que dans la pureté d'un langage vidé de toute présence, langage qui ne laisse en lui subsister *nul vestige* (Texte 20, III).

De là naît toute une symbolique qui est comme la figuration verbale de l'absolu poétique, symbolique du cadre ou du miroir, de la chambre vide ou du décor sans objet :

> Sur les crédences, au salon vide : nul ptyx,
> Aboli bibelot d'inanité sonore.
> . . . .
> Elle, défunte nue en le miroir, encor
> Que, dans l'oubli fermé par le cadre, se fixe
> De scintillations sitôt le septuor[1].

L'apparition, au terme de ce célèbre poème, de l'image du *septuor*, comme aussi la qualité *sonore* de l'*inanité*, révèle l'importance, pour Mallarmé, de ce contrepoint de musique et de métaphysique grâce auquel il espère produire l'existence du poème sans risquer l'impureté d'une quelconque et « ordinaire » substance : la musique, qui est sonorité et vibration (cf. Texte 20, I : *sa presque disparition vibratoire*), est bien le signe de la seule présence que laisse subsister la pureté du dire dans le vide métaphysique, Ce pourquoi aussi les nymphes de *l'Après-midi d'un Faune* ne se *perpétueront* que par la musique de la parole poétique.

Ainsi la recherche mallarméenne de l'absolu obéit à un double mouvement : purification de l'univers et du langage par l'ascèse totale du dire poétique et manifestation de la présence musicale d'une essence qui ne soit qu'elle-même : le poème. Mallarmé atteint alors, dans cette perfection à la fois vibrante et glacée qui le caractérise, la limite extrême de la poésie métaphysique.

Mais il est alors tourmenté par cette limite : et le voici sur la voie du silence, ce silence qui est à la fois l'accomplissement et l'évanouissement de la poésie. Quand Lautréamont ou Rimbaud, atteignant leur limite, choisissent de détruire en eux le poète, Mallarmé, héroïque, tente l'impossible,

---

[1]. *Poésies, plusieurs sonnets*, IV, 1868.

mais c'est pour revenir en quelque sorte à son point de départ, à cette obsession de l'impuissance qu'il avoue de nouveau au terme de sa tentative, lorsqu'il s'écrie : *Jamais un coup de dés n'abolira le hasard* (1897). Le poème n'est plus que la savante répartition typographique, sur la page dont le blanc dominateur ne connaît que quelques îles verbales, des *membra disjecta poetae*. C'est l'échec mallarméen, l'alternative de l'obscurité et du silence également absolus ; selon la formule de Claudel, la *catastrophe d'Igitur*.

Cependant cet échec métaphysique n'est peut-être pas un échec poétique ; car au long de son aventure, Mallarmé a découvert toute une imagerie symbolique, un vocabulaire de signes qui feront désormais partie du domaine poétique et où pourront librement puiser ses successeurs. Tandis que Mallarmé lui-même, dans les dernières années de sa vie, cultivera son hermétisme inévitable, les symbolistes de 1885 se proclameront ses disciples et, inspirés aussi par l'exemple de Verlaine, transmettront au XXe siècle une idée de la poésie dont, après les pressentiments baudelairiens, l'expérience et l'invention sont l'œuvre de la grande génération de 1850.

CHAPITRE IV

LE SYMBOLISME ET SA SUITE

La révolution symboliste A la fin de 1883, la revue *Lutèce* publie, sous le titre *Les Poètes maudits*, trois études de Verlaine sur Tristan Corbière, Arthur Rimbaud et Stéphane Mallarmé, études qui paraîtront, sous forme de plaquette, chez l'éditeur des poètes, Léon Vanier, en avril 1884 (252 exemplaires seulement !) *Lutèce* était une de ces revues, comme il y en eut d'autres, où s'exprimait dans les années 80 la révolte de la jeune poésie contre la société et la littérature. Il en était de même dans les cabarets dont, tel le *Chat Noir*, le nom est resté célèbre. La publication de Verlaine, en concentrant l'attention sur trois poètes, allait donner à ce mouvement une certaine unité. Il la possédait déjà au moins virtuellement, dans la mesure où *l'ultrasensibilité* réclamée par Baudelaire (cf. p.28) s'était en effet emparée de toute une génération littéraire. En 1883 paraissait un recueil de Maurice Rollinat au titre significatif : les *Névroses*, qui connut dans les milieux littéraires et musicaux un succès exceptionnel, suscitant l'enthousiasme ou l'intérêt aussi bien de Barbey d'Aurevilly et de Hugo lui-même que de Massenet ou de Gounod ! L'œuvre de Rollinat est certes aujourd'hui bien oubliée, non sans raison, mais elle garde sa valeur de symptôme, comme aussi les noms que se donnèrent alors certains « clubs » poétiques, les *Hydropathes* ou les *Zutistes* (Rimbaud composa un *Album Zutique* qui ne devait être publié qu'en 1943). Sous les formes de

41

la révolte, de la mystification ou du délire, c'est bien une nouvelle poésie qui est en gestation, à qui Verlaine va proposer des maîtres.

En 1884 toujours, un transfuge du naturalisme, J.K. Huysmans, publie *A Rebours*, dont le héros est ce Des Esseintes, au nom lui-même symbolique dans sa sonorité : le prototype du dandy fin-de-siècle à la sensibilité spleenétique et à l'impressionnisme raffiné ; en janvier 1885, la *Revue indépendante* publiait, de Mallarmé, une *Prose pour des Esseintes* :

> Car j'installe, par la science,
> L'hymne des cœurs spirituels
> En l'œuvre de ma patience,
> Atlas, herbiers et rituels...

Enfin Vanier publie, cette même année, un recueil du Grec Papadiamantopoulos, connu sous le pseudonyme de Jean Moréas : *Les Syrtes*, où se trouvent rassemblées toutes les influences dominantes de l'époque : le néo-romantisme, l'évanescence, les lieux communs baudelairiens, les pierres précieuses, les métaux, et l'exotisme de l'âme :

> Mon âme est un manoir hanté par les corbeaux... (cf. Texte LV).

Si Verlaine proposait le thème de la malédiction, Huysmans et, à beaucoup d'égards, Moréas traduisaient le « mal de fin-de-siècle » qui allait s'exprimer dans le thème de la *décadence* : le mot est à la mode et, comme il arrive souvent, employé par des journalistes conservateurs pour dénoncer un nouveau mouvement[1], il est repris par les jeunes poètes comme un drapeau, et ce sont bientôt les *décadents* qui succèdent aux *hydropathes*. Ainsi prend corps l'École décadente qui certes manque de doctrine, et parfois de substance, mais qui, néanmoins, contient le triple ferment révolutionnaire de l'inquiétude, de la nostalgie et du raffinement : une curieuse combinaison d'exaltation et de mystification donne à l'École décadente toute son importance historique, comme en témoigne d'ailleurs le retentissement qu'eut cette caricature un jour publiée par *Lutèce* sous le titre : *Les Déliquescences d'Adoré Floupette* (Texte 21) !

Dans le même temps, une nouvelle province faisait son entrée dans la poésie française sous le signe de la révolution poétique : en 1881 s'étaient fondées en Belgique deux revues, *L'Art moderne* et *La Jeune Belgique* où se manifesta rapidement l'originalité d'une poésie à la fois plastique, visuelle et symbolique, une poésie qui tente la synthèse du romantisme et du réalisme et qui se sert dans ce but des techniques symbolistes, non sans se complaire aussi dans le rêve et l'impressionnisme de l'âme : de Gand, où ils s'étaient pour la plupart rencontrés dans leur adolescence au Collège Sainte-Barbe, ou de l'Université de Louvain, allaient venir quelques-uns des meilleurs poètes de l'époque symboliste, Rodenbach et Verhaeren, Elskamp et Van Lerberghe, et sans doute le plus grand de tous, Maurice Maeterlinck.

---

1. Déjà Baudelaire en 1857, à propos d'Edgar Poe, protestait contre l'expression *Littérature de décadence* employée par le critique Pontmartin.

Ainsi se répand une nouvelle sensibilité qui trouve son expression poétique la plus pure dans les *Complaintes* de Laforgue, publiées d'abord dans *Lutèce,* ensuite chez Vanier en 1885 (cf. p. 46).

La doctrine symboliste Il y avait aussi, un peu partout, dans les revues et chez les maîtres, Rimbaud, Verlaine ou Mallarmé, dans les œuvres de Rollinat ou des Décadents, les éléments d'une doctrine et l'exercice d'une technique ; il y avait aussi une double crise et du langage et de l'âme, dont témoignent par exemple, chez Laforgue, dans les vers qu'il consacre à sa *belle âme en ribote,* le jeu de la fantaisie verbale et du désespoir spirituel (Texte XXXVIII), ou tel poème de Max Elskamp (Texte XLVIII).

Laforgue, justement, avait proclamé : *Aux armes, citoyens ! Il n'y a plus de RAISON,* cela au moment même où allait exploser la bombe bergsonienne de *L'Essai sur les données immédiates de la conscience.* Une doctrine pouvait être formulée et pratiquée, des techniques pouvaient être appliquées et développées, et c'est ainsi qu'à partir de 1885 se constitue autour de Mallarmé, qui les reçoit dans son modeste appartement de la rue de Rome, le groupe des poètes qui formeront à proprement parler l'École symboliste, et c'est en préface au *Traité du Verbe* de l'un d'entre eux, René Ghil, que Mallarmé confiera l'expression la plus dense de sa doctrine (Texte 20. 1886). Bientôt paraîtront chez Mallarmé les représentants d'une nouvelle génération, entre autres Claudel et Valéry.

La déclaration de la doctrine, ce sera d'abord le *Manifeste littéraire* publié par Moréas dans *Le Figaro* du 18 septembre 1886 (Texte 22), manifeste que l'auteur ne tardera pas d'ailleurs à renier (Texte 26) ; ce seront aussi les réponses apportées par les poètes eux-mêmes à l'interrogation cruciale de tout symbolisme : *Qu'est-ce que le Symbole ?* (Texte 23) ; ce sera enfin, une fois la grande bataille passée, l'enquête littéraire de Jules Huret auprès des représentants incontestés de la nouvelle école (1891. Textes 20, II ; 23, II).

Mais c'est chez un critique, dont le nom peut paraître ici au premier abord quelque peu inattendu, Brunetière, que nous trouverons peut-être l'énoncé de l'expérience initiale de la poésie symboliste, expérience à partir de laquelle se formera la cohérence de la doctrine et qui explique aussi les risques de division interne. Brunetière écrit en effet en 1888, dans *Symbolistes et Décadents,* à propos du cas particulier, mais caractéristique, du paysage poétique, ces lignes dont la portée générale est évidente :

> « Un paysage est un état de l'âme » : on se rappelle ce mot d'Amiel... Cela ne veut pas du tout dire, comme je vois pourtant qu'on le croit, qu'un paysage change d'aspect avec l'état de l'âme... Mais cela veut dire au contraire qu'indépendamment du genre ou de l'espèce d'émotion qu'il éveille en nous, qu'indépendamment de nous et de ce que nous pouvons apporter de nous-mêmes, un paysage est en soi de la « tristesse » ou de la « gaîté », de la « joie » ou de la « souffrance », de la « colère » ou de l' « apaisement ». Ou, en d'autres termes encore plus généraux, cela veut dire qu'entre la nature et nous il y a des

« correspondances », des « affinités » latentes, des « identités » mystérieuses, et que ce n'est qu'autant que nous les saisissons que, pénétrant à l'intérieur des choses, nous en pouvons vraiment approcher l'âme. Voilà le principe du symbolisme.

Il s'agit donc bien pour la poésie de faire servir le langage à la révélation de ces « correspondances » et de ces « identités », et c'est le problème de la définition du symbole.

Sur ce point essentiel, la doctrine symboliste présente une assez remarquable unité quant à la définition des formes techniques du symbole, mais offre de non moins remarquables divergences quant au contenu de la réalité que révèle le symbole, cette âme des choses dont parlait Brunetière.

La fonction technique du symbole est double : elle est d'abord une fonction d'*allusion*, elle est ensuite une fonction de *prolongement*; l'expression imagée, née de la sensation ou de l'impression, de l'allégorie ou du mythe, du rêve ou de la légende, produit par allusion l'univers entier de la sensation et de l'impression, de l'allégorie et du mythe, du rêve et de la légende : l'œuvre poétique est constituée par les sons, les mots, les rythmes, la musique qui construisent, selon une méthode à la fois spontanée et concertée, — une « symphonie » plus ou moins complexe d'images allusives et fécondes, leur fécondité, leur efficacité étant l'affaire du génie du poète.

Le symbole et ce complexe symbolique qu'est le poème créent d'autre part une résonance à la fois sensible et spirituelle qui est capable de prolongements indéfinis : tel est le pouvoir du verbe poétique, et il y a là l'origine de la théorie bien connue de Valéry selon laquelle ce qui caractérise le pouvoir poétique, c'est la multiplicité infiniment diverse des prolongements du poème. C'est ce que Maeterlinck appelle la *force occulte des choses* (Texte 23, II), force occulte que c'est la fonction du symbole de recueillir et de ramasser dans le Verbe.

Mais alors se pose la question de la nature de cette « force », la question — inévitable — du sens de ce signe qu'est le symbole. Face à cette question, la tendance dominante du symbolisme a été la tendance idéaliste, ce qui s'explique si l'on songe que, dans son aspect polémique, le symbolisme était une réaction contre le formalisme parnassien (cf. Mallarmé, Texte 20, II) et contre le naturalisme. Le mot *idée*, dans un sens néo-platonicien, revient constamment dans le vocabulaire théorique des symbolistes (Jean Moréas, Texte 22. René Ghil, Texte 23, I. Henri de Régnier, Texte 23, IV. Stuart Merrill, Texte 24). Il arrive même que l'idéalisme poétique des symbolistes soit proche de l'idéalisme philosophique dans la mesure, par exemple, où il fait du langage le lieu d'instauration d'un univers autonome, constitué par le seul système des relations et représentations verbales. Dans la poésie, c'est l'esprit qui est *le maître des formes de la vie* (Stuart Merrill, Texte XXIV).

Dans cette voie, le symbolisme retrouvait l'ambition métaphysique et tout aussi bien l'ambition mystique ; il pouvait non seulement chercher dans la poésie une connaissance mais même une voie d'accès à la communion avec le monde et avec Dieu ; ainsi se trouvait ouverte la porte à un ultra-symbolisme qui fait de la poésie la haute science : de cet ultra-symbolisme, le prophète devait être Saint-Pol Roux, en qui, pour reprendre une de ses expressions, *l'énergie poétique* libérée par le langage symbolique donne toute sa mesure (Texte 25.) En un sens, cette poétique ultra-symboliste de Saint-Pol Roux, bien que se rattachant à un même idéalisme original, forme comme le pendant inverse de la poétique mallarméenne de l'Absence.

Cependant le symbolisme contenait la possibilité d'un néo-réalisme poétique dont les poètes belges, particulièrement Verhaeren, conçurent déjà la doctrine et la forme (Textes 28 et LIV) : certes le symbole est toujours « idée », et la poésie toujours opposée au naturalisme ; mais la comparaison que fait Verhaeren entre la vision poétique et la description naturaliste de Paris est significative : le symbolisme devient en effet la traduction, dans le langage propre de la poésie, d'une réalité qui est la réalité humaine, la réalité urbaine ou industrielle, éventuellement la réalité *moderne*.

Ainsi la poésie qui, dans le symbolisme de la révolte ou de l'idée, prolongeait le *la vraie vie est absente* de Rimbaud et l'hermétisme mallarméen aussi bien que la musicalité verlainienne, pouvait aussi, dans la ligne du pittoresque évocatoire de Verlaine et grâce au néo-réalisme des Belges, préparer les doctrines et les œuvres qui rendront jusqu'à un certain point caduc le symbolisme idéaliste. Le début du XXe siècle sera suffisamment dégagé des servitudes proprement doctrinales pour qu'apparaissent des poètes qu'on peut dire indépendants, quelle que soit leur dette à l'égard de leurs prédécesseurs, et pour que naissent d'autre part les poétiques qui réincarneront la poésie dans l'humanité, aussi bien l'unanimisme de Jules Romains que le modernisme d'Apollinaire ou de Cendrars.

Les poètes symbolistes   Un catalogue complet des poètes qui se rattachent directement à l'obédience symboliste entre 1880 et 1900 (et même au-delà) comporterait un nombre considérable de noms ! La floraison poétique du symbolisme fut en effet telle que la fin du XIXe et le début du XXe siècle furent, pour quiconque se proposait d'entrer en littérature, une époque d'obligation poétique. Or le prestige des grands poètes du XXe siècle a quelque peu refoulé dans l'ombre les poètes symbolistes ; et il y a là sans doute quelque injustice, car le symbolisme a été à la fois un mouvement collectif de libération et un milieu d'éclosion d'expériences personnelles qui méritent de conserver toute leur place dans l'histoire littéraire.

Parmi les précurseurs figure celui que Verlaine plaçait auprès de Rimbaud et de Mallarmé parmi les poètes maudits : Tristan Corbière (1845-1875) mort jeune, comme Lautréamont et comme Laforgue ; avant toute doctrine, il expérimente une poésie d'explosion immédiate où le langage se morcèle en images heurtées et en rythmes déséquilibrés, où les symboles se télescopent pour former une écriture en quelque sorte brute : c'est en préface au symbolisme, et déjà au-delà du symbolisme, l'arythmie concertée d'Apollinaire et l'écriture automatique des surréalistes (Texte XXXVII). Expérience qui révèle jusqu'où pouvait aller, dès ses origines, la puissance de rupture du langage symboliste.

Auprès de Corbière, Jules Laforgue, son cadet de 15 ans (1860-1887), qui a peut-être subi son influence, sera, avec ses *Complaintes* de 1885, le représentant du symbolisme « décadent » : mais l'esthétique décadente est pour lui le masque de son défaitisme métaphysique, comme le dit, dans une image on ne peut plus « laforguienne », le début de *l'Hiver qui vient* dans les *Derniers vers* de 1886 : *Blocus sentimental !* Les images, les allégories, les mythes même — celui de la femme, celui du voyage et surtout l'étonnant mythe lunaire que Laforgue a nourri de toute sa richesse intérieure — sont, comme les rythmes ou les sonorités, la figuration fantaisiste d'une angoisse qui se parodie d'autant plus cruellement qu'elle est plus intolérable :

> Ah ! ça, qu'est-ce que je veux ?
> Rien. je suis-t-il malhûreux !
> *(Complainte de l'orgue de Barbarie.)*

ou :

> La Terre, elle est ronde
> Comme un pot-au-feu,
> C'est un bien pauv'monde
> Dans l'Infini bleu
> *(Petites misères d'août.)*

ou même :

> Je veux bien vivre ; mais vraiment,
> L'Idéal est trop élastique !
> *(Dialogue avant le lever de la lune.)*

L'angoisse de la défaite et la conscience ironique de cette angoisse — attitude très moderne — provoquent dans le langage — et c'est alors que Laforgue se révèle grand poète — comme une mutation, un échange, pour ainsi dire, entre poésie et antipoésie, entre rêve et réalité, que peut seule autoriser l'immédiate fusion, dans l'unité du rythme et des images, de l'intériorité et de l'événement (cf. Texte XL) ; la fantaisie elle-même assume le désespoir, quand la ronde des images quotidiennes débouche sur le souvenir, la nostalgie, la conscience de l'échec ou de l'ironie du sort (Texte XXXIX). Et enfin l'Inconscient surgit : le poète déguisé en Pierrot lunaire développe l'*Imitation de Notre Dame la Lune* (1886), extase de l'envers de l'âme, pastiche de l'idéal, aveu d'un départ qui joue avec l'ironie de son impossibilité. Car Laforgue, comme tant de symbolistes, est le poète d'une évasion qui ressemble à un naufrage : rêveur conscient de l'échec de son rêve, il choisit de jouer avec les magies de son miroir poétique (Texte XXXVIII).

Auprès de Corbière ou de Laforgue, la plupart des autres symbolistes — si l'on met à part les Belges et Saint-Pol Roux — font figure de techniciens et de « précieux » : il y eut en effet toute une préciosité symboliste, pour qui la dimension métaphysique du problème poétique s'efface devant la technique du langage, le goût de l'image et du symbole recherchés pour eux-mêmes, l'élaboration subtile d'une « atmosphère » enfermée dans les mots et les rythmes : ainsi la préciosité symboliste, c'est d'abord le *vers-librisme* de Gustave Kahn (1859-1936) et de Francis Viélé-Griffin (Textes XLI, XLII, XLIII) ; mais le vers libre, ce n'est pas seulement cette rupture avec les

Les poètes symbolistes

contraintes métriques qui favorisera l'invention du verset claudélien et qui prépare le développement du poème en prose ; c'est aussi, surtout chez Viélé-Griffin (1864-1937) et éventuellement chez son compatriote américain Stuart Merrill (1863-1915), la transcription rythmique de la musique intérieure, la tentative pour concilier dans le langage la mélodie et la liberté, comme dans le symbole se concilient les images déposées par les impressions du monde extérieur et la tonalité ou la résonance de l'atmosphère intérieure (Texte XLI).

Ainsi se constitue ce néo-symbolisme dont Henri de Régnier fera l'expérience et concevra la doctrine (Texte 23, IV). Sans renier le moins du monde, non plus que Viélé-Griffin ou Stuart Merrill (cf. Texte 24), l'idéalisme originel de la poétique symboliste — le Symbole *est la plus parfaite et la plus complète figuration de l'Idée* — Henri de Régnier (1864-1936), le poète peut-être le plus doué de sa génération, tente et souvent réussit une synthèse des résultats poétiques du symbolisme : musique et vers libre, avec insertion subtile de plastique parnassienne et de régularité métrique, produisent au-delà d'eux-mêmes, au-delà parfois de leur préciosité formelle, un monde de spectacles, d'émotions et de sensations qui relève d'un surnaturalisme délicat et raffiné, comme lorsqu'il écrit :

> Nos espoirs entreront par les portes ouvertes
> En vols de papillons légers aux vastes ailes   (Texte XLIV).

On trouve, dans le meilleur de son œuvre, cette densité spirituelle implicite où atteint la préciosité lorsqu'elle se porte à sa perfection : ce qui était déjà arrivé aux meilleurs parmi les précieux du XVIIe siècle.

C'est chez Albert Samain (1858-1900) que triomphe cette préciosité symboliste : il a connu, lui aussi, comme Laforgue, le drame intérieur de la défaite et de la désolation :

> Pâle, j'écoute au bord du silence béant.
> J'écoute, et la sueur coule à ma tempe blême.   *(Le Chariot d'or.)*

Mais grâce surtout à l'influence de Verlaine, désespoir et défaitisme se transposent en mélodie : musique en sourdine et symboles alanguis. Alors,

> L'aube d'une clarté s'épanche dans mon âme   *(Le Chariot d'or.)*

Ainsi se trouve-t-il conduit à ce symbolisme de féminité (Texte XLV. C'est Samain qui disait qu'il existe des « âmes-femmes »), dont le charme séduisit tant de lecteurs et dont il n'est pas sûr que notre époque ait raison de le mépriser quelque peu.

Du symbolisme, le XXe siècle, du moins après le surréalisme, devait pour ainsi dire extraire l'œuvre de Saint-Pol Roux, dit le Magnifique (1861-1940) : la fantasmagorie de son manoir breton de Cœcilian, près de Camaret (nommé d'après son fils tué à Verdun), l'apocalypse tragique de cette nuit de juin 1940 où le poète, sa fille Divine et sa servante Rose, durent affronter l'irruption d'un tueur allemand, l'incendie qui en août 1944 — quatre ans après la mort du poète — ravagea Cœcilian, ce sont là comme des signes d'une poésie qui, à force de prendre le symbolisme au sérieux, en était venue à proclamer : *Le style c'est la vie*. Dans l'œuvre de Saint-Pol Roux se rencontrent une préciosité qui s'amplifie jusqu'au baroque et une spiritualité qui s'enivre de prophétisme (Texte XLVI), cela même lorsque le prétexte de la poésie appartient cependant à l'ordre du quotidien le plus ordinaire (Texte XLVII).

En face de Saint-Pol Roux, Maurice Maeterlinck paraît moins « magnifique » ; il est pourtant, lui aussi, le représentant d'un ultra-symbolisme qui, certes, triomphera surtout dans son théâtre mais qui se manifeste aussi dans la tranquille audace des poèmes de *Serres chaudes* ou des *Douze Chansons* (Textes L, LI, LII) : poésie à beaucoup d'égards dramatique, dans la mesure où le symbole s'incarne dans des personnages, dont la féerie, si elle se présente sous un aspect subtil et précieux, naît de la révélation des rêves sous-jacents et des émotions secrètes : poésie en effet du sous-jacent et du secret, parfaitement en accord avec la théorie du *symbole inconscient* (Texte 23, II) ; mais il n'est pas besoin d'insister sur ce que cette théorie, et sa pratique portée à sa perfection par Maurice Maeterlinck, contient de révolutionnaire : nous n'en voulons pour preuve que l'unanimité avec laquelle les générations poétiques postérieures au surréalisme reconnaissent en Maeterlinck un authentique précurseur[1]. Il en est de même, quoique à un moindre degré, pour d'autres poètes belges, Charles Van Lerberghe (1861-1907. Texte XLIX) et surtout Max Elskamp (1862-1931. Texte XLVIII).

Suite du symbolisme   Nous avons vu le symbolisme être très souvent une *poésie de la limite* : C'est vrai de Maeterlinck et de Saint-Pol Roux comme de Corbière ou de Laforgue, après Rimbaud et Mallarmé ; aussi risquait-il de s'enfermer, comme il arrive à Samain, dans l'impasse d'une préciosité vite épuisée. En fait, pour certains symbolistes déjà, le recours au symbole pouvait n'être qu'un moyen technique de rendre compte poétiquement de la réalité profonde du monde ou de l'homme. A cet égard Émile Verhaeren (1855-1916) occupe une place cruciale dans l'histoire et l'évolution du symbolisme ; l'idéalisme symboliste tendait à être une poésie de fuite, Verhaeren en fait une poésie d'engagement : rompant avec la tradition baudelairienne et mallarméenne de négation poétique du monde moderne, mais reprenant une autre tradition, baudelairienne elle aussi[2], Verhaeren se fait le poète de la *Vie ardente* (Texte LIV) en chantant les *Villes tentaculaires* et la poésie industrielle (Texte LIII). Pourtant il avait connu, au départ, le désespoir et la déréliction :

> Mourir ainsi, mon corps, mourir serait le rêve !...
> Un silence total dont auraient peur les morts...

---

1. Cf. en particulier l'introduction de Roger BODART au volume consacré à Maeterlinck dans la collection *Poètes d'aujourd'hui* (Seghers, ed.).
2. Cf. *L'héroïsme de la vie moderne (Salon de 1846)* et la théorie de la *modernité (Le peintre de la vie moderne)*.

et l'on songe parfois au pessimisme initial d'un Van Gogh, son quasi-compatriote et son contemporain, lorsque Verhaeren évoque, par exemple, un moulin :

> Le moulin tourne au fond du soir, très lentement,
> Sur un ciel de tristesse et de mélancolie...

Mais l'ardeur l'emporte sur la défaite, et l'œuvre de Verhaeren s'épanouit au moment où commence de se répandre en France l'influence de l'Américain Walt Whitman (1819-1892. Texte 27).

C'est sur cette évolution néo-réaliste du symbolisme que se greffera dans les premières années du nouveau siècle l'unanimisme de Jules Romains et de ses amis du groupe de l'Abbaye de Créteil, en particulier Charles Vildrac (Textes 29, LVII, LVIII, LIX). L'héritage symboliste y est très sensible, dans ce principe, déjà énoncé par Brunetière (cf. p. 43) que les choses ont une âme ; mais ici « les choses », ce n'est plus seulement la nature, c'est encore moins l'idée, c'est le monde, et tout particulièrement l'univers urbain et déjà mécanique, dont la poésie se propose de manifester, à l'aide de techniques symbolistes, la vie intime, et, pour ainsi dire, spirituelle, ce qui explique le titre que Jules Romains donnera à son second recueil : *Prières*.

Ainsi l'unanimisme sert de lien entre le symbolisme, ses inventions techniques et sa libération du langage, et tout ce qui dans la poésie ultérieure s'inspirera de la réalité moderne, d'Apollinaire et Cendrars au surréalisme ; c'est un symptôme de ce qu'Apollinaire appellera l'*Esprit nouveau* (Texte 30), cette aptitude de la poésie à explorer simultanément, selon le pressentiment de Baudelaire, l'inconscient du langage et l'inconscient du monde.

La réaction antisymboliste Dans le même temps, alors que Heredia, indéfectible parnassien, allait publier *Les Trophées* (1893), le symbolisme engendrait sa négation : c'est Moréas, l'auteur du Manifeste de 1886, qui, cinq ans plus tard, en 1891, publiait son propre démenti avec le manifeste de l'École romane (Texte 26) : il s'agissait de remonter, au-delà même du Parnasse, à la poésie des XVIIe et XVIe siècles pour en retrouver à la fois la généralité intellectuelle et la rigueur formelle (Texte LVI). Avec lui, Moréas entraînait d'autres transfuges du symbolisme, Raymond de la Tailhède et Ernest Raynaud. Il rejoignait aussi la réaction méditerranéenne, dont le théoricien était Charles Maurras et qui s'inspirait de l'exemple de Frédéric Mistral. Ainsi se formait un néo-classicisme, (auquel adhéra aussi Henri de Régnier) qui s'exprime, sous l'influence de Lucrèce et de Virgile, dans l'œuvre éminemment romaine de François-Paul Alibert (1873-1953), qui surtout retentira dans tout ce que contient de méditerranéen l'œuvre de Paul Valéry.

Dans les premières années du XXe siècle, quoique toute proche, la révolution symboliste est achevée : la libération du langage est acquise, l'aptitude métaphysique de la poésie est démontrée, le symbole n'est plus seulement une « figure poétique » parmi d'autres, il n'est pas non plus asservi au culte exclusif de « l'idée » ; il est devenu une technique universelle d'expression et de suggestion, il peut surgir de n'importe quel recoin du monde extérieur ou intérieur, de la nature et du moi, de la conscience et de l'inconscient, de la sensation et du sentiment, du rêve le plus intemporel ou de la réalité la plus proche. Sans doute faut-il reconnaître au symbolisme le mérite d'avoir conduit à son terme cette entreprise poétique amorcée par le romantisme et poursuivie par Baudelaire. Désormais tout est possible au poète : le XXe siècle ne se fera pas faute de le démontrer.

CHAPITRE V

XXe SIÈCLE :
LES EXPÉRIENCES ET LES MAITRES

Au-delà du symbolisme, en marge du symbolisme, contre le symbolisme, le processus expérimental était déclenché : il se poursuit dans différentes directions, ce qui donne à la poésie du début du XXe siècle son caractère un peu anarchique. Certes la libération du langage reste sensible même chez les poètes qui professent le retour à la « régularité » ; l'idéalisme du rêve ou le caprice de l'imagination continuent d'être des forces inspiratrices largement répandues : mais c'est justement la liberté de la forme et de l'inspiration qui conduisent à affirmer l'indépendance du poète autant que l'indépendance de la poésie.

Du côté de la fantaisie La tradition fantaisiste était fort ancienne dans la poésie française ; elle avait régné tout au long des siècles classiques dans le genre de la poésie légère ; le romantisme ne l'avait pas ignorée, et l'Art pour l'Art lui avait fait une place non négligeable dans l'œuvre de Théodore de Banville. Mais après le symbolisme, la fantaisie — déjà présente dans le domaine verlainien — connaît un intéressant renouvellement : peu s'en faut même qu'elle en vienne à constituer une véritable école poétique autour de P. J. Toulet (1867-1920. Texte LXI) et de Tristan Derème (1889-1941), poètes pour qui la fantaisie est le masque d'un lyrisme contenu, la pudeur d'une âme souvent mélancolique, mais qui

XXe SIÈCLE : LES EXPÉRIENCES ET LES MAÎTRES

cherche à brouiller, pour ainsi dire, ses sentiments et ses émotions en les transposant en images et en rythmes. Il y a là souvent des souvenirs du symbolisme de Corbière ou de Laforgue, avec peut-être une subtilité plus gracieuse. Quoi qu'il en soit, sans l'apport des fantaisistes, tout un aspect de la poésie moderne, d'Apollinaire à Cocteau et Max Jacob, resterait difficilement explicable : le recours à l'humour comme mode d'expression du lyrisme, le caprice verbal ou rythmique comme symbole de la liberté intérieure.

Il arrive aussi à cette fantaisie de se composer avec la redécouverte de la tradition populaire : c'est tout le secret du charme de Paul Fort (1872-1960. Texte LX) et de ses *Ballades françaises* ; propagandiste de la poésie symboliste avec sa revue *Vers et Prose*, Paul Fort fut aussi un animateur de la vie poétique : il fut le centre des célèbres mardis de la Closerie des Lilas, rencontres de poètes divers et témoignage social de l'importance littéraire de la Poésie.

**Loin des écoles :
Francis Jammes**

En 1898, paraissait au *Mercure de France* un recueil intitulé : *De l'Angelus de l'Aube à l'Angelus du Soir* ; il avait pour auteur un poète pyrénéen alors âgé de 30 ans, Francis Jammes (1868-1938), dont le caractère dominant, immédiatement perçu par les lecteurs, était la « naïveté » : Mallarmé et André Gide avaient salué également ce souffle de fraîcheur qui traversa la poésie française au moment précis où, à Paris, proliféraient les écoles et les chapelles. Mais cette « naïveté » est celle de la redécouverte d'une nature, toute nourrie d'ardeur et de spiritualité ; nature aussi qui englobe les objets et les choses dont l'âme parle le langage de la poésie (Texte LXII) ; nature surtout peuplée de sensations et d'émotions, de personnages et de paysages (Texte LXIII) ; nature enfin qui ouvre sur le mystère divin et dont le chant se remplit de spiritualité franciscaine. Il est difficile de mesurer l'influence de Francis Jammes, l'influence de son œuvre, et l'influence de son exemple : elle fut certainement considérable, qu'elle agît directement ou indirectement aussi bien sur Claudel que, peut-être, sur Péguy et plus récemment sur Marie Noël, ou encore sur Max Jacob ou Supervielle ; il y a, en tout cas, un certain *son* poétique qui vient de Francis Jammes et qui se retrouvera, plus ou moins affirmé, plus ou moins atténué, plus ou moins mêlé, dans la poésie ultérieure.

La poésie féminine

Au temps du symbolisme, Albert Samain avait parlé d'une poésie propre aux « âmes-femmes » ; est-il vrai que le symbolisme contenait une certaine féminité ? C'est un fait en tout cas que ces mêmes années voient un développement remarquable de la poésie féminine : Renée Vivien (1877-1909), Lucie Delarue-Mardrus (1880-1945), Cécile Sauvage (1883-1927) et surtout Anna de Noailles (1876-1933) ; le plus souvent cette poésie féminine assimile les techniques symbolistes pour opérer un retour à la spontanéité, cette spontanéité qui triomphera plus tard dans l'œuvre de Marie Noël. Anna de Noailles, elle, y joint un panthéisme où est sensible l'influence de Hugo et surtout une mystique de la terre qu'elle chante en alexandrins parfois néo-classiques ; il y a chez elle un romantisme instinctif, cependant, qui vient faire vibrer une forme souple, mais aussi un sens de l'incarnation des lieux communs qui la rapproche du meilleur Moréas (Texte LXIV).

L'esprit nouveau   Tandis que se déroulaient ces expériences individuelles, en réaction peut-être, au moins en partie, contre la « scolastique » doctrinale de l'époque symboliste, la préoccupation de ce qu'Edgar Poe avait appelé *le principe de la poésie* ne disparaît pas ; ce que le XIXe siècle avait légué au XXe, à savoir la définition de la poésie comme *problème* (préoccupation à peu près étrangère aux poètes et poétesses dont nous venons de parler), va au contraire dominer les expériences les plus importantes de l'époque.

Dans son ensemble, le symbolisme avait défini le principe de la poésie par la métaphysique idéaliste ; Verhaeren déjà et, après lui, l'unanimisme avaient tenté une réincarnation de la poésie dans le monde et l'humanité. Ainsi le problème de la poésie va-t-il être de plus en plus celui d'une poésie *moderne*, comme celui de l'art est celui d'un art *moderne* ; la rencontre dans une même tâche et dans un même combat des peintres et des poètes est à cet égard significative : c'est Apollinaire qui définit par le mot de cubiste la peinture moderne dans ses *Peintres cubistes* de 1913 et, la même année, *Zone* apparaît comme de la « poésie cubiste ». Cependant, en se voulant *moderne*, la poésie ne voulait pour autant renoncer à ce surnaturalisme qui lui était devenu en quelque sorte inhérent depuis Baudelaire ; elle ne pouvait non plus renoncer, au contraire, à son originalité technique, à ses recherches propres de langage et de rythme : ce sera au niveau du langage et du rythme que la poésie cherchera la synthèse nécessaire de son actualité et de son éternité, la synthèse aussi de son surnaturalisme et de sa modernité, la synthèse enfin de l'aveu lyrique et de l'enregistrement du monde. C'est ce qui fait toute l'importance de cette coïncidence que fut en 1913 la publication de *Zone* d'Apollinaire (1880-1918. Texte LXXVI) et de la *Prose du Transsibérien* de Cendrars (1887-1961. Texte LXXX) préparée, l'année précédente, par les *Pâques à New York* du même Cendrars.

La *Prose du Transsibérien* se présentait « comme un dépliant de 2 m de haut, présentation synchrome, peinture simultanée par Mme Delaunay-Terk » ; de son côté *Zone* (et tout le recueil d'*Alcools*), suivant en cela l'exemple des *Pâques à New York*, avait l'apparence d'un poème sans ponctuation, aux lignes irrégulières. Mais derrière ces signes matériels, il y avait surtout l'expérience d'une poésie qui se voulait accordée à l'accélération du monde moderne, accordée aussi à la multiplicité simultanée de cet univers ; poésie enfin qui tentait de trouver dans cette forme de l'accélération, de la multiplicité et de la simultanéité, les signes et les symboles de l'univers intérieur : rendre le monde lyrique, dans la figuration de son immédiate authenticité, pour pouvoir accorder l'irréductible impulsion lyrique de l'âme avec les images, les mouvements et les rythmes de la modernité, telle fut l'ambition d'Apollinaire et de Cendrars ; rien n'est à cet égard plus significatif que le symbolisme ferroviaire du *Transsibérien* ou la signification nostalgique de la géographie de *Zone*.

C'est ce que, dès 1912, Apollinaire avait exprimé dans sa formule de l'*Esprit nouveau* :

A la fin tu es las de ce monde ancien

mais en cela le mouvement de la poésie française rejoignait non seulement le mouvement contemporain de la peinture, par exemple, mais aussi un mouvement de pensée plus largement européen qui avait trouvé son expression la plus complète dans le futurisme italien de Marinetti (en réaction contre le néo-romantisme de d'Annunzio), dont l'influence sur Apollinaire ne saurait être niée (Texte 30).

Un autre problème se posait, hérité du symbolisme, mais aggravé par la revendication du futurisme et de l'esprit nouveau : le problème de la sauvegarde, dans le langage poétique ainsi élaboré à partir de la modernité, des valeurs formelles : images, rythmes, mesures, échos, résonances, ce que les poétiques traditionnelles avaient résolu par les prosodies, les métriques et la rime. C'est ce qu'Apollinaire appela la grande querelle de la tradition et de l'invention (Texte 31). Querelle qui explique l'alternance dans l'œuvre d'Apollinaire, pour parler en termes un peu schématiques mais au total exacts, de la régularité et de l'irrégularité, alternance qui est le signe d'un débat intérieur plus profond entre l'aveu lyrique et la figuration cubiste. Le génie d'Apollinaire est dans la conquête d'une unité proprement poétique, au niveau des images, des rythmes et des symboles, entre sa sensibilité aiguë à tout ce qui fait le monde moderne et la vulnérabilité de son cœur : ce contrepoint du cœur et du monde, transcrit dans la contiguïté des images et des émotions, est le secret de la neuve poésie de *Zone*. Mais il arrive que le lyrisme éclate et retrouve le ton de la chanson et de la mélodie, et même le charme du merveilleux symboliste, autre forme de l'alternance poétique (Texte LXXVII).

La place d'Apollinaire dans l'histoire de la poésie est celle d'un poète dont les antennes communiquent avec tous les points sensibles de l'univers poétique, « *Prince de l'esprit moderne* », comme dit André Billy, il est aussi l'héritier du symbolisme, un symbolisme qui serait surtout comme une synthèse de celui de Verlaine et de celui de Maeterlinck ; il est encore le poète d'une rencontre, aux multiples répercussions, entre une sensibilité et une expérience (qu'on songe par exemple à ses poèmes de guerre : Texte LXXVIII). Et l'on n'en finirait pas d'énumérer ces complexes correspondances de tous ordres, que ce fut le génie d'Apollinaire d'éprouver dans son expérience et dans son cœur, et peut-être surtout dans son langage, l'un des plus irréductibles à l'analyse, l'un de ceux où s'harmonisent le mieux, dans la perfection de l'aisance, le mystère et l'évidence.

Une conquête : Paul Valéry (1871-1945)

Avec le *Coup de Dés* et la *catastrophe d'Igitur*, la limite mallarméenne était restée en suspens, cela aussi bien dans l'œuvre même de Mallarmé que dans l'histoire de la poésie. A la mort du poète en 1897, et devant les évolutions de la poésie après cette date, on aurait

Une conquête : Paul Valéry (1871-1945)

pu penser que la conquête métaphysique du dire débouchait inéluctablement sur le silence et sur l'absence, qu'en tout cas, dans cette voie, la Poésie se vouait à ne plus reconnaître, à force de pureté, qu'un seul mythe, celui de Narcisse.

Et Paul Valéry commence en effet par Narcisse : mais son génie et son art feront que ce qui avait été pour Mallarmé un terme devient pour lui un commencement. On est tenté de songer au vers de T.S. Eliot, si pénétré d'influences françaises : *In my end is my beginning, En ma fin est mon commencement*[1]. Dans l'*Album de Vers anciens* écrits au temps de la jeunesse symboliste et mallarméenne de Valéry, et publiés seulement en 1920, en effet, *Narcisse parle*, et sous l'épigraphe *Narcissae placandis manibus* :

> O frères ! tristes lys, je languis de beauté
> Pour m'être désiré dans votre nudité,
> Et vers vous, Nymphe, nymphe, ô nymphe des fontaines,
> Je viens au pur silence offrir mes larmes vaines.

Peut-être est-ce la raison pour laquelle Valéry renonce à la poésie : la crise des années 90 lorsqu'il entreprend le double exercice de la connaissance scientifique et de la connaissance de soi *(Léonard de Vinci* et *Monsieur Teste)*, n'est pas seulement une crise personnelle, c'est aussi, en Valéry, jusqu'alors identifié avec elle, une crise de la poésie, mais crise qui va modifier radicalement le rapport entre l'esprit et la poésie, ce qui donne toute son importance historique et spirituelle à l'expérience valéryenne.

Lorsqu'en 1917, Valéry publie *La Jeune Parque*, il dédie son œuvre à André Gide dans les termes suivants : *Depuis bien des années j'avais laissé l'art des vers ; essayant de m'y astreindre encore, j'ai fait cet exercice que je te dédie.* Or cet exercice est un chef-d'œuvre ; c'est donc que la poésie se définit *comme exercice*, un exercice de pureté dans la double connaissance de soi et du langage, exercice qui s'accomplit dans une double conquête de soi-même et du langage ; à travers le drame d'une conscience atteinte jusque dans son être par la morsure du serpent *(J'y suivais un serpent qui venait de me mordre)* — le doute, la chair, la mort, le silence — la poésie est accès à la possession de soi-même dans l'exercice du langage — dont Monsieur Teste avait déjà expérimenté les vertus — en harmonie aussi avec la possession du monde, sous les espèces du Soleil. Il suffit de lire les derniers vers de *la Jeune Parque*, vers dont Valéry lui-même nous dit qu'ils lui sont venus *tout rôtis*, de la muse :

> Alors, malgré moi-même, il le faut, ô Soleil,
> Que j'adore mon cœur où tu te viens connaître,
> Doux et puissant retour du délice de naître,
> Feu vers qui se soulève une vierge de sang
> Sous les espèces d'or d'un sein reconnaissant !

---

1. *Four quartets. Burnt Norton*, 1950.

Aussi n'y a-t-il pour Valéry de poésie que pure ou *absolue* (Texte 33) et de ce principe découle toute sa théorie des *gênes exquises*, comme il dit, théorie qui donne la primauté aux opérations techniques du langage, qui va même jusqu'à trouver dans le procédé technique approprié la source efficace du symbolisme poétique (Texte 32). Mais sur ce point encore l'ambition de Valéry, c'est la conquête de l'être poétique : par la théorie des *gênes exquises*, l'inspiration n'est pas abolie, mais incarnée. Et nous voici au contact de ce que la poésie valéryenne contient peut-être de plus étonnant : la poésie de cet intellectuel, de ce mallarméen, est une poésie de l'incarnation, non certes dans le même sens où ce mot pourra être employé à propos de Péguy ou de Claudel ; mais il s'agit bien de la reconstruction, par le langage, d'un univers où l'esprit humain ait pleinement sa place. Tandis que la pureté du dire en venait à produire chez Mallarmé la raréfaction de l'atmosphère, Valéry la porte, cette même pureté, jusqu'au point où, parce qu'elle se fonde sur un exercice, sur une activité, elle peut redevenir créatrice après avoir connu le risque du néant et du silence. Et dans *Charmes*, tandis que l'*inquiet Narcisse* reprend la parole (Texte LXVII), se manifeste aussi cette dramatisation de la poésie (Texte LXVI) qui la réintègre à l'expérience de l'esprit.

Finalement c'est bien *l'effort poétique* qui sauve à la fois l'esprit et la poésie ; il y a chez Valéry une si totale identification entre ces deux termes que l'effort d'organisation du langage qui définit la poésie se confond avec l'effort de conscience qui définit l'esprit : poésie de réintégration du langage à la vie de l'esprit, et simultanément poésie de réintégration de l'énergie spirituelle dans les formes du langage ; le succès de cette double réintégration est le secret du génie valéryen, comparable à ce *Rameur* que chante un poème de *Charmes* :

> Ame aux pesantes mains, pleines des avirons,
> Il faut que le ciel cède au glas des lentes lames
> . . . .
> Je veux à larges coups rompre l'illustre monde
> De feuilles et de feu que je chante tout bas.

Le célèbre *Le vent se lève !... Il faut tenter de vivre !* du *Cimetière marin* est le cri du poète sauvé, malgré sa lucidité et malgré sa vanité, grâce à la perfection de son exercice intellectuel : le salut est ici promis dès le début, dans le prologue du poème :

> O récompense après une pensée
> Qu'un long regard sur le calme des dieux !

Ce long regard sur le calme des dieux, c'est l'objectif et le terme de la poésie de Valéry ; regard qui se reflétera jusque dans les formes les plus accidentelles de la possession du monde, jusque dans la manifestation poétique des impressions les plus fugaces ou les plus subtiles (Texte LXVIII).

Sans que soient abolis les drames, les doutes et les nostalgies, la poésie de Valéry est ainsi, un peu comme celle de Racine, une manière de miracle, mais un miracle concerté, un miracle qui est le produit d'un long effort historique et esthétique, et c'est en parlant de Baudelaire[1] que Valéry lui-même a défini la nature de son miracle, de sa conquête et de son triomphe de poète :

> Le poète se consacre et se consume donc à définir et à construire un langage dans le langage ; et son opération, qui est longue, difficile, délicate, qui demande les qualités les plus diverses de l'esprit, et qui jamais n'est achevée comme jamais elle n'est exactement possible, tend à constituer le discours d'un être plus pur, plus puissant, et plus profond dans ses pensées, plus intense dans sa vie, plus élégant et plus heureux dans sa parole que n'importe quelle personne réelle.

Donc le miracle poétique est un gain pour la Vie, la perfection du Dire un achèvement de l'Être, et le dilemme mallarméen se trouve résolu, la poésie en étant la perpétuelle et inépuisable solution.

Le spirituel est lui-même charnel : Charles Péguy (1873-1914)

Ainsi la génération de 1870 a-t-elle suffisamment ressenti l'échec d'une certaine forme de pureté, l'échec aussi de l'idéalisme poétique, pour que même un mallarméen, un agnostique, un intellectuel comme Valéry pût entreprendre d'opérer la double réintégration dont témoigne sa poésie. Que sera-ce alors si la poésie est prise en main par un homme d'action, par un homme de la terre et par un chrétien ? C'est toute l'extraordinaire aventure de Péguy, qui, de plus, assimile dans sa poésie la grande révolution bergsonienne. Bergson en effet restaure les valeurs de la vie et révèle, quoique philosophe, tout le potentiel poétique de cette rencontre en l'homme de ce que Péguy appellera le charnel et le spirituel.

Ici le langage poétique sera à la fois consécration de la vie et incarnation du sacré, l'ordre spirituel et l'ordre charnel ne pouvant être dissociés. Aussi la poésie de Péguy est-elle marquée par le double langage de l'échange et de la prière : l'échange c'est cet incessant va-et-vient d'un ordre à l'autre inscrit dans le va-et-vient correspondant des mots et du rythme, que la technique en soit celle du verset (Texte LXIX) ou celle de l'alexandrin (Texte LXX) ; la prière c'est cette consécration du langage qu'est la litanie, c'est aussi la démarche solennelle qui, si elle est le suprême accomplissement de ce rite sacré, la poésie, est le suprême accomplissement de cet autre rite sacré, la vie (*Heureux ceux qui sont morts d'une mort solennelle*). Ainsi Péguy n'a pas besoin de théorie poétique : en lui c'est l'homme qui est le poète, parce que l'homme se rattache substantiellement et à la terre charnelle, et à la Cité de Dieu. La réconciliation de l'homme et du poète est ici totale, et elle se fonde sur la réconciliation, dans l'homme, du charnel et du spirituel.

Voici donc la poésie réengagée dans une voie qui lui était restée interdite depuis Hugo : la voie dramatique et la voie épique ; mais elle conserve l'apport principal de la poésie du XXe siècle : le pouvoir transcendant du langage, grâce au symbolisme des rythmes et des images. Poésie de l'incarnation

---

1. *Situation de Baudelaire*.

qui reste une poésie du verbe et du rythme. Poésie de l'incarnation : le signe le plus probant en est le recours à des *personnages* et des personnages eux-mêmes à la charnière du spirituel et du charnel : Jeanne d'Arc ou Geneviève, Jésus et Dieu lui-même, le Dieu d'Abraham, d'Isaac et de Jacob, le Dieu aussi de l'Évangile, le *Père* (Texte LXIX). Personnages qui de ce fait vivent une aventure, engagée dans le monde et l'histoire, et rattachée au développement de la Grâce : c'est alors la plénitude de l'épopée qu'accompagne la plénitude de la strophe et de l'alexandrin solennels, calqués sur la marche du paysan ou du pélerin : toute la grandeur épique de l'alexandrin de Péguy est dans cette unité du sacré et de l'humain, figurée par l'unité de la marche et de la solennité.

L'œuvre se développera ainsi de la première *Jeanne d'Arc* de 1897 à la suite des *Mystères*, de *la Charité de Jeanne d'Arc* (1910), *de la Deuxième Vertu* (1911) et *des Saints Innocents* (1912), œuvres écrites dans la forme du verset, et des *Tapisseries* de 1912 à l'*Ève* de 1913 (Texte LXX) écrites en alexandrins. L'ensemble forme un univers poétique cohérent et dynamique, car, justement, avec Péguy, la poésie retrouve sa capacité de création totale d'un *univers* où se rassemblent, dans un organisme verbal, rythmique et strophique, toutes les dimensions de l'homme et du monde, la Terre et le Ciel, le passé et le présent ; à cet égard l'interprétation mystique de l'histoire, qui se développe dans les strophes d'*Ève* (Texte LXX), est le point culminant de cette poétisation universelle, sous le signe du sacré, qui caractérise toute l'œuvre de Péguy (et même souvent son œuvre en prose, son œuvre de militant).

D'un coup, et *de vive force* selon un expression qui lui est chère, Péguy arrache la poésie à la fois au narcissisme et à la vanité, il la dégage tout aussi bien de la recherche d'une pureté tout idéale, et redonne toute leur vitalité à ces zones poétiques que la poésie moderne avait abandonnées : son témoignage, son exemple, son triomphe restituent à la poésie sacrée, prophétique et épique une actualité qu'elle avait perdue, et démontrent que, même au XXe siècle, ce n'est pas en vain que la poésie française avait produit et Ronsard et Corneille et Hugo.

Salut, ô monde maintenant total : Paul Claudel (1868-1955)

Ce que signifie l'épopée dans l'œuvre de Péguy, le drame le signifie dans l'œuvre de Claudel, à savoir que l'homme — et le poète tout le premier — est incarné dans le monde et dans l'histoire, dans sa propre vie et dans celle de l'humanité. Or l'expérience humaine originelle et primordiale, celle qui s'impose au poète dès qu'il entreprend de nommer sa condition d'homme, c'est l'expérience du conflit. Claudel en effet, au départ, éprouve la même expérience que Baudelaire et surtout Rimbaud, ce besoin d'un au-delà du conflit, le besoin, en un mot, du *salut*. D'autre part, et à la différence de la plupart des poètes de la génération symboliste, à la différence aussi de Valéry, ce salut ne peut être un salut purement esthétique ou intellectuel : Claudel en effet est lui aussi un homme de la terre, comme le prouve un des symboles majeurs de son œuvre, le symbole de l'Arbre. C'est ici que s'introduit dans l'histoire de la poésie l'épisode décisif de la vie de Claudel, sa conversion, à Notre-Dame de Paris, le jour de Noël 1886. A partir de là, par une sorte de foisonnement dramatique et lyrique, sa poésie va devenir une poésie du salut. Mais il n'est évidemment de salut que par la communication totale avec l'être, et c'est de la sorte que Claudel répond au problème posé depuis un demi-siècle à la poésie, le problème de la plénitude de l'être dans le dire : c'est en assumant la totalité de l'être dans la totalité du monde, et en faisant servir son langage à l'expression rassemblée de cette double totalité que le poète satisfera à l'exigence du salut.

Mais ce qui fait Claudel poète, ce qui fait de lui, au sens propre du terme, un symboliste, c'est, plus encore, sa théorie « pneumatique » du langage, cette analogie substantielle entre l'esprit et l'eau que chante la deuxième des *Cinq Grandes Odes : la grande haleine pneumatique* et *la dilatation de la houle* ne font qu'un (cf. Texte LXXIII). De même le langage ne fait qu'un avec la pulsation même de l'univers et en particulier le temps cosmique et le rythme respiratoire (Texte 34), et lorsque Claudel publie en 1907 un *Art poétique*, il contient une *Connaissance du Temps* et un *Traité de la Co-naissance au monde et de soi-même*, où, à la faveur d'un jeu de mots symbolique qui est bien dans sa manière, il nomme ce qui est le principe même de son inspiration et de son lyrisme, ce qui est contenu dans le nom même du poète, celui qui *fait*, ce qui est dit dans la Première Ode :

> J'ai trouvé le secret ; je sais parler ; si je veux, je saurai vous dire
> Cela que chaque chose *veut dire*,

et dans la Deuxième Ode :

> Moi, l'homme,
> Je sais ce que je fais...
> Je suis au monde, j'exerce de toutes parts ma connaissance.

Ainsi le langage, pour être pleinement poétique, pour être pleinement le Dire, devra devenir une véritable philosophie de l'Être, un calque verbal et rythmique de la pulsation du monde : pour Claudel aussi, le vent se lève sur la mer et sur la terre, mais ce vent c'est le souffle même du Créateur, comme le dit la Deuxième Ode :

> Et voici le vent qui se lève à son tour sur la terre, le Semeur, le Moissonneur !
> Ainsi l'eau continue l'esprit, et le supporte, et l'alimente.

A partir de là s'épanouit l'enthousiasme claudélien : tandis que la forme dramatique[1] garde le contact avec le conflit originel de la condition humaine, la forme lyrique, tout en assumant ce conflit (Texte LXXII), est bien la figure de la possession du poète par l'Être et de la possession de l'Être par le poète (Texte LXXIV).

---

[1]. Pour le théâtre poétique de Claudel, cf. M LIOURE, *Le Drame*, A. Colin, p. 81-83 et textes 23, 24, XIV, XV.

Et c'est par la création d'un langage que le poète publie l'efficacité de son enthousiasme : le verset claudélien (Cf. Textes 35, 36, 37) est, en un sens, le contraire de la *gêne exquise* chère à Valéry, c'est plutôt la figuration verbale, dans sa variété métrique, dans son rythme respiratoire, dans sa totalité symbolique, du caractère inépuisable et de l'Être et de l'inspiration dont il est la source : l'image de la *dilatation*, que Claudel emprunte au mouvement de la mer, l'image de la *vibration*, qu'il emprunte à l'expérience biologique et cosmique, informent le langage poétique et produisent, pour reprendre un autre symbole claudélien, cette *haleine pneumatique* de la parole qu'est le poème.

Ainsi c'est par une fonction *révélatrice* (Texte 38), au sens dynamique de ce mot, que la poésie rejoint la « co-naissance » à l'Être. Claudel a dit lui-même, dans ses *Mémoires improvisés* (1950) :

> Il s'agit de ne pas être ce que j'ai vu être ce malheureux Verlaine, ou Villiers de l'Isle-Adam, que j'avais rencontrés chez Mallarmé, c'est-à-dire un vaincu. Je veux Être un vainqueur.

La révélation poétique est cette victoire de l'esprit et du langage dans leur possession de la totalité de l'être.

Mallarmé avait dû finir par avouer : *Jamais un coup de dés n'abolira le hasard* ; Claudel, lui, chante *le grand poème de l'homme soustrait au hasard* : entre ces deux formules, il y a tout le drame métaphysique de la poésie, de même entre un dire qui est un « coup de dés » et un dire qui est une prise de possession et une co-naissance.

Trois grands poètes de la même génération, au-delà des échecs ou des expériences, tentent de restaurer la poésie dans son efficacité spirituelle, cette efficacité dont la nostalgie avait si profondément tourmenté et inspiré Baudelaire ; à travers leurs divergences mêmes, qu'elles concernent le contenu de leur inspiration ou la forme de leur langage, se manifeste le propos qui leur est commun : restaurer et inventer un *ordre* du langage qui manifeste la présence réelle d'un Être dans le Dire.

CHAPITRE VI
XXᵉ SIÈCLE : LA POÉSIE PERDUE ET RETROUVÉE

1912-1913 : tandis que Claudel a déjà composé les *Cinq Grandes Odes*, tandis que Valéry s'est cloîtré dans le silence qui ne sera rompu que par *La Jeune Parque* (qu'il commence cependant d'écrire en 1913), ces deux années sont marquées dans l'histoire de la poésie par une étonnante coïncidence : d'un côté Péguy avec les *Tapisseries* et *Ève*, de l'autre Cendrars et Apollinaire avec *Pâques à New York*, la *Prose du Transsibérien* et *Zone*. La seule comparaison des textes (LXX, LXXVI et LXXX) suffit à manifester le sens de cette coïncidence : la poésie comme aventure et la poésie comme possession.

Bientôt la Grande Guerre, qui allait tuer Péguy dès septembre 1914 et, indirectement, Apollinaire en novembre 1918, la Grande Guerre au cours de laquelle André Breton allait découvrir toute la portée révolutionnaire de la psychanalyse freudienne, devait retentir profondément sur l'évolution de la poésie : il est remarquable que les années 20 marquent d'une part, à peu de choses près, l'achèvement de l'œuvre proprement poétique de Claudel et de Valéry, tandis qu'elles inaugurent le développement de l'aventure surréaliste, issue en partie de l'expérience et de l'influence d'Apollinaire et de Cendrars.

L'aventure surréaliste Dès 1916, en pleine guerre, à Zurich, au cabaret Voltaire, avaient lieu des « séances » dont on ne sait si on doit encore les appeler poétiques : selon leur animateur, Tristan Tzara :

> il s'agissait de fournir la preuve que la poésie était une force vivante sous tous les aspects, même antipoétiques, l'écriture n'en étant qu'un véhicule occasionnel, nullement indispensable, et l'expression de cette spontanéité que faute, d'un qualificatif approprié, nous appelions dadaïste[1].

De cette déclaration nous retiendrons surtout la volonté d'introduire même l'antipoésie dans la poésie et le caractère occasionnel de l'écriture. Quoi de plus antipoétique que la décomposition du langage, et quoi de plus opportun, lorsqu'on veut démontrer que la poésie est au-delà d'un langage qui n'est, par rapport à elle, que contingent ?

Historiquement, c'est probablement la principale signification du mouvement Dada, qui joue un peu par rapport au mouvement surréaliste le rôle qu'avait naguère joué l'école décadente par rapport au mouvement symboliste ; mais cette fois, c'est le rapport même entre poésie et langage qui est mis en cause et, pour ainsi dire, nié : il va s'agir de faire servir le langage, réduit à ses éléments, à la négation de la nécessité poétique du langage ; et la technique de cette négation sera la violence exercée contre, ou au moins sur, le langage. Dada sera donc une entreprise de démolition du langage destinée à libérer la poésie de ce *véhicule occasionnel* (Texte 39, I). Démolition qui obéit néanmoins à des techniques, lesquelles ne sont pas toujours de l'ordre du pur hasard ; il y a déjà dans Dada ce que les surréalistes appelleront plus tard le hasard provoqué, auprès du hasard « objectif », et c'est d'ailleurs ce que révèle éventuellement l'étude des œuvres de Tzara, qui se trouvait être un authentique poète (Texte LXXXII).

Dada, c'est aussi la révolte ; la révolte contre le langage au nom de la poésie est un cas particulier de la révolte universelle contre tout le passé humain au nom de l'homme : toujours selon Tzara, *la phrase de Descartes* : « Je ne veux même pas savoir qu'il y a eu des hommes avant moi », *nous l'avons mise en exergue à l'une de nos publications*[2]. C'est aussi une autre importante signification historique de Dada que cette définition du préambule à toute poésie par cette « table rase » absolue. Ainsi vit-on paraître en 1916 à Zurich, dans la collection Dada, le texte de Tzara qui inaugure l'aventure surréaliste : *La première aventure céleste de Monsieur Antipyrine*, suivi en 1918 de *Vingt-Cinq poèmes*.

Expérience, au fond, très limitée dans son extension réelle, Dada allait bientôt apparaître comme le simple prodrome d'un mouvement beaucoup plus ample, dont le nom même d'ailleurs exprime toutes les ambitions : le surréalisme. Le fondateur et le doctrinaire du mouvement, André Breton,

---

1. Interview radiophonique, R.T.F., mai 1950.
2. *Le Surréalisme et l'après-guerre*, 1947.

avait d'abord été avant la guerre un mallarméen, et avait même été lié avec Valéry. Mais en 1916 il rencontre Jacques Vaché, spécialiste de l'humour noir, qui poursuit dans la solitude une expérience qui n'est pas sans analogie avec Dada. Après quoi, Breton entre en contact avec Apollinaire. D'autre part, pendant la guerre, affecté à un hôpital psychiâtrique (Breton était médecin) il avait découvert Freud. En 1919 le noyau du groupe surréaliste est constitué par la réunion d'André Breton avec Philippe Soupault et Louis Aragon et la fondation de la revue *Littérature*. Enfin, entre 1919 et 1921, s'opère la jonction entre le groupe de Breton et Dada. Bientôt, en 1924, année qui peut être considérée comme celle de la constitution définitive du mouvement, la revue change de titre et devient *La Révolution surréaliste*, Breton et ses amis fondent un « bureau de recherches surréalistes », et surtout paraît le premier *Manifeste du Surréalisme*.

C'est évidemment au texte de ce Manifeste qu'il faut demander la définition initiale du surréalisme :

> Le surréalisme repose sur la croyance à la réalité supérieure de certaines formes d'associations négligées jusqu'à lui, à la toute-puissance du rêve, au jeu désintéressé de la pensée. Il tend à ruiner définitivement tous les autres mécanismes psychiques et à se substituer à eux dans la résolution des principaux problèmes de la vie.

Définition d'une rare densité. Et, on le voit, le surréalisme n'est pas d'abord une poétique, il est une philosophie, pour ne pas dire une métaphysique. On y retrouverait en tout cas aisément, et le surnaturalisme baudelairien, et l'onirisme nervalien accentué par Freud, et la révolte absolue de Lautréamont, de Rimbaud et de Dada ; ajoutons-y même, ce qui ne manque pas de piquant, une nuance bergsonienne *(le jeu désintéressé de la pensée)*. Or il est vrai que le surréalisme a voulu être, et, dans l'esprit de ses animateurs, a été, comme le confluent de toutes les expériences et de toutes les découvertes depuis Baudelaire, avec, en plus, l'ambition d'élargir cette synthèse en une philosophie révolutionnaire de la vie.

Ce fut d'ailleurs là la pierre d'achoppement du mouvement : en 1926 Breton s'opposera à la confusion de la révolution surréaliste avec la révolution communiste et ce sera l'occasion politique de la scission du groupe. Devant la nécessité de maintenir l'orthodoxie du mouvement, Breton rédigera le second *Manifeste du Surréalisme* (1930) où, comme déjà dans *Nadja* (1928), l'accent est mis sur les expériences de la vie intérieure, et en particulier sur une définition proprement surréaliste de l'inspiration poétique (Texte 40). Après 1930, le surréalisme, tout en restant un mouvement, connaît une influence qui s'étend à tous les arts, et surtout diffuse, à l'usage de toutes les techniques d'expression, y compris le cinéma et même, avec Desnos, la radio, les formes multiples d'un nouveau merveilleux, issu du développement de cette analogie poétique dont Baudelaire avait pressenti toute la fécondité. C'est là l'apport proprement poétique du surréalisme à la poésie de l'entre-deux guerres, c'est là ce qui lui est commun avec des poètes qui ne se rattachent cependant pas au mouvement, Cocteau ou Max Jacob par exemple ;

c'est là ce qui lui donne sa place dans la continuité poétique, conformément à ce symbole inscrit dans le titre d'une des œuvres de Breton, *les Vases communicants* (1932), car, comme l'écrit un surréaliste d'aujourd'hui, Jean-Louis Bédouin :

> l'analogie poétique... nous introduit dans un univers comparable seulement à celui dont les mythes et les légendes ont gardé souvenir : les êtres et les objets n'y sont point encore, ou n'y sont déjà plus, définitivement fixés, circonscrits, prisonniers de leurs formes et de leurs attributs. Ils en changent au contraire à tout instant, en une incessante métamorphose dont la seule loi est le désir, la seule condition l'absolue liberté[1].

Il est vrai que la poétique surréaliste se propose de porter au plus haut degré, si possible à l'absolu, la définition de la poésie comme métamorphose universelle par l'universelle analogie.

La poétique surréaliste Cette ambition posait, évidemment, d'abord, un problème technique, puisqu'il s'agissait de faire mieux, dans cette voie de la métamorphose, que ce qu'avait fait jusque là la poésie avec les moyens techniques dont elle disposait. En un mot, il s'agit de libérer la poésie de tout ce qui dans ses moyens techniques relève encore de la raison et de la forme, et même de la conscience : aussi les deux grandes techniques surréalistes sont-elles l'écriture automatique et le rêve, spontané ou provoqué ; ainsi s'explique aussi l'intérêt du surréalisme pour toutes les formes pathologiques du *jeu désintéressé de la pensée* : à cet égard l'expérience d'Antonin Artaud, qui fut comme un Nerval surréaliste, représente une pointe extrême de la poétique du mouvement :

> Poète noir, un sein de pucelle
> te hante,
> poète aigri, la vie bout
> et la ville brûle,
> et le ciel se résorbe en pluie,
> ta plume gratte au cœur de la vie...
> (*L'Ombilic des Limbes*, 1925.)

Ainsi la pratique de la « dictée psychique » est comme le principe de toute poétique surréaliste, dictée psychique qui, prenant sa source dans la totale liberté de l'inconscient, et en particulier dans le rêve, absorbe et assimile, en vertu du principe des *vases communicants*, tout ce qui peut appartenir à la « réalité » aussi bien celle du monde que celle de la conscience ; l'analogie poétique donnée dans l'inspiration apparaît sans médiation d'aucune sorte dans le « poème » (cf. Textes 40 et 41), le compte rendu de rêve n'étant qu'un cas particulier mais privilégié de la dictée psychique (Texte 42).

Mais la poétique surréaliste risque alors, pour des raisons différentes, de se heurter aux mêmes difficultés que l'idéalisme symboliste : la limite de

---

[1]. Introduction à : *La Poésie surréaliste* (Seghers, 1964).

La poésie de l'âge surréaliste (1920-1940)

l'hermétisme s'impose ici comme dans le cas de Mallarmé, et c'est pour le surréalisme d'autant plus grave que celui-ci ambitionnait aussi, à la différence de Mallarmé, d'être un humanisme. Ce fut sans doute la raison d'une évolution et même d'une scission poétiques, plus graves que la scission politique du mouvement. En termes simples, la question posée à partir des années 30 fut à peu près la suivante : comment concilier surréalisme et humanisme ? Question rendue, au long des années, de plus en plus angoissante au fur et à mesure que le monde extérieur, l'histoire, imposaient leurs drames et leurs tragédies : il suffit d'évoquer ce que fut la guerre d'Espagne pour un poète comme Éluard. Les techniques surréalistes apparaissent alors comme devant être des techniques de libération et non d'abolition du langage ; l'automatisme poétique se révèle aussi bien, sinon mieux, dans la parole spontanée ou dans les mystères et secrets du quotidien que dans une dictée psychique toujours plus ou moins tentée par la complaisance pathologique. Et ainsi la poétique surréaliste ouvre sur autre chose qu'elle-même, sur de multiples redécouvertes qui n'en laissent pas moins subsister l'absolue liberté de la parole. A la veille de 1940, l'évolution est achevée chez certains surréalistes parmi les plus vraiment poètes, Paul Éluard par exemple (Texte 43). Et Tzara lui-même, sans doute parce que lui aussi est poète, éprouvera cette même angoisse de l'expression totale (Texte 39, II).

Aventure à beaucoup d'égards grandiose et pathétique, le surréalisme butait ainsi sur le même obstacle que tant d'autres poétiques avant lui, de Baudelaire à Mallarmé et au symbolisme : la difficulté d'une rencontre authentique, dans le langage, entre l'expérience humaine et la surréalité poétique. Ainsi dans le surréalisme la poésie se perdait mais était-ce pour se retrouver ?

La poésie de l'âge surréaliste (1920-1940)

Question qui ne concernait pas seulement les surréalistes eux-mêmes, mais aussi tous les poètes d'une époque où le surréalisme avait pour ainsi dire donné sa forme la plus actuelle au problème poétique, comme le prouve d'ailleurs le fait que l'interrogation soulevée par le surréalisme tourmente, dans le même temps, le roman, le théâtre (quoique avec quelque retard) la peinture et le cinéma.

Age d'une extrême diversité et cependant marqué d'une profonde unité, dominé aussi par de puissantes personnalités poétiques, de Max Jacob à Desnos et Cocteau, d'Éluard à Reverdy et Supervielle. Et la poésie de cet âge surréaliste, encore proche de nous, apparaît aujourd'hui comme ayant véritablement créé un nouvel univers poétique, au-delà et au-dessus des expériences techniques, qui furent d'ailleurs sans doute indispensables à cette création. C'est d'un côté les « poèmes » qu'on peut aujourd'hui appeler expérimentaux de Tzara (Texte LXXXIV), de Breton et Soupault (Texte LXXXV), de Queneau (Texte LXXXVII), de Desnos (Texte LXXXIX) ou d'Aragon, ou encore tel exercice de Max Jacob (Texte XCVI) ou de Cocteau (Texte XCVIII) ; mais c'est d'autre part le lyrisme libéré de Desnos et d'Éluard (Textes XC, XCI, XCII, XCIII), le jeu d'humour et de mystique de Max Jacob (Textes XCV, XCVII), la fantaisie orphique de Cocteau (Texte XCIX), le rêve obsédant, la conscience douloureuse du temps qui imprègnent la poésie de Reverdy ou de Supervielle (Textes C, CI, CII, CIII, CIV, CV)[1].

C'est aussi la résurrection des thèmes poétiques de la poésie de toujours : l'amour et la femme, la nature et le monde (avec une particulière tendresse, dans le sillage d'Apollinaire, pour les aspects insolites et familiers du monde moderne), la mort et l'immortalité, Dieu enfin, tous les mystères naturels et surnaturels. Grâce à quoi, tous les **registres poétiques** sont exploités comme ils ne l'avaient peut-être pas été depuis longtemps : l'humour et le pathétique, la musique et la plastique, le cœur et l'imagination ; poésie qui parle tous les langages sans qu'aucun poète se soit « spécialisé » dans aucun. Car, finalement, les années 1920-1940 ont été avant tout des années lyriques : poésie *personnelle* s'il en fut jamais, poésie aussi de l'essentiel, comme le dit Éluard : *Je fête l'essentiel*, mais qui doit à tout ce qui l'a précédée de savoir mieux que jamais que l'essentiel a quelque chance d'être l'invisible. Il se pourrait que la plus exacte devise de cet âge, nous devions l'emprunter à celui qui a su, avec tant d'habileté, l'incarner à la fois dans son œuvre et dans son personnage, Jean Cocteau (Texte 46) :

> Toute ma poésie est là : je décalque
> l'invisible...

---

[1]. Nous regrettons de n'avoir pu faire figurer dans l'Anthologie poétique de poèmes d'Aragon ; l'autorisation sollicitée ne nous a pas été accordée.

CHAPITRE VII
LIGNES DE FORCE CONTEMPORAINES

Au moment d'aborder les vingt dernières années de cette histoire de la poésie française, il ne nous paraît guère possible de faire autre chose qu'un inventaire méthodique des grands courants de la poésie contemporaine, qui reste en tout cas la très proche héritière d'un riche passé et de ses apports successifs, de Baudelaire au surréalisme. A cela s'ajoute le retentissement profond de la seconde guerre mondiale, car si même le poète n'est pas « engagé », il est dans sa nature d'éprouver en lui-même les plus profondes blessures spirituelles que l'histoire inflige à l'homme et au monde.

La poésie de la Résistance (1940-1945) — L'histoire de la poésie contemporaine commence par ce brutal contact qui s'établit ainsi entre le poète et l'événement. Déjà les signes annonciateurs de la catastrophe avaient poussé des poètes surréalistes, comme Desnos, Aragon, et Éluard, à aller même au-delà d'un simple engagement politique, en amorçant une véritable réforme de la poésie. Avec l'événement lui-même, l'invasion, l'occupation, la Résistance, la fonction du poète dans l'histoire reparaît au premier plan : alors se multiplient les revues et les publications poétiques, lesquelles, se proposant d'incarner une « résistance spirituelle », reconnaissent alors à la poésie une mission historique : de fait, il ne paraît guère possible de faire en profondeur l'histoire de la Résistance française entre 1940 et 1945 sans faire sa place à la poésie de la Résistance.

Mais cette mission, la poésie l'exerce selon trois grandes orientations : l'une, que caractérise, et dans la forme et dans l'inspiration, le retour à la tradition, la tradition d'une poésie nationale où l'on retrouverait aisément la trace de Ronsard (celui des *Discours*) et de Hugo, avec cependant le maintien de cette liberté d'imagination et de rythme héritée de tout le mouvement de la poésie moderne : telle est l'œuvre poétique de Louis Aragon au cours de cette période.

Seconde orientation, celle qu'illustre un autre ancien du surréalisme, Paul Éluard, qui d'ailleurs est toujours lui-même dans la mesure où, comme déjà au temps de son appartenance surréaliste, il reste pleinement un lyrique, dont le vocabulaire, le plus souvent intimiste, sert de langage à une tendresse qui n'exclut pas la violence de la colère ou de la souffrance. Moins sensible qu'Aragon aux aspects actuels du drame, Éluard en éprouve les profondeurs humaines et se fait le porte-parole d'un lyrisme de l'unanimité humaine dans le malheur et dans l'espérance, qui restaure, dans ses différents registres, l'équivalence de la poésie et du chant (Texte CXXVII).

Troisième orientation : elle correspond à une vision proprement poétique de l'événement en ce sens que le poète interprète l'histoire comme un complexe symbolique et retrouve alors l'antique conception prophétique et mythique des rapports entre poésie et histoire. Ainsi l'actualité de cette poésie de la Résistance se compose avec la grande tradition de la poésie prophétique, d'Agrippa d'Aubigné à Hugo, des *Tragiques* aux *Châtiments* : le mythe forme unité avec l'événement, de façon à produire la signification poétique que définissent ces lignes de Pierre Emmanuel, le principal représentant de cette orientation :

> La guerre me révéla cette sensibilité spirituelle que je n'ai cessé de traduire depuis, et d'abord dans mes œuvres « de résistance »... Je les ai écrites pour dire la douleur, l'élever à l'absolu... et nommer l'esprit du Mal qui l'inflige[1].
> (Cf. Texte CXXVIII.)

La poésie et la pensée   L'épreuve de ce contact avec l'histoire est pour la poésie l'occasion de ressentir plus profondément un problème que le surréalisme après le symbolisme avait rendu plus aigu que jamais : le problème des rapports entre poésie et pensée. Dès les années 1925, la coïncidence entre d'une part le mouvement surréaliste et d'autre part la théorie de la poésie pure, polémiquement élaborée par Paul Valéry et Henri Bremond, soulignait la gravité de cette crise dans les rapports entre poésie et pensée : pour le surréalisme, la poésie *est* pensée, elle est même la seule vraie pensée, le langage n'en étant que le *véhicule occasionnel* (cf. p. 62) ; pour les tenants de la poésie pure ou *absolue* (au sens étymologique, cf. Texte 33), le langage est l'essence même de la poésie, qui diffère essentiellement de la pensée dans la mesure où celle-ci, selon la thèse de l'abbé Bremond, est d'abord et avant tout *discours*.

---

1. Introduction à l'anthologie de ses œuvres dans la collection *Poètes d'aujourd'hui*.

Du monde intermédiaire à la vision des archétypes

Or parmi les poètes de la plus jeune génération surréaliste, il y en avait un, René Char, qui, dès 1934, dans son recueil *Le Marteau sans Maître* (Texte CVI), exprimait sa nostalgie d'une synthèse entre poésie et pensée, l'une et l'autre rassemblées dans l'unité d'une parole calquée sur le devenir vital et d'autre part concentrée dans un moment de poésie, qui est lui-même un instant de pensée : le mystère poétique est alors tout entier dans cette synthèse, par le verbe, de la vie saisie simultanément dans un instant et dans une durée ; René Char pourra, en 1945, s'écrier : *Je me voulais* événement. *Je m'imaginais* partition (Texte CVII) et ce cri est significatif (cf. Texte 44).

Cette œuvre, qui s'est poursuivie jusqu'à nos jours (René Char a publié, en 1964, sous le titre *Commune Présence*, une anthologie de son œuvre poétique), assure la continuité de la poésie des années 1920-1940 à la poésie contemporaine. Car la préoccupation des rapports entre poésie et pensée, entre poésie et histoire, entre poésie et réalité domine quelques-uns des principaux courants de la poésie d'aujourd'hui.

Du monde intermédiaire à la vision des archétypes

Du côté de la poésie pure comme du surréalisme, une équivoque subsistait, quant au contenu même de la « révélation » poétique. Le symbole, quelle que soit son origine, psychique ou verbale, porte-t-il en lui-même sa justification ? De même que se pose le problème des rapports entre poésie et pensée, se pose aussi celui des rapports entre poésie et réalité. C'est le mérite d'un poète venu de Lithuanie, O.V. de Lubicz-Milosz (1877-1939), d'avoir, dès avant 1939, éprouvé et exprimé cet appétit de réalité, qui devait tourmenter tant de poètes d'aujourd'hui. Parti du symbolisme et même de l'esthétique « décadente », influencé au moins indirectement par l'atmosphère surréaliste, Milosz dès les années 30, dépasse à la fois symbolisme et surréalisme, et, quoique mort en 1939, prend place parmi les initiateurs de la poésie contemporaine : il éprouve en effet comme une blessure spirituelle la déception poétique qui accompagne ce qu'il appelle lui-même le *monde intermédiaire* des symboles ; il lui faut une poésie qui soit pleinement une connaissance, comme le dit le titre d'une de ses œuvres : *Cantique de la connaissance* où il écrit, parlant des poètes modernes :

> Impuissants à s'élever jusqu'au lieu seul situé, j'entends Pathmos, terre de la vision des archétypes,
>
> Ils ont imaginé, dans la nuit de leur ignorance, un monde intermédiaire, flottant et stérile, le monde des symboles.

C'est alors que ce poète, qui avait chanté, en symboliste lyrique, l'aventure de Don Juan (*Miguel Manara*, 1912), s'engage dans la voie mystique, où il lui arrive de retrouver les accents d'un saint Jean de la Croix. Poésie d'une universelle consécration, où les symboles et la technique du langage (qui se rattache à la forme du verset et du *cantique*) sont directement issus de la *vision des archétypes*. Milosz finira par pousser son expérience au-delà de la poésie : dans ses dernières œuvres, il consacrera une part importante de sa recherche à l'exégèse biblique, en particulier à un commentaire prophétique de l'Apocalypse (Texte CXII).

La poésie contre le monde Le surréalisme créait tout aussi bien la tentation d'une rupture avec le monde : c'était aussi la tradition de Lautréamont et de Rimbaud. Face à une poésie de la réconciliation, se développe au contraire une poésie de l'hostilité : au-delà de la pure et simple démolition du langage effectuée par Dada, le poète entreprend une véritable contre-création, le langage étant alors pour lui comme le moyen de sa revanche sur le monde ; tel est le point de départ de l'œuvre d'Henri Michaux (Texte 49), qui se situe d'emblée bien au-delà de la révolte de Lautréamont ou de Dada. Pour ce poète, le monde est comme une conjuration d'hostilités et l'humour poétique naît de la conscience de cette conjuration et de la revanche sur l'hostilité, obtenue par l'arme du langage. Poésie agressive dans la mesure où le monde est attaqué, comme par un acide, par le langage qui le nomme pour l'exorciser : et ce n'est pas par hasard qu'un des recueils d'Henri Michaux est intitulé *Exorcismes* (Texte CXVI) ; mais poésie dont l'humour noir est aussi un humour lyrique, car la « contre-création » veut être un témoignage de la résistance de l'esprit à tout ce qui le menace, un témoignage aussi de son adhésion à tout ce qui le sauve : *Je me suis uni à la nuit — A la nuit sans limites...* (Texte CXV), sans doute parce que la nuit est elle-même un exorcisme du monde.

La poésie du monde et des choses Pour Henri Michaux, un peu comme pour le Charlot de Chaplin, les choses qui forment le monde sont des choses ennemies. Pour Jacques Prévert, le monde est lui-même un langage et son principal recueil est intitulé *Paroles* (1946). Ce poète, issu du surréalisme, se fait délibérément le poète du quotidien dans ce qu'il a à la fois de naturel et d'insolite.

Pour d'autres, les choses ne sont ni amies ni ennemies, elles *sont* : voici une poésie de l'existence des choses, qui, d'ailleurs, sera reconnue par Jean-Paul Sartre comme la poésie la plus conforme à la philosophie de l'existentialisme[1] ; cette poésie ne s'engage dans aucune polémique avec l'univers, elle ne se propose aucune interprétation et en ce sens elle est le contraire du symbolisme comme du surréalisme proprement dits. Certes la technique symboliste demeure mais simplement comme moyen d'enregistrement de la poésie objective de ce qui existe, un de ces *engins ou dispositifs* dont parle Francis Ponge et qu'il compare, non sans dessein, aux appareils mécaniques et électroniques dont nous disposons *depuis quelque temps* (Texte CXVII). Cette poésie d'ailleurs rejoint un des aspects de *l'Esprit nouveau* d'Apollinaire,

---

1. *L'homme et les choses*, dans *Situations 5*, 1947.

qui, déjà, prévoyait le bouleversement du langage poétique par le cinéma (cf. Texte 30, II) ; mais Apollinaire conservait au poète la mission de chef d'orchestre, tandis que Francis Ponge, et c'est là qu'on voit paraître l'influence de l'existentialisme, avoue qu'il n'est pas en son pouvoir de *diriger l'exécution* ; nous sommes aussi bien loin de René Char qui *se voulait partition* (Texte CVII) : ces trois poètes en effet ont recours à la même métaphore musicale pour représenter l'idée qu'ils se font de leur mission et aboutissent à trois définitions incompatibles, dont le rapprochement est significatif : diriger l'exécution ou simplement enregistrer une exécution dont le poète ne possède pas la maîtrise, ou enfin faire servir le mystère de la parole à l'identification totale du poète et de la partition. Tel se pose le problème poétique pour nombre de poètes d'aujourd'hui, lorsqu'il se pose en fonction des rapports entre le poète et le monde.

Figuration du monde intérieur Mais la poésie contemporaine marque aussi un retour à la « spiritualité » baudelairienne, à cette poésie de l'âme qui, sans s'y opposer, tend à vouloir transcender les limites d'une poésie du monde : le monde alors devient lui-même un langage, la poésie lui emprunte son vocabulaire et nous voici de nouveau en plein symbolisme, selon la formule de Baudelaire : *ce monde-ci dictionnaire hiéroglyphique* (cf. Texte 8). On ne s'étonnera pas que cette poésie du monde intérieur soit d'abord représentée par un poète qui, paralysé à la suite d'une blessure de guerre, fut pendant plus de trente années, jusqu'à sa mort en 1950, *l'homme immobile* ; poète aussi qui, languedocien — il passa presque toute sa vie à Carcassonne — fut au centre d'une renaissance cathare dont il reste le représentant le plus profond : Joë Bousquet est bien un lyrique de l'âme selon le cœur de Baudelaire (Textes CXVIII et CXIX).

La tendance de ce lyrisme est essentiellement intimiste et la poésie est un des langages de la connaissance de soi : l'œuvre de Joë Bousquet se partage entre la poésie proprement dite et le « journal spirituel », lui-même tout rempli de poésie virtuelle, comme ce texte au titre significatif et qui est peut-être le chef-d'œuvre de Joë Bousquet : *Traduit du Silence* (1936).

Mais la figuration poétique du monde intérieur prend aussi la forme d'une cérémonie épique dans l'œuvre de Saint-John Perse (pseudonyme du diplomate Alexis Léger), pour qui le poète est conjointement le *Prince* et l'*Étranger* (Texte 48). Influencé par Claudel, le poète trouve dans le verset la forme privilégiée de sa cérémonie aristocratique ; il trouve dans les images et les symboles exotiques (il est né à la Guadeloupe) les signes de son étrangeté, et les titres qu'il choisit, *Anabase* (1924), *Exil* (1942), *Neige* (1944), *Vents* (1946) font du poète un nomade qui ne cesse de *convoiter l'aire la plus nue* (Texte CXXI) ; mais c'est pour se contempler lui-même dans le rite de connaissance que devient alors la cérémonie des rythmes et des mots *Une science m'échoit aux sévices de l'âme...*

Cependant l'acte poétique est aussi un *haut fait de plume, portant très haut vestige et charge d'âmes* (Texte CXXII) et la cérémonie aristocratique de la solitude et de la connaissance devient le symbole esthétique de l'aventure intérieure : par la métaphore de la cérémonie, le lyrisme originel s'exalte en épopée ; et c'est peut-être l'originalité la moins contestable de l'œuvre de Saint-John Perse que de devenir ainsi, au sens le plus exact de l'expression, une *épopée intérieure* ; c'est alors que le symbolisme épique assume aussi le monde à travers l'exigence de l'âme, *comme un songe prénuptial où l'homme encore tient son rang* (Texte CXXIII). C'est alors qu'il arrive à Saint-John Perse de retrouver, au plan de son exclusive humanité, quelque chose de claudélien, quelque chose du Claudel à qui il fit un jour, à Hambourg, cadeau d'un exemplaire de Pindare : *Toute la terre nubile et forte...*, mais ce n'est toujours cependant que pour servir de langage solennel à l'ampleur d'un solipsisme, qui reste la seule véritable inspiration :... *au pas de l'Étranger, ouvrant sa fable de grandeur aux songes et fastes d'un autre âge* (Texte CXXIII).

Vision et prophétie

Est-ce une coïncidence si notre siècle, qui a redécouvert et replacé au premier rang la grande poésie baroque des XVIᵉ et XVIIᵉ siècles, a produit aussi une véritable renaissance de la poésie visionnaire ? L'œuvre de Pierre-Jean Jouve, exact contemporain de Saint-John Perse, contient par exemple des visions de Jugement dernier sur le thème de la *Résurrection des Morts* (Texte CXXV) qui évoquent inéluctablement Michel-Ange et Agrippa d'Aubigné : non qu'il y ait imitation, mais reprise, dans un langage symbolique nouveau, de cette fonction poétique que sont la vision et la prophétie. Les souvenirs d'épopée y jouent d'ailleurs leur rôle et *Gloire* (1942) commence par une vision du combat de Tancrède et de Clorinde (Texte CXXIV). C'est que vision et prophétie ne sont pas données et doivent être recherchées à travers les mythes et les légendes, comme leur expression doit être découverte à travers la forêt des symboles ; la poésie se fait exploration de *l'éternité obscure* (Texte CXXVI) et aboutit ainsi à un *héroïsme* (Texte 51) qui est comme le sommet de l'ambition poétique, qui apparaît aussi dans une certaine dureté métallique du langage, pénétré cependant de toutes les vibrations de la sensibilité : la poésie est l'organe d'une communication avec un être accessible seulement à travers les signes que renferment les légendes, les mythes ; le baroque du langage, sensible dans un certain goût apocalyptique de l'imagination, dans la constance du thème du combat, du conflit et de la mort, dans la tension héroïque du rythme, est le signe de ce dépassement de l'expérience par la vision, en quoi consiste la prophétie poétique.

Les événements de 1939-45 ne pouvaient qu'accentuer encore cette orientation de la poésie : nous l'avons constaté à propos de la poésie de la Résistance. Pierre Emmanuel, qui se situe dans la lignée de Pierre-Jean Jouve, reprend les grands mythes traditionnels pour y puiser à la fois l'imagerie et le symbolisme visionnaires qui lui serviront de vocabulaire : *Tombeau d'Orphée* (1941), *Orphiques* (1942), *Sodome* (1944), *Babel* (1952). Mais, à travers cette progression, la poésie tend de plus en plus à devenir un spectacle, nous dirions même une mise en scène (cf. Texte CXXIX) ; dans la mesure, très limitée, où cette poésie accepte l'analyse, elle résulte d'une convergence — dans l'unité du génie personnel du poète — du surnaturalisme épique à la manière de Hugo et de la scénographie cosmique à la manière de Claudel. En ce sens, la poésie de Pierre Emmanuel est l'aboutissement, dans la poésie contemporaine, du grand courant prophétique de la poésie du passé.

Raison ardente Mais pour le poète-prophète, cette mise en scène doit être substantielle, elle doit être une révélation de l'Être : la tentation de semblable poésie, comme le prouvent l'exemple du baroque et celui de Hugo, c'est de *proclamer langage toute combinaison possible d'images et de mots* (Texte 52). Il n'y aura donc de poésie que dans l'unité de la *furor* et de la *ratio*, ce que Pierre Emmanuel a traduit par sa formule de la *raison ardente*. Preuve que la théorie poétique reprend alors tous ses droits : il n'est de poésie que consciente de sa mission, consciente aussi de sa gageure, qui est de *réconcilier la logique des concepts et celle des symboles*. Et ainsi, au-delà de la poésie pure, au-delà de l'inconscient surréaliste, se pose à nouveau le problème du *discours poétique*, la composition du *discours successif avec le jaillissement spontané* (Texte 53) : après toute une suite d'expériences, de doctrines et d'œuvres qui tendaient à dissocier discours et poésie, mais dans la ligne d'une autre tradition, celle de Hugo, de Péguy, de Claudel, qui tendait au contraire à faire de la poésie elle-même un discours, la poétique de Pierre Emmanuel est une poétique de l'unité spirituelle figurée par l'unité des deux sources constitutives du poème : la simultanéité de l'imagination visionnaire et le rythme organique de l'expression verbale. Idéal peut-être inaccessible dans sa perfection, mais vers lequel tend une poésie qui se veut substantielle, et qui, par-là même, redevient métaphysique (cf. Texte 53, *in fine*).

Prière et poésie Parenté mystique de la poésie avec la prière, telle était déjà la thèse que soutenait en 1926 l'abbé Bremond, et qui formait l'un des fondements de sa théorie de la poésie pure. D'autre part, la renaissance chrétienne du début du XXe siècle manifestée par l'œuvre de Péguy et de Claudel, l'un et l'autre représentants de la prière poétique, devait exercer une profonde influence sur les générations ultérieures. Pierre Emmanuel, dans sa recherche d'une *raison ardente* et dans sa recherche parallèle d'une identité spirituelle (cf. *Qui est cet homme ?* 1947), rencontre inévitablement cette forme particulière du discours poétique qu'est aussi, contrairement à ce qu'avait pensé l'abbé Bremond, la prière poétique : quelle peut être alors cette poésie proprement religieuse ? L'expérience est en cours, marquée par un recul de l'imagination visionnaire et mythique proprement dite au profit de la méditation, par un recul aussi de la poétique baroque, recul très sensible dans la forme métrique et dans le vocabulaire symbolique, au profit de l'humanité et de la simplicité (Texte CXXX).

Poésie, légende et mystique Pour d'autres poètes, comme déjà pour Pierre Emmanuel, les rapports entre poésie et mystique appartiennent à l'ordre du problème, et la parole de leur unité ne s'obtient qu'au terme d'un long et difficile parcours. Car, dans ce cas, la poésie religieuse pose en termes quasi insolubles la question des rapports entre l'Être et le Dire, puisque l'Être est Dieu et que le Dire est de l'homme : entre poésie et réalité, il y a toujours comme une distance, à l'intérieur de laquelle la poésie trace son chemin parce que cette distance est à la fois à franchir et infranchissable et définit ainsi à la fois le pouvoir et la limite de la poésie (Texte 54).

Tel est le rôle de la *légende* (Patrice de la Tour du Pin) ou de l'*incantation* (Jean-Claude Renard) que d'être les figures poétiques de cette distance ; le langage symbolique devient ici tout autre chose qu'une technique, mais comme un véritable rite — ce qu'il était déjà chez Péguy — destiné à « tenir les deux bouts de la chaîne » en représentant à la fois la distance et la continuité de l'homme au surnaturel ; rite qui conduit aussi à la restauration de l'ordonnance poétique, non plus seulement sous la forme respiratoire du verset claudélien, mais sous la forme rigoureuse de l'alexandrin ou du décasyllabe : la contrainte métrique alliée à la régularité rythmique ayant pour fonction d'encadrer le mouvement de l'âme vers l'illimité dans la limite technique de cette parole humaine, qui est à la fois exaltation et retombée.

Ainsi naît cette poésie de la légende, créatrice d'abord d'êtres et de paysages qui sont comme le prologue de la communication avec le surnaturel (Texte CXXXI et CXXXII). Ainsi naît aussi la poésie de l'incantation où personnages et paysages sont porteurs de promesses et d'obsessions :

> Où sont les doux enfants qui savaient des voyages,
> les enfants envoûtés dont j'ai gardé l'odeur
> et qui laissent en moi des paradis sauvages ?
>
> (Texte CXXXIII)

De la légende et de l'incantation, le parcours poétique se poursuit, sur sa propre lancée, jusqu'aux abords de la communication mystique : le Dire ne crée ni ne constitue l'Être, il en est pour ainsi dire l'approche, l'approximation, ou plutôt il est une *initiation*, ce mot étant entendu dans son sens religieux.

Nouvelle expérience des rapports entre la poésie et le réel, dans ses aspects naturels ou surnaturels, et peut-être pouvons-nous admettre, avec toute la prudence qui s'impose, que c'est là l'unité profonde de la poésie contemporaine : que le réel, ce soit la nature, l'histoire, les choses, le monde intérieur ou extérieur, Dieu enfin, il n'y a de poésie que dans la lutte avec le réel, dans l'expression du réel, dans la domination du réel par le pouvoir du verbe, ou enfin dans la connaissance symbolique du réel par-dessus la distance qui nous en sépare et qui rend, en tout cas, la poésie nécessaire.

ÉPILOGUES

I. Poésie africaine Déjà, dans le passé, des poètes nous étaient venus d'outre-mer, qui apportaient avec eux quelque chose de leur monde natal ; mais notre siècle aura vu la poésie française servir de langage à une poésie neuve à la fois dans ses sources et dans son expression : la poésie noire de langue française. Nourrie de poésie par ses traditions les plus anciennes, par ses usages, ses rites et sa mythologie, la « négritude » trouve des interprètes qui sont à la fois ses intermédiaires et ses messagers ; anticipant sur l'événement historique que sera la décolonisation, la poésie noire propose un témoignage qui transcende l'histoire : la réalité d'une situation historique sert de tremplin à un lyrisme qui retrouve les accents les plus traditionnels et qui en même temps assimile les apports de la poésie moderne, car par leur formation et par leur esprit, les poètes de la négritude s'insèrent à la fois dans la continuité de leur inspiration propre et dans la continuité verbale de la poésie française.

Un jour sans doute on pourra, on devra écrire l'histoire de cette poésie ; nous devons, quant à nous, nous borner à la mentionner dans cet « épilogue » et à nommer ses deux représentants principaux, qui nous viennent des deux pôles géographiques de la « négritude » française, la Martinique et le Sénégal : Aimé Césaire et Léopold Sedar Senghor. Dans l'œuvre de ce dernier en particulier apparaît cette fécondité poétique d'une dualité, qui est tantôt un conflit, tantôt une harmonie, et qui se dépasse dans un langage à la fois descriptif et lyrique (Textes CXXXIV et CXXXV). Et même ces harmonies et discordances entre la description et le rêve, entre la magie et la nature, entre la pesanteur du réel et la puissance des enchantements, font que cette poésie rejoint en profondeur la même expérience et le même débat qui animent, dans son ensemble, le mouvement de la poésie contemporaine.

ÉPILOGUES

II. La chanson est-elle de la poésie ?

Parlant, à travers son histoire, de la destinée de la poésie dans le monde contemporain, nous ne pouvons éviter cette question. La poésie en effet, tout au long du siècle qui nous sépare de Baudelaire et qui commence avec lui, n'a cessé de céder à la tentation métaphysique, et malgré les exceptions, elle est restée, dans sa nature profonde, très « mallarméenne ». On sait d'autre part que, pour cette raison, et pour beaucoup d'autres, la poésie est devenue confidentielle. Dans le même temps, et comme pour donner raison à ceux qui pensaient que le langage verbal n'était que le *véhicule occasionnel* de la poésie, elle a cherché à obtenir par d'autres moyens que le verbe la large communication que sa propre évolution souvent lui interdisait : ainsi est née par exemple la poésie cinématographique et l'on sait que Cocteau s'est affirmé comme grand poète autant par ses films que par ses poèmes.

Apollinaire déjà, nous l'avons rappelé (Texte 30, II), avait pressenti la répercussion éventuelle sur la poésie des nouveaux moyens d'expression inventés par la technique moderne, ces *engins et dispositifs* dont parle aussi Francis Ponge (Texte CXVII). Apollinaire ne pensait qu'au cinéma et au phonographe ; mais nous avons eu depuis le microsillon et le transistor, et, comme conséquence, l'extraordinaire diffusion de la chanson. Nous ne pouvons certes nous étendre sur le problème que pose à l'expression poétique son assimilation par la forme traditionnelle de la chanson et par les techniques modernes de diffusion. Il y a en tout cas quelque relation entre les deux phénomènes : car traditionnellement, la chanson est bien, a toujours été, le véhicule le plus populaire de la poésie et le mode d'expression le plus naturel de l'unité entre musique et poésie. Certes la chanson est aussi le mode d'expression qui a toujours exposé la poésie aux dangers de multiples altérations et l'expérience contemporaine ne contredit pas cette évidence.

Ce qui en ressort, en revanche, comme de l'expérience du passé, c'est que, même dans le domaine de la chanson, même dans ce nouveau véhicule que sont les techniques modernes, la poésie reste, en dernière analyse, affaire de langage ; c'est dans la mesure où les formes propres de la chanson, accentuées par l'esprit de sa musique et ses modes de diffusion, recréent un langage, redécouvrent et renouvellent des traditions, inventent des symboles et, même, souvent, toute une mythologie, que la poésie manifeste alors sa présence.

Il est permis de penser que le monde contemporain appelle aussi une poésie qui lui soit intimement accordée et que les pressentiments d'Apollinaire trouveront un jour leur accomplissement.

Deuxième Partie

ANTHOLOGIE THÉORIQUE

CHAPITRE I

BILAN ET SUCCESSION DU ROMANTISME

Charles NODIER

Dès avant 1820, l'âge romantique avait pressenti quelques-unes des orientations où s'engageront ses successeurs en lutte contre les forces intellectuelles inspirées par la grande impulsion positiviste de la seconde moitié du siècle : l'esthétique de la *forme* et l'esthétique de *l'insolite* donneront naissance aux deux grands courants de *l'irréalisme* poétique, et leur conjonction fera toute l'ambiguïté et toute la richesse de la poésie baudelairienne, tandis que la tentative parnassienne d'une réduction réaliste à la description conduira à l'impasse du pittoresque pur, ou, chez Leconte de Lisle, à l'angoisse de l'impossible.

texte 1   VERS UNE POÉTIQUE DE L'INSOLITE

L'objet de la poésie romantique est constitué par des aspects encore inaperçus des choses, un ordre de perception assez neuf pour être souvent bizarre[1], je ne sais quels secrets du cœur humain, dont il a souvent joui en

---

1. Le mot reviendra chez Baudelaire qui l'emprunte à Edgar Poe ; cf. Texte 9.

lui-même sans être tenté de les révéler aux autres, je ne sais quels mystères de la nature qui ne nous ont pas échappé dans l'ensemble, mais que nous n'avons jamais détaillés, l'art surtout de parler à notre imagination, en la ramenant vers les premières émotions de la vie, en réveillant autour d'elle jusqu'à ces redoutables superstitions de l'enfance, que la raison des peuples perfectionnés a réduites aux proportions du ridicule, et qui ne sont plus poétiques que dans le système poétique de la nouvelle école.

Mélanges de littérature et de critique, publiés en 1820.

Victor COUSIN

texte 2
VERS UNE POÉTIQUE DE L'ART POUR L'ART

Je prétends que la forme du beau est distincte de la forme du bien ; et que si l'art produit le perfectionnement moral, il ne le cherche pas, il ne le pose pas comme but. Le beau dans la nature et dans l'art ne se rapporte qu'à lui-même... L'art n'est pas plus au service de la religion et de la morale qu'au service de l'agréable et de l'utile ; l'art n'est pas un instrument, il est sa propre fin à lui-même.

Cours de Philosophie de 1818.

PROPOS DE PEINTRES

textes 3 LE RÉEL OU L'IMAGINAIRE ?

En ce milieu du siècle où poètes et artistes forment une société commune, où peinture et poésie se posent les mêmes problèmes, il faut sans doute jeter un rapide coup de sonde du côté des peintres, dont l'influence sera souvent décisive : comme la peinture, la poésie est sommée de se dissoudre dans l'art positif ou de s'exiler pour se retrouver dans l'imaginaire.

I. Traduire le réel

J'ai étudié, en dehors de tout esprit de système et sans parti pris, l'art des anciens et l'art des modernes. Je n'ai pas plus voulu imiter les uns que copier les autres ; ma pensée n'a pas été davantage d'arriver au but oiseux de *l'art pour l'art*. Non ! j'ai voulu tout simplement puiser dans l'entière connaissance de la tradition le sentiment raisonné et indépendant de ma propre individualité.

Savoir pour pouvoir, telle fut ma pensée. Etre à même de traduire les mœurs, les idées, l'aspect de mon époque selon mon appréciation, en un mot, faire de l'art vivant, tel est mon but.

Gustave Courbet, *Catalogue de son Exposition*, 1855.

II. Peindre les objets surnaturels

Le réalisme devrait être défini l'antipode de l'art. Il est peut-être plus odieux dans la peinture et dans la sculpture que dans l'histoire et le roman ; je ne parle pas de la poésie : car par cela seul que l'instrument du poète est une pure convention, un langage mesuré, en un mot, qui place tout d'abord le lecteur au-dessus du terre-à-terre de la vie de tous les jours, la plaisante contradiction dans les termes ce serait, de la poésie réaliste, si on pouvait concevoir même ce monstre...

Que trouvé-je dans un grand nombre d'ouvrages modernes ? Une énumération de tout ce qu'il faut présenter au lecteur, surtout des objets matériels, des peintures minutieuses de personnages, qui ne se peignent pas eux-mêmes par leurs actions. Je crois voir ces chantiers de construction où chacune des pierres taillées à part s'offre à ma vue, mais sans rapport à sa place dans l'ensemble du monument...

L'art, la poésie vivent de fictions[1]. Proposez au réaliste de profession de peindre les objets surnaturels : un dieu, une nymphe, un monstre, une furie, toutes ces imaginations qui transportent l'esprit !

Eugène DELACROIX, Journal, 22 février 1860.

---

1. Cf. même formule chez Mallarmé : Texte 20, 1.

Gérard DE NERVAL

texte 4 LA POÉTIQUE DU RÊVE

Le romantisme, même français, connaît la fascination de l'insolite et l'inspiration de ce qu'Edgar Poe appelait *l'Ange du Bizarre* : on l'a vu chez Nodier dès 1818. Au temps où Baudelaire médite et son esthétique et sa spiritualité, Gérard de Nerval explore l'insolite du rêve et, auprès de Théophile Gautier, son ami, et cependant très loin de lui, découvre et concerte la poétique *supernaturaliste* qui contient en germe tant d'audaces futures.

A Alexandre Dumas

... Du moment que j'avais cru saisir la série de toutes mes existences antérieures, il ne m'en coûtait pas plus d'avoir été prince, roi, mage, génie et même Dieu, la chaîne était brisée et marquait les heures pour des minutes. Ce serait le Songe de Scipion, la Vision du Tasse ou *La Divine Comédie* du Dante, si j'étais parvenu à concentrer mes souvenirs en un chef-d'œuvre. Renonçant désormais à la renommée d'inspiré, d'illuminé ou de prophète, je n'ai à vous offrir que ce que vous appelez si justement des théories impossibles, un *livre infaisable*...

Une fois persuadé que j'écrivais ma propre histoire, je me suis mis à traduire tous mes rêves, toutes mes émotions, je me suis attendri à cet amour pour une *étoile* fugitive qui m'abandonnait seul dans la nuit de ma destinée, j'ai pleuré, j'ai frémi des vaines apparitions de mon sommeil. Puis un rayon divin a lui dans mon enfer ; entouré de monstres contre lesquels je luttais obscurément, j'ai saisi le fil d'Ariane et dès lors toutes mes visions sont devenues célestes. Quelque jour, j'écrirai l'histoire de cette « descente aux enfers »[1],

---

1. Ce sera *Aurélia*.

et vous verrez qu'elle n'a pas été entièrement dépourvue de raisonnement si elle a toujours manqué de raison.

Et puisque vous avez eu l'imprudence de citer un des sonnets composés dans cet état de rêverie *super-naturaliste*, comme diraient les Allemands, il faut que vous les entendiez tous. Vous les trouverez à la fin du volume. Ils ne sont guère plus obscurs que la métaphysique d'Hegel ou les *Mémorables* de Swedenborg, et perdraient de leur charme à être expliqués, si la chose était possible...

Les Filles du Feu, 1852.

Théophile GAUTIER

texte 5 **LA POÉTIQUE DE L'ART POUR L'ART**

Il n'y a de vraiment beau que ce qui ne peut servir à rien

Préface de *Mademoiselle de Maupin*, 1834.

Comme en prévision des risques que fera courir à la poésie la double revendication d'*utilité* du *réalisme* et du *moralisme*, Théophile Gautier, dès ses années romantiques, prend pour ainsi dire les devants, et énonce le principe de l'*inutilité du beau*, fondement de sa poétique de l'art pour l'art :

Quant aux utilitaires, économistes, saint-simonistes et autres qui lui demanderont à quoi cela rime, — il répondra : le premier vers rime avec le second quand la rime n'est pas mauvaise, et ainsi de suite.

A quoi cela sert-il ? — Cela sert à être beau. N'est-ce pas assez ? Comme les fleurs, comme les parfums, comme les oiseaux, comme tout ce que l'homme n'a pu détourner et dépraver à son usage.

En général, dès qu'une chose devient utile, elle cesse d'être belle. — Elle rentre dans la vie positive, de poésie elle devient prose, de libre, esclave. Tout l'art est là. — L'art c'est la liberté, le luxe, l'efflorescence ; c'est l'épanouissement de l'âme dans l'oisiveté... Il y a et il y aura toujours des âmes artistes à qui les tableaux d'Ingres et de Delacroix, les aquarelles de Boulanger et de Decamps sembleront plus utiles que les chemins de fer et les bateaux à vapeur.

Albertus, Préface, 1832.

texte 6   DÉFINITION DE L'ART POUR L'ART

Nous ne citerons pas ici le célèbre poème *L'Art* d'*Émaux et Camées* : il est, pensons-nous, suffisamment connu et, en tout cas, aisément accessible. Mais Théophile Gautier critique a eu l'occasion de préciser et de développer les principes et conséquences de son esthétique lorsqu'il eut à répondre aux attaques de ses adversaires, en particulier celle du Genevois Töpffer dans ses *Réflexions et menus Propos d'un peintre genevois*.

L'art pour l'art signifie, pour les adeptes, un travail dégagé de toute préoccupation autre que celle du beau en lui-même. Quand Shakespeare écrit *Othello*, il n'a d'autre but que de montrer l'homme en proie à la jalousie ; quand Voltaire fait *Mahomet*, outre l'intention de dessiner la figure du prophète, il a celle de démontrer en général les inconvénients du fanatisme et en particulier les vices des prêtres catholiques ou chrétiens de son temps : sa tragédie souffre de l'introduction de cet élément hétérogène, et, pour atteindre l'effet philosophique, il manque l'effet esthétique du beau absolu. Quoique *Othello* ne sape pas le moindre petit préjugé, il s'élève de cent coudées au-dessus de *Mahomet*, malgré les tirades encyclopédiques[1] de celui-ci.

Le programme de l'école moderne... est de rechercher la beauté pour elle-même avec une impartialité complète, un désintéressement parfait, sans demander le succès à des allusions ou à des tendances étrangères au sujet traité, et nous croyons que c'est là assurément la manière la plus philosophique d'envisager l'art...

Est-ce à dire pour cela que l'art doive se renfermer dans un indifférentisme de parti-pris, dans un détachement glacial de toute chose vivace et contemporaine pour n'admirer, Narcisse idéal, que sa propre réflexion dans l'eau et devenir amoureux de lui-même ? Non, un artiste avant tout est un homme ; il peut refléter dans son œuvre, soit qu'il les partage, soit qu'il les repousse, les amours, les haines, les passions, les croyances et les préjugés de son temps, à la condition que l'art sacré sera toujours pour lui le but et non le moyen. Ce qui a été exécuté dans une autre intention que de satisfaire aux éternelles lois du beau ne saurait avoir de valeur dans l'avenir. La besogne faite, l'on jette l'outil de côté. Piocher n'est pas sculpter, et s'il peut être utile à un certain moment de renverser un mur, de creuser une mine, le mur tombé, la mine ayant fait explosion, l'habileté et le courage de l'ouvrier loués comme il convient, il ne reste rien de tout ce labeur. Que les artistes se gardent donc bien de s'atteler au service d'une école de philosophie ou d'une coterie politique, qu'ils laissent les fourgons chargés de théories embourbés dans leurs profondes ornières, et croient avoir fait autant pour le perfectionnement de l'Humanité que tous les utilitaires par une strophe harmonieuse, un noble type de tête, un torse aux lignes pures où se révèlent la recherche et le désir du beau éternel et général.

                            « Du Beau dans l'Art », dans *L'Art moderne*, 1856.

---

1. Nous dirions plutôt aujourd'hui : *encyclopédistes* (par allusion à la philosophie de *l'Encyclopédie*).

Paul VERLAINE

texte 7   A LA LIMITE...

 Avec la poésie parnassienne, l'Art pour l'Art, qui se tempérait encore d'humanisme chez Théophile Gautier, passe à la limite. C'est le jeune Verlaine qui, dans une profession de foi provisoire, définit ainsi la *Suprême Poésie* :

    Ce qu'il nous faut à nous, les Suprêmes Poètes
    Qui vénérons les Dieux et qui n'y croyons pas,
    A nous dont nul rayon n'auréola les têtes,
    Dont nulle Béatrix n'a dirigé les pas,

    A nous qui ciselons les mots comme des coupes
    Et qui faisons des vers émus très froidement,
    A nous qu'on ne voit point les soirs aller par groupes
    Harmonieux au bord des *lacs* et nous pâmant,

    Ce qu'il nous faut, à nous, c'est, aux lueurs des lampes,
    La science conquise et le sommeil dompté,
    C'est le front dans les mains du vieux Faust des estampes,
    C'est l'Obstination et c'est la Volonté !

    C'est la Volonté sainte, absolue, éternelle,
    Cramponnée au projet comme un noble condor
    Aux flancs fumants de peur d'un buffle, et d'un coup d'aile
    Emportant son trophée à travers les cieux d'or !

    Ce qu'il nous faut à nous, c'est l'étude sans trêve,
    C'est l'effort inouï, le combat non pareil,
    C'est la nuit, l'âpre nuit du travail, d'où se lève
    Lentement, lentement, l'Œuvre, ainsi qu'un soleil !

Libre à nos Inspirés, cœurs qu'une œillade enflamme,
D'abandonner leur être aux vents comme un bouleau ;
Pauvres gens ! l'Art n'est pas d'éparpiller son âme :
Est-elle en marbre, ou non, la Vénus de Milo ?

Nous donc, sculptons avec le ciseau des Pensées
Le bloc vierge du Beau, Paros immaculé,
Et faisons-en surgir sous nos mains empressées
Quelque pure statue au péplos étoilé,

Afin qu'un jour, frappant de rayons gris et roses
Le chef-d'œuvre serein, comme un nouveau Mammon,
L'Aube-Postérité, fille des Temps moroses,
Fasse dans l'air futur retentir notre nom !

Poèmes saturniens, 1866.

CHAPITRE II

LA QUÊTE DE CHARLES BAUDELAIRE

La poésie est ce qu'il y a de plus réel, c'est ce qui n'est complètement vrai que dans un autre monde.

Ce monde-ci, dictionnaire hiéroglyphique.

Puisque Réalisme il y a, note fragmentaire publiée dans
l'Art romantique.

texte 8   QU'EST-CE QUE LE ROMANTISME ?

C'est la question initiale et, au moment où écrit Baudelaire, en 1846, la question primordiale. Le romantisme en effet a suffisamment ébranlé la poésie pour que cette question ne cesse de se poser à ses successeurs qui sont aussi ses continuateurs. Parmi eux, le plus lucide pressent jusqu'où peut conduire la réponse à la question.

Peu de gens aujourd'hui voudront donner à ce mot un sens réel et positif ; oseront-ils cependant affirmer qu'une génération consent à livrer une bataille de plusieurs années pour un drapeau qui n'est pas un symbole ?

Qu'on se rappelle les troubles de ces derniers temps, et l'on verra que, s'il est resté peu de romantiques, c'est que peu d'entre eux ont trouvé le romantisme ; mais tous l'ont cherché sincèrement et loyalement.

Quelques-uns ne se sont appliqués qu'au choix des sujets ; ils n'avaient pas le tempérament de leurs sujets. — D'autres, croyant encore à une société catholique, ont cherché à refléter le catholicisme dans leurs œuvres. — S'appeler romantique et regarder systématiquement le passé, c'est se contredire. — Ceux-ci, au nom du romantisme, ont blasphémé les Grecs et les Romains : or peut faire des Romains et des Grecs romantiques, quand on l'est soi-même. — La vérité dans l'art et la couleur locale en ont égaré beaucoup d'autres. Le réalisme avait existé longtemps avant cette grande bataille...

Le romantisme n'est précisément ni dans le choix des sujets ni dans la vérité exacte mais dans la manière de sentir.

Ils l'ont cherché en dehors, et c'est en dedans qu'il était seulement possible de le trouver[1].

Pour moi, le romantisme est l'expression la plus récente, la plus actuelle du beau...

C'est parce que quelques-uns l'ont placé dans la perfection du métier que nous avons eu le rococo du romantisme, le plus insupportable de tous sans contredit.

Qui dit romantisme dit art moderne, — c'est-à-dire intimité, spiritualité, couleur, aspiration vers l'infini, exprimées par tous les moyens que contiennent les arts.

Il suit de là qu'il y a une contradiction évidente entre le romantisme et les œuvres de ses principaux sectaires.

Curiosités esthétiques, Salon de 1846, II.

texte 9 L'ANGE DU BIZARRE

Au-delà du romantisme, mais dans la ligne indiquée par lui, et selon l'impulsion d'une nouvelle « manière de sentir » le beau, voici, contre l'académisme, une poétique de l'étonnement qui implique une poétique du bizarre et de l'insolite. Cette page de Baudelaire apparaît aujourd'hui comme la charte d'une lignée de poètes modernes qui, par-delà le romantisme et le classicisme, rejoignent les *baroques* du XVIe et du XVIIe siècles.

Tout le monde conçoit sans peine que, si les hommes chargés d'exprimer le beau se conformaient aux règles des professeurs-jurés, le beau lui-même

---

1. En 1874, à propos de *Quatre-vingt-treize*, Hugo écrira : *ce livre a été composé du dedans au dehors.*

disparaîtrait de la terre puisque tous les types, toutes les idées, toutes les sensations se confondraient dans une vaste unité, monotone et impersonnelle, immense comme l'ennui et le néant. La variété, condition *sine qua non* de la vie, serait effacée de la vie. Tant il est vrai qu'il y a dans les productions multiples de l'art quelque chose de toujours nouveau qui échappera éternellement à la règle et aux analyses de l'école ! L'étonnement, qui est une des grandes jouissances causées par l'art et la littérature, tient à cette variété même des types et des sensations. Le *professeur-juré*, espèce de tyran-mandarin, me fait toujours l'effet d'un impie qui se substitue à Dieu.

J'irai encore plus loin, n'en déplaise aux sophistes trop fiers qui ont pris leur science dans les livres, et, quelque délicate et difficile à exprimer que soit mon idée, je ne désespère pas d'y réussir. *Le beau est toujours bizarre.* Je ne veux pas dire qu'il soit volontairement, froidement bizarre, car dans ce cas il serait un monstre sorti des rails de la vie. Je dis qu'il contient toujours un peu de bizarrerie, de bizarrerie naïve, non voulue, inconsciente, et que c'est cette bizarrerie qui le fait être particulièrement le Beau. C'est son immatriculation, sa caractéristique. Renversez la proposition, et tâchez de concevoir un *beau banal* ! Or, comment cette bizarrerie, nécessaire, incompressible, variée à l'infini, dépendante des milieux, des climats, des mœurs, de la race, de la religion et du tempérament de l'artiste, pourra-t-elle jamais être gouvernée, amendée, redressée, par les règles utopiques conçues dans un petit temple scientifique quelconque de la planète, sans danger de mort pour l'art lui-même ? Cette dose de bizarrerie qui constitue et définit l'individualité sans laquelle il n'y a pas de beau, joue dans l'art (que l'exactitude de cette comparaison en fasse pardonner la trivialité) le rôle du goût ou de l'assaisonnement dans les mets, les mets ne différant les uns des autres, abstraction faite de leur utilité ou de la quantité de substance nutritive qu'ils contiennent, que par *l'idée* qu'ils révèlent à la langue.

Curiosités esthétiques, Exposition universelle de 1855, I.

texte 10 LA POÉSIE CONTRE LE POSITIVISME

En 1855, l'Exposition Universelle, qui fait certes une place aux arts, inaugure la glorification de l'Industrie. Baudelaire en profite pour affirmer la rupture entre l'art et la société moderne, rupture dont on ne mesurera que plus tard les immenses conséquences.

Il est encore une erreur fort à la mode, de laquelle je veux me garder comme de l'enfer. — Je veux parler de l'idée du progrès. Ce fanal obscur, invention du philosophisme actuel breveté sans garantie de la Nature ou de la Divinité, cette lanterne moderne jette des ténèbres sur tous les objets de la connaissance ; la liberté s'évanouit, le châtiment disparaît. Qui veut y voir clair dans l'histoire doit avant tout éteindre ce fanal perfide. Cette idée grotesque, qui a fleuri sur le terrain pourri de la fatuité moderne, a déchargé chacun de son devoir, délivré toute âme de sa responsabilité, dégagé la volonté de tous les liens que lui imposait l'amour du beau : et les races amoindries, si cette navrante folie dure longtemps, s'endormiront sur l'oreiller de la fatalité dans le sommeil radoteur de la décrépitude. Cette infatuation est le diagnostic d'une décadence déjà trop visible.

Demandez à tout bon Français qui lit tous les jours *son* journal dans son estaminet ce qu'il entend par progrès, il répondra que c'est la vapeur, l'électricité et l'éclairage au gaz, miracles inconnus aux Romains, et que ces découvertes témoignent pleinement de notre supériorité sur les anciens ; tant il s'est fait de ténèbres dans ce malheureux cerveau et tant les choses de l'ordre matériel et de l'ordre spirituel s'y sont si bizarrement confondues ! Le pauvre homme est tellement américanisé par ses philosophes zoocrates et industriels qu'il a perdu la notion des différences qui caractérisent les phénomènes du monde physique et du monde moral, du naturel et du surnaturel...

Je laisse de côté la question de savoir si, délicatisant l'humanité en proportion des jouissances nouvelles qu'il lui apporte, le progrès indéfini ne serait pas sa plus ingénieuse et sa plus cruelle torture ; si, procédant par une opiniâtre négation de lui-même, il ne serait pas un mode de suicide incessamment renouvelé, et si, enfermé dans le cercle de feu de la logique divine, il ne ressemblerait pas au scorpion qui se perce lui-même avec sa terrible queue, cet éternel *desideratum* qui fait son éternel désespoir ?

Transportée dans l'ordre de l'imagination, l'idée du progrès (il y a eu des audacieux et des enragés de logique qui ont tenté de le faire) se dresse avec une absurdité gigantesque, une grotesquerie qui monte jusqu'à l'épouvantable. La thèse n'est plus soutenable. Les faits sont trop palpables, trop connus. Ils se raillent du sophisme et l'affrontent avec imperturbabilité. Dans l'ordre poétique et artistique, tout révélateur a rarement un précurseur. Toute floraison est spontanée, individuelle. Signorelli était-il vraiment le générateur de Michel-Ange ? Est-ce que Pérugin contenait Raphaël ? L'artiste ne relève que de lui-même. Il ne promet aux siècles à venir que ses propres œuvres. Il ne cautionne que lui-même. Il meurt sans enfants. Il a été *son roi, son prêtre et son Dieu*.

Curiosités esthétiques, Exposition universelle 1855, I.

texte 11   LA POÉSIE CONTRE LA NATURE

Esthétique de l'étonnement et du bizarre ou de l'insolite, réaction contre le progrès, tout cela relève de l'incompatibilité entre la *poésie* et le *positif*. Or le positivisme esthétique prend, au temps de Baudelaire, la forme du réalisme et même du *naturalisme*, réduction de l'art à la nature. Mais la poésie, non contente de rompre avec le monde moderne, rompra encore avec la nature : nouvelle rupture aux conséquences, elles aussi, considérables.

La plupart des erreurs relatives au beau naissent de la fausse conception du dix-huitième siècle relative à la morale. La nature fut prise dans ce temps-là comme base, source et type de tout bien et de tout beau possibles. La négation du péché originel ne fut pas pour peu de chose dans l'aveuglement général de cette époque. Si toutefois nous consentons à en référer simplement au fait visible, à l'expérience de tous les âges et à la *Gazette des Tribunaux*, nous verrons que la nature n'enseigne rien, ou presque rien, c'est-à-dire qu'elle *contraint* l'homme à dormir, à boire, à manger, et à se garantir, tant bien que mal, contre les hostilités de l'atmosphère. C'est elle aussi qui pousse l'homme à tuer son semblable, à le manger, à le séquestrer, à le torturer ; car sitôt que nous sortons de l'ordre des nécessités et des besoins pour entrer dans celui du luxe et des plaisirs, nous voyons que la nature ne peut conseiller que le crime. C'est cette infaillible nature qui a créé le parricide et l'anthropophagie, et mille autres abominations que la pudeur et la délicatesse nous empêchent de nommer. C'est la philosophie (je parle de la bonne), c'est la religion qui nous ordonne de nourrir des parents pauvres et infirmes. La nature (qui n'est pas autre chose que la voix de notre intérêt) nous commande de les assommer. Passez en revue, analysez tout ce qui est naturel, toutes les actions et les désirs du pur homme naturel, vous ne trouverez rien que d'affreux. Tout ce qui est beau et noble est le résultat de la raison et du calcul. Le crime, dont l'animal humain a puisé le goût dans le ventre de sa mère, est originellement naturel. La vertu, au contraire, est *artificielle*, surnaturelle, puisqu'il a fallu, dans tous les temps et chez toutes les nations, des dieux et des prophètes pour l'enseigner à l'humanité animalisée, et que l'homme, *seul*, eût été impuissant à la découvrir. Le mal se fait sans effort, *naturellement*, par fatalité ; le bien est toujours le produit d'un art. Tout ce que je dis de la nature comme mauvaise conseillère en matière de morale, et de la raison comme véritable rédemptrice et réformatrice, peut être transporté dans l'ordre du beau. Je suis ainsi conduit à regarder la parure comme un des signes de la noblesse primitive de l'âme humaine. Les races que notre civilisation, confuse et pervertie, traite volontiers de sauvages, avec un orgueil et une fatuité tout à fait risibles, comprennent, aussi bien que l'enfant, la haute spiritualité de la toilette. Le sauvage et le baby témoignent, par leur aspiration naïve vers le brillant, vers les plumages bariolés, les étoffes chatoyantes, vers la majesté superlative des formes artificielles, de leur dégoût pour le réel, et prouvent ainsi, à leur insu, l'immatérialité de leur âme. Malheur à celui qui, comme Louis XV (qui fut non le produit d'une vraie civilisation mais d'une récurrence de barbarie), pousse la dépravation jusqu'à ne plus goûter que la *simple nature* !

Curiosités esthétiques, Le Peintre de la vie moderne, XI : Éloge du maquillage.

texte 12   LA POÉSIE CONTRE L'UTILITÉ

> Fidèle à la logique de son système, Baudelaire rejoint — provisoirement — Théophile Gautier[1] et reprend son réquisitoire contre l'utilité, qu'elle se présente sous la forme du moralisme ou du « philosophisme » :

Il y a des mots, grands et terribles, qui traversent incessamment la polémique littéraire : l'art, le beau, l'utile, la morale. Il se fait une grande mêlée ; et, par manque de sagesse philosophique, chacun prend pour soi la moitié du drapeau, affirmant que l'autre n'a aucune valeur. Certainement, ce n'est pas dans un article aussi court que j'afficherai des prétentions philosophiques, et je ne veux pas fatiguer les gens par des tentatives de démonstrations esthétiques absolues. Je vais au plus pressé, et je parle le langage des bonnes gens. Il est douloureux de noter que nous trouvons des erreurs semblables dans deux écoles opposées : l'école bourgeoise et l'école socialiste. Moralisons ! Moralisons ! s'écrient toutes les deux avec une fièvre de missionnaires. Naturellement l'une prêche la morale bourgeoise et l'autre la morale socialiste. Dès lors l'art n'est plus qu'une question de propagande.

L'art est-il utile ? Oui. Pourquoi ? Parce qu'il est l'art. Y a-t-il un art pernicieux ? Oui. C'est celui qui dérange les conditions de la vie. Le vice est séduisant, il faut le peindre séduisant ; mais il traîne avec lui des maladies et des douleurs morales singulières ; il faut les décrire. Étudiez toutes les plaies comme un médecin qui fait son service dans un hôpital, et l'école du bon sens, l'école exclusivement morale, ne trouvera plus où mordre... Je défie qu'on me trouve un seul ouvrage d'imagination qui réunisse toutes les conditions du beau et qui soit un ouvrage pernicieux.

L'Art romantique, Les Drames et les Romans honnêtes, 1851.

Une foule de gens se figurent que le but de la poésie est un enseignement quelconque, qu'elle doit tantôt fortifier la conscience, tantôt *démontrer* quoi que ce soit d'utile. Edgar Poe prétend que les Américains ont spécialement patronné cette idée hétérodoxe ; hélas ! il n'est pas besoin d'aller jusqu'à Boston pour rencontrer l'hérésie en question. Ici même, elle nous assiège, et tous les jours elle bat en brèche la véritable poésie. La poésie, pour peu qu'on veuille descendre en soi-même, interroger son âme, rappeler ses souvenirs d'enthousiasme, n'a pas d'autre but qu'elle-même ; elle ne peut pas en avoir d'autre, et aucun poème ne sera si grand, si noble, si véritablement digne du nom de poème, que celui qui aura été écrit uniquement pour le plaisir d'écrire un poème.

Je ne veux pas dire que la poésie n'ennoblisse pas les mœurs — qu'on me comprenne bien — que son résultat final ne soit pas d'élever l'homme au-

---

1. Cf. Texte 5.

dessus du niveau des intérêts vulgaires ; ce serait évidemment une absurdité. Je dis que, si le poète a poursuivi un but moral, il a diminué sa force poétique ; et il n'est pas imprudent de parier que son œuvre sera mauvaise. La poésie ne peut pas, sous peine de mort ou de défaillance, s'assimiler à la science ou à la morale ; elle n'a pas la Vérité pour objet, elle n'a qu'elle-même. Les modes de démonstration de la vérité sont autres et sont ailleurs. La vérité n'a rien à faire avec les chansons. Tout ce qui fait le charme, la grâce, l'irrésistible d'une chanson enlèverait à la vérité son autorité et son pouvoir. Froide, calme, impassible, l'humeur démonstrative repousse les diamants et les fleurs de la Muse ; elle est donc absolument l'inverse de l'humeur poétique.

Notes nouvelles sur Edgar Poe, IV, 1857.

texte 13   LA POÉSIE CONTRE LA PLASTIQUE

Il ne faut pas croire pour autant que Baudelaire s'engage dans la voie de l'Art pour l'Art ; il refuse avec autant de vigueur l'hérésie du *formalisme* :

Congédier la passion et la raison, c'est tuer la littérature... S'environner exclusivement des séductions de l'art physique, c'est créer de grandes chances de perdition. Pendant longtemps, bien longtemps, vous ne pourrez voir, aimer, sentir que le beau, rien que le beau. Je prends le mot dans un sens restreint. Le monde ne vous apparaîtra que sous sa forme matérielle. Les ressorts qui le font se mouvoir resteront longtemps cachés.

Puissent la religion et la philosophie venir un jour, comme forcées par le cri d'un désespéré ! Telle sera toujours la destinée des insensés qui ne voient dans la nature que des rythmes et des formes. Encore la philosophie ne leur apparaîtra-t-elle d'abord que comme un jeu intéressant, une gymnastique agréable, une escrime dans le vide. Mais combien ils seront châtiés ! Tout enfant dont l'esprit poétique sera surexcité, dont le spectacle excitant de mœurs actives et laborieuses ne frappera pas incessamment les yeux, qui entendra sans cesse parler de gloire et de volupté, dont les sens seront journellement caressés, irrités, effrayés, allumés et satisfaits par des objets d'art, deviendra le plus malheureux des hommes et rendra les autres malheureux. A douze ans il retroussera les jupes de sa nourrice, et si la puissance dans le crime ou dans l'art ne l'élève pas au-dessus des fortunes vulgaires, à trente ans il crèvera à l'hôpital. Son âme, sans cesse irritée et inassouvie, s'en va à travers le monde occupé et laborieux ; elle s'en va, dis-je, comme une prostituée, criant : Plastique ! plastique ! La plastique, cet affreux mot me donne la chair de poule, la plastique l'a empoisonné, et cependant il ne peut vivre que par ce poison...

Le goût immodéré de la forme pousse à des désordres monstrueux et inconnus. Absorbés par la passion féroce du beau, du drôle, du joli, du pittoresque, car il y a des degrés, les notions du juste et du vrai disparaissent.

La passion frénétique de l'art est un chancre qui dévore le reste ; et, comme l'absence nette du juste et du vrai dans l'art équivaut à l'absence d'art, l'homme entier s'évanouit ; la spécialisation excessive d'une faculté aboutit au néant. Je comprends les fureurs des iconoclastes et des musulmans contre les images. J'admets tous les remords de Saint Augustin sur le trop grand plaisir des yeux. Le danger est si grand que j'excuse la suppression de l'objet. La folie de l'art est égale à l'abus de l'esprit.

L'Art romantique, L'École païenne, 1852.

textes 14 SPIRITUALITÉ ET SURNATURALISME

Le préambule à toute poésie est ainsi une suite de refus contradictoires parce que ce sont là refus d'impuretés inverses. Le passage du refus à la création ne peut alors s'opérer que par dépassement : au-delà du positif et de l'utile, c'est la pureté poétique ; au-delà de la forme, c'est la spiritualité magique ; au-delà de la nature, c'est le surnaturalisme.

I

Edgar Poe dit... que le résultat de l'opium pour les sens est de revêtir la nature entière d'un intérêt surnaturel qui donne à chaque objet un sens plus profond, plus volontaire, plus despotique. Sans avoir recours à l'opium, qui n'a connu ces admirables heures, véritables fêtes du cerveau, où les sens plus attentifs perçoivent des sensations plus retentissantes, où le ciel d'un azur plus transparent s'enfonce comme un abîme plus infini, où les sons tintent musicalement, où les couleurs parlent, où les parfums racontent des mondes d'idées ? Eh bien, la peinture de Delacroix me paraît la traduction de ces beaux jours de l'esprit. Elle est revêtue d'intensité et sa splendeur est privilégiée. Comme la nature perçue par des nerfs ultra-sensibles, elle révèle le surnaturalisme.

Curiosités esthétiques, Exposition universelle de 1855, III.

II

Pour [Edgar Poe], l'imagination est la reine des facultés, mais par ce mot il entend quelque chose de plus grand que ce qui est entendu par le commun des lecteurs. L'imagination n'est pas la fantaisie ; elle n'est pas non plus la sensibilité, bien qu'il soit difficile de concevoir un homme imaginatif qui ne serait pas sensible. L'imagination est une faculté quasi-divine qui perçoit tout d'abord, en dehors des méthodes philosophiques, les rapports intimes et secrets des choses, les correspondances et les analogies...

C'est cet admirable, cet immortel instinct du beau qui nous fait considérer la terre et ses spectacles comme un aperçu, comme une correspondance du Ciel. La soif insatiable de tout ce qui est au delà, et que révèle la vie, est la preuve la plus vivante de notre immortalité. C'est à la fois par la poésie et *à travers* la poésie, par et *à travers* la musique, que l'âme entrevoit les splendeurs situées derrière le tombeau ; et, quand un poème exquis amène les larmes au bord des yeux, ces larmes ne sont pas la preuve d'un excès de jouissance, elles sont bien plutôt le témoignage d'une mélancolie irritée, d'une postulation des nerfs, d'une nature exilée dans l'imparfait et qui voudrait s'emparer immédiatement, sur cette terre même, d'un paradis révélé.

Ainsi, le principe de la poésie est strictement et simplement l'aspiration humaine vers une beauté supérieure, et la manifestation de ce principe est dans un enthousiasme, une excitation de l'âme, — enthousiasme tout à fait indépendant de la passion qui est l'ivresse du cœur, et de la vérité qui est la pâture de la raison. Car la passion est *naturelle*, trop naturelle pour ne pas introduire un ton blessant, discordant, dans le domaine de la beauté pure, trop familière et trop violente pour ne pas scandaliser les purs désirs, les gracieuses mélancolies et les nobles désespoirs qui habitent les régions surnaturelles de la poésie.

Notes nouvelles sur Edgar Poe, III et IV, 1857.

III

Pour être bref, je suis obligé d'omettre une foule de corollaires résultant de la forme principale, où est, pour ainsi dire, contenu tout le formulaire de la véritable esthétique, et qui peut être exprimée ainsi : Tout l'univers visible n'est qu'un magasin d'images et de signes auxquels l'imagination donnera une place et une valeur relatives ; c'est une espèce de pâture que l'imagination doit digérer et transformer. Toutes les facultés de l'âme humaine doivent être subordonnées à l'imagination, qui les met en réquisition toutes à la fois.

Curiosités esthétiques, Salon de 1859, IV.

IV

Qu'est-ce que l'art pur suivant la conception moderne ? C'est créer une magie suggestive contenant à la fois l'objet et le sujet, le monde extérieur à l'artiste et l'artiste lui-même.

Curiosités esthétiques, L'Art philosophique, 1860-1864.

textes 15 RÉHABILITATION DE LA FORME

Une fois affirmés les refus nécessaires et définie la transcendance surnaturaliste de l'art, le culte de la forme redevient légitime, mais la forme comme symbole de spiritualité et comme signe de l'âme dans le langage.

I

Rien n'est plus impertinent ni plus bête que de parler à un grand artiste, érudit et penseur comme Delacroix, des obligations qu'il peut avoir au dieu du hasard. Cela fait tout simplement hausser les épaules de pitié. Il n'y a pas de hasard dans l'art, non plus qu'en mécanique...

Delacroix part donc de ce principe, qu'un tableau doit avant tout reproduire la pensée intime de l'artiste, qui domine le modèle, comme le créateur la création ; et de ce principe il en sort un second qui semble le contredire à première vue, — à savoir, qu'il faut être très soigneux des moyens matériels d'exécution...

Curiosités esthétiques. Salon de 1846, IV.

II

Avant toute chose, je dois dire que la part étant faite au poète naturel, à l'innéité, Poe en faisait une à la science, au travail et à l'analyse, qui paraîtra exorbitante aux orgueilleux non érudits. Non seulement il a dépensé des efforts considérables pour soumettre à sa volonté le démon fugitif des minutes heureuses, pour rappeler à son gré ces sensations exquises, ces appétitions spirituelles, ces états de santé poétique, si rares et si précieux qu'on pourrait vraiment les considérer comme des grâces extérieures à l'homme et comme des visitations ; mais aussi il a soumis l'inspiration à la méthode, à l'analyse la plus sévère. Le choix des moyens ! il y revient sans cesse, il insiste avec une éloquence savante sur l'appropriation du moyen à l'effet, sur l'usage de la rime, sur le perfectionnement du refrain, sur l'adaptation du rythme au sentiment. Il affirmait que celui qui ne sait pas saisir l'intangible n'est pas poète ; que celui-là seul est poète qui est le maître de sa mémoire, le souverain des mots, le registre de ses propres sentiments toujours prêt à se laisser feuilleter. Tout pour le dénouement ! répète-t-il souvent. Un sonnet lui-même a besoin d'un plan, et la construction, l'armature, pour ainsi dire, est la plus importante garantie de la vie mystérieuse des œuvres de l'esprit.

Notes nouvelles sur Edgar Poe, IV, 1857.

III

Si une exécution très nette est nécessaire, c'est pour que le langage du rêve soit très nettement traduit ; qu'elle soit très rapide, c'est pour que rien ne se perde de l'impression extraordinaire qui accompagnait la conception ; que l'attention de l'artiste se porte même sur la propreté matérielle des outils, cela se conçoit sans peine, toutes les précautions devant être prises pour rendre l'exécution agile et décisive...

Tous ces préceptes sont évidemment modifiés plus ou moins par le tempérament varié des artistes. Cependant je suis convaincu que c'est là la méthode la plus sûre pour les imaginations riches. Conséquemment, de trop grands écarts faits hors de la méthode en question témoignent d'une importance anormale et injuste donnée à quelque partie secondaire de l'art.

... Il est évident que les rhétoriques et les prosodies ne sont pas des tyrannies inventées arbitrairement, mais une collection de règles réclamées par l'organisation même de l'être spirituel. Et jamais les prosodies et les rhétoriques n'ont empêché l'originalité de se produire distinctement. Le contraire, à savoir qu'elles ont aidé l'éclosion de l'originalité, serait infiniment plus vrai.

Curiosités esthétiques, Salon de 1859, IV.

CHAPITRE III

LES GRANDES DÉCOUVERTES

LAUTRÉAMONT et RIMBAUD

texte 16   LA RÉVOLTE

 Une poésie du refus de la nature, du monde et de la société, ouvre nécessairement sur la révolte. Le mythe du poète révolté sera l'un des plus puissants de la poésie moderne. Or il s'est incarné dans le singulier personnage d'Isidore Ducasse, Comte de Lautréamont, et les *Chants de Maldoror* fondent leur projet poétique sur une décision de *révolte absolue*.

 Race stupide et idiote ! Tu te repentiras de te conduire ainsi. C'est moi qui te le dis. Tu t'en repentiras, va ! tu t'en repentiras. Ma poésie ne consistera qu'à attaquer, par tous les moyens, l'homme, cette bête fauve, et le Créateur, qui n'aurait pas dû engendrer une pareille vermine. Les volumes s'entasseront sur les volumes, jusqu'à la fin de ma vie, et cependant l'on n'y verra que cette seule idée, toujours présente à ma conscience !

Chants de Maldoror, Chant Deuxième, 1868.

Lautréamont et Rimbaud

texte 17   DE LA RÉVOLTE A LA VOYANCE

Donc la révolte se veut créatrice : elle est alors, comme les refus baudelairiens, l'effort vers une *connaissance de l'inconnu*. Arthur Rimbaud, adolescent révolté, se découvre *voyant* et se veut *poète* par un même mouvement.

... On se doit à la Société, m'avez-vous dit ; vous faites partie des corps enseignants : vous roulez dans la bonne ornière. — Moi aussi, je suis le principe : je me fais cyniquement *entretenir* ; je déterre d'anciens imbéciles de collège : tout ce que je puis inventer de bête, de sale, de mauvais, en action et en paroles, je le leur livre : on me paie en bocks et en filles. *Stat mater dolorosa, dum pendet filius*. — Je me dois à la Société, c'est juste, — et j'ai raison. Vous aussi, vous avez raison, pour aujourd'hui. Au fond, vous ne voyez en votre principe que poésie subjective : votre obstination à regagner le râtelier universitaire — pardon ! — le prouve. Mais vous finirez toujours comme un satisfait qui n'a rien fait, n'ayant rien voulu faire. Sans compter que votre poésie subjective sera toujours horriblement fadasse. Un jour, j'espère, — bien d'autres espèrent la même chose — je verrai dans votre principe la poésie objective, je la verrai plus sincèrement que vous ne le feriez ! — Je serai un travailleur : c'est l'idée qui me retient quand les colères folles me poussent vers la bataille de Paris, où tant de travailleurs meurent pourtant encore tandis que je vous écris ! Travailler maintenant, jamais, jamais ; je suis en grève.

Maintenant, je m'encrapule le plus possible. Pourquoi ? Je veux être poète, et je travaille à me rendre *voyant* : vous ne comprendrez pas du tout, et je ne saurais presque vous expliquer. Il s'agit d'arriver à l'inconnu par le dérèglement de *tous les sens*. Les souffrances sont énormes, mais il faut être fort, être né poète, et je me suis reconnu poète. Ce n'est pas du tout ma faute. C'est faux de dire : Je pense. On devrait dire : On me pense. Pardon du jeu de mots.

JE est un autre. Tant pis pour le bois qui se trouve violon, et nargue aux inconscients, qui ergotent sur ce qu'ils ignorent tout à fait !...

Lettre à Georges Izambard, mai 1871.

textes 18   DÉCOUVERTE DE L'INCONNU

Le poète n'est plus seulement un mage mais un magicien et un alchimiste. Révolte et voyance ont ouvert la porte sur l'inconnu. C'est à peine si une poésie magique et alchimique relève encore d'une esthétique : chez Lautréamont comme chez Rimbaud, l'esthétique fait place à l'*expérience* du vertige et de l'hallucination.

I. Beauté magique

Il vaut mieux croire que c'est une étoile elle-même qui est descendue de son orbite, en traversant l'espace, sur ce front majestueux, qu'elle entoure avec sa clarté de diamant, comme d'une auréole. La nuit, écartant du doigt sa tristesse, se revêt de tous ses charmes pour fêter le sommeil de cette incarnation de la pudeur, de cette image parfaite de l'innocence des anges : le bruissement des insectes est moins perceptible... Il rêve qu'il est heureux ; que sa nature corporelle a changé ; ou que, du moins, il s'est envolé sur un nuage pourpre, vers une autre sphère, habitée par des êtres de même nature que lui... Il rêve que les fleurs dansent autour de lui en rond, comme d'immenses guirlandes folles, et l'imprègnent de leurs parfums suaves, pendant qu'il chante un hymne d'amour entre les bras d'un être humain d'une beauté magique.

Chants de Maldoror, Chant Deuxième, 1868.

Les habitants de la côte avaient entendu raconter des choses étranges sur ces deux personnages... Les plus vieux pilleurs d'épaves fronçaient le sourcil, d'un air grave, affirmant que les deux fantômes... étaient le génie de la terre et le génie de la mer, qui promenaient leur majesté, au milieu des airs, pendant les grandes révolutions de la nature, unis ensemble par une amitié éternelle, dont la rareté et la gloire ont enfanté l'étonnement du câble indéfini des générations. On disait que, volant côte à côte comme deux condors des Andes, ils aimaient à planer, en cercles concentriques, parmi les couches d'atmosphère qui avoisinent le soleil ; qu'il se nourrissaient, dans ces parages, des plus pures essences de la lumière ; mais qu'ils ne se décidaient qu'avec peine à rabattre l'inclinaison de leur vol vertical vers l'orbite épouvantée où tourne le globe humain en délire.

Chants de Maldoror, Chant Troisième.

II. ALCHIMIE DU VERBE

A moi. L'histoire d'une de mes folies.

Depuis longtemps je me vantais de posséder tous les paysages possibles, et trouvais dérisoires les célébrités de la peinture et de la poésie moderne.

J'aimais les peintures idiotes, dessus de portes, décors, toiles de saltimbanques, enseignes, enluminures populaires ; la littérature démodée, latin d'église, livres érotiques sans orthographe, romans de nos aïeules, contes de fées, petits livres de l'enfance, opéras vieux, refrains niais, rhythmes naïfs.

Je rêvais croisades, voyages de découvertes dont on n'a pas de relations, républiques sans histoires, guerres de religion étouffées, révolutions de mœurs, déplacements de races et de continents : je croyais à tous les enchantements.

J'inventai la couleur des voyelles ! — *A* noir, *E* blanc, *I* rouge, *O* bleu, *U* vert. — Je réglai la forme et le mouvement de chaque consonne, et, avec des rhythmes instinctifs, je me flattai d'inventer un verbe poétique accessible, un jour ou l'autre, à tous les sens. Je réservais la traduction.

Ce fut d'abord une étude. J'écrivais des silences, des nuits, je notais l'inexprimable. Je fixais des vertiges...

Je m'habituai à l'hallucination simple : je voyais très franchement une mosquée à la place d'une usine, une école de tambours faite par des anges, des calèches sur les routes du ciel, un salon au fond d'un lac ; les monstres, les mystères ; un titre de vaudeville dressait des épouvantes devant moi.

Puis j'expliquai mes sophismes magiques avec l'hallucination des mots !

Je finis par trouver sacré le désordre de mon esprit. J'étais oisif, en proie à une lourde fièvre : j'enviais la félicité des bêtes, — les chenilles, qui représentent l'innocence des limbes, les taupes, le sommeil de la virginité !

    Arthur RIMBAUD, *Une Saison en Enfer, Délires*, 1873.

Paul VERLAINE

texte 19

BEAUTÉ MUSICALE ET ALCHIMIE DE LA NUANCE

Il est d'autres magies que les magies lucifériennes ou les alchimies surréalistes. Déjà dans le passé, les nuances précieuses s'étaient opposées aux déchaînements baroques. Face à Maldoror et à Rimbaud, la découverte verlainienne est celle d'un autre mystère, mais lui aussi naissant aux confins de l'âme et du langage.

ART POÉTIQUE

De la musique avant toute chose,
Et pour cela préfère l'Impair
Plus vague et plus soluble dans l'air,
Sans rien en lui qui pèse ou qui pose.

Il faut aussi que tu n'ailles point
Choisir tes mots sans quelque méprise :
Rien de plus cher que la chanson grise
Où l'Indécis au Précis se joint.

C'est des beaux yeux derrière des
                    [voiles,
C'est le grand jour tremblant de midi,
C'est par un ciel d'automne attiédi,
Le bleu fouillis des claires étoiles !

Car nous voulons la Nuance encor,
Pas la Couleur, rien que la nuance !
Oh ! la nuance seule fiance
Le rêve au rêve et la flûte au cor !

Fuis du plus loin la Pointe assassine,
L'esprit cruel et le Rire impur,
Qui font pleurer les yeux de l'Azur,
Et tout cet ail de basse cuisine !

Prends l'éloquence et tords-lui le cou !
Tu feras bien, en train d'énergie,
De rendre un peu la Rime assagie.
Si l'on n'y veille, elle ira jusqu'où ?

Paul Verlaine

O qui dira les torts de la Rime ?
Quel enfant sourd ou quel nègre fou
Nous a forgé ce bijou d'un sou,
Qui sonne creux et faux sous la lime ?

De la musique encore et toujours !
Que ton vers soit la chose envolée
Qu'on sent qui fuit d'une âme en allée
Vers d'autres cieux à d'autres amours.

Que ton vers soit la bonne aventure
Éparse au vent crispé du matin
Qui va fleurant la menthe et le
[thym...
Et tout le reste est littérature.

Jadis et Naguère, 1884, Écrit en 1874.

Stéphane MALLARMÉ

textes 20   POÉTIQUE DU VERBE

C'est avec Stéphane Mallarmé que l'irréalisme poétique atteint sa pointe extrême par la totale identification de la poésie et du Verbe. Poétique du *Dire,* soigneusement concertée et fondée sur une esthétique délibérée.

I. Avant-dire au traité du verbe de René Ghil

Narrer, enseigner, même décrire, cela va et encore qu'à chacun suffirait peut-être, pour échanger la pensée humaine, de prendre ou de mettre dans la main d'autrui en silence une pièce de monnaie, l'emploi élémentaire du discours dessert l'universel reportage dont, la Littérature exceptée, participe tout entre les genres d'écrits contemporains.

A quoi bon la merveille de transposer un fait de nature en sa presque disparition vibratoire selon le jeu de la parole, cependant, si ce n'est pour qu'en émane, sans la gêne d'un proche ou concret rappel, la notion pure ?

Je dis : une fleur ! et, hors de l'oubli où ma voix relègue aucun contour, en tant que quelque chose d'autre que les calices sus, musicalement se lève, idée même et suave, l'absente de tous bouquets.

Au contraire d'une fonction de numéraire facile et représentatif, comme le traite d'abord la foule, le Dire, avant tout rêve et chant, retrouve chez le poète, par nécessité constitutive d'un art consacré aux fictions, sa virtualité.

Le vers qui de plusieurs vocables refait un mot total, neuf, étranger à la langue et comme incantatoire, achève cet isolement de la parole : niant, d'un trait souverain, le hasard demeuré aux termes malgré l'artifice de leur retrempe alternée en le sens et la sonorité, et vous cause cette surprise de n'avoir ouï jamais tel fragment ordinaire, en même temps que la réminiscence de l'objet baigne dans une neuve atmosphère.

1886.

II. Réponse a une enquête

En 1891 le critique Jules Huret entreprit une enquête sur la situation de la littérature contemporaine, enquête dont les résultats parurent dans l'*Écho de Paris*, puis en volume. Ce fut pour Mallarmé l'occasion de définir son esthétique et celle de ses disciples par rapport à la tradition parnassienne.

Je crois que, quant au fond, les jeunes sont plus près de l'idéal poétique que les Parnassiens qui traitent encore leurs sujets à la façon des vieux philosophes et des vieux rhéteurs, en présentant les objets directement. Je pense qu'il faut, au contraire, qu'il n'y ait qu'allusion. La contemplation des objets, l'image s'envolant des rêveries suscitées par eux, sont le chant : les Parnassiens, eux, prennent la chose entièrement et la montrent : par là ils manquent de mystère ; ils retirent aux esprits cette joie délicieuse de croire qu'ils créent. *Nommer* un objet, c'est supprimer les trois-quarts de la jouissance du poème qui est faite de deviner peu à peu : le *suggérer*, voilà le rêve. C'est le parfait usage de ce mystère qui constitue le symbole : évoquer petit à petit un objet pour montrer un état d'âme, ou, inversement, choisir un objet et en dégager un état d'âme, par une série de déchiffrements.

— *Nous approchons ici, dis-je au maître, d'une grosse objection que j'avais à vous faire... L'obscurité !*

— C'est en effet également dangereux, *me répond-il*, soit que l'obscurité vienne de l'insuffisance du lecteur, ou de celle du poète... mais c'est tricher que d'éluder ce travail. Que si un être d'une intelligence moyenne, et d'une préparation littéraire insuffisante, ouvre par hasard un livre ainsi fait et prétend en jouir, il y a malentendu, il faut remettre les choses à leur place. Il doit y avoir toujours énigme en poésie, et c'est le but de la littérature — il n'y en a pas d'autres — d'*évoquer* les objets.

— *C'est vous, maître, demandai-je, qui avez créé le mouvement nouveau ?*

— J'abomine les écoles, *dit-il*, et tout ce qui y ressemble : je répugne à tout ce qui est professoral appliqué à la littérature qui, elle, au contraire, est tout à fait individuelle. Pour moi, le cas d'un poète, en cette société qui ne lui permet pas de vivre, c'est le cas d'un homme qui s'isole pour sculpter son propre tombeau. Ce qui m'a donné l'attitude de chef d'école, c'est, d'abord, que je me suis toujours intéressé aux idées des jeunes gens ; c'est ensuite, sans doute, ma sincérité à reconnaître ce qu'il y avait de nouveau dans l'apport des derniers venus. Car moi, au fond, je suis un solitaire, je crois que la poésie est faite pour le faste et les pompes suprêmes d'une société constituée où aurait sa place la gloire dont les gens semblent avoir perdu la notion. L'attitude du poète dans une époque comme celle-ci, où il est en grève devant la société, est de mettre de côté tous les moyens viciés qui peuvent s'offrir à lui. Tout ce qu'on peut lui proposer est inférieur à sa conception et à son travail secret...

— Au fond, voyez-vous, *me dit le maître en me serrant la main,* le monde est fait pour aboutir à un beau livre.

III. Sur Poe

Je révère l'opinion de Poe, nul vestige d'une philosophie, l'éthique ou la métaphysique ne transparaîtra ; j'ajoute qu'il la faut, incluse et latente. Éviter quelque réalité d'échafaudage demeuré autour de cette architecture spontanée et magique, n'y implique pas le manque de puissants calculs et subtils, mais on les ignore ; eux-mêmes se font mystérieux exprès. Le chant jaillit de source innée : antérieure à un concept, si purement que refléter, au dehors, mille rythmes d'images. Quel génie pour être un poète ! quelle foudre d'instinct renfermer, simplement la vie, vierge, en sa synthèse et loin illuminant tout. L'armature intellectuelle du poème se dissimule et tient — a lieu — dans l'espace qui isole les strophes et parmi le blanc du papier : significatif silence qu'il n'est pas moins beau de composer, que les **vers.**

Fragment manuscrit, Coll. Henri Mondor
(St. MALLARMÉ, *Œuvres complètes,*
Bibliothèque de la Pléiade)

CHAPITRE IV

LE SYMBOLISME ET SA SUITE

Gabriel VICAIRE et Henri BEAUCLAIR

texte 21   CARICATURE DU POÈTE DÉCADENT

    Au moment de la grande vogue de la poésie *décadente*, qui annonçait le symbolisme, Gabriel Vicaire et Henri Beauclair publièrent dans la revue *Lutèce*, où avaient paru les *Complaintes* de Laforgue, une parodie dont l'intérêt réside surtout dans la Préface : l'esthétique *décadente* y est en effet définie à travers une caricature qui en renforce les traits et qui explique que le symbolisme devait à la fois en subir l'influence et en rejeter les excès :

    « Si nous sommes les Poètes, c'est que nous possèdons le grand secret, nous rendons l'impossible, nous exprimons l'inexprimable... Le rêve, le rêve ! mes amis, embarquons-nous pour le rêve ! L'Église, notre mère, professe que le rêve est une prière. Les saintes, abîmées dans l'extase, étaient des poétesses, le poète était un voyant. Aujourd'hui, la négation brutale a tout envahi, l'homme d'action est un sauvage. Mais nous que la vie et la pensée ont affinés, si notre raison se refuse à croire, donnons-nous au moins, en rêvant, l'illusion de la foi. »

. . . .

LE SYMBOLISME ET SA SUITE

    Ce n'était pas tout que d'avoir trouvé une source d'inspiration nouvelle, en un temps où l'imagination semble tarie, où la foi se meurt, où tout est bas et vulgaire. Ces inspirations fugitives, ces fleurs de rêve, ces nuances insaisissables, plus variées que celles de l'arc-en-ciel infini, il fallait bien les fixer. Et pour cela la langue française était décidément trop pauvre... A la délicieuse corruption, au détraquement exquis de l'âme contemporaine, une suave névrose de langue devait correspondre... Une attaque de nerfs sur du papier ! voilà l'écriture moderne...

Les Déliquescences d'Adoré Floupette, Préface, 1885.

Jean MORÉAS

texte 22   MANIFESTE DU SYMBOLISME

    Le romantisme, après avoir sonné tous les tumultueux tocsins de la révolte, après avoir eu ses jours de gloire et de bataille, perdit de sa force et de sa grâce, abdiqua ses audaces héroïques, se fit rangé, sceptique et plein de bon sens ; dans l'honorable et mesquine tentative des Parnassiens, il espéra de fallacieux renouveaux, puis finalement, tel un monarque tombé en enfance, il se laissa déposer par le naturalisme auquel on ne peut accorder sérieusement qu'une valeur de protestation, légitime mais mal avisée, contre les fadeurs de quelques romanciers alors à la mode. Une nouvelle manifestation d'art était donc attendue, nécessaire, inévitable. Cette manifestation, couvée depuis longtemps, vient d'éclore...

    Nous avons déjà proposé la dénomination de « SYMBOLISME » comme la seule capable de désigner raisonnablement la tendance actuelle de l'esprit créateur en art. Cette dénomination peut être maintenue...

    Ennemie de l'enseignement, la déclamation, la fausse sensibilité, la description objective, la poésie symbolique cherche à vêtir l'Idée d'une forme sensible qui, néanmoins, ne serait pas son but à elle-même, mais qui, tout en servant à exprimer l'Idée, demeurerait sujette. L'Idée, à son tour, ne doit point se laisser voir privée des somptueuses simarres des analogies extérieures ; car le caractère essentiel de l'art symbolique consiste à ne jamais aller jusqu'à la concentration de l'Idée en soi. Ainsi, dans cet art, les tableaux de la nature, les actions des humains, tous les phénomènes concrets ne sauraient se manifester eux-mêmes ; ce sont là des apparences sensibles destinées à représenter leurs affinités ésotériques avec des Idées primordiales...

    Pour la traduction exacte de sa synthèse, il faut au Symbolisme un style archétype et complexe : d'impollués vocables, la période qui s'arcboute alternant avec la période aux défaillances ondulées, les pléonasmes significatifs, les mystérieuses ellipses, l'anacoluthe en suspens, tout trop hardi et multiforme ; enfin la bonne langue — instaurée et modernisée — la bonne et luxuriante et fringante langue française d'avant les Vaugelas et les Boileau-Despréaux, la langue de François Rabelais et de Philippe de Commines, de Villon, de Rutebœuf et de tant d'autres écrivains libres et dardant le terme du langage, tels des Toxotes de Thrace leurs flèches sinueuses.

Le RYTHME : l'ancienne métrique avivée ; un désordre savamment ordonné ; la rime illuscescente et martelée comme un bouclier d'or et d'airain, auprès de la rime aux fluidités absconses ; l'alexandrin à arrêts multiples et mobiles ; l'emploi de certains nombres premiers — sept, neuf, onze, treize — résolus en les diverses combinaisons rythmiques dont ils sont les sommes.

Le Figaro littéraire, 18 septembre 1886.

textes 23   QU'EST-CE QUE LE SYMBOLE ?

I

L'Idée, qui seule importe, en la Vie est éparse.

Aux ordinaires et mille visions (pour elles-mêmes à négliger) où l'Immortelle se dissémine, le logique et méditant poète les lignes saintes ravisse, desquelles il composera la vision seule digne : le réel et suggestif SYMBOLE d'où, palpitante pour le rêve, en son intégrité nue se lèvera l'Idée prime et dernière, ou Vérité.

René GHIL, Traité du Verbe, 1887.

II

Je crois qu'il y a deux sortes de symboles : l'un qu'on pourrait appeler le symbole *a priori* ; le symbole de *propos délibéré* ; il part d'abstraction et tâche de revêtir d'humanité ces abstractions... L'autre espèce de symbole serait plutôt inconscient, aurait lieu à l'insu du poète, souvent malgré lui, et irait, presque toujours, bien au-delà de sa pensée...

[Le poète] est plus ou moins puissant, non pas en raison de ce qu'il fait lui-même, mais en raison de ce qu'il parvient à faire exécuter par les autres, et par l'ordre mystérieux et éternel et la force occulte des choses ! Il doit se mettre dans la position où l'Éternité appuie ses paroles, et chaque mouvement de sa pensée doit être approuvé et multiplié par la force de gravitation de la pensée unique et éternelle ! Le poète doit, me semble-t-il, être passif dans le symbole, et le symbole le plus pur est peut-être celui qui a lieu à son insu et même à l'encontre de ses intentions...

A un point de vue plus restreint, il en serait de même des images qui sont les assises en quelque sorte madréporiques sur lesquelles s'élèvent les îles du symbole. Une image peut faire dévier ma pensée ; si cette image est exacte et douée d'une vie organique, elle obéit aux lois de l'Univers bien plus strictement que ma pensée ; et c'est pourquoi je suis convaincu qu'elle aura presque toujours raison contre ma pensée abstraite ; si je l'écoute, c'est l'univers et l'ordre éternel des choses qui pensent à ma place, et j'irai sans fatigue au delà de moi-même ; si je lui résiste, on peut dire que je me débats contre Dieu.

Maurice MAETERLINCK, *Réponse à l'enquête de Jules Huret*, 1891.

III

Dans la nature, toute la représentation est symbolique, car l'âme s'y certifie et, comme je voudrais le dire, toutes choses convergent au but unique...

Puisque nous avons la notion d'Harmonie, une harmonie aussi est secrètement incluse dans les propres mouvements du moi vers l'être qu'il veut atteindre. Condition invisible et sacrée de ces mouvements, elle se révèle mystérieusement avec notre désir lorsqu'entre les images par nous comparées jaillit un nécessaire rapport.

En cherchant dans les choses l'image de l'infini, en forçant les choses à exprimer l'infini, le Poète en découvre le signe en lui-même.

Albert MOCKEL, *Propos de littérature*, 1894.
Librairie de l'Art indépendant

IV

Le Symbole est le couronnement d'une série d'opérations intellectuelles qui commencent au mot même, passent par l'image et la métaphore, comprennent l'emblème et l'allégorie. Il est la plus parfaite, et la plus complète figuration de l'Idée. C'est cette figuration expressive de l'Idée par le symbole que les Poètes d'aujourd'hui tentèrent et réussirent plus d'une fois. Ce très haut et très difficile désir artistique est tout à leur honneur. Par là ils se rattachent à ce qu'il y a de plus essentiel en poésie...

Si le Symbole semble bien être la plus haute expression de la poésie, son emploi ne va pas sans certains inconvénients. En pratique, tout symbolisme comporte une certaine obscurité inévitable. Un poème ainsi conçu, quelles que soient les précautions qu'on prenne pour le rendre accessible, n'est jamais d'un accès immédiatement facile. La raison en est qu'il porte son sens en lui, non pas d'une façon apparente, mais d'une manière secrète, de même que l'arbre porte en sa graine le fruit qui en naîtra. Un symbole est, en effet, une comparaison et une identité de l'abstrait au concret, comparaison dont l'un des termes reste sous-entendu. Il y a là un rapport qui n'est que suggéré et dont il faut rétablir la liaison.

Henri de RÉGNIER, *Poètes d'aujourd'hui* dans *Figures et Caractères*, 1900.
Mercure de France, éd.

Stuart MERRILL

texte 24 SUGGESTION DE L'INFINI

Le Poète doit être celui qui rappelle aux hommes l'Idée éternelle de la Beauté dissimulée sous les formes transitoires de la vie imparfaite.

Parmi toutes les formes que lui présente la Vie, il ne doit donc choisir pour symboliser son idée de la Beauté, que celles qui correspondent à cette idée. Des formes de la Vie imparfaite, il doit recréer la Vie parfaite.

En d'autres mots, il doit être le maître absolu des formes de la Vie, et non en être l'esclave comme les réalistes et les naturalistes.

Cependant il ne doit pas se contenter, comme les Romantiques et les Parnassiens, d'une beauté tout extérieure, mais par le symbolisme des formes de beauté il doit suggérer tout l'infini d'une pensée ou d'une émotion qui ne s'est pas encore exprimée.

La Poésie, étant à la fois Verbe et Musique, est merveilleusement apte à cette suggestion d'un infini qui n'est souvent que de l'indéfini. Par le Verbe, elle dit et pense, par la Musique elle chante et rêve. Aussi la seule Poésie est-elle la Poésie lyrique, fille du Verbe descriptif et de la Musique rêvante.

Et la seule Poésie lyrique qui puisse à cette heure prévaloir est la Poésie symbolique qui est supérieure, par la force de l'idée inspiratrice, à la vaine réalité de la Vie, puisqu'elle n'emprunte à la Vie que ce qu'elle offre d'éternel : le Beau, qui est le signe du Bien et du Vrai.

Credo, 1892.

SAINT-POL ROUX

texte 25   PAR LE SYMBOLISME,
AU-DELA DU SYMBOLISME...

Oui, tous ont progressé, le juge, le marchand, le mécanicien, le médecin, le philosophe, le chimiste, le physicien, tous ont progressé, mais le rapsode et l'aède psalmodient toujours *Au Clair de la Lune* et *La Marseillaise*, ignorant qu'une lente succession d'efforts, expansionnant d'âge en âge l'énergie poétique, l'eût rendu capable de splendeurs progressivement lointaines.

Comprendront-ils enfin que la Poésie peut devenir davantage que l'indicatrice de la Science et qu'elle est la Science elle-même dans son initialité ?

Signaler n'est-ce pas découvrir ?

Poètes, la Poésie s'étiole de fabriquer des chaussons de lisière, fussent-ils de vair ou de diamant.

Élargissez donc le cercle.

Même si ce cercle petit est cependant assez grand pour se confondre avec celui du globe, petit lui-même, eh bien ! élargissez-le jusqu'à ce qu'il enserre l'éternité.

Pour servir l'humanité, sourire ou pleurer sur la terre et dans l'heure présente ne suffit point, au poète de creuser plus bas ou de s'élancer plus haut avec la volonté de revenir chargé d'inattendues trouvailles susceptibles d'enorgueillir le monde...

Saint-Pol Roux

Dieu, — ce pseudonyme de la Beauté — ne demande qu'à céder à nos violences, car de même que l'ambition de l'homme consiste à se diviniser, celle de Dieu consiste à s'humaniser ; aussi bien, la définitive apothéose de la vie relèvera-t-elle de la collaboration des hommes et de Dieu, celui-ci n'étant que ceux-là prenant conscience de leur force.

Poètes, haussons nos âmes par-dessus les horizons et que nos vœux appareillent pour l'Infini !...

Le Poète, ayant le don de fasciner les idées et de se les concilier, toute la sagesse humaine devra tendre à réaliser les conquêtes de celui-ci.

Du jour où le monde entier, sur le conseil d'un humble poète, consentira à voir Dieu et à l'exiger, Dieu se répandra parmi le monde, — et ce seront, réalisées, toutes les hypothèses des savants.

Poésia, 1898, dans *Féeries intérieures*, 1907.
Mercure de France, éd.

Jean MORÉAS

texte 26   RUPTURE AVEC LE SYMBOLISME :
L'ÉCOLE ROMANE

L'École romane française revendique le principe gréco-latin, principe fondamental des lettres françaises, qui florit aux xie, xiie et xiiie siècles avec nos trouvères, au xvie avec Ronsard et son école, au xviie avec Racine et La Fontaine... Ce fut le Romantisme qui altéra ce principe dans la conception comme dans le style, frustrant ainsi les Muses françaises de leur héritage légitime... L'École romane française renoue la chaîne gallique, rompue par le Romantisme et sa descendance parnassienne et symboliste... Le symbolisme, qui n'a eu que l'intérêt d'un phénomène de transition, est mort. Il nous faut une poésie franche, vigoureuse et neuve en un mot, ramenée à la pureté et à la dignité de son ascendance... C'est dans ce noble but que les poètes M. du Plessys, R. de la Tailhède, E. Raynaud et le savant critique Ch. Maurras sont venus à moi, non en « escorte », mais, pour avoir trouvé dans mon *Pèlerin passionné* les aspirations de leur race et notre commun idéal de *Romanité*.

Lettre au *Figaro*, 14 septembre 1891.

Walt WHITMAN

texte 27
DÉCOUVERTE POÉTIQUE DU MONDE MODERNE

Baudelaire devait beaucoup à Edgar Poe. C'est à un autre Américain, Walt Whitman et à son influence diffuse que se rattache, au moins en partie, le mouvement qui, à la fin du XIXe et au début du XXe siècle, conduira à la fois au futurisme, à l'esprit nouveau et à l'unanimisme et qu'illustrent des poètes aussi différents que Verhaeren, Jules Romains, Apollinaire ou Cendrars.

Garde ton splendide soleil silencieux,
Garde tes bois, ô Nature, et les calmes endroits près de tes bois,
Garde tes champs de trèfle et de fléole, tes champs de blé et tes vergers,
Garde les champs de sarrasin en fleur où bourdonnent les abeilles du Neuvième Mois ;
Donne-moi les visages et les rues — donne-moi ces fantômes incessants et perpétuels le long des trottoirs !
Donne-moi les yeux sans nombre — donne-moi les femmes — donne-moi les camarades et les amants par milliers !
Fais-m'en voir de nouveaux chaque jour — fais-m'en tenir de nouveaux par la main chaque jour !
Donne-moi de tels spectacles — donne-moi les rues de Manhattan !
O voilà ce qu'il me faut ! O une vie intense, pleine à déborder et variée !
La vie du théâtre, des bars, des hôtels immenses,
La buvette du bateau ! La cohue des excursions ! la retraite aux flambeaux !...

Feuilles d'herbe, 1861, Trad. Roger Asselineau.

Émile VERHAEREN

texte 28   SYMBOLISME ET RÉALITÉ

Déjà Baudelaire s'était préoccupé de découvrir les lois d'une expression poétique de la réalité moderne : en attendant les recherches du futurisme ou de *l'esprit nouveau*, une recherche semblable se manifeste, à l'intérieur même du symbolisme, comme pour promouvoir ce *réalisme poétique* qui contredit finalement l'idéalisme mallarméen.

On part de la chose vue, ouïe, sentie, tâtée, goûtée, pour en faire naître l'évocation et la somme par l'idée. Un poète regarde Paris fourmillant de lumières nocturnes, émietté en une infinité de feux et colossal d'ombre et d'étendue. S'il en donne la vue directe, comme pourrait le faire Zola, c'est-à-dire en le décrivant dans ses rues, ses places, ses monuments, ses rampes de gaz, ses mers nocturnes d'encre, ses agitations fiévreuses sous les astres immobiles, il en présentera certes, une sensation très artistique, mais rien ne sera moins symboliste. Si, par contre, il en dresse pour l'esprit la vision indirecte, évocatoire, s'il prononce : « une immense algèbre dont la clef est perdue », cette phrase nue réalisera, loin de toute description et de toute notation de faits, le Paris lumineux, ténébreux et formidable.

Impressions, III, 1887
Mercure de France, éd.

Jules ROMAINS

texte 29 POÉSIE ET UNANIMISME

Ainsi la réalité moderne, dont la ville est comme le concentré, possède proprement une *âme* : la fonction de la poésie est d'exprimer cette âme, particulièrement par un *symbolisme rythmique* dont Verhaeren soulignait la fécondité poétique dans sa réponse de 1909 à l'enquête de Marinetti (*Enquête internationale sur le Vers libre*, Milan), cela deux ans après la publication du recueil de Jules Romains, *la Vie unanime*, où se trouvait précisément expérimentée cette poétisation rythmique de la réalité moderne :

    Qu'est-ce qui transfigure ainsi le boulevard ?
    L'allure des passants n'est presque pas physique ;
    Ce ne sont plus des mouvements, ce sont des rythmes,
    Et je n'ai plus besoin de mes yeux pour les voir.
    L'air qu'on respire a comme un goût mental.

                                         Les hommes

Ressemblent aux idées qui longent un esprit.
D'eux à moi, rien ne cesse d'être intérieur ;
Rien ne m'est étranger de leur joue à ma joue,
Et l'espace nous lie en pensant avec nous.

                                    La Vie unanime, 1904-1907.
                                         Gallimard, éd.

CHAPITRE V

XXᵉ SIÈCLE :
LES EXPÉRIENCES ET LES MAÎTRES

Guillaume APOLLINAIRE

textes 30   L'ESPRIT NOUVEAU

I

C'est le titre que donne Guillaume Apollinaire à l'exposé de ses idées poétiques sans que, dans son cas, on puisse parler de doctrine : mais la formule illustre bien la recherche d'une « *poésie moderniste* » dont la définition avait d'abord été donnée par les futuristes italiens et leur chef Marinetti.

Nous chanterons les grandes foules agitées par le travail, le plaisir ou la révolte ; les ressacs multicolores et polyphoniques des révolutions dans les capitales modernes ; la vibration nocturne des arsenaux et des chantiers sous leurs violentes lunes électriques ; les gares gloutonnes avaleuses de serpents qui fument ; les usines suspendues aux nuages par les ficelles de leurs fumées ; les ponts aux bonds de gymnastes lancés sur la coutellerie diabolique des fleuves ensoleillés ; les paquebots aventureux flairant l'horizon ; les locomotives aux grands poitrails, qui piaffent sur les rails, tels d'énormes chevaux d'acier bridés de longs tuyaux, et le vol glissant des aéroplanes, dont l'hélice a des claquements de drapeau et des applaudissements de foule enthousiaste.

Manifeste du Futurisme, Poesia, Milan, février-mars 1909.

II

Mais ce n'est encore là que l'aspect superficiel de la poésie moderniste : le langage même est affecté par l'influence du monde moderne.

Il eût été étrange qu'à une époque où l'art populaire par excellence, le cinéma, est un livre d'images, les poètes n'eussent pas essayé de composer des images pour les esprits méditatifs et plus raffinés qui ne se contentent point des imaginations grossières des fabricants de films... On peut prévoir le jour où, le phonographe et le cinéma étant devenus les seules formes d'impression en usage, les poètes auront une liberté inconnue jusqu'à présent.

Qu'on ne s'étonne point si, avec les seuls moyens dont ils disposent encore, ils s'efforcent de se préparer à cet art nouveau (plus vaste que l'art simple des paroles) où, chefs d'un orchestre d'une étendue inouïe, ils auront à leur disposition : le monde entier, ses rumeurs et ses apparences, la pensée et le langage humain, le chant, la danse, tous les arts et tous les artifices, plus de mirages encore que ceux que pouvait faire surgir Morane sur le Mont Gibel, pour composer le livre vu et entendu de l'avenir.

GUILLAUME APOLLINAIRE, *L'Esprit nouveau*, 1912.
Gallimard, éd.

texte 31   LA JOLIE ROUSSE

Mais l'Esprit nouveau n'exclut pas la nostalgie de l'ordre et des thèmes poétiques traditionnels, et désormais la poésie est plus que jamais marquée par « *la longue querelle de la tradition et de l'invention* » :

Me voici devant tous un homme plein de sens
Connaissant la vie et de la mort ce qu'un vivant peut connaître
Ayant éprouvé les douleurs et les joies de l'amour
Ayant su quelquefois imposer ses idées
Connaissant plusieurs langages
Ayant pas mal voyagé
Ayant vu la guerre dans l'Artillerie et l'Infanterie
Blessé à la tête trépané sous le chloroforme
Ayant perdu ses meilleurs amis dans l'effroyable lutte
Je sais d'ancien et de nouveau autant qu'un homme seul pourrait des
Et sans m'inquiéter aujourd'hui de cette guerre   [deux savoir
Entre nous et pour nous mes amis
Je juge cette longue querelle de la tradition et de l'invention
    De l'Ordre et de l'Aventure

Vous dont la bouche est faite à l'image de celle de Dieu
Bouche qui est l'ordre même
Soyez indulgents quand vous nous comparez
A ceux qui furent la perfection de l'ordre
Nous qui quêtons partout l'aventure
Nous ne sommes pas vos ennemis
Nous voulons nous donner de vastes et d'étranges domaines
Où le mystère en fleurs s'offre à qui veut le cueillir
Il y a là des feux nouveaux des couleurs jamais vues
Mille phantasmes impondérables
Auxquels il faut donner de la réalité...

Calligrammes. La Jolie Rousse. 1918.
Gallimard, éd.

Paul VALÉRY

texte 32   LE POÈTE ET LE LANGAGE

A la suite de Mallarmé, Valéry définit la poésie par le *pur langage* et le poème comme un *acte de langage*. Aussi le problème poétique concerne-t-il avant tout les rapports entre le poète et la langue tels qu'ils apparaissent dans cette transmutation de langage qu'est le poème. De là vient l'importance des problèmes techniques, comme en témoigne cette justification d'une « licence poétique » :

Venons-en au vers incriminé[1]. Il serait doux de s'y attarder et d'épuiser toutes les subtilités qui sont en puissance dans un problème de cette espèce. Mais, je vous l'ai dit, tout mon temps est grevé de niaiseries et je dois me borner à une esquisse de réponse.

Il est exact que j'ai, de ma propre autorité et contre la coutume, opéré la « diérèse » ti-è-de, dans l'intention d'obtenir un certain effet, la symétrie : *Déli-ci-eux — ti-è-de*. J'y trouvais une nuance voluptueuse.

Je pense que si le lecteur — quelque lecteur — en ressent l'effet, le poète, *ipso facto*, est *justifié*.

Je considère que c'est donc une question de fait, — et en somme de puissance.

Ingres, parfois, allongeait le col des odalisques. L'anatomiste doit protester, même s'il jouit du dessin. Chacun est dans sa fonction...

En somme, si j'impose *ti-è-de*, si quelques-uns trouvent *ti-è-de* plus tiède que *tiè-de*, je n'ai pas à m'inqui-é-ter d'avoir vi-o-lé la loi.

---

1. *Délicieux linceul, mon désordre tiède* (*La Jeune Parque*, 1917).

J'observe ici, et en passant, que la prononciation pratique varie selon les régions. Vous le savez mille fois mieux que moi. En ce qui concerne la diphtongaison, j'ai remarqué combien *duel* est rare en une syllabe. Quant aux mots en *tion, sion, ssion,* dont la diphtongaison — comme vous le dites très bien — ruinerait une quantité de beaux vers (dans Racine, en particulier), il m'apparaît que cette manière de les prononcer dépend de l'allongement qui décroît sensiblement en allant du sud vers le nord. Aux extrêmes, on trouve opposés le *na-zione* italien et le *né-cheun* des Anglais. *Cheun* est une muette, ou presque.

Quoi qu'il en soit, je suis sensible à l'harmonie de ce vers, qui est dans *Esther* :

La nation chérie a violé sa foi

et il n'y a pas de raison qui m'empêche de l'être.

Restent les questions de l'usage de la langue, et du « mouvement général ».

Quant à l'usage, je distingue nettement entre l'usage général, c'est-à-dire *inconscient*, et l'usage *poétique*.

L'usage général n'est soumis qu'à la statistique, — reflet de la moyenne des facilités de prononciation. La langue ordinaire est un instrument pratique. Elle résout à chaque instant des problèmes immédiats. *Son office est rempli quand chaque phrase a été entièrement abolie, annulée, remplacée par le sens.* La compréhension est son terme.

Mais, au contraire, l'usage poétique est dominé par des conditions *personnelles*, par un sentiment musical conscient, suivi, maintenu...

Ces conditions se combinent d'ailleurs, en général, avec le souci d'observer diverses conventions techniques, dont l'effet est de rappeler à chaque instant au versifiant qu'il ne se meut pas dans le système de la langue vulgaire, mais dans un autre système bien distinct.

Ici le langage n'est plus un acte transitif, un expédient. Il lui est au contraire attribué une *valeur propre*, qui doit se retrouver intacte, *en dépit des opérations de l'intellect sur les propositions données.* Le langage poétique doit se conserver soi-même, par soi-même, et demeurer identique, *inaltérable par l'acte de l'intelligence qui lui trouve ou lui donne un sens.*

Toute littérature qui a dépassé un certain âge montre une tendance à créer un langage poétique séparé du langage ordinaire, avec un vocabulaire, une syntaxe, des licences et des inhibitions, différents plus ou moins des communs. Le relevé de ces écarts serait très instructif. Cette différenciation est inévitable, puisque les fonctions des mots et des moyens d'expression ne sont pas les mêmes. On pourrait concevoir que le langage poétique se développât au point de constituer un système de notations aussi différent du langage pratique que le sont la langue artificielle de l'algèbre ou celle de la chimie. Le moindre poème contient tous les germes, toutes les indications de ce développement possible. Je ne dis pas qu'il soit souhaitable ou non. Ce jugement n'aurait aucun sens.

Mais il résulte de ces remarques qu'il doit y avoir, — et qu'il y a — contraste nécessaire, — « constitutionnel » dirais-je, — entre l'écrivain et le linguiste. Celui-ci est par définition, un observateur et un interprète de la statistique. L'écrivain, c'est tout le contraire : il est un *écart*, un agent d'*écarts*. Ce qui ne veut point dire que tous les écarts lui sont permis ; mais c'est précisément son affaire, son ambition, que de trouver les écarts qui enrichissent, — ceux qui donnent l'illusion de la puissance, ou de la pureté, ou de la profondeur du langage. Pour agir *par* le langage, il agit *sur* le langage. Il exerce sur ce donné une action artificielle — c'est-à-dire voulue, reconnaissable, — et il l'exerce à ses risques et périls...

Lettre à Léon Clédat, publiée dans *Pièces sur l'Art*, 1934.
Gallimard, éd.

texte 33   LA POÉSIE ABSOLUE

La poésie tend donc, pour Valéry, à devenir un absolu de langage, *définition qui conduit à la notion de* poésie pure, *à laquelle, après sa polémique avec l'abbé Bremond, Valéry préfère celle de* poésie absolue.

Que l'on puisse constituer toute une œuvre au moyen de ces éléments si reconnaissables, si bien distincts de ceux du langage que j'ai appelé *insensible*, — que l'on puisse, par conséquent, au moyen d'une œuvre versifiée ou non, donner l'impression d'un système complet de rapports *réciproques* entre nos idées, nos images, d'une part, et nos moyens d'expression, de l'autre, — système qui correspondrait particulièrement à la création d'un état émotif de l'âme, tel est en gros le problème de la poésie pure. Je dis *pure* au sens où le physicien parle d'eau pure. Je veux dire que la question se pose de savoir si l'on peut arriver à constituer une de ces œuvres qui soit *pure* d'éléments non poétiques. J'ai toujours considéré, et je considère encore, que c'est là un objet impossible à atteindre, et que la poésie est toujours un effort pour se rapprocher de cet état purement idéal. En somme, ce qu'on appelle un *poème* se compose pratiquement de fragments de *poésie pure* enchâssés dans la matière d'un discours. Un très beau vers est un élément très pur de poésie. La comparaison banale d'un beau vers à un diamant fait voir que le sentiment de cette qualité de pureté est dans tous les esprits.

L'inconvénient de ce terme de *poésie pure* est de faire songer à une pureté morale qui n'est pas en question ici, l'idée de poésie pure étant au contraire pour moi une idée essentiellement analytique. La poésie pure est, en somme, une fiction déduite de l'observation, qui doit nous servir à préciser notre idée des poèmes en général, et nous guider dans l'étude si difficile et si importante des relations diverses et multiformes du langage avec les effets qu'il produit sur les hommes. Mieux vaudrait, au lieu de *poésie pure*, mieux vaudrait, peut-être, dire *poésie absolue*, et il faudrait alors l'entendre dans le sens d'une recherche des effets résultant des relations des mots, ou plutôt des relations de résonances des mots entre eux, ce qui suggère, en somme, *une exploration de tout ce domaine de la sensibilité qui est gouverné par le langage.* Cette exploration peut être faite à tâtons. C'est ainsi qu'elle est généralement pratiquée. Mais il n'est pas impossible qu'elle soit un jour systématiquement conduite... Si ce problème paradoxal pouvait se résoudre entièrement, c'est-à-dire si le poète pouvait arriver à construire des œuvres où rien de ce qui est de la prose n'apparaîtrait plus, des poèmes où la continuité musicale ne serait jamais interrompue, où les relations de significations seraient elles-mêmes perpétuellement pareilles à des rapports harmoniques, *où la transmutation des pensées les unes dans les autres paraîtrait plus importante que toute pensée*, où le jeu des figures contiendrait la réalité du sujet, — alors l'on pourrait parler de *poésie pure* comme d'une chose existante. Il n'en est pas ainsi... La conception de poésie pure est celle d'un type inaccessible, d'une limite idéale des désirs, des efforts et des puissances du poète.

Calepin d'un poète, 1930.
Gallimard, éd.

Paul CLAUDEL

texte 34 RÉFLEXIONS ET PROPOSITIONS SUR LE VERS FRANÇAIS

Pour Claudel, obsédé par le *rythme temporel*, dans ses manifestations humaines et cosmiques, la poésie se définit par un langage qui soit la *figure* de ce rythme, et la notion même de forme poétique en est profondément affectée.

On ne pense pas d'une manière continue, pas davantage qu'on ne sent d'une manière continue ou qu'on ne vit d'une manière continue. Il y a des coupures, il y a intervention du néant. La pensée bat comme la cervelle et le cœur. Notre appareil à penser en état de chargement ne débite pas une ligne ininterrompue, il fournit par éclairs, secousses, une masse disjointe d'idées, images, souvenirs, notions, concepts, puis se détend avant que l'esprit se réalise à l'état de conscience dans un nouvel acte. Sur cette matière première l'écrivain éclairé par sa raison et son goût et guidé par un but plus ou moins distinctement perçu travaille, mais il est impossible de donner une image exacte des allures de la pensée si l'on ne tient pas compte du blanc et de l'intermittence.

Tel est le vers essentiel et primordial, l'élément premier du langage, antérieur aux mots eux-mêmes : une idée isolée par du blanc. Avant le mot une certaine intensité, qualité et proportion de tension spirituelle...

L'expression sonore se déploie dans le temps et par conséquent est soumise au contrôle d'un instrument de mesure, d'un compteur. Cet instrument est le métronome intérieur que nous portons dans notre poitrine, le coup de notre pompe à vie, le cœur qui dit indéfiniment :

       Un. Un. Un. Un. Un. Un.

       Pan (rien). Pan (rien). Pan (rien).

L'ïambe fondamental, un *temps* faible et un *temps* fort.

Et d'autre part la matière sonore nous est fournie par l'air vital qu'absorbent nos poumons et que restitue notre appareil à parler qui le façonne en une émission de mots intelligibles.

Ainsi la création poétique dispose d'une espèce d'atelier où il faut distinguer le métal, la forge et le soufflet. C'est de ce triple élément mis en œuvre suivant des formules variées que sort le vers. Le métal spirituel entre en fusion sous un afflux ou vent venu du dehors (inspiration) et le flan informe reçoit le poinçon de la conscience sous le choc du balancier...

On a souvent parlé de la couleur et de la saveur des mots. Mais on n'a jamais rien dit de leur *tension*, de l'état de *tension* de l'esprit qui les profère, dont ils sont l'indice et l'index, de leur *chargement*...

La phrase française est composée d'une série de membres phonétiques ou courtes ondes vocales avec accentuation et insistance plus ou moins longue de la voix sur la dernière syllabe...

Il est donc faux de dire qu'en français la quantité n'existe pas. Non seulement elle existe, mais elle est peut-être plus fortement marquée que dans aucune autre langue, il n'y a nulle part insistance aussi nette sur certaines syllabes. On peut dire que le français est composé d'une série d'*ïambes* dont l'élément long est la dernière syllabe du phonème et l'élément bref un nombre indéterminé pouvant aller jusqu'à cinq ou six de syllabes indifférentes qui le précèdent. Il dépend d'ailleurs de l'orateur, guidé par l'intelligence ou l'émotion, de faire varier dans une certaine mesure le phonème en mettant le point fort ici ou là.

Je compare la prose française à la fameuse vague de Hokousaï qui, après d'immenses et puissantes ondulations, vient enfin déferler contre la rive en un panache d'écume et de petits oiseaux. Ces oiseaux merveilleux, ce sont les phrases de Maurice de Guérin et d'Arthur Rimbaud. « Le chant raisonnable des Anges s'élève du navire sauveur », quand cette portée a été écrite, quelque chose est né qui échappait pour toujours à la rime et au numéro et qui n'avait plus pour séjour que l'âme directement atteinte et baisée.

Positions et Propositions, I, 1928.
Gallimard, éd.

texte 35   LA FORME VIBRATOIRE

La vibration par laquelle nous constatons l'existence et les limites de notre personne est celle même qui l'a édifiée et qui continue à la maintenir. L'acte créateur essentiel est l'émission d'une onde. L'onde schématiquement peut se définir un mouvement qui, partant d'un centre, gagne tous les points d'une aire circonscrite par la limite qu'il trace en cessant. Elle détermine sur tous ces points un déplacement local, suivi d'une réaction, ou tendance à reprendre le premier lieu, qui nécessite pour être surmontée l'accumulation d'un nouvel effort, la poussée d'une deuxième onde. De là deux mouvements, l'un excentrique du moteur, l'autre concentrique du sujet, les deux *temps* de la vibration. L'effet de l'onde est une *information* ou extension d'une certaine forme à l'aire qu'elle détermine. Toute forme est une variation du cercle. J'entends par forme, non seulement le tracé d'une certaine figure, mais, du fait de la fermeture qu'elle établit, la constitution d'un certain milieu, en tant qu'obéissant dans toutes ses parties au rythme qui les compose. Le coup d'un maillet sur un tambour détermine un être sonore. La lumière et la chaleur sont des effets d'impulsions sourdant au sein de la matière. Je propose ces images simples. Mais c'est aussi une vibration infiniment complexe et diverse, une vibration voulante, dont attestent les jeux ultimes, ces tourbillons à l'extrémité de nos doigts et l'étoile des cheveux sur le sommet de la tête. Comme une note est formée sur l'instrument et le chant d'un groupe de notes assemblées, ainsi, au ventre de la mère, l'enfant doué d'un visage et d'une âme retentissante.

De cette vibration créatrice, du sacré frisson primordial, la substance cérébrale et nerveuse, la moelle crânienne et spinale avec ses éléments si déliés pareils à des étoiles aux rayons rétractiles, à des notes qui joueraient elles-mêmes étendant de tous côtés les doigts, est la source et atelier. C'est cette répulsion essentielle, cette *nécessité de ne pas être*. Cela qui nous donne la vie et par suite d'être autre chose, qui ourdit notre substance, qui nous inspire et nous emmembre. Nous ne vivons que pour résister, pour recommencer la mystérieuse lutte d'Israël. Nous ne perdons point le contact. En nous cela qui ne cesse point de frémir ; nous ne cessons point d'être posés sur la source ; en nous la touche et le compteur. Dans la pierre angulaire de nos os, dans l'étui de notre tige est reclus notre mouvement, comme le ressort dans le barillet. C'est par ce mouvement que nous marchons ; c'est lui qui règle l'échappement, la consommation de chacun de nos organes. C'est lui dont nous pouvons doser l'intensité et localiser l'action, de manière à déterminer le déplacement des différentes parties de notre corps. Nous sommes maîtres de recourir à la source que nous portons en nous ; comme une pompe en une succion de son piston peut tirer tel volume et non davantage, nous sommes faits pour puiser, immédiats à cette force qui repousse les mondes, telle provision d'énergie que nous employons selon nos besoins et ménageons à notre plaisir.

Art poétique, Traité de la co-naissance au monde et de soi-même, 1907.
Le Mercure de France, éd.

texte 36   L'INSPIRATION

Ah, je suis ivre ! Ah, je suis livré au dieu ! j'entends une voix en moi et la mesure qui s'accélère, le mouvement de la joie,

L'ébranlement de la cohorte Olympique, la marche divinement tempérée !

Que m'importent tous les hommes à présent ! Ce n'est pas pour eux que je suis fait, mais pour le

Transport de cette mesure sacrée !

O le cri de la trompette bouchée ! ô le coup sourd sur la tonne orgiaque !

Que m'importe aucun d'eux ? Ce rythme seul ! Qu'ils me suivent ou non ? Que m'importe qu'ils m'entendent ou pas ?

Voici le dépliement de la grande Aile poétique !

Que me parlez-vous de la musique ? laissez-moi seulement mettre mes sandales d'or !

Je n'ai pas besoin de tout cet attirail qu'il lui faut. Je ne demande pas que vous vous bouchiez les yeux.

Les mots que j'emploie,

Ce sont les mots de tous les jours, et ce ne sont point les mêmes !

Vous ne trouverez point de rimes dans mes vers ni aucun sortilège. Ce sont vos phrases mêmes. Pas aucune de vos phrases que je ne sache reprendre !

Ces fleurs sont vos fleurs et vous dites que vous ne les reconnaissez pas.

Et ces pieds sont vos pieds, mais voici que je marche sur la mer et que je foule les eaux de la mer en triomphe !

Cinq grandes Odes, La Muse qui est la Grâce, 1910.
Gallimard, éd.

texte 37   LE POÈTE ET LA MUSE

Ainsi quand tu parles, ô poëte[1], dans une énumération délectable

Proférant de chaque chose le nom,

Comme un père tu l'appelles mystérieusement dans son principe, et selon que jadis

Tu participas à sa création, tu coopères à son existence !

Toute parole une répétition.

Tel est le chant que tu chantes dans le silence, et telle est la bienheureuse harmonie

---

1. Orthographe avec tréma, systématiquement conservée par Claudel pour former un *ïambe*

Paul Claudel

Dont tu nourris en toi-même le rassemblement et la dissolution. Et ainsi,

O poëte, je ne dirai point que tu reçois de la nature aucune leçon, c'est toi qui lui imposes ton ordre.

Toi, considérant toutes choses !

Pour voir ce qu'elle répondra tu t'amuses à appeler l'une après l'autre par son nom.

O Virgile sous la Vigne ! la terre large et féconde

N'était pas pour toi de l'autre côté de la haie comme une vache

Bienveillante qui instruit l'homme à l'exploiter tirant le lait de son pis.

Mais pour premier discours, ô Latin,

Tu légiféras. Tu racontes tout ! Il t'explique tout, Cybèle, il formule ta fertilité,

Il est substitué à la nature pour dire ce qu'elle pense, mieux qu'un bœuf ! Voici le printemps de la parole, voici la température de l'été !

Voici que sue du vin l'arbre d'or ! Voici que dans tous les cantons de ton âme

Se résout le Génie, pareil aux eaux de l'hiver !

Et moi, je produis dans le labourage, les saisons durement travaillent ma terre forte et difficile...

J'ai trouvé le secret ; je sais parler ; si je veux, je saurai vous dire

Cela que chaque chose *veut dire*.

Je suis initié au silence ; il y a l'inexhaustible cérémonie vivante, il y a un monde à envahir, il y a un poëme insatiable à remplir par la production des céréales et de tous les fruits...

O Muses patiemment sculptées sur le dur sépulcre, la vivante, la palpitante ! que m'importe la mesure interrompue de votre chœur ? Je vous reprends ma folle, mon oiseau !

Voici celle qui n'est point ivre d'eau pure et d'air subtil !

Une ivresse comme celle du vin rouge et d'un tas de roses ! du raisin sous le pied nu qui gicle, de grandes fleurs toutes gluantes de miel !

La Ménade affolée par le tambour ! au cri perçant du fifre, la Bacchante roidie dans le dieu tonnant !

Toute brûlante ! Toute mourante ! toute languissante ! Tu me tends la main, tu ouvres les lèvres,

Tu ouvres les lèvres, tu me regardes d'un œil chargé de désirs. « Ami ! C'est trop, c'est trop attendre ! prends-moi ! que faisons nous ici ?...

Ne comprends-tu point mon ennui, et que mon désir est de toi-même ? ce fruit à dévorer entre nous deux, ce grand feu à faire de nos deux âmes ! C'est trop durer !

C'est trop durer ! Prends-moi, car je n'en puis plus ! C'est trop, c'est trop attendre ! »

Cinq grandes Odes, Les Muses.
Gallimard, éd.

texte 38   POÉSIE, FOI ET VÉRITÉ

L'esprit essentiel de ma poésie... est le *gaudium de veritate*[1]. C'est une grande découverte que celle de Dieu et le monde sans Dieu est non seulement incomplet mais réduit à l'éparpillement, au non-sens et au néant. Comme dit le psaume : *Domini est terra et plenitudo ejus*[2] et Saint Jean : *Nos omnes de plenitudine ejus accepimus*[3]. Je changerais volontiers l'adage, et au lieu de *a visibilibus ad invisibilium amorem rapiamur*[4], je dirais : *ab invisibilibus ad visibilium amorem et cognitionem rapiamur*[5]. Car il y a plusieurs révélations, celle d'une vérité toute faite, mais aussi celle de l'eau qui *révèle* le grain planté dans la terre en le faisant pousser.

Lettre à Henri Lemaître, 1er août 1937.

---

1. La joie que donne la vérité.
2. Au Seigneur appartient la terre et sa plénitude.
3. Tous nous avons reçu notre part de sa plénitude.
4. Laissons-nous emporter par les choses visibles jusqu'à l'amour des invisibles.
5. Laissons-nous emporter par les choses invisibles jusqu'à l'amour et la connaissance des visibles.

CHAPITRE VI

XXᵉ SIÈCLE :
LA POÉSIE PERDUE ET RETROUVÉE

Dadaïsme et surréalisme

textes 39   DÉMOLITION DU LANGAGE
ET ANGOISSE DE L'EXPRESSION

I

Que chaque homme crie : il y a un grand travail destructif, négatif à accomplir. Balayer, nettoyer. La propreté de l'individu s'affirme après l'état de folie, de folie agressive, complète d'un monde laissé entre les mains des bandits qui se déchirent et détruisent les siècles. Sans but ni dessein, sans organisation : la folie indomptable, la décomposition...

Liberté : DADA, DADA, DADA, hurlement de couleurs crispées, entrelacement des contraires et de toutes les contradictions, des grotesques, des inconséquences : LA VIE...

POUR FAIRE UN POÈME DADAISTE

Prenez un journal
Prenez des ciseaux
Choisissez dans ce journal un article ayant la longueur que vous comptez donner à votre poème.
Découpez l'article
Découpez ensuite avec soin chacun des mots qui forment cet article et mettez-le dans un sac.
Agitez doucement
Sortez ensuite chaque coupure l'une après l'autre dans l'ordre où elles ont quitté le sac.
Copiez consciencieusement.
Le poème vous ressemblera.
Et vous voilà « un écrivain infiniment original et d'une sensibilité charmante, encore qu'incomprise du vulgaire ».

Tristan TZARA, *Sept manifestes Dada*, 1924.

II

L'illimité de la pensée et son angoisse de s'exprimer. La passion infinie de la connaissance et son angoisse de s'exprimer. Les méthodes qu'elle emploie et leur angoisse. Les gestes rituels sont les signes lumineux de l'homme devant le gouffre — les témoins — son expression. Depuis que l'homme s'exprime, frère des feuilles et des cristaux, sa pensée tourne dans la cage secrète, car son désir de profondeur ne connaît pas de limites et les moyens dont il dispose sont insuffisants. Toute œuvre d'expression est accompagnée d'un invisible sosie, son sens tragique. L'esprit lutte pour trouver sa forme à travers les plus pathétiques débats et sur son chemin l'amour et les déceptions se nouent et se dénouent comme les maladies et les saisons. Dans la douleur, l'éclat d'un sourire se fond dans le soleil des conquêtes. De là naît, avec tous ses enchevêtrements de lois sociales et morales, un langage secret, la vie de l'esprit. Dans son indépendance réside toute la fierté humaine.

Ainsi avance l'homme, sur des routes difficiles vers une liberté qu'il ne conçoit que dans l'expression totale de sa personnalité.

Tristan TZARA, *Le papier collé ou le proverbe en peinture*, 1931.

texte 40 DÉFINITION DU SURRÉALISME

On sait assez ce qu'est l'inspiration. Il n'y a pas à s'y méprendre ; c'est elle qui a pourvu aux besoins suprêmes d'expression en tout temps et en tous lieux. On dit communément qu'elle y *est* ou qu'elle n'y est pas, et, si elle n'y est pas, rien de ce que suggère auprès d'elle l'habileté humaine, qu'oblitèrent l'intérêt, l'intelligence discursive et le talent qui s'acquiert par le travail ne peut nous guérir de son absence. Nous la reconnaissons sans peine à cette prise de possession totale de notre esprit qui, de loin en loin, empêche que pour tout problème posé nous soyons le jouet d'une solution rationnelle plutôt que d'une autre solution rationnelle, à cette sorte de court-circuit qu'elle provoque entre une idée donnée et sa répondante (écrite par exemple). Tout comme dans le monde physique, le court-circuit se produit quand les deux « pôles » de la machine se trouvent réunis par un conducteur de résistance nulle ou trop faible. En poésie, en peinture, le surréalisme a fait l'impossible pour multiplier ces courts-circuits. Il ne tient et il ne tiendra jamais à rien tant qu'à reproduire artificiellement ce moment idéal où l'homme, en proie à une émotion particulière, est soudain empoigné par ce « plus fort que lui » qui le jette, à son corps défendant, dans l'immortel. Lucide, éveillé, c'est avec terreur qu'il sortirait de ce mauvais pas. Le tout est qu'il n'en soit pas libre, qu'il continue à parler tout le temps que dure la mystérieuse sonnerie : c'est, en effet, par où il cesse de s'appartenir qu'il nous appartient. Ces produits de l'activité psychique, aussi distraits que possible de la volonté de signifier, aussi allégés que possible des idées de responsabilité toujours prêtes à agir comme freins, aussi indépendants que possible de tout ce qui n'est pas *la vie passive de l'intelligence*, ces produits que sont l'écriture automatique et les récits de rêves[1] présentent à la fois l'avantage d'être seuls à fournir des éléments d'appréciation de grand style à une critique qui, dans le domaine artistique, se montre étrangement désemparée, de permettre un reclassement général des valeurs lyriques et de proposer une clé qui, capable d'ouvrir indéfiniment cette boîte à multiple fond qui s'appelle l'homme, le dissuade de faire demi-tour, pour des raisons de conservation simple, quand il se heurte dans l'ombre aux portes extérieurement fermées de l' « au-delà », de la réalité, de la raison, du génie et de l'amour. Un jour viendra où l'on ne se permettra plus d'en user cavalièrement, comme on l'a fait, avec ces preuves palpables d'une existence autre que celle que nous pensons mener. On s'étonnera alors que, serrant la *vérité* d'aussi près que nous l'avons fait, nous ayons pris soin dans l'ensemble de nous ménager un alibi littéraire ou autre plutôt que sans savoir nager de nous jeter à l'eau, sans croire au phénix d'entrer dans le feu pour atteindre cette vérité.

André BRETON, Second Manifeste du surréalisme, 1930.
Kra, éd.

(I) *Note de A. Breton* : Si je crois devoir tant insister sur la valeur de ces deux opérations, ce n'est pas qu'elles me paraissent constituer à elles seules la panacée intellectuelle mais c'est que, pour un observateur exercé, elles prêtent moins que toutes autres à confusion ou à tricherie et qu'elles sont encore ce qu'on a trouvé de mieux pour donner à l'homme un sentiment valable de ses ressources. Il va sans dire que les conditions que nous fait la vie s'opposent à l'ininterruption d'un exercice apparemment aussi gratuit de la pensée. Ceux qui s'y sont livrés sans réserves, si bas qu'ensuite certains d'entre eux soient redescendus, n'auront pas un jour été projetés si vainement en pleine *féerie intérieure*. Auprès de cette féerie, le retour à toute activité préméditée de l'esprit, quand bien même il serait du goût de la plupart de leurs contemporains, n'offrira à leurs yeux qu'un pauvre spectacle.

Ces moyens très directs, encore une fois à la portée de tous, que nous persistons

texte 41   L'ANALOGIE POÉTIQUE

Baudelaire, influencé par Swedenborg, conférait à l'analogie une fonction poétique décisive. Le surréalisme, soucieux d'explorer *techniquement* le processus de la création automatique, reprend cette poétique de l'analogie, mais non sans tenter d'en préciser la définition.

L'analogie poétique a ceci de commun avec l'analogie mystique qu'elle transgresse les lois de la déduction pour faire appréhender à l'esprit l'interdépendance de deux objets de pensée situés sur des plans différents, entre lesquels le fonctionnement logique de l'esprit n'est apte à jeter aucun pont et s'oppose *a priori* à ce que toute espèce de pont soit jeté. L'analogie poétique diffère foncièrement de l'analogie mystique en ce qu'elle ne présuppose nullement, à travers la trame du monde visible, un univers invisible qui tend à se manifester. Elle est tout empirique dans sa démarche, seul en effet l'empirisme pouvant lui assurer la totale liberté de mouvement nécessaire au bond qu'elle doit fournir. Considérée dans ses effets, il est vrai que l'analogie poétique semble, comme l'analogie mystique, militer en faveur de la conception d'un monde ramifié à perte de vue et tout entier parcouru de la même sève, mais elle se maintient sans aucune contrainte dans le cadre sensible, voire sensuel, sans marquer aucune propension à verser dans le surnaturel. Elle tend à faire entrevoir et valoir la vraie vie « absente » et, pas plus qu'elle ne puise dans la rêverie métaphysique sa substance, elle ne songe un instant à faire tourner ses conquêtes à la gloire d'un quelconque « *au-delà* ».

André BRETON, *Signe ascendant*, Néon, n° 1, 1948.

à mettre en avant dès lors qu'il s'agit, non plus essentiellement de produire des œuvres d'art, mais d'éclairer la partie non révélée et pourtant révélable de notre être où toute beauté, tout amour, toute vertu que nous nous connaissons à peine luit d'une manière intense, ces moyens immédiats ne sont pas les seuls. Il semble, notamment, qu'à l'heure actuelle on puisse beaucoup attendre de certains procédés de déception pure dont l'application à l'art et à la vie aurait pour effet de fixer l'attention non plus sur le réel, ou sur l'imaginaire, mais, comment dire, sur *l'envers du réel*. On se plaît à imaginer des romans qui ne peuvent finir, comme il est des problèmes qui restent sans solution. A quand celui dont les personnages, abondamment définis par quelques particularités minimes, agiront d'une manière toute prévisible en vue d'un résultat imprévu, et inversement, cet autre où la psychologie renoncera à bâcler aux dépens des êtres et des événements ses grands devoirs inutiles pour *tenir* vraiment entre deux lames une fraction de seconde et y surprendre les germes des incidents, cet autre où la vraisemblance des décors cessera, pour la première fois, de nous dérober l'étrange vie symbolique que les objets, aussi bien les mieux définis et les plus usuels, n'ont pas qu'en rêve, celui-là même dont la construction sera toute simple mais où seulement une scène d'enlèvement sera traitée avec les mots de la fatigue, un orage décrit avec précision, mais *en gai*, etc ? Quiconque jugera qu'il est temps d'en finir avec les provocantes insanités « réalistes » ne sera pas en peine de multiplier à soi seul ces propositions.

Dadaïsme et surréalisme

texte 42   POÉSIE AUTOMATIQUE

Empirique, la doctrine surréaliste se fonde sur une *pratique*. Aussi convient-il, pour l'illustrer, de citer quelques-uns de ces documents de travail que sont les *récits de rêves*, dont Robert Desnos s'était fait un spécialiste.

En 1916

« Je suis transformé en chiffre. Je tombe dans un puits qui est en même temps une feuille de papier, en passant d'une équation à une autre avec le désespoir de m'éloigner de plus en plus de la lumière du jour et d'un paysage qui est le château de Ferrières (Seine-et-Marne) vu de la voie du chemin de fer de l'Est. »

Durant l'hiver 1918-1919

« Je suis couché et me vois tel que je suis en réalité. L'électricité est allumée. La porte de mon armoire à glace s'ouvre d'elle-même. Je vois les livres qu'elle renferme. Sur un rayon se trouve un coupe-papier de cuivre (il y est aussi dans la réalité) ayant la forme d'un yatagan. Il se dresse sur l'extrémité de la lame, reste en équilibre instable durant un instant puis se recouche lentement sur le rayon. La porte se referme. L'électricité s'éteint. »

Nuit du 27 au 28 mai 1923

Je m'étais levé ce matin-là de bonne heure. Je suivais la rue de Rivoli encore déserte, de mon domicile (au 9), jusqu'à la Place de l'Hôtel-de-Ville. Je m'apprêtais à prendre l'autobus « Place de la République-Champ-de-Mars » qui s'arrête à cet endroit quand je réfléchis qu'il était utile d'avoir un numéro. J'allais en prendre un au distributeur accroché à un lampadaire, quand arriva un pensionnat d'orphelines en robes bleu foncé et chapeau de paille noire. Elles commencèrent une à une à prendre des numéros et, comme elles emplissaient la rue jusqu'à l'horizon, je bouillais d'impatience et les autobus se succédaient sans que je puisse monter. Tout à coup j'aperçus à ma droite Picabia — « Venez-vous en Angleterre ? » me dit-il. J'acceptai et montai dans son auto qui partit à une allure assez modérée. Bientôt, nous arrivâmes en Angleterre, ce n'était autre chose que la Porte Maillot. Je ne sais comment Picabia et moi fûmes séparés, et je me trouvai sur une place petite, carrée et blanche qui figurait Trafalgar Square. De cette place partait un corridor tapissé de rouge et faiblement éclairé qui conduisait à la fille du roi d'Angleterre. J'y parvins et emmenai celle-ci par la main jusqu'à la Madeleine où nous nous mariâmes en grande pompe : j'étais en habit de couleur et ma femme en costume de mariée. Comme nous paraissions en haut des marches, la place de la Madeleine déserte s'emplit de camelots qui vendaient des journaux en criant : « Démission du roi d'Angleterre, édition spéciale ». Nous descendîmes les marches et en bas nous aperçûmes un petit homme râblé et vulgaire habillé d'un costume de sport en cheviote foncée peu élégant qui me dit : « Je suis le roi d'Angleterre. J'ai démissionné pour me battre en duel avec vous. » Je fis alors un grand geste en disant : « On ne se bat pas en duel avec les rois, on les guillotine », tout en pensant au premier acte de *Locus Solus* et à la tête de Danton.

Extrait de : Pierre BERGER, *Robert Desnos* (Seghers, édit.).

texte 43   LIBERTÉ ABSOLUE DE LA PAROLE

Au moment où il compose un recueil de « poésie involontaire », Paul Éluard voit dans la liberté absolue de la parole le moyen d'une réintégration du poète dans l'humanité et propose ainsi, au-delà du surréalisme, une ouverture de l'automatisme poétique sur l'unanimité humaine.

Les véritables poètes n'ont jamais cru que la poésie leur appartînt en propre. Sur les lèvres des hommes, la parole n'a jamais tari ; les mots, les chants, les cris se succèdent sans fin, se croisent, se heurtent, se confondent. L'impulsion de la fonction-langage a été portée jusqu'à l'exagération, jusqu'à l'exubérance, jusqu'à l'incohérence. Les mots disent le monde et les mots disent l'homme, ce que l'homme voit et ressent, ce qui existe, ce qui a existé, ce qui existera, l'antiquité du temps, le passé, le futur de l'âge et du moment, la volonté, l'involontaire, la crainte et le désir de ce qui n'existe pas, de ce qui va exister. Les mots détruisent, les mots prédisent ; enchaînés ou sans suite, rien ne sert de les nier. Ils participent tous à l'élaboration de la Vérité. Les objets, les faits, les idées qu'ils décrivent peuvent s'éteindre faute de vigueur, on est sûr qu'ils seront aussitôt remplacés par d'autres qu'ils auront accidentellement suscités et qui, eux, accompliront leur entière évolution.

Les hommes ont dévoré un dictionnaire et ce qu'ils nomment existe. L'innommable, la fin de tout ne commence qu'aux frontières de la mort impensable. Peu importe celui qui parle et peu importe même ce qu'il dit. Le langage est commun à tous les hommes et ce ne sont pas les différences de langues, si nuisibles qu'elles nous apparaissent, qui risquent de compromettre gravement l'unité humaine, mais bien plutôt cet interdit toujours formulé, au nom de la raison pratique, contre la liberté absolue de la parole. Passent pour fous ceux qui enseignent qu'il y a mille façons de voir un objet, de le décrire, mille façons de dire son amour et sa joie et sa peine, mille façons de s'entendre sans briser un rameau de l'arbre de la vie. Inutiles, fous, maudits ceux qui décèlent, reproduisent, interprètent l'humble voix qui se plaint ou qui chante dans la foule, sans savoir qu'elle est sublime. Hélas non, la poésie personnelle n'a pas encore fait son temps[1]. Mais, au moins, nous avons bien compris que rien n'a pu rompre le mince fil de la poésie impersonnelle. Nous avons, sans douter un instant de cette vérité qui triomphera,

---

1. Allusion à une citation de Lautréamont placée par Éluard en épigraphe du recueil : *La poésie personnelle a fait son temps de jongleries relatives et de contorsions contingentes. Reprenons le fil indestructible de la poésie impersonnelle.*

compris que tant de choses peuvent être « tout un poème ». Cette expression ironique, péjorative, des poètes de bonne foi lui ont rendu son sens littéral. Ils ont utilisé des éléments involontaires, objectifs, tout ce qui gît sous l'apparente imperméabilité de la vie courante et dans les plus innocentes productions de l'homme. « Tout un poème », ce n'est plus seulement un objet biscornu ou l'excentricité d'une élégante à bout de souffle, mais ce qu'il est donné au poète de simuler, de reproduire, d'inventer, s'il croit que du monde qui lui est imposé naîtra l'univers qu'il rêve. Rien de rare, rien de divin dans son travail banal. Le poète, à l'affût des obscures nouvelles du monde, nous rendra les délices du langage le plus pur, celui de l'homme de la rue et du sage, de la femme, de l'enfant et du fou. Si l'on voulait, il n'y aurait que des merveilles. Écoutons-les sans réfléchir et répondons, nous serons entendus. Sinon, nous ne sommes que des miroirs brisés et, désireux de rectifier les apparences, nous poétisons, nous nous retirons la vue première, élémentaire des choses, dans cet espace et ce temps qui sont nôtres.

Si nous voulions, rien ne nous serait impossible. Le plus dénué d'entre nous a le pouvoir, tout comme le plus riche, de nous remettre, de ses mains appliquées et de ses yeux confiants, un trésor inestimable, ses rêves et sa réalité que raison, bon sens, méchanceté ne parviennent pas à détruire. La poésie involontaire, si banale, si imparfaite, si grossière soit-elle, est faite des rapports entre la vie et le monde, entre le rêve et l'amour, entre l'amour et la nécessité. Elle engendre notre émotion, elle rend à notre sang la légèreté du feu. Tout homme est frère de Prométhée. Nous n'avons pas une intelligence particulière, nous sommes des êtres moraux et nous nous situons dans la foule.

Paul ÉLUARD, *Poésie involontaire et Poésie intentionnelle, Préface*, 1942.
Seghers, éd.

René CHAR

texte 44   POÉSIE DE LA PENSÉE

Toute la poésie moderne en venait implicitement ou explicitement à poser la « *prodigieuse question* » des rapports entre *éthique* et *poésie*. René Char demande à Héraclite d'Éphèse le secret d'un lien vital entre les deux *devenirs* solidaires, celui de la pensée, et celui de la poésie.

Il paraît impossible, en vérité, de donner à une philosophie le visage nettement victorieux d'un homme et, inversement, d'adapter à des traits précis de vivant le comportement d'une idée, fût-elle souveraine. Ce que nous entrevoyons, ce sont un ascendant, des attouchements passagers. L'âme s'éprend périodiquement de ce montagnard ailé, le philosophe, qui propose de lui faire atteindre une aiguille plus transparente pour la conquête de laquelle elle se suppose au monde. Mais comme les lois chaque fois proposées sont, en partie tout au moins, démenties par l'opposition, l'expérience et la lassitude — fonction universelle —, le but convoité est, en fin de compte, une déception, une remise en jeu de la connaissance. La fenêtre ouverte avec éclat sur le prochain, ne l'était que sur l'en-dedans, le très enchevêtré en-dedans. Il en fut ainsi jusqu'à Héraclite. Tel continue d'aller le monde pour ceux qui ignorent l'Éphésien.

Certes nos goûts, notre verve, nos satisfactions sont multiples, si bien que des parcelles de sophisme peuvent d'un éclair nous conquérir, toucher notre faim. Mais bientôt la vérité reprend devant nous sa place de meneuse d'absolu et nous repartons à sa suite, tout enveloppés d'ouragans et de vide, de doute et de hautaine suprématie. Combien alors se montre ingénieuse l'espérance !

Héraclite est, de tous, celui qui, se refusant à morceler la *prodigieuse question*, l'a conduite aux gestes, à l'intelligence et aux habitudes de l'homme sans en atténuer le feu, en interrompre la complexité, en compromettre le mystère, en opprimer la juvénilité. Il savait que la vérité est noble et que l'image qui la révèle c'est la tragédie. Il ne se contentait pas de définir la liberté, il la découvrait indéracinable, attisant la convoitise des tyrans, perdant son sang mais accroissant ses forces, au centre même du perpétuel. Sa vue d'aigle solaire, sa sensibilité particulière l'avaient persuadé une fois pour toutes, que la seule certitude que nous possédions de la réalité du lendemain c'est le pessimisme, forme accomplie du secret où nous venons nous rafraîchir, prendre garde et dormir.

Le devenir progresse conjointement à l'intérieur et tout autour de nous. Il n'est pas subordonné aux preuves de la nature ; il s'ajoute à elles. Sauve est l'occurence des événements magiques susceptibles de se produire devant nos yeux. Ils bouleversent en l'enrichissant un ordre trop souvent ingrat. La perception du fatal, la présence continue du risque, et cette part de l'obscur comme une grande rame plongeant dans les eaux, tiennent l'heure en haleine et nous maintiennent disponibles à sa hauteur...

Disant juste, sur la pointe et dans le sillage de la flèche, la poésie court immédiatement sur les sommets, parce qu'Héraclite possède ce souverain pouvoir ascensionnel qui frappe d'ouverture et doue de mouvement le langage en le faisant servir à sa propre consommation. Il partage avec autrui la transcendance tout en s'absentant d'autrui. Au delà de sa leçon, demeure la beauté sans date, à la façon du soleil qui mûrit sur le rempart mais porte le fruit de son rayon ailleurs. Héraclite ferme le cycle de la modernité qui, à la lumière de Dionysos et de la tragédie, s'avance pour un ultime chant et une dernière confrontation. Sa marche aboutit à l'étape sombre et fulgurante de nos journées. Comme un insecte éphémère et comblé, son doigt barre nos lèvres, son index dont l'ongle est arraché.

        Avant-Propos à la traduction d'Héraclite par Yves Battistini, 1948.
                                                        Gallimard, éd.

RAINER MARIA RILKE

texte 45 POÉSIE ET SOLITUDE

 Parmi les très nombreuses influences qui ont imprégné la poésie française moderne, celle de Rainer Maria Rilke fut sans doute l'une des plus importantes. Pour beaucoup, en tout cas, la publication, en 1929, des *Lettres à un jeune poète*, fut une manière de révélation.

 ... Il nous devient de plus en plus clair que [la solitude] n'est pas une chose qu'il nous est loisible de prendre ou de laisser. *Nous sommes* solitude. Nous pouvons, il est vrai, nous donner le change et faire comme si cela n'était pas. Mais c'est tout. Comme il serait préférable que nous comprenions que nous sommes solitude ; oui ; et partir de cette vérité. Sans nul doute serons-nous alors pris de vertige, car tous nos horizons familiers nous auront échappé ; plus rien ne sera proche et le lointain reculera jusqu'à l'infini. Seul un homme qui serait placé brusquement, et sans y avoir été aucunement préparé, de sa chambre au sommet d'une haute montagne, éprouverait quelque chose de pareil : une insécurité sans égale, un tel saisissement venu d'une force inconnue, qu'il en serait presque détruit. S'il imaginait qu'il va tomber, ou être jeté dans l'espace, ou encore éclater en mille morceaux, quel monstrueux mensonge son cerveau devrait-il inventer pour qu'il puisse recouvrer ses sens, et les mettre en ordre ! Ainsi, pour celui qui devient solitude, toutes les distances, toutes les mesures changent. Beaucoup de ces changements sont subits. Comme chez cet homme au sommet de la montagne, naissent en lui des images extraordinaires, des sentiments étranges qui semblent défier sa résistance. Mais il est nécessaire que nous vivions *cela* aussi. Nous devrons accepter notre existence aussi complètement qu'il est possible. Tout, même l'inconcevable, doit y devenir possible. Au fond, le seul courage qui nous est demandé est de faire face à l'étrange, au merveilleux, à l'inexplicable que nous rencontrons. Que les hommes, là, aient été veules, il en a coûté infiniment à la vie. Cette vie que l'on appelle imaginaire, ce monde prétendu « surnaturel », la mort, toutes ces choses nous sont au fond consubstantielles, mais elles ont été chassées de la vie par une défense quotidienne, au point que les sens qui auraient pu les saisir se sont atrophiés. Et encore je ne parle pas de Dieu. La peur de l'inexplicable n'a pas seulement appauvri l'existence de l'individu, mais encore les rapports d'homme à homme, elle les a soustraits au fleuve des possibilités infinies, pour les abriter en quelque lieu sûr de la rive. Ce n'est pas seulement à la paresse que les rapports d'homme à homme doivent d'être indiciblement monotones, de se reproduire sans nouveautés ; c'est à l'appréhension par l'homme d'un nouveau dont il ne peut prévoir l'issue et qu'il ne se sent pas de taille à affronter. Celui-là seulement qui s'attend à tout, qui n'exclut rien, pas même l'énigme, vivra les rapports d'homme à homme comme de la vie, et en même temps ira au bout de sa propre vie. Si nous nous représentons la vie de l'individu comme une pièce plus ou moins grande, il devient clair que presque tous n'apprennent à connaître qu'un coin de cette pièce, cette place devant la fenêtre, ce rayon dans lequel ils se meuvent et où ils trouvent une certaine sécurité. Combien plus humaine est cette insécurité, pleine de dangers, qui pousse les prisonniers, dans les histoires de Poe, à explorer de leurs doigts leurs cachots terrifiants, à tout connaître des frayeurs indicibles qui en viennent ! Mais nous ne sommes pas des prisonniers. Nulle trappe, nul piège ne nous menace. Nous n'avons rien à redouter. Nous avons été placés dans la vie comme dans l'élément qui nous convient le mieux. Une adaptation millénaire fait que nous ressemblons au monde, au point que, si nous restions calmes, nous nous distinguerions à peine, par un mimétisme heureux, de ce qui nous entoure. Nous n'avons aucune raison de nous méfier du monde, car il ne nous est pas contraire. S'il y est des frayeurs, ce sont *les nôtres* : s'il y est des abîmes, ce sont nos abîmes ; s'il y est des dangers, nous devons nous efforcer de les aimer. Si nous construisons notre vie sur ce principe qu'il nous faut aller toujours au plus difficile, alors tout ce qui nous paraît encore aujourd'hui étranger nous deviendra familier et fidèle. Comment oublier ces mythes antiques que l'on trouve au début de l'histoire de tous les peuples, les mythes de ces dragons qui, à la minute suprême, se changent en princesses ? Tous les dragons de notre vie sont peut-être des princesses qui attendent de nous voir beaux et courageux. Toutes les choses terrifiantes ne sont peut-être que des choses sans secours, qui attendent que nous les secourions.

Lettre du 12 août 1904, Traduction Rainer Biemel.
Grasset, ed.

Jean COCTEAU

texte 46   DÉCALQUER L'INVISIBLE

    Accidents du mystère et fautes de calculs
    Célestes, j'ai profité d'eux, je l'avoue.
    Toute ma poésie est là : Je décalque
    L'invisible (invisible à vous).
    J'ai dit : « Inutile de crier, haut les mains ! »
    Au crime déguisé en costume inhumain ;
    J'ai donné le contour à des charmes informes ;
    Des ruses de la mort la trahison m'informe ;
    J'ai fait voir, en versant mon encre bleue en eux,
    Des fantômes soudain devenus arbres bleus.

    Dire que l'entreprise est simple ou sans danger
    Serait fou. Déranger les anges !
    Découvrir le hasard apprenant à tricher
    Et des statues en train d'essayer de marcher.
    Sur le belvédère des villes que l'on voit
    Vides, et d'où l'on ne distingue plus que les voix
    Des coqs, les écoles, les trompes d'automobile,
    (Ces bruits étant les seuls qui montent d'une ville)
    J'ai entendu descendre des faubourgs du ciel,
    Étonnantes rumeurs, cris d'une autre Marseille.

Opéra, Par lui-même, 1927.
Stock, éd.

Max JACOB et Pierre REVERDY

texte 47
MAXIMES DIVERSES SUR LA POÉSIE 1922-1936

I. Max Jacob. Art poétique, 1922

Les auteurs qui se font obscurs pour forcer l'estime obtiennent ce qu'ils veulent et pas autre chose.

Le poète effile les tranchants sur la roue d'Ixion. Ah ! que les étincelles montent plus haut ; encore plus haut, qu'elles embrasent le ciel !

En matière d'esthétique on n'est jamais nouveau profondément. Les lois du beau sont éternelles, les plus violents novateurs s'y soumettent sans s'en rendre compte : ils s'y soumettent à leur manière, c'est là l'intérêt.

Les rimes trop riches et l'absence de rime, les voyages, les noms de rues et d'enseignes, les souvenirs de lectures, l'argot de conversation, ce qui se passe de l'autre côté de l'équateur, les déclenchements inattendus, l'air de rêve, les conclusions imprévues, les associations de mots et d'idées, voilà l'esprit nouveau. « Incohérence » disent nos ennemis. Pourquoi donc les meilleurs poètes modernes sont-ils absolument inimitables ? C'est parce qu'ils ont l'unité de sentiment et de goût. La poésie moderne est une preuve qu'en matière de poésie, la poésie seule importe. Tout art se suffit à lui-même.

La poésie moderne ne consiste plus à évoquer des personnages qu'on croit poétiques à cause de leur costume, de leur nom et de tels accessoires de leurs personnes. La poésie « type *Songe d'une nuit d'été* » est un chef-d'œuvre du passé.

L'inspiration, c'est le passage d'un monde dans un autre, de la terre au ciel, ou d'un ciel à un autre ciel.

Où il n'y a pas de miracle, il n'y a pas le « génie ».

Le monde dans un homme, tel est le poète moderne.

Gallimard, éd.

II. Pierre Reverdy. Le gant de crin, 1927-1936

La nature est nature, elle n'est pas poésie. C'est la réaction de la nature sur la complexion de certains êtres qui produit la poésie.

Le poète est un four à brûler le réel.

Il ne s'agit pas de faire une image, il faut qu'elle arrive sur ses propres ailes.

L'image est une création pure de l'esprit. Elle ne peut naître d'une comparaison, mais du rapprochement de deux réalités plus ou moins éloignées.

Le poète est essentiellement l'homme qui aspire au domaine réel, le plan divin, la création mystérieuse et évidente.

Le décoratif, c'est le contraire du réel.

Je ne connais pas d'exemple d'une œuvre qui ait inspiré moins de confiance à son auteur que la mienne. Aussi me gardé-je bien de la défendre. J'accepte ici qu'elle peut n'être qu'un témoin d'impuissance.

Le rêve est un tunnel qui passe sous la réalité. C'est un égout d'eau claire, mais c'est un égout.

Les œuvres qui ne sont que le fidèle miroir d'une époque s'enfoncent dans le temps aussi vite que cette époque.

Plon-Nourrit, éd.

III. Pierre Reverdy. Le livre de mon bord, 1930-1936
(Publié en 1948)

La poésie — il me semble qu'elle s'élabore dans une autre planète d'où je suis aujourd'hui descendu — ou tombé.

L'homme est mauvais conducteur de la réalité.

La poésie est à la vie ce qu'est le feu au bois.

L'art n'est pas affaire de sensation, mais d'expression.

Le poète est maçon, il ajuste des pierres ; le prosateur cimentier, il coule du béton.

L'art commence où finit le hasard. C'est pourtant tout ce que lui apporte le hasard qui l'enrichit

Max Jacob et Pierre Reverdy

Pour le poète, le champ est circonscrit à son unique passion, à la pulsation de sa vie intérieure.

L'art pour l'art, la vie pour la vie, deux points morts. Il faut à chacun l'illusion des buts et des raisons. L'art par et pour la vie, la vie pour et par l'art.

Un bon poème sort tout fait. La retouche n'est qu'un heureux accident et, si elle n'est pas merveilleuse, elle risque de tout abîmer.

Mercure de France, éd.

CHAPITRE VII
LIGNES DE FORCE CONTEMPORAINES

SAINT-JOHN PERSE

texte 48   *Nous qui mourrons peut-être un jour,*
          disons l'homme immortel au foyer de l'instant

I

    Et toi plus maigre qu'il ne sied au tranchant de l'esprit, homme aux narines minces parmi nous, ô Très-Maigre ! ô Subtil ! Prince vêtu de tes sentences ainsi qu'un arbre sous bandelettes,

    aux soirs de grande sécheresse sur la terre, lorsque les hommes en voyage disputent des choses de l'esprit adossés en chemin à de très grandes jarres, j'ai entendu parler de toi de ce côté du monde, et la louange n'était point maigre :

    « ...Nourri des souffles de la terre ; environné des signes les plus fastes et devisant de telles prémisses, de tels schismes, ô Prince sous l'aigrette, comme la tige en fleurs à la cime de l'herbe (et l'oiseau qui s'y berce et s'enfuit y laisse un tel balancement... et te voici toi-même, ô Prince par l'absurde, comme une grande fille folle sous la grâce à se bercer soi-même au souffle de sa naissance...),

« docile aux souffles de la terre, ô Prince sous l'aigrette et le signe invisible du songe, ô Prince sous la huppe, comme l'oiseau chantant le signe de sa naissance,

« je dis ceci, écoute ceci :

« Tu es le Guérisseur et l'Assesseur et l'Enchanteur aux sources de l'esprit ! Car ton pouvoir au cœur de l'homme est une chose étrange et ton aisance est grande parmi nous.

« J'ai vu le signe sur ton front et j'ai considéré ton rôle parmi nous. Tiens ton visage parmi nous, vois ton visage dans nos yeux, sache quelle est ta race : non point débile mais puissante.

« Et je te dis encore ceci : Homme-très-attrayant, ô Sans-coutume-parmi-nous, ô Dissident ! une chose est certaine, que nous portons le sceau de ton regard ; et un très grand besoin de toi nous tient aux lieux où tu respires, et de plus grand bien-être qu'avec toi nous n'en connaissons point... Tu peux te taire parmi nous, si c'est là ton humeur ; ou décider encore que tu vas seul, si c'est là ton humeur : on ne te demande que d'être là !... »

Éloges. Amitié du Prince I, 1924.
Gallimard, éd.

II

Ah ! toute chose vaine au van de la mémoire, ah ! toute chose insane aux fifres de l'exil : le pur nautile des eaux libres, le pur mobile de nos songes,

Et les poèmes de la nuit avant l'aurore répudiés, l'aile fossile prise au piège des grandes vêpres d'ambre jaune...

Ah ! qu'on brûle, ah ! qu'on brûle, à la pointe des sables, tout ce débris de plume, d'ongle, de chevelures peintes et de toiles impures,

Et les poèmes nés d'hier, ah ! les poèmes nés un soir à la fourche de l'éclair, il en est comme de la cendre au lait des femmes, trace infime...

Et de toute chose ailée dont vous n'avez usage, me composant un pur langage sans office,

Voici que j'ai dessein encore d'un grand poème délébile...

Étranger, sur toutes grèves de ce monde, sans audience, ni témoin, porte à l'oreille du Ponant une conque sans mémoire :

Hôte précaire à la lisière de nos villes, tu ne franchiras point le seuil des Lloyds, où ta parole n'a point cours et ton or est sans titre...

« J'habiterai mon nom », fut ta réponse aux questionnaires du port. Et sur les tables du changeur, tu n'as rien que de trouble à produire,

Comme ces grandes monnaies de fer exhumées par la foudre...

Syntaxe de l'éclair ! ô pur langage de l'exil ! lointaine est l'autre rive où le message s'illumine...

Et c'est l'heure, ô Poète, de décliner ton nom, ta naissance, et ta race...

Exil. IV, VI, VII, 1942.
Gallimard, éd.

Henri MICHAUX

texte 49 CONTRE-CRÉATION

Je vous construirai une ville avec des loques, moi !
Je vous construirai sans plan et sans ciment
Un édifice que vous ne détruirez pas[1],
Et qu'une espèce d'évidence écumante
Soutiendra et gonflera, qui viendra vous braire au nez,
Et au nez gelé de tous vos Parthénons, vos arts arabes, et de vos Mings[2].

Avec de la fumée, avec de la dilution de brouillard
Et du son de peau de tambour,
Je vous assoierai des forteresses écrasantes et superbes,
Des forteresses faites exclusivement de remous et de secousses,
Contre lesquelles votre ordre multimillénaire et votre géométrie
Tomberont en fadaises et galimatias et poussières de sable sans raison...

Oh ! monde, monde étranglé, ventre froid !
Même pas symbole ; mais néant, je contre, je contre,
Je contre et te gave de chiens crevés.
En tonnes, vous m'entendez, en tonnes, je vous arracherai ce que vous
[m'avez refusé en grammes...

---

1. Curieux rapprochement : cf. Horace : *Exegi monumentum aere perennius.*
2. Grande époque d'apogée de l'art chinois.

Dans le noir nous verrons clair mes frères.
Dans le labyrinthe nous trouverons la voie droite.
Carcasse, où est ta place ici, gêneuse, pisseuse, pot cassé ?
Poulie gémissante, comme tu vas sentir les cordages tendus des quatre [mondes !
  Comme je vais t'écarteler[1] !

La Nuit remue, 1931.
Gallimard, éd.

---

1. Henri Michaux, pour qui l'expression graphique naît du même mouvement que l'expression verbale, a, à propos de ses aquarelles, défini ainsi l'origine profonde de son inspiration poétique :

A peine une aquarelle est-elle faite, voilà que j'étale une nouvelle feuille de papier sur ma planche, et avec beaucoup d'eau, les couleurs, les rouges surtout, pour crier, crier malheur, crier détresse, crier délire, crier tout ce qui crie à ce moment et veut se jeter en dehors... Ce que c'est ? Eh, cela vient en criant, voilà ce qui m'importe.

Passages, 1959, Gallimard.

Joë BOUSQUET

texte 50   L'ESPRIT DE LA PAROLE

    Les grandes clartés se découvrent à celui qui a gardé ses yeux d'avant le savoir, il démêle les événements avec la pointe de ses regards au fond desquels se creuse la nuit qui n'a jamais commencé. Cette immensité toujours renaissante le hante, et elle l'empêcherait de se reconnaître lui-même si son enfance n'y demeurait pas ensablée. A travers les chansons ou les appels, ou les murmures de l'agonie, il entend seulement des voix et n'était que pour les entendre, parce qu'un homme ne meurt pas de ce qui le tue en effigie.

    Que chacun ouvre un peu plus les yeux, le dedans de son regard deviendra plus profondément le secret de son cœur noir et le don, depuis la plus ténébreuse retraite, de la couleur et du silence, et des blés et des eaux à la tendre exubérance du jour...

    La réalité est-elle à humaniser ? Le poète tente la vie, il la séduit. Le monde entier renaît plus jeune et plus fort d'un événement où un homme s'est enfoncé sans regarder derrière lui.

    Ce qu'il avait cru voir est devenu la patrie de son esprit : c'est en elle qu'il a rouvert ses yeux d'avant le savoir, d'avant la raison, *ce regard venu de son enfance et qui l'empêche d'entrer dans un homme.* Il a dans cette vue enclos son regard de limites prises à son cœur. Dans cette illusion il a lentement conçu son amour des autres hommes ; le monde renaît plus jeune du mensonge où un homme a émancipé son cruel amour de tout ce qui respire.

    Prendre dans son cœur la source des pensées qui illumineront la vie ; des souhaits qui la ranimeront depuis la grâce qu'elle est, et qui, longtemps, n'y avait existé qu'évanouie.

    "L'Esprit de la parole," *Empédocle*, n° 6, décembre 1943.

Pierre-Jean JOUVE

texte 51   TEL QU'EN LUI-MÊME ENFIN...

Le pouvoir spirituel de la Parole ouvre éventuellement sur une adhésion mystique à la valeur ontologique du Verbe, qui, indépendante ou non d'une foi religieuse, conduit directement à la définition de la poésie comme *acte de connaissance* et comme *conquête de la transcendance*.

Le poète est un diseur de mots, au sens le plus héroïque : spirituel et créateur. Dans ses mots il connaît la vertu, le courage, la religion, qui pour lui sont en la Parole et seulement en elle. Dans ses mots, le Poète se sauve, et point autrement. Dans *l'acte des mots* du Poète est sa mystique, et se révèle aussi sa magie...

C'est pourquoi la disparition de la personne du Poète est un phénomène si essentiel à l'élaboration achevée de son œuvre. La mort est l'amie du poète en ce qu'elle sépare sa valeur de toutes les vérités qui l'alourdissaient, vérités contemporaines, en ce qu'elle tranche durement autour de cette valeur qui se trouvera désormais réfugiée dans les seuls mots, dans les mots purs. Comme le message du véritable Poète est toujours de chair et de sang, par le canal du verbe, il faut que la chair et le sang réels ne soient plus là, afin que la chair et le sang passent dans l'opération nécessaire :

Donner un sens plus pur aux mots de la tribu.

Tombeau de Baudelaire, 1942.
La Baconnière, Neuchâtel, éd.

Pierre EMMANUEL

texte 52   POÉSIE, RAISON ARDENTE

Ainsi se pose le problème d'une *poésie positive* où puissent se réconcilier le Dire et le Connaître.

Point ne suffit, pour réintégrer l'imagination dans le concret, de proclamer langage toute combinaison possible d'images et de mots : proférer n'est pas nécessairement créer de l'être, développer un espace mental... Non, pour fonctionner avec bonheur, l'imagination demande un esprit sans complaisance, adulte et non plus adolescent. Rien de plus commun, de plus irritant aussi, que le préjugé disqualifiant les poètes, dès que l'on touche à matière de raison : préjugé dont les poètes souffrent, mais qu'ils ne sont point sans nourrir, tant est constante leur prétention d'accéder à une forme supérieure du *dire*, par le seul fait de libérer leur langage de toute entrave, de faire tomber ces prétendus liens de la syntaxe qui sont en réalité les jointures de l'organisme mental. Il est vrai qu'une syntaxe abusive, régie par les lois d'un entendement qui délaisse le vécu pour le donné, décompose le mouvement bien plutôt qu'elle ne le porte : la réaction des poètes fut saine, tant qu'elle visait à restaurer l'énergie psychique dans ses droits, sans nier toutefois que l'énergie fût conduite à s'exprimer par des structures, qui soutiennent son effort et le diversifient. Mais, rebelles à la forme vide, les poètes le furent, par excès, à toute forme et s'insurgèrent contre la conscience elle-même, au nom d'une liberté qui ressemblait au vertige du néant...

Nous ne sommes pas énergie pure, et sans doute l'expression *énergie pure* n'a-t-elle aucun sens : quoi que nous fassions, nous révélons l'énergie sous une forme humaine, et les plus téméraires briseurs de limites sont encore, lorsqu'ils tentent de les briser, fidèles à notre détermination essentielle, qui est d'étendre la forme humaine sans pour autant la détruire ou la dépasser.

Ou, si l'on veut, l'énergie qui se manifeste par nous passe constamment dans la conscience, et, devenant lucide, y gagne une mobilité, une subtilité combinatoire dont elle est privée chez la plante ou l'animal ; et inversement la lumière de la conscience colore, sans que la conscience même parvienne à les percer, ces profondeurs sourdes de l'homme où l'énergie se recharge sans trêve...

Nous en tenant à définir ce qu'il faut entendre par *raison* ardente, nous avons quelque chance, ou peut-être ceux qui viendront après nous, de réconcilier la logique des concepts et celle des symboles, et que cesse le duel interminable entre le conscient et l'inconscient, la vie et le rêve, l'imaginaire et le réel, etc., opposition tellement invétérée qu'il n'est pas une querelle de langage qui ne s'y puisse réduire, pas un homme qui ne soit tenté pharisaïquement de fonder son attitude sur l'un des deux termes ennemis, quitte à nier l'autre ou l'annexer de vive force, si quelque inquiétude le prend quant à l'existence d'un autre univers que le sien.

Poésie, raison ardente, 1948.
L. U. F., éd.

texte 53 POÉSIE ET DISCOURS

La force du symbole est de faire apparaître des liens que l'observation rationnelle ignore : le symbole le plus universel, s'il existait, nous ferait éprouver l'unité de destin de tous les hommes.

Pour qui croit en cette vivante structure, la pensée rationnelle peut cependant aller de pair avec la symbolique, le discours successif avec le jaillissement simultané. Un symbole fait penser sur deux plans, il a une double intelligence. L'entendement découvre en lui des articulations qui ne l'offensent pas et même le satisfont. Cet apprivoisement de la logique a des conséquences heureuses. Peu à peu l'imagination se pénètre du sens de l'ordre, et l'entendement développe en soi l'instinct de l'analogie : si bien qu'on peut parfois attribuer à la raison l'invention de certaines images, et leur ordonnance à l'imagination...

Une logique des profondeurs, elliptique et intégrante, hiérarchise les images simultanées et en règle la procession. Certaines, gravitant autour de leur image-mère, jouent à leur tour un rôle germinatif ou matriciel. D'autres rayonnent et se résolvent dans le tissu du poème, presque invisibles et pourtant essentielles à son étoffe et à son unité ; d'autres enfin sont avortées à leur naissance. Toutes correspondent à une perception singulière, à l'interception d'un *signe* — fût-il furtif — de la mémoire et de l'expérience profondes : dans un esprit orienté vers l'unité par une attention *constitutive*,

Pierre Emmanuel

rien n'est arbitraire ni gratuit. Un poète en possession de son art, c'est-à-dire qui se constitue et se connaît par lui, est capable d'expliquer la genèse et la liaison de ses images. Si cette justification totalisante — cette *foi* — pouvait aller jusqu'à sa perfection exhaustive et s'identifier à l'acte créateur, l'expérience intime de l'artiste, la logique des symboles qu'il produit et la loi rythmique de son verbe finiraient par être un.

Le Goût de l'Un, 1963.
Éditions du Seuil

Jean-Claude RENARD

texte 54 POÉSIE ET RÉALITÉ

La réalité, l'espace, le temps, le mode d'être auxquels appartiennent l'objet mental ou physique que le poème nomme et l'objet verbal correspondant qui existe dans le poème, semblent impuissants à s'unifier entièrement, — bien qu'au même moment, dans le même lieu, pour le même homme, ils puissent subsister ensemble, et qu'un rapport insolite les lie, qui change la vision et jusqu'à l'ordre en elle des présences et des absences.

De la poésie, voilà une limite, un pouvoir — la fatalité : ce par quoi son destin fascine et consume.

On dirait qu'une plaque de verre, plus ou moins épaisse, plus ou moins translucide, mais infrangible, la sépare de ce qu'elle exprime. L'expérience qu'elle octroie de la réalité, — aussi aiguë soit-elle, et attentive à produire, par la description la plus complète possible des éléments et des connexions de l'objet mental ou physique, la sensation de leur plus exacte existence, de leur essence la moins obscurcie, — demeure apparemment soumise à des frontières qui ne s'annulent pas même si elles s'ouvrent, même si elles accordent d'entrevoir comme une jonction illuminante entre l'être et ce qui dit l'être. Car il persiste toujours entre la poésie et ce qu'elle connaît, entre ce qu'elle connaît et ce qu'elle permet de connaître, une faille dans la relation, un échec au bord de la coïncidence, qui la laissent déchirée d'être faite, sans y parvenir, pour s'unir à ce qui ne cesse pas de dépasser le langage et où réside ce qu'il n'est plus utile de nommer, mais continuant à s'en vouloir capable comme il arrive à l'homme de l'être dans l'amour quand aimer et savoir s'identifient et quand l'esprit, qui transcende toute parole, paraît accéder aux essences.

Jean-Claude Renard

En sorte que le poème semble avoir pour étranges fonctions de nous rendre présent ce qui est, sans en dissoudre cependant l'absence. De nous en rapprocher à l'extrême, sans en réduire l'éloignement. D'inventer un univers dont les énergies mentales et verbales agissent sur nous et même, il se peut, sur les choses, sans que nous déterminions s'il reflète la réalité, s'il la façonne, ou s'il est à la fois ce façonnage et ce reflet par lesquels il nous advient d'entrer en rapport avec elle d'une manière plus pure et peut-être plus juste qu'autrement. A moins encore qu'il ne lui faille, de tout cela et sur tout cela ensemble, construire un monde imaginaire, exclusif et gratuit, pour devenir éventuellement capable, par un paradoxe énigmatique, d'atteindre le réel, d'en être une communication, et de se rendre lui-même nécessaire.

C'est la gravité, la souffrance, la solitude de la poésie. Peut-être convient-il pourtant qu'une illusion fatale quoique admirable du langage le fasse en nous prétendre se substituer à Dieu et opérer comme lui. Mais s'il est capital d'exiger sans cesse davantage de son exercice et de ses pouvoirs, il demeure sans doute vain de lui demander d'être plus qu'il ne saurait être, de donner plus qu'il ne peut donner. Car la parole poétique délimite cet espace inquiétant où simultanément commence une rencontre et se produit une rupture...

Il reste que sa grandeur est de nous donner conscience des profondeurs, des correspondances et des voies d'accès de l'être. De nous y convier par incantation. De nous révéler à nous-mêmes par ses obsessions, ses arcanes, le prix qu'elle nous coûte. D'avoisiner et d'aimanter l'inexprimable en ne se souciant que du langage. De s'en découvrir comme consacrée, accrue par des dimensions qui la débordent, et de transmuer le regard en célébrant sur elles un premier mystère, un premier office de la transparence.

Métamorphose du Monde, Préface, 1963.
Points et contrepoints, éd.

Troisième Partie

ANTHOLOGIE POÉTIQUE

CHAPITRE I

BILAN ET SUCCESSION
DU ROMANTISME

Alphonse de LAMARTINE - Gérard de NERVAL

TEXTES I Tristesse. Myrtho

Pour illustrer, au départ, l'ambiguïté de la poésie romantique, qu'il suffise de confronter un poème des *Nouvelles Méditations* de Lamartine et un sonnet des *Chimères* de Nerval : c'est le même paysage napolitain, le même appel au souvenir ; on y remarque encore des ressemblances quasi textuelles : l'image d'une *tresse* de fleurs — ou de fruits — sur la tête d'une femme, et l'évocation du *mariage* ou de *l'union* du *myrte* avec le *pampre* ou l'*hortensia*. Et pourtant, ce n'est pas du tout la même poésie !

I. TRISTESSE

> Ramenez-moi, disais-je, au fortuné rivage
> Où Naples réfléchit dans une mer d'azur
> Ses palais, ses coteaux, ses astres sans nuage,
> Où l'oranger fleurit sous un ciel toujours pur.
> Que tardez-vous ? Partons ! Je veux revoir encore

165

Le Vésuve enflammé sortant du sein des eaux[1];
Je veux de ses hauteurs voir se lever l'aurore;
Je veux, guidant les pas de celle que j'adore,
Redescendre en rêvant de ces riants coteaux.
Suis-moi dans les détours de ce golfe tranquille;
Retournons sur ces bords à nos pas si connus,
Aux jardins de Cynthie, au tombeau de Virgile,
Près des débris épars du temple de Vénus :
Là, sous les orangers, sous la vigne fleurie
Dont le pampre flexible au myrte se marie,
Et tresse sur ta tête une voûte de fleurs,
Au doux bruit de la vague ou du vent qui murmure,
Seuls avec notre amour, seuls avec la nature,
La vie et la lumière auront plus de douceurs.

LAMARTINE, Nouvelles méditations, XII. 1823.

II. MYRTHO

Je pense à toi, Myrtho, divine enchanteresse,
Au Pausilippe altier, de mille feux brillants,
A ton front inondé des clartés d'Orient,
Aux raisins noirs mêlés avec l'or de ta tresse.

C'est dans ta coupe aussi que j'avais bu l'ivresse,
Et dans l'éclair furtif de ton œil souriant,
Quand aux pieds d'Iacchus on me voyait priant,
Car la Muse m'a fait l'un des fils de la Grèce.

Je sais pourquoi là-bas le volcan s'est rouvert...
C'est qu'hier tu l'avais touché d'un pied agile,
Et de cendres soudain l'horizon s'est couvert.

Depuis qu'un duc normand brisa les dieux d'argile,
Toujours, sous les rameaux du laurier de Virgile,
Le pâle hortensia s'unit au myrte vert!

Gérard de NERVAL, Chimères, 1854.

---

1. Cf. NERVAL. *El Desdichado* : *Rends-moi le Pausilippe et la mer d'Italie.*

Théophile GAUTIER

TEXTE II Symphonie en blanc majeur

    Théophile Gautier, dont le parcours poétique va du romantisme à l'Art pour l'Art, représente, en ce milieu du siècle, la continuité de l'un à l'autre. Et par exemple, les thèmes, les lieux communs et les images du pittoresque ou du fantastique romantiques lui servent à élaborer, par le jeu verbal des couleurs, des lumières et des rythmes, une combinaison de plastique et de musique qui reste délibérément en deçà de toute perspective vertigineuse et de tout surnaturalisme symbolique :

De leur col blanc courbant les lignes,
On voit dans les contes du Nord,
Sur le vieux Rhin, des femmes-cygnes
Nager en chantant près du bord ;

Ou, suspendant à quelque branche
Le plumage qui les revêt,
Faire luire leur peau plus blanche
Que la neige de leur duvet.

De ces femmes il en est une,
Qui chez nous descend quelquefois,
Blanche comme le clair de lune
Sur les glaciers dans les cieux froids ;

Conviant la vue enivrée
De sa boréale fraîcheur
A des régals de chair nacrée,
A des débauches de blancheur !

Son sein, neige moulée en globe,
Contre les camélias blancs
Et le blanc satin de sa robe
Soutient des combats insolents.

Dans ces grandes batailles blanches,
Satins et fleurs ont le dessous,
Et, sans demander leurs revanches,
Jaunissent comme des jaloux.

Sur les blancheurs de son épaule,
Paros au grain éblouissant,
Comme dans une nuit du pôle,
Un givre invisible descend.

De quel mica de neige vierge,
De quelle moelle de roseau,
De quelle hostie et de quel cierge
A-t-on fait le blanc de sa peau ?

A-t-on pris la goutte lactée
Tachant l'azur du ciel d'hiver,
Le lis à la pulpe argentée,
La blanche écume de la mer ;

Le marbre blanc, chair froide et
[pâle,
Où vivent les divinités ;
L'argent mat, la laiteuse opale
Qu'irisent de vagues clartés ;

L'ivoire, où ses mains ont des ailes,
Et, comme des papillons blancs,
Sur la pointe des notes frêles
Suspendent leurs baisers tremblants ;

L'hermine vierge de souillure,
Qui, pour abriter leurs frissons,
Ouate de sa blanche fourrure
Les épaules et les blasons ;

Le vif-argent aux fleurs fantasques
Dont les vitraux sont ramagés ;
Les blanches dentelles des vasques,
Pleurs de l'ondine en l'air figés ;

L'aubépine de mai qui plie
Sous les blancs frimas de ses fleurs ;
L'albâtre où la mélancolie
Aime à retrouver ses pâleurs ;

Le duvet blanc de la colombe,
Neigeant sur les toits du manoir,
Et la stalactite qui tombe,
Larme blanche de l'antre noir ?

Des Groenlands et des Norvèges
Vient-elle avec Seraphita ?
Est-ce la madone des neiges,
Un sphinx blanc que l'hiver sculpta,

Sphinx enterré par l'avalanche,
Gardien des glaciers étoilés,
Et qui, sous sa poitrine blanche,
Cache de blancs secrets gelés ?

Sous la glace où calme il repose,
Oh ! qui pourra fondre ce cœur !
Oh ! qui pourra mettre un ton rose
Dans cette implacable blancheur !

Émaux et Camées, 1852.

TEXTE III L'Impassible

Lorsque, dans la célèbre dédicace des *Fleurs du Mal*, Baudelaire décernait à Théophile Gautier le titre de *poète impeccable*, et cela quelles que fussent les réserves dont toute son œuvre témoigne à l'égard de l'esthétique de l'art pour l'art, il rendait hommage à un poète sans doute mineur, mais dont l'effort, à sa date, orientait néanmoins la poésie vers l'ascèse de la forme et de l'imagination. Et cette ascèse devait féconder tout un courant de la poésie ultérieure. Un sonnet des *Dernières Poésies* permet de saisir l'importance de cet apport, sonnet que l'on pourra comparer, par exemple, au sonnet *La Beauté*, de Baudelaire, et où l'on trouvera au dernier vers, un pressentiment valéryen.

La Satiété dort au fond de vos grands yeux ;
En eux plus de désirs, plus d'amour, plus d'envie ;
Ils ont bu la lumière, ils ont tari la vie,
Comme une mer profonde où s'absorbent les cieux.

Théophile Gautier

Sous leur bleu sombre on lit le vaste ennui des Dieux,
Pour qui toute chimère est d'avance assouvie,
Et qui, sachant l'effet dont la cause est suivie,
Mélangent au présent l'avenir déjà vieux.

L'infini s'est fondu dans vos larges prunelles,
Et devant ce miroir qui ne réfléchit rien,
L'Amour découragé s'asseoit, fermant ses ailes.

Vous, cependant, avec un calme olympien,
Comme la Mnémosyne à son socle accoudée,
Vous poursuivez, rêveuse, une impossible idée.

Dernières Poésies.

Théodore de BANVILLE

TEXTE IV Le saut du tremplin

A la pointe extrême de l'Art pour l'Art, Théodore de Banville oscille entre le pur jeu verbal, poussé même jusqu'à la préciosité, et l'ivresse de la virtuosité. Ainsi, auprès de l'impasse du maniérisme, il y a place pour une ouverture, à partir du jeu verbal, sur cette poésie qui s'épanouira plus tard dans l'œuvre de Laforgue. Et le clown peut servir d'allégorie à ce thème de l'*élévation* qui, issu du romantisme, se maintient, en s'approfondissant, chez Baudelaire et Mallarmé. Ce poème qui termine le recueil des *Odes funambulesques*, paru en 1857, est ainsi commenté, en 1873, par Banville lui-même : « Dans un poème final, j'ai essayé d'exprimer ce que je sens le mieux : l'attrait du gouffre d'en haut ».

Clown admirable, en vérité !
Je crois que la postérité,
Dont sans cesse l'horizon bouge,
Le reverra, sa plaie au flanc,
Il était barbouillé de blanc,
De jaune, de vert et de rouge.

Même jusqu'à Madagascar
Son nom était parvenu, car
C'était selon tous les principes
Qu'après les cercles de papier,
Sans jamais les estropier
Il traversait le rond des pipes.

De la pesanteur affranchi,
Sans y voir clair il eût franchi
Les escaliers de Piranèse.
La lumière qui le frappait
Faisait resplendir son toupet
Comme un brasier dans la fournaise.

Il s'élevait à des hauteurs
Telles, que les autres sauteurs
Se consumaient en luttes vaines.
Ils le trouvaient décourageant,
Et murmuraient : « Quel vif-argent
Ce démon a-t-il dans les veines ? »

Tout le peuple criait : « Bravo ! »
Mais lui, par un effort nouveau,
Semblait roidir sa jambe nue,
Et, sans que l'on sût avec qui,
Cet émule de la Saqui[1]
Parlait bas en langue inconnue.

C'était avec son cher tremplin.
Il lui disait : « Théâtre, plein
D'inspiration fantastique,
Tremplin qui tressailles d'émoi
Quand je prends un élan, fais-moi
Bondir plus haut, planche élastique !

---

1. Célèbre danseuse et funambule du cirque de l'Hippodrome.

Théodore de Banville

« Frêle machine aux reins puissants,
Fais-moi bondir, moi qui me sens
Plus agile que les panthères,
Si haut que je ne puisse voir
Avec leur cruel habit noir
Ces épiciers et ces notaires !

« Par quelque prodige pompeux,
Fais-moi monter, si tu le peux,
Jusqu'à ces sommets, où, sans règles,
Embrouillant les cheveux vermeils
Des planètes et des soleils,
Se croisent la foudre et les aigles.

« Jusqu'à ces éthers pleins de bruits,
Où, mêlant dans l'affreuse nuit
Leurs haleines exténuées,
Les autans ivres de courroux
Dorment, échevelés et fous,
Sur les seins pâles des nuées.

« Plus haut encor, jusqu'au ciel pur !
Jusqu'à ce lapis dont l'azur
Couvre notre prison mouvante !
Jusqu'à ces rouges Orients
Où marchent des Dieux flamboyants,
Fous de colère et d'épouvante.

« Plus loin ! plus haut ! je vois encor
Des boursiers à lunettes d'or,
Des critiques, des demoiselles
Et des réalistes en feu.
Plus haut ! plus loin ! de l'air, du [bleu !
Des ailes ! des ailes ! des ailes ! »[1]

Enfin, de son vil échafaud,
Le clown sauta si haut, si haut,
Qu'il creva le plafond de toiles
Au son du cor et du tambour,
Et, le cœur dévoré d'amour,
Alla rouler dans les étoiles.

Odes funambulesques, 1857.

TEXTE V Le Thé

A la limite, la réduction de la poésie à la forme s'opère aux dépens de la substance : et l'objet poétique tend à ne plus être que le poème lui-même qui, à son tour, se complaît dans l'exiguïté. Mais peut-être y a-t-il accès, par la vanité même de la substance et l'exiguïté du poème, à un énigmatique au-delà. En tout cas, nous voici sur le chemin du *bibelot* mallarméen et de son mystère poétique[2] :

Miss Ellen, versez-moi le Thé
Dans la belle tasse chinoise,
Où des poissons d'or cherchent noise
Au monstre rose épouvanté.

J'aime la folle cruauté
Des chimères qu'on apprivoise :
Miss Ellen, versez-moi le Thé
Dans la belle tasse chinoise.

Là sous un ciel rouge irrité,
Une dame fière et sournoise
Montre en ses longs yeux de turquoise
L'extase et la naïveté :
Miss Ellen, versez-moi le Thé.

Rimes dorées. Rondels[3]. 1875.

---

1. C'est le mouvement mallarméen : *Je suis hanté. L'Azur ! L'Azur ! L'Azur !*
2. Cf. en particulier les *Éventails* de Madame et Mademoiselle Mallarmé.
3. Forme fixe empruntée au Moyen Age : 13 vers construits sur deux rimes.

LECONTE DE LISLE

TEXTE VI Niobé (extrait)

Une part importante de l'œuvre de Leconte de Lisle est devenue caduque. Néanmoins, sa méditation sur les images et spectacles d'un exotisme dans le temps et dans l'espace qu'il a recueilli dans l'héritage romantique, l'incline vers une recherche d'identité du langage et de son objet, que renforcent encore son parti pris d'impassibilité et son idéologie scientiste.

Mais pour un esprit aussi profondément inquiet que Leconte de Lisle, la conception « marmoréenne » de la poésie parnassienne posait en termes aigus le problème du rapport entre la poésie et la vie. Convaincu que la synthèse de la poésie et de la science se doit opérer par le recours à l'érudition, Leconte de Lisle entre en contact, au cours de son enquête, avec la Grèce et ses mythes. L'image de Niobé, changée en marbre après le massacre de sa famille entière, est peut-être le symbole de ce lyrisme impossible auquel aspire le poète, et qui renfermerait les vibrations du cœur et de l'âme dans l'impassible rigueur de la forme. Dans ce poème, en tout cas, Leconte de Lisle atteint les limites extrêmes de ce qu'on pourrait appeler, dans un sens à la fois moral et esthétique, l'héroïsme parnassien.

Comme un grand corps taillé par une main habile,
Le marbre te saisit d'une étreinte immobile :
Des pleurs marmoréens ruissellent de tes yeux ;
La neige du Paros ceint ton front soucieux ;
En flots pétrifiés ta chevelure épaisse
Arrête sur ton cou l'ombre de chaque tresse ;
Et tes vagues regards où s'est éteint le jour,
Ton épaule superbe au sévère contour,
Tes larges flancs, si beaux dans leur splendeur royale
Qu'ils brillaient à travers la pourpre orientale,
Et tes seins jaillissants, ces futurs nourriciers
Des vengeurs de leur mère et des Dieux justiciers,

Tout est marbre ! La foudre a consumé ta robe,
Et plus rien désormais aux yeux ne te dérobe.
Que ta douleur est belle, ô marbre sans pareil !
Non, jamais corps divins dorés par le soleil,
Dans les cités d'Hellas jamais blanches statues
De grâce et de jeunesse et d'amour revêtues,
Du sculpteur inspiré songes harmonieux,
Muets à notre oreille et qui chantent aux yeux ;
Jamais fronts doux et fiers où la joie étincelle,
N'ont valu ce regard et ce col qui chancelle,
Ces bras majestueux dans leur geste brisés,
Ces flancs si pleins de vie et d'efforts épuisés,
Ce corps où la beauté, cette flamme éternelle,
Triomphe de la mort et resplendit en elle !

On dirait à te voir, ô marbre désolé,
Que du ciseau sculpteur des larmes ont coulé.
Tu vis, tu vis encor ! Sous ta robe insensible
Ton cœur est dévoré d'un songe indestructible.
Tu vois de tes grands yeux, vides comme la nuit,
Tes enfants bien-aimés que la haine poursuit,
O pâle Tantalide, ô mère de détresse...

Poèmes antiques (édition de 1858)[1].

---

1. *Niobé* parut pour la première fois en 1847 dans la revue fourriériste *La Phalange*. Le poème, modifié, figurera dans les *Poèmes antiques* de 1852. Après avoir été, dans un premier état, orienté vers l'espérance, *Niobé* devient en 1858 le symbole exclusif de la souffrance. Parmi les sources dont s'inspire ici Leconte de Lisle il faut retenir le récit d'Ovide dans les *Métamorphoses* et peut-être aussi des représentations antiques du sujet comme la statue qu'on peut voir au musée de Florence. Le thème de Niobé a aussi inspiré Théophile Gautier, dans une pièce des *Poésies diverses*.

SULLY PRUDHOMME

TEXTE VII Le Cygne

C'est sans doute dans certaines pièces de Sully Prudhomme, plutôt même que chez Heredia, que l'esthétique parnassienne réalise sa perfection technique et manifeste ses limites : il suffira de comparer ce *Cygne* avec celui de Baudelaire (Texte XIV) pour saisir le contraste entre une poésie « close » et une poésie « ouverte ».

Sans bruit, sous le miroir des lacs profonds et calmes,
Le cygne chasse l'onde avec ses larges palmes,
Et glisse. Le duvet de ses flancs est pareil
A des neiges d'avril qui croulent au soleil ;
Mais, ferme et d'un blanc mat, vibrant sous le zéphire,
Sa grande aile l'entraîne ainsi qu'un lent navire.
Il dresse son beau col au-dessus des roseaux,
Le plonge, le promène allongé sur les eaux,
Le courbe gracieux comme un profil d'acanthe,
Et cache son bec noir dans sa gorge éclatante.
Tantôt le long des pins, séjour d'ombre et de paix,
Il serpente, et, laissant les herbages épais
Traîner derrière lui comme une chevelure,
Il va d'une tardive et languissante allure.
La grotte où le poète écoute ce qu'il sent,
Et la source qui pleure un éternel absent,
Lui plaisent ; il y rôde ; une feuille de saule
En silence tombée effleure son épaule.
Tantôt il pousse au large, et, loin du bois obscur,
Superbe, gouvernant du côté de l'azur,
Il choisit, pour fêter sa blancheur qu'il admire,
La place éblouissante où le soleil se mire.

Sully Prudhomme

Puis, quand les bords de l'eau ne se distinguent plus,
A l'heure où toute forme est un spectre confus,
Où l'horizon brunit rayé d'un long trait rouge,
Alors que pas un jonc, pas un glaïeul ne bouge,
Que les rainettes font dans l'air serein leur bruit,
Et que la luciole au clair de lune luit,
L'oiseau dans le lac sombre où sous lui se reflète
La splendeur d'une nuit lactée et violette,
Comme un vase d'argent parmi des diamants,
Dort, la tête sous l'aile, entre deux firmaments.

Les Solitudes, 1869, Écrit en 1864.
Lemerre, éd.

Victor HUGO

TEXTE VIII Là-haut

Hugo peut apparaître, dans sa fidélité à lui-même, comme étranger au mouvement général de la poésie après 1850. L'intensité de sa présence poétique n'en est que plus saisissante. Sans lui, certainement, la continuité d'une tradition profonde, celle de la poésie visionnaire et cosmique, ne se fût pas poursuivie avec autant de fécondité jusqu'à réapparaître en notre temps comme une des dominantes du XXe siècle poétique, ce siècle qui justement a replacé parmi les plus grands le Hugo de la *Légende des Siècles*, de *Dieu* et de la *Fin de Satan*.

Le poème qu'on va lire figurait au tome II de la « nouvelle série » de la *Légende des Siècles* parue en 1877, dix-huit ans après la première série, publiée, elle, en 1859.

Un jour l'étoile vit la comète passer,
Rit, et, la regardant au gouffre s'enfoncer,
Cria : — La voyez-vous courir, la vagabonde ?
Jadis, dans l'azur chaste où la sagesse abonde,
Elle était comme nous étoile vierge, ayant
Des paradis autour de son cœur flamboyant,
Et ses rayons, liant les sphères, freins et brides,
Faisaient tourner le vol des planètes splendides ;
Rien n'égalait son nimbe auguste, et dans ses nœuds
Sa chevelure avait dix globes lumineux ;
Elle était l'astre à qui tout un monde s'appuie.
Un jour, tout à coup, folle, ivre, elle s'est enfuie.
Un vertige l'a prise et l'a jetée au fond
Des chaos où Moloch avec Dieu se confond.
Quand elle en est sortie, elle était insensée ;
Elle n'a plus voulu suivre que sa pensée,
Sa furie, un instinct fougueux, torrentiel,

Victor Hugo

Mauvais, car l'équilibre est la vertu du ciel.
Elle s'est dans l'abîme immense échevelée ;
Elle a dit : Je me donne au gouffre, à volonté !
Je suis l'infatigable ; il est l'illimité.
Elle a voulu chercher, trouver, sonder, connaître,
Voir les mondes enfants, tâcher d'en faire naître,
Aller jusqu'en leur lit provoquer les soleils,
Examiner comment les enfers sont vermeils,
Voir Satan, visiter cet astre en sa tanière,
L'approcher, lui passer la main dans la crinière,
Et lui dire : « Lion, je t'aime ! Iblis, Mammon,
Prends-moi, je viens m'offrir, déesse, à toi, démon ! »
Elle s'est faite, ainsi que l'air, fuyante et souple ;
Elle a voulu goûter l'âcre extase du couple,
Et sans cesse épouser des univers nouveaux ;
Elle a voulu toucher les croupes des chevaux
De la foudre, et, parmi les bruits visionnaires,
Rôder dans l'écurie énorme des tonnerres ;
Elle a mis de l'éclair dans sa fauve clarté ;
Elle a tout violé par curiosité ;
Et l'on sent, en voyant ses flamboiements funèbres,
Que sa lumière s'est essuyée aux ténèbres.
Les soleils tour à tour l'ont. Elle a préféré
A la majesté fixe au haut du ciel sacré,
On ne sait quelle course audacieuse, oblique,
Étrange ; et maintenant elle est fille publique.
Et la comète dit à l'étoile : — Vesta,
Tu te trompes. Je suis Vénus. Quand Dieu resta,
Après que le noir couple humain eut pris la fuite,
Seul dans le paradis, Satan lui dit : Ensuite ?
Et Dieu vit que l'amour est un besoin qu'on a,
Et que sans lui le monde a froid ; il m'ordonna
D'aller incendier le gouffre où tout commence
Et Dieu mit la sagesse où tu vois la démence.
Depuis ce jour-là j'erre, et je vais en tous lieux
Rappeler à l'hymen les mondes oublieux.
J'illumine Uranus, je réchauffe Saturne,
Et je remets du feu dans les astres ; mon urne
Reverse un flot d'aurore aux fontaines du jour ;
Je suis la folle auguste ayant au front l'amour ;
Je suis par les soleils formidables baisée ;
Si je rencontre en route une lune épuisée,
Je la rallume, et l'ombre a ce flambeau de plus ;
L'océan étoilé me roule en ses reflux ;
Sur tous les globes, nés au fond des étendues,
Il est de sombres mers que je gonfle éperdues ;
J'éveille du chaos le rut démesuré ;
Voici l'épouse en feu qui vient ! l'astre effaré

Regarde à son zénith, à travers la nuée,
L'impudeur de ma robe immense dénouée ;
De mes accouplements l'espace est ébloui ;
Dès qu'un gouffre me veut, j'accours et je dis : Oui !
Je passe d'Allioth à Sirius ; ma bouche
Se colle au triple front d'Aldebaran farouche ;
Et je me prostitue à l'infini, sachant
Que je suis la semence et que l'ombre est le champ ;
De là des mondes ; Dieu m'approuve quand j'ébauche
Une création que tu nommes débauche.
Celle qui lie entre eux les univers, c'est moi ;
Sans moi, l'isolement hideux serait la loi ;
Étoiles, on verrait de monstrueux désastres ;
L'infini subirait l'égoïsme des astres ;
Partout la nuit, la mort et le deuil, augmentés
Par la farouche horreur de vos virginités.
J'empêche l'effrayant célibat de l'abîme.
Je suis du pouls divin le battement sublime ;
Mon trajet, à la fois idéal et réel,
Marque l'artère énorme et profonde du ciel ;
Vous êtes la lumière et moi je suis la flamme ;
Dieu me fit de son cœur et vous fit de son âme ;
O mes sœurs, nous versons toutes de la clarté,
Étant, vous l'harmonie, et moi la liberté !

La Légende des Siècles, **deuxième série**.

TEXTE IX Satan pardonné

Le manichéisme visionnaire de Hugo se partage entre le Ciel et l'Abîme, entre Dieu et Satan, mais il se tourmente du rêve prophétique d'une réconciliation, ce qui explique l'étrange beauté de *la Fin de Satan*.

Le sanglot de Satan dans l'ombre continue :

— Ici la tombe, là le chaos ; sur ma tête
La noirceur ; sous mes pieds, la chute ; où je m'arrête,
La profondeur s'écroule, et tout est vide ; eh bien,
Tous ces gouffres mêlés sur moi ne seraient rien
Si je pouvais donner le change à ma pensée,
Moi-même m'enivrer de ma fureur versée,
Et me persuader que je hais ! Ce n'est pas
De la crypte stupide et sourde du trépas,
Ce n'est pas du cachot, du puits, de la géhenne,

Victor Hugo

Ce n'est pas du verrou, ce n'est pas de la chaîne,
C'est de son propre cœur qu'on est le prisonnier.
Haïr délivre.

. . . .

Cent fois, cent fois, cent fois, j'en répète l'aveu,
J'aime ! Et Dieu me torture, et voici mon blasphème,
Voici ma frénésie et mon hurlement : j'aime !
J'aime, à faire trembler les cieux ! — Quoi ! c'est en vain !
Oh ! c'est là l'inouï, l'horrible, le divin,
De se dresser, d'ouvrir des ailes insensées,
De s'attacher, sanglant, à toutes les pensées
Qu'on peut saisir, avec des cris, avec des pleurs,
De sonder les terreurs, de sonder les douleurs,
Toutes, celles qu'on souffre et celles qu'on invente,
De parcourir le cercle entier de l'épouvante,
Pour retomber toujours au même désespoir !
Dieu veut que l'homme las s'endorme, il fait le soir ;
Il creuse pour la taupe une chambre sous terre ;
Il donne au singe, à l'ours, au lynx, à la panthère,
L'âpre hospitalité des antres et des monts,
Aux baleines les mers, aux crapauds les limons,
Les roseaux aux serpents secouant leurs sonnettes ;
Il fait tourner autour des soleils les planètes
Et dans la blanche main des vierges les fuseaux ;
Il entre dans les nids, touche aux petits oiseaux,
Et dit : La bise vient, j'épaissirai leurs plumes ;
Il laisse l'étincelle échapper aux enclumes,
Et lui permet de fuir, joyeuse, les marteaux ;
Il montre son grand ciel aux lions de l'Athos ;
Il étale dans l'aube, ainsi que des corbeilles,
Sous des flots de rayons, les printemps pleins d'abeilles ;
Sa grandeur pour le monde en bonté se résout.
Une vaste lueur ardente embrase tout,
De l'archange à la brute et de l'astre à la pierre,
Croise en forêt de feu ses rameaux de lumière,
Va, vient, monte, descend, féconde, enflamme, emplit,
Combat l'hiver liant les fleuves dans leur lit,
Et lui fait lâcher prise, et rit dans toute chose,
Luit mollement derrière une feuille de rose,
Chauffe l'énormité sidérale des cieux,
Brille... — et, de mon côté, prodige monstrueux,
Ce flamboiement se dresse en muraille de glace !

Oui, la création heureuse s'entrelace
Tout entière, clartés et brume, esprit et corps,
Dans le Dieu bon, avec d'ineffables accords ;

L'être le plus souillé retrouve l'innocence
Dans sa toute tendresse et sa toute puissance ;
Moi seul, moi le maudit, l'incurable apostat,
Je m'approche de Dieu sans autre résultat
Que de faire gronder vaguement le tonnerre !

Dieu veut que cet essaim d'atomes le vénère,
Il leur demande à tous leur cœur, leur chant, leur fruit,
Leur parfum, leur prière ; — à moi rien, de la nuit.
O misère sans fond !
        Écoutez ceci, sphères,
Étoiles, firmaments, ô vieux soleils ; mes frères,
Vers qui monte en pleurant mon douloureux souhait,
Cieux, azurs, profondeurs, splendeurs, — l'amour me hait !

Dieu parle dans l'Infini

Non, je ne te hais point !...

Un ange est entre nous ; ce qu'elle a fait te compte.
L'homme, enchaîné par toi, par elle est délivré.
O Satan, tu peux dire à présent : Je vivrai !
Viens ; la prison détruite abolit la géhenne !
Viens ; l'ange Liberté, c'est ta fille et la mienne.
Cette paternité sublime nous unit.
L'archange ressuscite et le démon finit ;
Et j'efface la nuit sinistre, et rien n'en reste.
Satan est mort ; renais, ô Lucifer céleste !

La Fin de Satan, 1854-1860.

CHAPITRE II

LA QUÊTE DE CHARLES BAUDELAIRE

Les Fleurs du Mal

TEXTE X   Correspondances

   Le célèbre sonnet doit être placé en tête de toute anthologie de la **poésie moderne** depuis Baudelaire, car il marque le point de départ de cette *poétique de l'analogie* que Baudelaire doit à diverses influences et qu'il a communiquée à ses **successeurs** jusqu'à nos jours.

> La Nature est un temple où de vivants piliers
> Laissent parfois sortir de confuses paroles ;
> L'homme y passe à travers des forêts de symboles
> Qui l'observent avec des regards familiers.
>
> Comme de longs échos qui de loin se confondent
> Dans une ténébreuse et profonde unité,
> Vaste comme la nuit et comme la clarté,
> Les parfums, les couleurs et les sons se répondent.

Il est des parfums frais comme des chairs d'enfants,
Doux comme les hautbois, verts comme les prairies,
— Et d'autres, corrompus, riches et triomphants,

Ayant l'expansion des choses infinies,
Comme l'ambre, le musc, le benjoin et l'encens,
Qui chantent les transports de l'esprit et des sens.

Les Fleurs du Mal, Spleen et Idéal, 1857.

TEXTE XI   L'Ennemi

Le thème romantique de la fuite du temps et du regret de la jeunesse s'approfondit en inquiétude métaphysique, et les images romantiques liées à ce thème (celle de l'automne par exemple) se transfigurent en symboles.

Ma jeunesse ne fut qu'un ténébreux orage,
Traversé çà et là par de brillants soleils ;
Le tonnerre et la pluie ont fait un tel ravage,
Qu'il reste en mon jardin bien peu de fruits vermeils.

Voilà que j'ai touché l'automne des idées,
Et qu'il faut employer la pelle et les râteaux
Pour rassembler à neuf les terres inondées,
Où l'eau creuse des trous grands comme des tombeaux.

Et qui sait si les fleurs nouvelles que je rêve
Trouveront dans ce sol lavé comme une grève
Le mystique aliment qui ferait leur vigueur ?

— O douleur ! ô douleur ! Le Temps mange la vie.
Et l'obscur Ennemi qui nous ronge le cœur
Du sang que nous perdons croît et se fortifie !

Les Fleurs du Mal, Spleen et Idéal. Première publication : 1855.

TEXTE XII   Duellum

Autobiographique à certains égards (il s'agit des orages de la liaison de Baudelaire avec Jeanne Duval), ce sonnet, qui fait aussi penser à Goya, s'élève, par le jeu de ses images et de ses rythmes, jusqu'à l'intensité du tragique.

Deux guerriers ont couru l'un sur l'autre ; leurs armes
Ont éclaboussé l'air de lueurs et de sang.
Ces jeux, ces cliquetis du fer sont les vacarmes
D'une jeunesse en proie à l'amour vagissant.

Baudelaire

Les glaives sont brisés ! comme notre jeunesse,
Ma chère ! Mais les dents, les ongles acérés,
Vengent bientôt l'épée et la dague traîtresse.
— O fureur des cœurs mûrs par l'amour ulcérés !

Dans le ravin hanté des chats-pards et des onces
Nos héros, s'étreignant méchamment, ont roulé,
Et leur peau fleurira l'aridité des ronces.

— Ce gouffre, c'est l'enfer, de nos amis peuplé !
Roulons-y sans remords, amazone inhumaine,
Afin d'éterniser l'ardeur de notre haine !

Les Fleurs du Mal, Spleen et Idéal, 1858.

TEXTE XIII Spleen

Les poèmes qui ont en commun le titre de *Spleen* se rattachent à l'obsession baudelairienne de l'Ennui et traduisent précisément l'obsession de l'âme et du cœur en une obsession correspondante d'images et de symboles.

I

J'ai plus de souvenirs que si j'avais mille ans.
Un gros meuble à tiroirs encombré de bilans,
De vers, de billets doux, de procès, de romances,
Avec de lourds cheveux roulés dans des quittances,
Cache moins de secrets que mon triste cerveau.
C'est une pyramide, un immense caveau,
Qui contient plus de morts que la fosse commune.
— Je suis un cimetière abhorré de la lune,
Où comme des remords se traînent de longs vers
Qui s'acharnent toujours sur mes morts les plus chers.
Je suis un vieux boudoir plein de roses fanées,
Où gît tout un fouillis de modes surannées,
Où les pastels plaintifs et les pâles Boucher,
Seuls, respirent l'odeur d'un flacon débouché.

Rien n'égale en longueur les boîteuses journées,
Quand sous les lourds flocons des neigeuses années
L'ennui, fruit de la morne incuriosité,
Prend les proportions de l'immortalité.
— Désormais tu n'es plus, ô matière vivante !
Qu'un granit entouré d'une vague épouvante,
Assoupi dans le fond d'un Saharah brumeux ;
Un vieux sphinx ignoré du monde insoucieux,
Oublié sur la carte, et dont l'humeur farouche
Ne chante qu'aux rayons du soleil qui se couche.

II

Quand le ciel bas et lourd pèse comme un couvercle
Sur l'esprit gémissant en proie aux longs ennuis,
Et que de l'horizon embrassant tout le cercle
Il nous verse un jour noir plus triste que les nuits ;

Quand la terre est changée en un cachot humide,
Où l'Espérance, comme une chauve-souris,
S'en va battant les murs de son aile timide
Et se cognant la tête à des plafonds pourris ;

Quand la pluie étalant ses immenses traînées
D'une vaste prison imite les barreaux,
Et qu'un peuple muet d'infâmes araignées
Vient tendre ses filets au fond de nos cerveaux,

Des cloches tout à coup sautent avec furie
Et lancent vers le ciel un affreux hurlement,
Ainsi que des esprits errants et sans patrie
Qui se mettent à geindre opiniâtrement.

— Et de longs corbillards, sans tambours ni musique,
Défilent lentement dans mon âme ; l'Espoir,
Vaincu, pleure, et l'Angoisse atroce, despotique,
Sur mon crâne incliné plante son drapeau noir.

Les Fleurs du Mal, Spleen et Idéal, 1857.

TEXTE XIV Le Cygne

A Victor Hugo

Synthèse allégorique de mythes et d'images quotidiennes, le poème est comme une germination intérieure issue de l'échange continu des spectacles et des sentiments, germination verbale et rythmique aussi dans le contrepoint incessant du concret et du symbolique.

I

Andromaque, je pense à vous ! Ce petit fleuve,
Pauvre et triste miroir où jadis resplendit
L'immense majesté de vos douleurs de veuve,
Ce Simoïs menteur qui par vos pleurs grandit,

A fécondé soudain ma mémoire fertile,
Comme je traversais le nouveau Carrousel.
Le vieux Paris n'est plus (la forme d'une ville
Change plus vite, hélas ! que le cœur d'un mortel) ;

Je ne vois qu'en esprit tout ce camp de baraques,
Ces tas de chapiteaux ébauchés et de fûts,
Les herbes, les gros blocs verdis par l'eau des flaques,
Et, brillant aux carreaux, le bric-à-brac confus.

Là s'étalait jadis une ménagerie ;
Là je vis, un matin, à l'heure où sous les cieux
Froids et clairs le Travail s'éveille, où la voirie
Pousse un sombre ouragan dans l'air silencieux,

Un cygne qui s'était évadé de sa cage,
Et, de ses pieds palmés frottant le pavé sec,
Sur le sol raboteux traînait son blanc plumage.
Près d'un ruisseau sans eau la bête ouvrant le bec

Baignait nerveusement ses ailes dans la poudre,
Et disait, le cœur plein de son beau lac natal :
« Eau, quand donc pleuvras-tu ? quand tonneras-tu,
[foudre ? »
Je vois ce malheureux, mythe étrange et fatal,

Vers le ciel quelquefois, comme l'homme d'Ovide,
Vers le ciel ironique et cruellement bleu,
Sur son cou convulsif tendant sa tête avide,
Comme s'il adressait des reproches à Dieu !

II

Paris change ! mais rien dans ma mélancolie
N'a bougé ! palais neufs, échafaudages, blocs,
Vieux faubourgs, tout pour moi devient allégorie,
Et mes chers souvenirs sont plus lourds que des rocs.

Aussi devant ce Louvre une image m'opprime :
Je pense à mon grand cygne, avec ses gestes fous,
Comme les exilés, ridicule et sublime,
Et rongé d'un désir sans trêve ! et puis à vous,

Andromaque, des bras d'un grand époux tombée,
Vil bétail, sous la main du superbe Pyrrhus,
Auprès d'un tombeau vide en extase courbée ;
Veuve d'Hector, hélas ! et femme d'Hélénus !

Je pense à la négresse, amaigrie et phtisique,
Piétinant dans la boue, et cherchant, l'œil hagard,
Les cocotiers absents de la superbe Afrique
Derrière la muraille immense du brouillard ;

A quiconque a perdu ce qui ne se retrouve
Jamais, jamais ! à ceux qui s'abreuvent de pleurs
Et tettent la Douleur comme une bonne louve !
Aux maigres orphelins séchant comme des fleurs !

Ainsi dans la forêt où mon esprit s'exile
Un vieux Souvenir sonne à plein souffle du cor !
Je pense aux matelots oubliés dans une île,
Aux captifs, aux vaincus !... à bien d'autres encor !

Les Fleurs du Mal, Tableaux parisiens, 1860.

TEXTE XV   Les petites vieilles

à Victor Hugo

Les *Tableaux parisiens*, inspirés sans doute en partie par les gravures de Meryon, comme d'autres poèmes le sont par celles de Goya, inaugurent ce courant de la *poésie urbaine* qui connaîtra dans la suite, sous des formes diverses, un considérable développement. Chez Baudelaire, c'est le fantastique insolite de la Ville qui, à la faveur de ses correspondances avec la vie intérieure, engendre des poèmes, dont l'ampleur est assez exceptionnelle chez le poète des *Fleurs du Mal*.

I

Dans les plis sinueux des vieilles capitales,
Où tout, même l'horreur, tourne aux enchantements,
Je guette, obéissant à mes humeurs fatales,
Des êtres singuliers, décrépits et charmants.

Ces monstres disloqués furent jadis des femmes,
Éponine ou Laïs[1] ! Monstres brisés, bossus
Ou tordus, aimons-les ! Ce sont encor des âmes
Sous des jupons troués et sous de froids tissus.

Ils rampent, flagellés par les bises iniques,
Frémissant au fracas roulant des omnibus,
Et serrant sur leur flanc, ainsi que des reliques,
Un petit sac brodé de fleurs ou de rébus[2] ;

Ils trottent, tout pareils à des marionnettes ;
Se traînent, comme font les animaux blessés,
Ou dansent, sans vouloir danser, pauvres sonnettes
Où se pend un Démon sans pitié ! Tout cassés

---

1. Éponine : héroïne gauloise, modèle de vertu. Laïs : courtisane grecque.
2. Note de Baudelaire : Le réticule a été souvent orné de rébus d'une nature galante.

Qu'ils sont, ils ont des yeux perçants comme une vrille,
Luisants comme ces trous où l'eau dort dans la nuit ;
Ils ont les yeux divins de la petite fille
Qui s'étonne et qui rit à tout ce qui reluit.

— Avez-vous observé que maints cercueils de vieilles
Sont presque aussi petits que celui d'un enfant ?
La Mort savante met dans ces bières pareilles
Un symbole d'un goût bizarre et captivant,

Et lorsque j'entrevois un fantôme débile
Traversant de Paris le fourmillant tableau,
Il me semble toujours que cet être fragile
S'en va tout doucement vers un nouveau berceau ;

A moins que, méditant sur la géométrie,
Je ne cherche, à l'aspect de ces membres discords,
Combien de fois il faut que l'ouvrier varie
La forme de la boîte où l'on met tous ces corps.

— Ces yeux sont des puits faits d'un million de
[larmes,
Des creusets qu'un métal refroidi pailleta...
Ces yeux mystérieux ont d'invincibles charmes
Pour celui que l'austère Infortune allaita !

II

De Frascati défunt[1] Vestale enamourée ;
Prêtresse de Thalie, hélas ! dont le souffleur
Enterré sait le nom ; célèbre évaporée
Que Tivoli[2] jadis ombragea dans sa fleur,

Toutes m'enivrent ; mais parmi ces êtres frêles
Il en est qui, faisant de la douleur un miel,
Ont dit au Dévouement qui leur prêtait ses ailes :
Hippogriffe puissant, mène-moi jusqu'au ciel !

L'une, par sa patrie au malheur exercée[3],
L'autre, que son époux surchargea de douleurs,
L'autre, par son enfant Madone transpercée,
Toutes auraient pu faire un fleuve avec leurs pleurs !

---

1. Célèbre maison de jeux du temps de la Restauration, située rue de Richelieu et fermée en 1837.
2. Autre lieu de plaisir, de caractère plus populaire.
3. Allusion aux réfugiés politiques, Italiens et Polonais, alors nombreux à Paris.

III

Ah ! que j'en ai suivi de ces petites vieilles !
Une, entre autres, à l'heure où le soleil tombant
Ensanglante le ciel de blessures vermeilles,
Pensive, s'asseyait à l'écart sur un banc,

Pour entendre un de ces concerts, riches de cuivre,
Dont les soldats parfois inondent nos jardins,
Et qui, dans ces soirs d'or où l'on se sent revivre,
Versent quelque héroïsme au cœur des citadins[1].

Celle-là, droite encor, fière et sentant la règle,
Humait avidement ce chant vif et guerrier ;
Son œil parfois s'ouvrait comme l'œil d'un vieil aigle ;
Son front de marbre avait l'air fait pour le laurier !

IV

Telles vous cheminez, stoïques et sans plaintes,
A travers le chaos des vivantes cités,
Mères au cœur saignant, courtisanes ou saintes,
Dont autrefois les noms par tous étaient cités.

Vous qui fûtes la grâce ou qui fûtes la gloire,
Nul ne vous reconnaît ! un ivrogne incivil
Vous insulte en passant d'un amour dérisoire ;
Sur vos talons gambade un enfant lâche et vil.

Honteuses d'exister, ombres ratatinées,
Peureuses, le dos bas, vous côtoyez les murs ;
Et nul ne vous salue, étranges destinées !
Débris d'humanité pour l'éternité mûrs !

Mais moi, moi qui de loin tendrement vous surveille,
L'œil inquiet, fixé sur vos pas incertains,
Tout comme si j'étais votre père, ô merveille !
Je goûte à votre insu des plaisirs clandestins :

Ruines ! ma famille ! ô cerveaux congénères !
Je vous fais chaque soir un solennel adieu !
Où serez-vous demain, Èves octogénaires,
Sur qui pèse la griffe effroyable de Dieu ?

Les Fleurs du Mal, Tableaux parisiens, 1859.

---

1. Cf. le tableau de Manet, *Musique aux Tuileries* (Londres, National Gallery), où Baudelaire figure parmi les assistants.

TEXTE XVI Le Voyage
A Maxime du Camp

Du romantisme Baudelaire hérite son goût de la méditation sur la mort[1], et c'est le thème de la dernière partie des *Fleurs du Mal*, partie considérablement développée dans la seconde édition de 1861. Mais l'oscillation entre la fascination du néant et l'espérance de l'Inconnu confère à la méditation baudelairienne son ambiguïté toute moderne. Il s'y joint enfin la révolte, poussée jusqu'au dégoût, contre le monde d'ici-bas, la société, mais aussi la nature. Baudelaire n'écrit-il pas, à l'occasion de ce poème, dans une lettre à Asselineau : « *J'ai fait un long poème... qui est à faire frémir la nature* » (sur Baudelaire et la Nature, cf. texte 11).

I

Pour l'enfant, amoureux de cartes et d'estampes,
L'univers est égal à son vaste appétit.
Ah ! que le monde est grand à la clarté des lampes !
Aux yeux du souvenir que le monde est petit !

Un matin nous partons le cerveau plein de flamme,
Le cœur gros de rancune et de désirs amers,
Et nous allons, suivant le rythme de la lame,
Berçant notre infini sur le fini des mers :

Les uns, joyeux de fuir une patrie infâme ;
D'autres, l'horreur de leurs berceaux, quelques-uns,
Astrologues noyés dans les yeux d'une femme,
La Circé tyrannique aux dangereux parfums.

Pour n'être pas changés en bêtes, ils s'enivrent
D'espace et de lumière et de cieux embrasés ;
La glace qui les mord, les soleils qui les cuivrent,
Effacent lentement la marque des baisers.

Mais les vrais voyageurs sont ceux-là seuls qui partent
Pour partir ; cœurs légers, semblables aux ballons,
De leur fatalité jamais ils ne s'écartent
Et, sans savoir pourquoi, disent toujours : Allons !

Ceux-là dont les désirs ont la forme des nues,
Et qui rêvent, ainsi qu'un conscrit le canon,
De vastes voluptés, changeantes, inconnues,
Et dont l'esprit humain n'a jamais su le nom !

---

1. cf. en particulier Théophile GAUTIER, *La Comédie de la Mort*.

II

Nous imitons, horreur! la toupie et la boule
Dans leur valse et leurs bonds ; même dans nos
[sommeils
La Curiosité nous tourmente et nous roule,
Comme un Ange cruel qui fouette des soleils.

Singulière fortune où le but se déplace,
Et, n'étant nulle part, peut être n'importe où !
Où l'Homme, dont jamais l'espérance n'est lasse,
Pour trouver le repos court toujours comme un fou !

Notre âme est un trois-mâts cherchant son Icarie ;
Une voix retentit sur le pont : « Ouvre l'œil ! »
Une voix de la hune, ardente et folle, crie :
« Amour,... gloire... bonheur ! » Enfer ! c'est un écueil !

Chaque îlot signalé par l'homme de vigie
Est un Eldorado promis par le Destin ;
L'Imagination qui dresse son orgie
Ne trouve qu'un récif aux clartés du matin.

O le pauvre amoureux des pays chimériques !
Faut-il le mettre aux fers, le jeter à la mer,
Ce matelot ivrogne, inventeur d'Amériques
Dont le mirage rend le gouffre plus amer ?

Tel le vieux vagabond, piétinant dans la boue,
Rêve, le nez en l'air, de brillants paradis ;
Son œil ensorcelé découvre une Capoue
Partout où la chandelle illumine un taudis.

III

Étonnants voyageurs ! quelles nobles histoires
Nous lisons dans vos yeux profonds comme les mers !
Montrez-nous les écrins de vos riches mémoires,
Ces bijoux merveilleux, faits d'astres et d'éthers.

Nous voulons voyager sans vapeur et sans voile !
Faites, pour égayer l'ennui de nos prisons,
Passer sur nos esprits, tendus comme une toile,
Vos souvenirs avec leurs cadres d'horizons.
Dites, qu'avez-vous vu ?

IV

« Nous avons vu des astres
Et des flots ; nous avons vu des sables aussi ;
Et malgré bien des chocs et d'imprévus désastres,
Nous nous sommes souvent ennuyés, comme ici.

La gloire du soleil sur la mer violette,
La gloire des cités dans le soleil couchant,
Allumaient dans nos cœurs une ardeur inquiète
De plonger dans un ciel au reflet alléchant.

Les plus riches cités, les plus grands paysages,
Jamais ne contenaient l'attrait mystérieux
De ceux que le hasard fait avec des nuages,
Et toujours le désir nous rendait soucieux !

— La jouissance ajoute au désir de la force.
Désir, vieil arbre à qui le plaisir sert d'engrais,
Cependant que grossit et durcit ton écorce,
Tes branches veulent voir le soleil de plus près !

Grandiras-tu toujours, grand arbre plus vivace
Que le cyprès ? — Pourtant nous avons, avec soin,
Cueilli quelques croquis pour votre album vorace,
Frères qui trouvez beau tout ce qui vient de loin !

Nous avons salué des idoles à trompe ;
Des trônes constellés de joyaux lumineux ;
Des palais ouvragés dont la féerique pompe
Serait pour vos banquiers un rêve ruineux ;

Des costumes qui sont, pour les yeux, une ivresse ;
Des femmes dont les dents et les ongles sont teints,
Et des jongleurs savants que le serpent caresse. »

V

Et puis, et puis encore ?

VI

« O cerveaux enfantins !

Pour ne pas oublier la chose capitale,
Nous avons vu partout, et sans l'avoir cherché,
Du haut jusques en bas de l'échelle fatale,
Le spectacle ennuyeux de l'immortel péché :

La femme, esclave vile, orgueilleuse et stupide,
Sans rire s'adorant et s'aimant sans dégoût ;
L'homme, tyran goulu, paillard, dur et cupide,
Esclave de l'esclave et ruisseau dans l'égoût ;

Le bourreau qui jouit, le martyr qui sanglote ;
La fête qu'assaisonne et parfume le sang ;
Le poison du pouvoir énervant le despote,
Et le peuple amoureux du fouet abrutissant,

Plusieurs religions semblables à la nôtre,
Toutes escaladant le ciel ; la Sainteté,
Comme en un lit de plume un délicat se vautre,
Dans les clous et le crin cherchant la volupté ;

L'Humanité bavarde, ivre de son génie,
Et, folle maintenant comme elle était jadis,
Criant à Dieu, dans sa furibonde agonie :
« O mon semblable, ô mon maître, je te maudis ! »

Et les moins sots, hardis amants de la Démence,
Fuyant le grand troupeau parqué par le Destin,
Et se réfugiant dans l'opium immense !
— Tel est du globe entier l'éternel bulletin. »

VII

Amer savoir, celui qu'on tire du voyage !
Le monde, monotone et petit, aujourd'hui,
Hier, demain, toujours, nous fait voir notre image :
Une oasis d'horreur dans un désert d'ennui !

Faut-il partir ? rester ? Si tu peux rester, reste ;
Pars, s'il le faut. L'un court, et l'autre se tapit
Pour tromper l'ennemi vigilant et funeste,
Le Temps ! Il est, hélas ! des coureurs sans répit,

Comme le Juif errant et comme les apôtres,
A qui rien ne suffit, ni wagon, ni vaisseau,
Pour fuire ce rétiaire infâme ; il en est d'autres
Qui savent le tuer sans quitter leur berceau.

Lorsqu'enfin il mettra le pied sur notre échine,
Nous pourrons espérer et crier : En avant !
De même qu'autrefois nous partions pour la Chine,
Les yeux fixés au large et les cheveux au vent,

Nous nous embarquerons sur la mer des Ténèbres
Avec le cœur joyeux d'un jeune passager.
Entendez-vous ces voix, charmantes et funèbres,
Qui chantent : « Par ici ! vous qui voulez manger

Le Lotus parfumé ! c'est ici qu'on vendange
Les fruits miraculeux dont votre cœur a faim ;
Venez nous enivrer de la douceur étrange
De cette après-midi qui n'a jamais de fin ! »

A l'accent familier nous devinons le spectre ;
Nos Pylades là-bas tendent leurs bras vers nous.
« Pour rafraîchir ton cœur, nage vers ton Électre ! »
Dit celle dont jadis nous baisions les genoux.

VIII

O Mort, vieux capitaine, il est temps ! levons l'ancre !
Ce pays nous ennuie, ô Mort ! Appareillons !
Si le ciel et la mer sont noirs comme de l'encre,
Nos cœurs que tu connais sont remplis de rayons !

Verse-nous ton poison pour qu'il nous réconforte !
Nous voulons, tant ce feu nous brûle le cerveau,
Plonger au fond du gouffre, Enfer ou Ciel, qu'importe ?
Au fond de l'Inconnu pour trouver du *nouveau* !

Les Fleurs du Mal, La Mort, 1859.

Poèmes en prose

Le poème en prose est une forme héritée du romantisme pittoresque et fantastique (Aloysius Bertrand) ou mystique et onirique (Maurice de Guérin, et aussi Gérard de Nerval, car *Aurélia* est une narration jalonnée de poèmes en prose). Baudelaire lui donne définitivement ses lettres de noblesse, et il ne cessera, après lui, de fructifier, jusqu'à devenir, dans bien des cas, la forme normale de l'expression poétique.

TEXTE XVII   Les Veuves

Dans ce poème, on pourra voir, par comparaison avec les *Petites Vieilles* (Texte XV), comment s'opère, à la fois dans le fond et dans la forme, la variation d'un même thème selon qu'il est écrit en vers ou en prose.

Vauvenargues dit que dans les jardins publics il est des allées hantées principalement par l'ambition déçue, par les inventeurs malheureux, par les gloires avortées, par les cœurs brisés, par toutes ces âmes tumultueuses et fermées, en qui grondent encore les derniers soupirs d'un orage, et qui reculent loin du regard insolent des joyeux et des oisifs. Ces retraites ombreuses sont les rendez-vous des éclopés de la vie.

C'est surtout vers ces lieux que le poète et le philosophe aiment diriger leurs avides conjectures. Il y a là une pâture certaine. Car s'il est une place qu'ils dédaignent de visiter, comme je l'insinuais tout à l'heure, c'est surtout la joie des riches. Cette turbulence dans le vide n'a rien qui les attire. Au contraire, ils se sentent irrésistiblement entraînés vers tout ce qui est faible, ruiné, contristé, orphelin.

Un œil expérimenté ne s'y trompe jamais. Dans ces traits rigides ou abattus, dans ces yeux caves et ternes, ou brillant des derniers éclairs de la lutte, dans ces rides profondes et nombreuses, dans ces démarches si lentes ou si saccadées, il déchiffre tout de suite les innombrables légendes de l'amour trompé, du dévouement méconnu, des efforts non récompensés, de la faim et du froid humblement, silencieusement supportés.

Avez-vous quelquefois aperçu des veuves sur ces bancs solitaires, des veuves pauvres ? Qu'elles soient en deuil ou non, il est facile de les reconnaître. D'ailleurs, il y a toujours dans le deuil du pauvre quelque chose qui manque, une absence d'harmonie qui le rend plus navrant. Il est contraint de lésiner sur sa douleur. Le riche porte la sienne au grand complet.

Quelle est la veuve la plus triste et la plus attristante, celle qui traîne à sa main un bambin avec qui elle ne peut pas partager sa rêverie, ou celle qui est tout à fait seule ? Je ne sais... Il m'est arrivé une fois de suivre pendant de longues heures une vieille affligée de cette espèce ; celle-là roide, droite, sous un petit châle usé, portait dans tout son être une fierté de stoïcienne.

Elle était évidemment condamnée, par une absolue solitude, à des habitudes de vieux célibataire, et le caractère masculin de ses mœurs ajoutait un piquant mystérieux à leur austérité. Je ne sais dans quel misérable café et de quelle façon elle déjeûna. Je la suivis au cabinet de lecture ; et je l'épiai longtemps pendant qu'elle cherchait dans les gazettes, avec des yeux actifs, jadis brûlés par les larmes, des nouvelles d'un intérêt puissant et personnel.

Enfin, dans l'après-midi, sous un ciel d'automne charmant, un de ces ciels d'où descendent en foule les regrets et les souvenirs, elle s'assit à l'écart dans un jardin, pour entendre, loin de la foule, un de ces concerts dont la musique des régiments gratifie le peuple parisien.

C'est sans doute là la petite débauche de cette vieille innocente (ou de cette vieille purifiée), la consolation bien gagnée d'une de ces lourdes journées sans ami, sans causerie, sans joie, sans confident, que Dieu laissait tomber sur elle, depuis bien des ans peut-être ! trois cent soixante cinq fois par an.

Une autre encore :

Je ne puis jamais m'empêcher de jeter un regard, sinon universellement sympathique, au moins curieux, sur la foule de parias qui se pressent autour de l'enceinte d'un concert public. L'orchestre jette à travers la nuit des chants de fête, de triomphe ou de volupté. Les robes traînent en miroitant ; les regards se croisent ; les oisifs, fatigués de n'avoir rien fait, se dandinent, feignant de déguster indolemment la musique. Ici rien que de riche, d'heureux ; rien qui ne respire et n'inspire l'insouciance et le plaisir de se laisser vivre ; rien, excepté l'aspect de cette tourbe qui s'appuie là-bas sur la barrière extérieure, attrapant gratis, au gré du vent, un lambeau de musique, et regardant l'étincelante fournaise intérieure.

C'est toujours chose intéressante que ce reflet de la joie du riche au fond de l'œil du pauvre. Mais ce jour-là, à travers ce peuple vêtu de blouses et d'indienne, j'aperçus un être dont la noblesse faisait un éclatant contraste avec toute la trivialité environnante.

C'était une femme grande, majestueuse, et si noble dans tout son air, que je n'ai pas souvenir d'avoir vu sa pareille dans les collections des aristocratiques beautés du passé. Un parfum de hautaine vertu émanait de toute sa personne. Son visage, triste et amaigri, était en parfaite accordance avec le grand deuil dont elle était revêtue. Elle aussi, comme la plèbe à laquelle elle s'était mêlée et qu'elle ne voyait pas, elle regardait le monde lumineux avec un œil profond, et elle écoutait en hochant doucement la tête.

Singulière vision ! « A coup sûr, me dis-je, cette pauvreté-là, si pauvreté il y a, ne doit pas admettre l'économie sordide ; un si noble visage m'en répond. Pourquoi donc reste-t-elle volontairement dans un milieu où elle fait une tache si éclatante ? »

Mais en passant curieusement près d'elle, je crus en deviner la raison. La grande veuve tenait par la main un enfant comme elle vêtu de noir ; si modique que fût le prix d'entrée, ce prix suffisait peut-être pour payer un des besoins du petit être ; mieux encore, une superfluité, un jouet.

Et elle sera rentrée à pied, méditant et rêvant, seule, toujours seule ; car l'enfant est turbulent, égoïste, sans douceur et sans patience ; et il ne peut même pas, comme le pur animal, comme le chien et le chat, servir de confident aux douleurs solitaires[1].

Le Spleen de Paris XIII, 1861.

TEXTE XVIII   Les   Fenêtres

L'intérêt du poème en prose est qu'il peut, comme le précédent, être développé jusqu'aux dimensions de la nouvelle poétique, ou se concentrer dans la brièveté d'une forme suggestive. C'est aussi que, dans les deux cas, il est l'organe de manifestation de l'*insolite quotidien*, le lieu de conjonction du mythe (de la *légende* comme dit Baudelaire) et du *présent* ; du merveilleux et de l'actualité.

Celui qui regarde du dehors à travers une fenêtre ouverte ne voit jamais autant de choses que celui qui regarde une fenêtre fermée. Il n'est pas d'objet plus profond, plus mystérieux, plus fécond, plus ténébreux, plus éblouissant qu'une fenêtre éclairée d'une chandelle. Ce qu'on peut voir au soleil est toujours moins intéressant que ce qui se passe derrière une vitre. Dans ce trou noir ou lumineux vit la vie, rêve la vie, souffre la vie.

Par-delà des vagues de toits, j'aperçois une femme mûre, ridée déjà, pauvre, toujours penchée sur quelque chose, et qui ne sort jamais. Avec son visage, avec son vêtement, avec son geste, avec presque rien, j'ai refait l'histoire de cette femme, ou plutôt sa légende, et quelquefois je me la raconte à moi-même en pleurant.

Si c'eut été un pauvre vieux homme, j'aurais refait la sienne tout aussi aisément.

Et je me couche, fier d'avoir vécu et souffert dans d'autres que moi-même.

Peut-être me direz-vous : « Es-tu sûr que cette légende soit la vraie ? » Qu'importe ce que peut être la réalité placée hors de moi, si elle m'a aidé à vivre, à sentir que je suis et ce que je suis ?

Le Spleen de Paris XXXV, 1863.

---

1. Ces derniers mots forment un alexandrin.

CHAPITRE III

LES GRANDES DÉCOUVERTES

Isidore Ducasse Comte de LAUTRÉAMONT

TEXTE XIX Vieil Océan

Le surnaturalisme luciférien de Lautréamont reprend l'exaltation byronienne du romantisme, reprend aussi, dans une écriture qui tente la synthèse du rythme oratoire et du rythme poétique, une ampleur strophique soigneusement concertée pour symboliser une sorte d'infini visionnaire.

Vieil océan, aux vagues de cristal, tu ressembles à ces marques azurées que l'on voit sur le dos meurtri des mousses ; tu es un immense bleu, appliqué sur le corps de la terre : j'aime cette comparaison. Ainsi, à ton premier aspect, un souffle prolongé de tristesse, qu'on croirait être le murmure de ta brise suave, passe, en laissant des ineffaçables traces, sur l'âme profondément ébranlée, et tu rappelles au souvenir de tes amants, sans qu'on s'en rende toujours compte, les rudes commencements de l'homme, où il fait connaissance avec la douleur, qui ne le quitte plus. Je te salue, vieil océan !

Vieil océan, ta forme harmonieusement sphérique, qui réjouit la face grave de la géométrie, ne me rappelle que trop les petits yeux de l'homme, pareils à ceux du sanglier pour la petitesse, et à ceux des oiseaux de nuit pour la perfection circulaire du contour. Cependant l'homme s'est cru beau dans tous les siècles. Moi, je suppose plutôt que l'homme ne croit à sa beauté que par amour-propre ; mais, qu'il n'est pas beau réellement et qu'il s'en doute ; car, pourquoi regarde-t-il la figure de son semblable, avec tant de mépris ? Je te salue, vieil océan !

    Vieil océan, tu es le symbole de l'identité : toujours égal à toi-même. Tu ne varies pas d'une manière essentielle, et si tes vagues sont quelque part en furie, plus loin, dans quelque autre zone, elles sont dans le calme le plus complet. Tu n'es pas comme l'homme, qui s'arrête dans la rue, pour voir deux bouledogues s'empoigner au cou, mais qui ne s'arrête pas, quand un enterrement passe ; qui est ce matin accessible, et ce soir de mauvaise humeur ; qui rit aujourd'hui et pleure demain. Je te salue, vieil océan ![...]

    Vieil océan, ô grand célibataire, quand tu parcours la solitude solennelle de tes royaumes flegmatiques, tu t'enorgueillis à juste titre de ta magnificence native, et des éloges vrais que je m'empresse de te donner. Balancé voluptueusement par les molles effluves de ta lenteur majestueuse, qui est le plus grandiose parmi les attributs dont le souverain pouvoir t'a gratifié, tu déroules, au milieu d'un sombre mystère, sur toute la surface sublime, tes vagues incomparables, avec le sentiment calme de ta puissance éternelle. Elles se suivent parallèlement, séparées par de courts intervalles. A peine l'une diminue, qu'une autre va à sa rencontre en grandissant, accompagnées du bruit mélancolique de l'écume qui se fond, pour nous avertir que tout est écume. (Ainsi, les être humains, ces vagues vivantes, meurent l'un après l'autre, d'une manière monotone ; mais sans laisser de bruit écumeux.) L'oiseau de passage se repose sur elles avec confiance, et se laisse abandonner à leurs mouvements, pleins d'une grâce fière, jusqu'à ce que les os de ses ailes aient recouvré leur vigueur accoutumée pour continuer leur pèlerinage aérien. Je voudrais que la majesté humaine ne fût que l'incarnation du reflet de la tienne. Je demande beaucoup, et ce souhait sincère est glorieux pour toi. Ta grandeur morale, image de l'infini, est immense comme la réflexion du philosophe, comme l'amour de la femme, comme la beauté divine de l'oiseau, comme les méditations du poète. Tu es plus beau que la nuit. Réponds-moi, océan, veux-tu être mon frère ? Remue-toi avec impétuosité... plus... plus encore, si tu veux que je te compare à la vengeance de Dieu ; allonge tes griffes livides en te frayant un chemin sur ton propre sein... C'est bien. Déroule tes vagues épouvantables, océan hideux, compris par moi seul, et devant lequel je tombe, prosterné à tes genoux. La majesté de l'homme est empruntée ; il ne m'imposera point ; toi, oui. Oh ! quand tu t'avances, la crête haute et terrible, entouré de tes replis tortueux comme d'une cour, magnétiseur et farouche, roulant tes ondes les unes sur les autres, avec la conscience de ce que tu es, pendant que tu pousses, des profondeurs de ta poitrine, comme accablé d'un remords intense que je ne puis pas découvrir, ce sourd mugissement perpétuel que les hommes redoutent tant, même quand ils te contemplent, en sûreté, tremblants sur le rivage, alors je vois qu'il ne m'appartient pas, le droit insigne de me dire ton égal. C'est pourquoi, en présence de ta supériorité, je te donnerais tout mon amour (et nul ne sait la quantité d'amour que contiennent mes aspirations vers le beau), si tu ne me faisais douloureusement penser à mes semblables, qui forment avec toi le plus ironique contraste, l'antithèse la plus bouffonne que l'on ait jamais vue dans la création : je ne puis pas t'aimer, je te déteste. Pourquoi reviens-je à toi, pour la millième fois, vers tes bras amis, qui s'entr'ouvrent, pour caresser mon front brûlant, qui voit disparaître la fièvre à leur contact ! Je ne connais pas ta destinée cachée ; tout ce qui te concerne m'intéresse. Dis-moi donc si tu es la demeure du prince des ténèbres. Dis-le moi... dis-le moi, océan (à moi seul, pour ne pas attrister ceux qui n'ont encore connu que les illusions), et si le souffle de Satan crée les tempêtes qui soulèvent tes eaux salées jusqu'aux nuages. Il faut que tu me le dises, parce que je me réjouirais de savoir l'enfer si près de l'homme. Je veux que celle-ci soit la dernière strophe de mon invocation. Par conséquent, une seule fois encore, je veux te saluer et te faire mes adieux ! Vieil océan, aux vagues de cristal... Mes yeux se mouillent de larmes abondantes, et je n'ai pas la force de poursuivre ; car, je sens que le moment est venu de revenir parmi les hommes, à l'aspect brutal ; mais... courage ! Faisons un grand effort, et accomplissons, avec le sentiment du devoir, notre destinée sur cette terre. Je te salue, vieil océan !

Chants de Maldoror, Chant Premier, 1868.

TEXTE XX   Rue Vivienne

Dans le même temps, à peu d'années près[1], que le Baudelaire du *Spleen de Paris*, Lautréamont s'adonne à l'exploitation poétique du fantastique urbain, mais en y accentuant cette imprégnation réciproque de l'onirique et du quotidien que rechercheront, après lui et comme lui, plus d'un demi-siècle plus tard, les surréalistes.

Les magasins de la rue Vivienne étalent leurs richesses aux yeux émerveillés. Éclairés par de nombreux becs de gaz, les coffrets d'acajou et les montres en or répandent à travers les vitrines des gerbes de lumière éblouissante. Huit heures ont sonné à l'horloge de la Bourse ; ce n'est pas tard ! A peine le dernier coup de marteau s'est-il fait entendre, que la rue dont le nom a été cité, se met à trembler, et secoue ses fondements depuis la place Royale jusqu'au boulevard Montmartre. Les promeneurs hâtent le pas, et se retirent pensifs dans leurs maisons. Une femme s'évanouit et tombe sur l'asphalte. Personne ne la relève : il tarde à chacun de s'éloigner de ce parage. Les volets se referment avec impétuosité, et les habitants s'enfoncent dans leurs couvertures. On dirait que la peste asiatique a révélé sa présence. Ainsi, pendant que la plus grande partie de la ville se prépare à nager dans les réjouissances des fêtes nocturnes, la rue Vivienne se trouve subitement glacée par une sorte de pétrification. Comme un cœur qui cesse d'aimer, elle a sa vie éteinte. Mais, bientôt, la nouvelle du phénomène se répand dans les autres couches de la population, et un silence morne plane sur l'auguste capitale. Où sont-ils passés, les becs de gaz ? Que sont-elles devenues les

---

[1]. La publication, dans diverses revues, des *Poèmes en prose* eut lieu, pour la plupart d'entre eux, entre 1861 et 1866.

vendeuses d'amour ? Rien... la solitude et l'obscurité ! Une chouette, volant dans une direction rectiligne, et dont la patte est cassée, passe au-dessus de la Madeleine, et prend son essor vers la barrière du Trône, en s'écriant : « Un malheur se prépare. » Or, dans cet endroit que ma plume (ce véritable ami qui me sert de compère) vient de rendre mystérieux, si vous regardez du côté par où la rue Colbert s'engage dans la rue Vivienne, vous verrez, à l'angle formé par le croisement de ces deux voies, un personnage montrer sa silhouette, et diriger sa marche légère vers les boulevards ? Mais, si l'on s'approche davantage, de manière à ne pas amener sur soi-même l'attention de ce passant, on s'aperçoit, avec un agréable étonnement, qu'il est jeune ! De loin on l'aurait pris en effet pour un homme mûr. La somme des jours ne compte plus, quand il s'agit d'apprécier la qualité intellectuelle d'une figure sérieuse. Je me connais à lire l'âge dans les lignes physiognomoniques du front : il a seize ans et quatre mois ! Il est beau comme la rétractilité des serres des oiseaux rapaces ; ou encore, comme l'incertitude des mouvements musculaires dans les plaies des parties molles de la région cervicale postérieure ; ou plutôt, comme ce piège à rats perpétuel, toujours retendu par l'animal pris, qui peut prendre seul des rongeurs indéfiniment, et fonctionner même caché sous la paille ; et surtout, comme la rencontre fortuite sur une table de dissection d'une machine à coudre et d'un parapluie ! Mervyn, ce fils de la blonde Angleterre, vient de prendre chez son professeur une leçon d'escrime, et, enveloppé dans son tartan écossais, il retourne chez ses parents. C'est huit heures et demie, et il espère arriver chez lui à neuf heures : de sa part, c'est une grande présomption que de feindre d'être certain de connaître l'avenir. Quelque obstacle imprévu ne peut-il l'embarrasser dans sa route ? Et cette circonstance, serait-elle si peu fréquente, qu'il dût prendre sur lui de la considérer comme une exception ? Que ne considère-t-il plutôt, comme un fait anormal, la possibilité qu'il a eue jusqu'ici de se sentir dépourvu d'inquiétude et pour ainsi dire heureux ? De quel droit en effet prétendrait-il gagner indemne sa demeure, lorsque quelqu'un le guette et le suit par derrière comme sa future proie ?

Chants de Maldoror, Chant Sixième, 1868.

Arthur RIMBAUD

TEXTE XXI Voyelles

Dans la ligne des *Correspondances* baudelairiennes, ce célèbre sonnet évoque les analogies entre les éléments sonores du langage et des images dont la seule cohérence est dans leur couleur. Car, contrairement à Baudelaire, Rimbaud « défait » à la fois le langage et le monde ; son symbolisme décompose au lieu de composer : il n'est pas interdit d'y voir un symptôme peut-être significatif (cf. aussi *Alchimie du Verbe*, texte 18, II).

A noir, E blanc, I rouge, U vert, O bleu : voyelles,
Je dirai quelque jour vos naissances latentes :
A, noir corset velu des mouches éclatantes
Qui bombinent autour des puanteurs cruelles,

Golfes d'ombre ; E, candeurs des vapeurs et des tentes,
Lances des glaciers fiers, rois blancs, frissons d'ombelles ;
I, pourpres, sang craché, rire des lèvres belles
Dans la colère ou les ivresses pénitentes ;

U, cycles, vibrements divins des mers virides,
Paix des pâtis semés d'animaux, paix des rides
Que l'alchimie imprime aux grands fronts studieux ;

O, suprême Clairon plein des strideurs étranges,
Silences traversés des Mondes et des Anges :
— O l'Oméga, rayon violet de Ses Yeux !

Poésies, 1871.

LES GRANDES DÉCOUVERTES

TEXTE XXII Le bateau ivre

 Reprise du thème du *voyage*, exploration nouvelle de ses virtualités imaginaires, mais aussi comme une occasion exemplaire d'expérimenter toute la puissance de choc de la « voyance ». Ainsi s'explique sans doute l'importance de ce poème qui marque une date dans l'histoire de la poésie française.

   Comme je descendais les Fleuves impassibles,
   Je ne me sentis plus guidé par les haleurs :
   Des Peaux-Rouges criards les avaient pris pour cibles,
   Les ayant cloués nus aux poteaux de couleurs.

   J'étais insoucieux de tous les équipages,
   Porteur de blés flamands ou de cotons anglais.
   Quand avec mes haleurs ont fini ces tapages,
   Les Fleuves m'ont laissé descendre où je voulais.

   Dans les clapotements furieux des marées,
   Moi, l'autre hiver, plus sourd que les cerveaux d'enfants,
   Je courus ! Et les Péninsules démarrées
   N'ont pas subi tohu-bohus plus triomphants.

   La tempête a béni mes éveils maritimes.
   Plus léger qu'un bouchon j'ai dansé sur les flots
   Qu'on appelle rouleurs éternels de victimes,
   Dix nuits, sans regretter l'œil niais des falots !

   Plus douce qu'aux enfants la chair des pommes sures,
   L'eau verte pénétra ma coque de sapin
   Et des taches de vins bleus et des vomissures
   Me lava, dispersant gouvernail et grappin.

   Et dès lors, je me suis baigné dans le Poème
   De la Mer, infusé d'astres et lactescent,
   Dévorant les azurs verts ; où, flottaison blême
   Et ravie, un noyé pensif parfois descend ;

   Où, teignant tout à coup les bleuités, délires
   Et rhythmes lents sous les rutilements du jour,
   Plus fortes que l'alcool, plus vastes que nos lyres,
   Fermentent les rousseurs amères de l'amour !

   Je sais les cieux crevant en éclairs, et les trombes
   Et les ressacs et les courants : je sais le soir,
   L'Aube exaltée ainsi qu'un peuple de colombes,
   Et j'ai vu quelquefois ce que l'homme a cru voir !

Arthur Rimbaud

J'ai vu le soleil bas, taché d'horreurs mystiques,
Illuminant de longs figements violets,
Pareils à des acteurs de drames très antiques,
Les flots roulant au loin leurs frissons de volets !

J'ai rêvé la nuit verte aux neiges éblouies,
Baiser montant aux yeux des mers avec lenteurs,
La circulation des sèves inouïes,
Et l'éveil jaune et bleu des phosphores chanteurs !

J'ai suivi, des mois pleins, pareille aux vacheries
Hystériques, la houle à l'assaut des récifs,
Sans songer que les pieds lumineux des Maries
Pussent forcer le mufle aux Océans poussifs !

J'ai heurté, savez-vous, d'incroyables Florides
Mêlant aux fleurs des yeux de panthères à peaux
D'hommes ! Des arcs-en-ciel tendus comme des brides
Sous l'horizon des mers, à de glauques troupeaux !

J'ai vu fermenter les marais énormes, masses
Où pourrit dans les joncs tout un Léviathan !
Des écroulements d'eaux au milieu des bonaces,
Et les lointains vers les gouffres cataractant !

Glaciers, soleils d'argent, flots nacreux, cieux de braises !
Échouages hideux au fond des golfes bruns
Où les serpents géants dévorés des punaises
Choient, des arbres tordus, avec de noirs parfums !

J'aurais voulu montrer aux enfants ces dorades
Du flot bleu, ces poissons d'or, ces poissons chantants.
— Des écumes de fleurs ont bercé mes dérades[1]
Et d'ineffables vents m'ont ailé par instants.

Parfois, martyr lassé des pôles et des zones,
La mer dont le sanglot faisait mon roulis doux
Montait vers moi ses fleurs d'ombre aux ventouses jaunes
Et je restais, ainsi qu'une femme à genoux...

Presque île, ballottant sur mes bords les querelles
Et les fientes d'oiseaux clabaudeurs aux yeux blonds.
Et je voguais, lorsqu'à travers mes liens frêles
Des noyés descendaient dormir, à reculons !

---

[1]. Nom formé par Rimbaud sur le verbe *dérader* : sortir d'une rade.

Or moi, bateau perdu sous les cheveux des anses,
Jeté par l'ouragan dans l'éther sans oiseau,
Moi dont les Monitors[1] et les voiliers des Hanses
N'auraient pas repêché la carcasse ivre d'eau ;

Libre, fumant, monté de brumes violettes,
Moi qui trouais le ciel rougeoyant comme un mur
Qui porte, confiture exquise aux bons poètes,
Des lichens de soleil et des morves d'azur ;

Qui courais, taché de lunules électriques
Planche folle, escorté des hippocampes noirs,
Quand les juillets faisaient crouler à coups de triques
Les cieux ultramarins aux ardents entonnoirs ;

Moi qui tremblais, sentant geindre à cinquante lieues
Le rut des Béhémots et les Maelstroms épais,
Fileur éternel des immobilités bleues,
Je regrette l'Europe aux anciens parapets !

J'ai vu des archipels sidéraux et des îles
Dont les cieux délirants sont ouverts au vogueur ;
— Est-ce en ces nuits sans fonds que tu dors et t'exiles,
Million d'oiseaux d'or, ô future Vigueur ?

Mais, vrai, j'ai trop pleuré ! Les Aubes sont navrantes.
Toute lune est atroce et tout soleil amer :
L'âcre amour m'a gonflé de torpeurs enivrantes.
O que ma quille éclate ! O que j'aille à la mer !

Si je désire une eau d'Europe, c'est la flache
Noire et froide où vers le crépuscule embaumé
Un enfant accroupi plein de tristesses, lâche
Un bateau frêle comme un papillon de mai.

Je ne puis plus, baigné de vos langueurs, ô lames,
Enlever leur sillage aux porteurs de cotons,
Ni traverser l'orgueil des drapeaux et des flammes,
Ni nager sous les yeux horribles des pontons.

Poésies, 1871.

---

1. Navire garde-côtes.

TEXTE XXIII Mystique

Description précise — comme d'un paysage vu par un spectateur couché — mais pénétrée d'imaginaire et de surnaturel et, entre deux univers, une contagion que figurent le mouvement et l'unité du langage. Donc une « *illumination* » dans les deux sens du terme, le sens pittoresque et le sens mystique réunis dans la synthèse de l'expression.

Sur la pente du talus les anges tournent leurs robes de laine dans les herbages d'acier et d'émeraude.

Des prés de flammes bondissent jusqu'au sommet du mamelon. A gauche le terreau de l'arête est piétiné par tous les homicides et toutes les batailles, et tous les bruits désastreux filent leur courbe. Derrière l'arête de droite la ligne des orients, des progrès.

Et tandis que la bande du tableau est formée de la rumeur tournante et bondissante des conques des mers et des nuits humaines,

La douceur fleurie des étoiles et du ciel et du reste descend en face du talus, comme un panier, — contre notre face, et fait l'abîme fleurant et bleu là-dessous[1].

Illuminations, 1874, publié en 1886.

TEXTE XXIV Vies

Ce sont là des fragments d'une sorte de journal poétique où encore se mêlent l'imaginaire et le réel transposés par la mémoire, pour créer un univers autonome. Ainsi se trouve amorcée chez Rimbaud cette affirmation de l'autonomie de l'univers poétique qui sera l'une des grandes revendications de l'âge moderne.

I

O les énormes avenues du pays saint, les terrasses du temple ! Qu'a-t-on fait du brahmane qui m'expliqua les Proverbes ? D'alors, de là-bas, je vois encore même les vieilles ! Je me souviens des heures d'argent et de soleil vers les fleuves, la main de la campagne sur mon épaule, et de nos caresses debout dans les plaines poivrées. — Un envol de pigeons écarlates tonne autour de ma pensée. — Exilé ici, j'ai eu une scène où jouer les chefs-d'œuvre dramatiques de toutes les littératures. Je vous indiquerais les richesses inouïes. J'observe l'histoire des trésors que vous trouvâtes. Je vois la suite ! Ma sagesse est aussi dédaignée que le chaos. Qu'est mon néant, auprès de la stupeur qui vous attend ?

II

Je suis un inventeur bien autrement méritant que tous ceux qui m'ont précédé ; un musicien même, qui ai trouvé quelque chose comme la clef de l'amour. A présent, gentilhomme d'une campagne aigre au ciel sobre, j'essaye de m'émouvoir au souvenir de l'enfance mendiante, de l'apprentissage ou

---

[1]. Cf. une traduction visuelle de cette *Illumination* dans le tableau de Gauguin *Lutte de Jacob avec l'Ange*.

de l'arrivée en sabots, des polémiques, des cinq ou six veuvages, et de quelques noces où ma forte tête m'empêcha de monter au diapason de mes camarades. Je ne regrette pas ma vieille part de gaîté divine : l'air sobre de cette aigre campagne alimente fort activement mon atroce scepticisme. Mais comme ce scepticisme ne peut désormais être mis en œuvre, et que d'ailleurs je suis dévoué à un trouble nouveau, — j'attends de devenir un très méchant fou.

III

Dans un grenier où je fus enfermé à douze ans j'ai connu le monde, j'ai illustré la comédie humaine. Dans un cellier j'ai appris l'histoire. A quelque fête de nuit dans une cité du Nord, j'ai rencontré toutes les femmes des anciens peintres. Dans un vieux passage à Paris on m'a enseigné les sciences classiques. Dans une magnifique demeure cernée par l'Orient entier j'ai accompli mon immense œuvre et passé mon illustre retraite. J'ai brassé mon sang. Mon devoir m'est remis. Il ne faut même plus songer à cela. Je suis réellement d'outre-tombe, et pas de commissions.

Illuminations, 1874 ? publié en 1886.

TEXTE XXV Aube

Exemple parfait de *vision poétique*, dans la tradition nervalienne, ce poème prend naturellement sa place dans la continuité qui va du romantisme le plus profond au symbolisme et au surréalisme.

J'ai embrassé l'aube d'été.

Rien ne bougeait encore au front des palais. L'eau était morte. Les camps d'ombres ne quittaient pas la route du bois. J'ai marché, réveillant les haleines vives et tièdes, et les pierreries regardèrent, et les ailes se levèrent sans bruit.

La première entreprise fut, dans le sentier déjà empli de frais et blême éclat, une fleur qui me dit son nom.

Je ris au wasserfall[1] blond qui s'échevela à travers les sapins : à la cime argentée je reconnus la déesse.

Alors je levai un à un les voiles. Dans l'allée, en agitant les bras. Par la plaine où je l'ai dénoncée au coq. A la grand'ville elle fuyait parmi les clochers et les dômes et courant comme un mendiant sur les quais de marbre, je la chassais.

En haut de la route, près d'un bois de lauriers, je l'ai entourée avec ses voiles amassés, et j'ai senti un peu son immense corps. L'aube et l'enfant tombèrent au bas du bois.

Au réveil il était midi.

Illuminations

---

1. Mot allemand : Cascade.

Stéphane MALLARMÉ

TEXTE XXVI Tristesse d'été

Voici un exemple de l'origine parnassienne de la poésie de Mallarmé : mais déjà l'imagerie exotique et la nostalgie de l'impassibilité sont les figures d'une transcendance suggérée.

Le soleil, sur le sable, ô lutteuse endormie,
En l'or de tes cheveux chauffe un bain langoureux
Et, consumant l'encens sur ta joue ennemie,
Il mêle avec les pleurs un breuvage amoureux.

De ce blanc flamboiement l'immuable accalmie
T'a fait dire, attristée, ô mes baisers peureux,
« Nous ne serons jamais une seule momie
Sous l'antique désert et les palmiers heureux ! »

Mais ta chevelure est une rivière tiède,
Où noyer sans frissons l'âme qui nous obsède
Et trouver ce Néant que tu ne connais pas !

Je goûterai le fard pleuré par tes paupières,
Pour voir s'il sait donner au cœur que tu frappas
L'insensibilité de l'azur et des pierres.

Écrit en 1864, publié dans le *Parnasse contemporain*, 1866.

LES GRANDES DÉCOUVERTES

TEXTE XXVII L'azur

Le poème de la hantise nostalgique de l'Idéal au cœur même de l'Impuissance. Thème éminemment baudelairien et nous savons que ce poème fut récité devant Baudelaire qui ne lui fut pas défavorable.

De l'éternel azur la sereine ironie
Accable, belle indolemment comme les fleurs,
Le poëte impuissant qui maudit son génie
A travers un désert stérile de Douleurs.

Fuyant, les yeux fermés, je le sens qui regarde
Avec l'intensité d'un remords atterrant,
Mon âme vide. Où fuir ? Et quelle nuit hagarde
Jeter, lambeaux, jeter sur ce mépris navrant ?

Brouillards, montez ! Versez vos cendres monotones
Avec de longs haillons de brume dans les cieux
Qui noiera le marais livide des automnes
Et bâtissez un grand plafond silencieux !

Et toi, sors des étangs léthéens et ramasse
En t'en venant la vase et les pâles roseaux,
Cher Ennui, pour boucher d'une main jamais lasse
Les grands trous bleus que font méchamment les oiseaux[1].

Encor ! que sans répit les tristes cheminées
Fument, et que de suie une errante prison
Éteigne dans l'horreur de ses noires traînées
Le soleil se mourant jaunâtre à l'horizon !

- Le Ciel est mort. — Vers toi, j'accours ! donne, ô matière,
L'oubli de l'Idéal cruel et du Péché
A ce martyr qui vient partager la litière
Où le bétail heureux des hommes est couché,

Car j'y veux, puisqu'enfin ma cervelle, vidée
Comme le pot de fard gisant au pied d'un mur,
N'a plus l'art d'attifer la sanglotante idée,
Lugubrement bâiller vers un trépas obscur...

En vain ! l'Azur triomphe, et je l'entends qui chante
Dans les cloches. Mon âme, il se fait voix pour plus
Nous faire peur avec sa victoire méchante,
Et du métal vivant sort en bleus angelus !

---

1. Cf. BAUDELAIRE, *Le Cygne*, v. 26, texte XIV.

Stéphane Mallarmé

> Il roule par la brume, ancien et traverse
> Ta native agonie ainsi qu'un glaive sûr ;
> Où fuir dans la révolte inutile et perverse ?
> *Je suis hanté.* L'Azur ! l'Azur ! l'Azur ! l'Azur !

Écrit en 1864, Parnasse contemporain, 1866.

TEXTE XXVIII L'Après-midi d'un faune, Eglogue

Lettre de Mallarmé à son ami Cazalis à propos de ce poème (juin 1865) : « Tu ne saurais croire comme il est difficile de s'acharner au vers que je veux très neuf et très beau, bien que dramatique (surtout plus rythmé encore que le vers lyrique)… Si tu savais que de nuits désespérées et de jours de rêverie il faut sacrifier pour arriver à faire des vers originaux (ce que je n'avais jamais fait jusqu'ici) et dignes, dans leurs suprêmes mystères, de réjouir l'âme d'un poëte ».

Le Faune

Ces nymphes, je les veux perpétuer.
                              Si clair,
Leur incarnat léger, qu'il voltige dans l'air
Assoupi de sommeils touffus.
                    Aimai-je un rêve ?

Mon doute, amas de nuit ancienne, s'achève
En maint rameau subtil, qui, demeuré les vrais
Bois mêmes, prouve, hélas ! que bien seul je m'offrais
Pour triomphe la faute idéale de roses.
Réfléchissons…

            ou si les femmes dont tu gloses
Figurent un souhait de tes sens fabuleux !
Faune, l'illusion s'échappe des yeux bleus
Et froids, comme une source en pleurs, de la plus chaste :
Mais, l'autre tout soupirs, dis-tu qu'elle contraste
Comme brise du jour chaude dans ta toison ?
Que non ! par l'immobile et lasse pâmoison
Suffoquant de chaleurs le matin frais s'il lutte,
Ne murmure point d'eau que ne verse ma flûte
Au bosquet arrosé d'accords ; et le seul vent
Hors des deux tuyaux prompt à s'exhaler avant
Qu'il disperse le son dans une pluie aride,
C'est, à l'horizon pas remué d'une ride,
Le visible et serein souffle artificiel
De l'inspiration, qui regagne le ciel.

O bords siciliens d'un calme marécage
Qu'à l'envi de soleils ma vanité saccage,
Tacite sous les fleurs d'étincelles, CONTEZ
« *Que je coupais ici les creux roseaux domptés*

« *Par le talent ; quand, sur l'or glauque de lointaines*
« *Verdures dédiant leur vigne à des fontaines,*
« *Ondoie une blancheur animale au repos ;*
« *Et qu'au prélude lent où naissent les pipeaux*
« *Ce vol de cygnes, non ! de naïades se sauve*
« *Ou plonge...* »

     Inerte, tout brûle dans l'heure fauve
Sans marquer par quel art ensemble détala
Trop d'hymen souhaité de qui cherche le *la* :
Alors m'éveillerai-je à la ferveur première,
Droit et seul, sous un flot antique de lumière,
Lys ! et l'un de vous tous pour l'ingénuité.

Autre que ce doux rien par leur lèvre ébruité,
Le baiser, qui tout bas des perfides assure,
Mon sein, vierge de preuve, atteste une morsure
Mystérieuse, due à quelque auguste dent ;
Mais, bast ! arcane tel élut pour confident
Le jonc vaste et jumeau dont sous l'azur on joue :
Qui, détournant à soi le trouble de la joue,
Rêve, dans un solo long, que nous amusions
La beauté d'alentour par des confusions
Fausses entre elle-même et notre chant crédule ;
Et de faire aussi haut que l'amour se module
Évanouir du songe ordinaire de dos
Ou de flanc pur suivis avec mes regards clos,
Une sonore, vaine et monotone ligne.

Tâche donc, instrument des fuites, ô maligne
Syrinx, de refleurir aux lacs où tu m'attends !
Moi, de ma rumeur fier, je vais parler longtemps
Des déesses ; et par d'idolâtres peintures,
A leur ombre enlever encore des ceintures :
Ainsi, quand des raisins j'ai sucé la clarté,
Pour bannir un regret par ma feinte écarté,
Rieur, j'élève au ciel d'été la grappe vide
Et, soufflant dans ses peaux lumineuses, avide
D'ivresse, jusqu'au soir je regarde au travers.

O nymphes, regonflons des SOUVENIRS divers.
« *Mon œil, trouant les joncs, dardait chaque encolure*
« *Immortelle, qui noie en l'onde sa brûlure*
« *Avec un cri de rage au ciel de la forêt ;*
« *Et le splendide bain de cheveux disparaît*
« *Dans les clartés et les frissons, ô pierreries !*
« *J'accours : quand, à mes pieds, s'entrejoignent*
             (*meurtries*

« *De la langueur goûtée à ce mal d'être deux)*
« *Des dormeuses parmi leurs seuls bras hasardeux ;*
« *Je les ravis, sans les désenlacer, et vole*
« *A ce massif, haï par l'ombrage frivole,*
« *De roses tarissant tout parfum au soleil,*
« *Où notre ébat au jour consumé soit pareil.* »
Je t'adore, courroux des vierges, ô délice
Farouche du sacré fardeau nu qui ne glisse
Pour fuir ma lèvre en feu buvant, comme un éclair
Tressaille ! la frayeur secrète de la chair :
Des pieds de l'inhumaine au cœur de la timide
Que délaisse à la fois une innocence, humide
De larmes folles ou de moins tristes vapeurs.
« *Mon crime, c'est d'avoir, gai de vaincre ces peurs*
« *Traîtresses, divisé la touffe échevelée*
« *De baisers que les dieux gardaient si bien mêlée ;*
« *Car, à peine j'allais cacher un rire ardent*
« *Sous les replis heureux d'une seule (gardant*
« *Par un doigt simple, afin que sa candeur de plume*
« *Se teignît à l'émoi de sa sœur qui s'allume,*
« *La petite, naïve, et ne rougissant pas :)*
« *Que de mes bras, défaits par de vagues trépas,*
« *Cette proie, à jamais ingrate se délivre*
« *Sans pitié du sanglot dont j'étais encore ivre.* »
Tant pis ! vers le bonheur d'autres m'entraîneront
Par leur tresse nouée aux cornes de mon front :
Tu sais, ma passion, que, pourpre et déjà mûre,
Chaque grenade éclate et d'abeilles murmure ;
Et notre sang, épris de qui va le saisir,
Coule pour tout l'essaim éternel du désir.
A l'heure où ce bois d'or et de cendres se teinte
Une fête s'exalte en la feuillée éteinte :
Etna ! c'est parmi toi visité de Vénus
Sur ta lave posant ses talons ingénus,
Quand tonne un somme triste ou s'épuise la flamme.
Je tiens la reine !

    O sûr châtiment...

        Non, mais l'âme
De paroles vacantes et ce corps alourdi
Tard succombent au fier silence de midi :
Sans plus il faut dormir en l'oubli du blasphème,
Sur le sable altéré gisant et comme j'aime
Ouvrir ma bouche à l'astre efficace des vins !

Couple, adieu ; je vais voir l'ombre que tu devins.

      Écrit en 1865-1866. Publié en 1876.

LES GRANDES DÉCOUVERTES

TEXTE XXIX Éventail de Mademoiselle Mallarmé

« Chacune de ces cinq stances, comme les cinq plumes aériennes de l'éventail même, tient en ses termes contournés et précieux une signification indéfinie, non indéfinie parce qu'elle est vague, mais indéfinie parce qu'elle disperse loin les ondes d'un sens souple et vivant » (Albert THIBAUDET, *La Poésie de Stéphane Mallarmé*).

O rêveuse, pour que je plonge
Au pur délice sans chemin,
Sache, par un subtil mensonge,
Garder mon aile dans ta main.

Une fraîcheur de crépuscule
Te vient à chaque battement
Dont le coup prisonnier recule
L'horizon délicatement.

Vertige ! voici que frissonne
L'espace comme un grand baiser
Qui, fou de naître pour personne,
Ne peut jaillir ni s'apaiser.

Sens-tu le paradis farouche
Ainsi qu'un rire enseveli
Se couler du coin de ta bouche
Au fond de l'unanime pli !

Le sceptre des rivages roses
Stagnants sur les soirs d'or, ce l'est,
Ce blanc vol fermé que tu poses
Contre le feu d'un bracelet.

1884

TEXTE XXX Sonnet

A son tour, Mallarmé reprend le symbole du Cygne (cf. textes VII et XIV), mais pour en faire la figure à la fois de son art et de sa nostalgie, de son angoisse spirituelle et de sa sérénité poétique.

Le vierge, le vivace et le bel aujourd'hui
Va-t-il nous déchirer avec un coup d'aile ivre
Ce lac dur oublié que hante sous le givre
Le transparent glacier des vols qui n'ont pas fui !

Un cygne d'autrefois se souvient que c'est lui
Magnifique mais qui sans espoir se délivre
Pour n'avoir pas chanté la région où vivre
Quand du stérile hiver a resplendi l'ennui.

Tout son col secouera cette blanche agonie
Par l'espace infligée à l'oiseau qui le nie,
Mais non l'horreur du sol où le plumage est pris.

Fantôme qu'à ce lieu son pur éclat assigne,
Il s'immobilise au songe froid de mépris
Que vêt parmi l'exil inutile le Cygne.

1885

Paul VERLAINE

TEXTE XXXI En Sourdine

Vers *impair* de sept syllabes, recherche de la musique dans les sonorités et dans les images, invention d'un nouveau pittoresque fort bien défini par le titre, c'est le « *charme* » verlainien à l'état pur.

    Calmes dans le demi-jour
    Que les branches hautes font,
    Pénétrons bien notre amour
    De ce silence profond.

    Fondons nos âmes, nos cœurs
    Et nos sens extasiés,
    Parmi les vagues langueurs
    Des pins et des arbousiers.

    Ferme tes yeux à demi,
    Croise tes bras sur ton sein,
    Et de ton cœur endormi
    Chasse à jamais tout dessein.

    Laissons-nous persuader
    Au souffle berceur et doux
    Qui vient à tes pieds rider
    Les ondes de gazon roux.

    Et quand, solennel, le soir
    Des chênes noirs tombera,
    Voix de notre désespoir,
    Le rossignol chantera.

Fêtes galantes. 1869.

LES GRANDES DÉCOUVERTES

TEXTE XXXII   La bonne chanson VI et XVI

Deux paysages, l'un de nature et de rêve, l'autre de ville et de réalité ; deux rythmes, contradictoires et divergents ; un seul et même terme, car c'est la même autobiographie poétique, à l'époque des fiançailles heureuses, pour peu de temps.

I

La lune blanche
Luit dans les bois ;
De chaque branche
Part une voix
Sous la ramée...

O bien-aimée.

L'étang reflète,
Profond miroir,
La silhouette

Du saule noir
Où le vent pleure...

Rêvons, c'est l'heure.

Un vaste et tendre
Apaisement
Semble descendre
Du firmament
Que l'astre irise...

C'est l'heure exquise.

II

Le bruit des cabarets, la fange des trottoirs,
Les platanes déchus s'effeuillant dans l'air noir,
L'omnibus, ouragan de ferraille et de boues,
Qui grince, mal assis entre ses quatre roues,
Et roule ses yeux verts et rouges lentement,
Les ouvriers allant au club, tout en fumant
Leur brûle-gueule au nez des agents de police,
Toits qui dégouttent, murs suintants, pavé qui glisse,
Bitume défoncé, ruisseau comblant l'égout,
Voilà ma route — avec le paradis au bout.

La Bonne Chanson, 1870.

TEXTE XXXIII   Romances sans paroles

Verlaine est un admirable paysagiste, et ses paysages ne sont pas seulement symboliques : il aime pour elle-même la traduction d'un paysage qui s'accorde à son âme, et cet art de l'*accord poétique* suffit à le satisfaire.

Dans l'interminable
Ennui de la plaine,
La neige incertaine
Luit comme du sable.

Le ciel est de cuivre
Sans lueur aucune.
On croirait voir vivre
Et mourir la lune.

Comme des nuées
Flottent gris les chênes
Des forêts prochaines
Parmi les buées.

Le ciel est de cuivre
Sans lueur aucune.
On croirait voir vivre
Et mourir la lune.

Paul Verlaine

Corneille poussive
Et vous, les loups maigres,
Par ces bises aigres
Quoi donc vous arrive ?

Dans l'interminable
Ennui de la plaine,
La neige incertaine
Luit comme du sable.

Romances sans paroles, VIII, *Ariettes oubliées*, 1874.

TEXTE XXXIV Sagesse

Le Verlaine de *Sagesse* ne cesse pas d'être lui-même : c'est du cœur même de son impressionnisme que naît l'appel de la spiritualité, et le rythme de l'espoir en Dieu est celui-même de ses chers paysages.

La bise se rue à travers
Les buissons tout noirs et tout verts,
Glaçant la neige éparpillée
Dans la campagne ensoleillée.
L'odeur est aigre près des bois,
L'horizon chante avec des voix,
Les coqs des clochers des villages
Luisent crûment sur les nuages.
C'est délicieux de marcher
A travers ce brouillard léger.

Qu'un vent taquin parfois retrousse.
Ah ! fi de mon vieux feu qui tousse !
J'ai des fourmis plein les talons.
Debout, mon âme, vite, allons !
C'est le printemps sévère encore,
Mais qui par instant s'édulcore
D'un souffle tiède juste assez
Pour mieux sentir les froids passés
Et penser au Dieu de clémence...
Va, mon âme, à l'espoir immense !

Sagesse, III, 11, 1881.

TEXTE XXXV Sagesse

C'est la fête du blé, c'est la fête du pain
Aux chers lieux d'autrefois revus après ces choses !
Tout bruit, la nature et l'homme, dans un bain
De lumière si blanc que les ombres sont roses.

L'or des pailles s'effondre au vol siffleur des faux
Dont l'éclair plonge, et va luire, et se réverbère.
La plaine, tout au loin couverte de travaux,
Change de face à chaque instant, gaie et sévère.

Tout halète, tout n'est qu'effort et mouvement
Sous le soleil, tranquille auteur des moissons mûres,
Et qui travaille encore imperturbablement
A gonfler, à sucrer — là-bas — les grappes sûres.

Travaille, vieux soleil, pour le pain et le vin,
Nourris l'homme du lait de la terre, et lui donne
L'honnête verre où rit un peu d'oubli divin...
Moissonneurs, — vendangeurs, là-bas ! — votre
  [heure est bonne !

Car sur la fleur des pains et sur la fleur des vins.
Fruit de la force humaine en tous lieux répartie,
Dieu moissonne, et vendange, et dispose à ses fins
La Chair et le Sang pour le calice et l'hostie !

Sagesse, III, 21, 1881.

TEXTE XXXVI Pantoum négligé

Volontiers enclin au jeu poétique, Verlaine découvre le charme des chansons d'enfants, le charme aussi des formes fixes quelque peu surannées, ici le *pantoum*, figure verbale fondée sur la répétition des vers en des places différentes. Cela écrit dans ce vieux vers français qu'est le décasyllabe.

Trois petits pâtés, ma chemise brûle.
Monsieur le Curé n'aime pas les os.
Ma cousine est blonde, elle a nom Ursule.
Que n'émigrons-nous vers les Palaiseaux !

Ma cousine est blonde, elle a nom Ursule,
On dirait d'un cher glaïeul sur les eaux.
Vivent le muguet et la campanule !
Dodo, l'enfant do, chantez, doux fuseaux.

Que n'émigrons-nous vers les Palaiseaux !
Trois petits pâtés, un point et virgule.
On dirait d'un cher glaïeul sur les eaux,
Vivent le muguet et la campanule !

Trois petits pâtés, un point et virgule.
Dodo, l'enfant do, chantez, doux fuseaux.
La libellule erre emmi les roseaux,
Monsieur le Curé, ma chemise brûle !

Jadis et Naguère, A la manière de plusieurs, III. 1884.

CHAPITRE IV

LE SYMBOLISME ET SA SUITE

Tristan CORBIÈRE

Poète breton, qui choisit ce prénom peut-être pour sa prédestination, Tristan Corbière figure dans la galerie des *Poètes maudits* de Verlaine. Mort à trente ans, il est, dans les années où se forme le symbolisme, le poète le plus *immédiat* de sa génération, avec son écriture délibérément arythmique ou oscillante qui lui vaudra l'admiration des surréalistes.

TEXTE XXXVII Litanie du Sommeil

SOMMEIL ! Écoute-moi, je parlerai bien bas ;
Crépuscule flottant de l'*Être ou n'Être pas* !

Sombre lucidité ! Clair-obscur ! Souvenir
De l'inouï ! Marée ! Horizon ! Avenir !
Conte des Mille et une Nuits doux à ouïr !
Lampiste d'*Aladin* qui sait nous éblouir !
Eunuque noir ! muet blanc ! Derviche ! Djinn ! Fakir !
Conte de Fée où le *Roi* se laisse assoupir !
Forêt où *Peau d'Ane* en pleurs va s'accroupir !

Garde-manger où l'*Ogre* encor va s'assouvir !
Tourelle où ma *sœur Anne* allait voir rien venir !
Tour où *dame Malbrouck* voyait page courir !
Où *Femme Barbe-Bleue* voyait l'heure mourir !
Où *Belle au Bois dormant* dormait dans un soupir !

Cuirasse du petit ! Camisole du fort !
Lampion des éteints ! Éteignoir du remords !
Conscience du juste, et du pochard qui dort !
Contrepoids des poids faux de l'épicier du Sort !
Portrait enluminé de la livide Mort !

Grand fleuve où Cupidon va retremper ses dards !
SOMMEIL ! — Corne de Diane, et corne de cornard !
Couveur de magistrats et Couveur de lézards !
Marmite d'*Arlequin* ! — bout de cuir, lard, homard —
Sommeil ! Noce de ceux qui sont dans les beaux-arts.

Boulet des forcenés, Liberté des Captifs !
Sabbat du somnambule et Relais des Poussifs ! —
SOMME ! Actif du Passif et Passif de l'Actif !
Pavillon de *la Folle* et *Folle* du ponctif !...
— O viens changer de patte au cormoran pensif !

O brun Amant de l'Ombre ! Amant honteux du jour !
Bal de nuit où Psyché veut démasquer l'Amour !
Grosse Nudité du chanoine en jupon court !
Panier-à-salade idéal ! Banal four !
Omnibus où, dans l'Orbe, on fait pour rien un tour !

SOMMEIL ! Drame hagard ! Sommeil, molle Langueur !
Bouche d'or du silence et Bâillon du blagueur !
Berceuse des vaincus ! Perchoir des coqs vainqueurs !
Alinéa du livre où dorment les longueurs !

Du jeune homme rêveur singulier Féminin !
De la femme rêvant pluriel masculin !

SOMMEIL ! — Râtelier du Pégase fringant !
SOMMEIL ! — Petite pluie abattant l'ouragan !
SOMMEIL ! — Dédale vague où vient le revenant !

SOMMEIL ! — Long corridor où plangore le vent !
Néant du fainéant ! Lazzarone infini,
Aurore boréale au sein du jour terni !
SOMMEIL ! — autant de pris sur notre éternité !

Tour de cadran *à blanc* ! Clou du Mont-de-Piété !

Héritage en Espagne à tout déshérité !
Coup de rapière dans l'eau du fleuve Léthé !
Génie au nimbe d'or des grands hallucinés !
Nid des petits hiboux ! Aile des déplumés !
Immense vache à lait dont nous sommes les veaux !
Arche où le hère et le boa changent de peaux !
Arc-en-ciel miroitant ! Faux du vrai ! Vrai du Faux !
Ivresse que la brute appelle le repos !
Sorcière de Bohême à sayon d'oripeaux !
Tityre sous l'ombrage essayant des pipeaux !
Temps qui porte un chibouck à la place de faux !
Parque qui met un peu d'huile à ses ciseaux !
Parque qui met un peu de chanvre à ses fuseaux !
Chat qui joue avec le peloton d'Atropos !
SOMMEIL ! — Manne de grâce au cœur disgrâcié !

Les Amours jaunes, 1873.

Jules LAFORGUE

Mort jeune, comme Corbière, Laforgue est le poète de la réaction ironique à l'échec, un humoriste de la détresse, et c'est bien le mot qu'il a choisi qui le définit le mieux : le poète de la *complainte* à la fois sincère et parodique.

TEXTE XXXVIII — Complainte
Variations sur le mot " Falot, Falote "

Falot, falote !
Sous l'aigre averse qui clapote,
Un chien aboie aux feux follets,
Et puis se noie, taïaut, taïaut !
La lune, voyant ces ballets,
  Rit à Pierrot !
  Falot ! Falot !

Falot, falote !
Un train perdu, dans la nuit, stoppe
Par les avalanches bloqué ;
Il siffle au loin ! et les petiots
Croient ouïr les méchants hoquets
  D'un grand crapaud !
  Falot ! Falot !

Falot, falote !
La danse du bateau-pilote,
Sous l'œil d'or du phare, en péril !
Et sur les *steamers*, les galops
Des vents filtrant leurs longs exils
  Par les hublots !
  Falot ! Falot !

Falot, falote !
La petite vieille qui trotte,
Par les bois aux temps pluvieux,
Cassée en deux sous le fagot
Qui réchauffera de son mieux
  Son vieux tricot !
  Falot, falot !

Falot, falote !
Sous sa lanterne qui tremblote,
Le fermier dans son potager
S'en vient cueillir des escargots,
Et c'est une étoile au berger
  Rêvant là-haut !
  Falot, falot !

Falot, falote !
Le lumignon au vent toussote,
Dans son cornet de gras papier ;
Mais le passant en son pal'tot,
O mandarines des Janviers,
  File au galop !
  Falot, falot !

Jules Laforgue

Falot, falote !
Un chiffonnier va sous sa hotte ;
Un réverbère près d'un mur
Où se cogne un vague soulaud,
Qui l'embrasse comme un pur
Avec des mots !
Falot, falot !

Falot, falote !
Et c'est ma belle âme en ribote,
Qui se sirote et se fait mal,
Et fait avec ses grands sanglots,
Sur les beaux lacs de l'Idéal
Des ronds dans l'eau !
Falot, falot !

Les Complaintes, 1885.

TEXTE XXXIX   Complainte de la lune en province

Ah ! la belle pleine Lune,
Grosse comme une fortune !

La retraite sonne au loin,
Un passant, monsieur l'adjoint ;

Un clavecin joue en face,
Un chat traverse la place :

La province qui s'endort !
Plaquant un dernier accord.

Le piano clôt sa fenêtre.
Quelle heure peut-il bien être ?

Calme Lune, quel exil !
Faut-il dire : ainsi soit-il ?

Lune, ô dilettante Lune,
A tous les climats commune,

Tu vis hier le Missouri,
Et les remparts de Paris,

Les fiords bleus de la Norwège,
Les pôles, les mers, que sais-je ?

Lune heureuse ! ainsi tu vois,
A cette heure, le convoi

De son voyage de noce !
Ils sont partis pour l'Ecosse.

Quel panneau si, cet hiver,
Elle eût pris au mot mes vers !

Lune, vagabonde Lune,
Faisons cause et mœurs communes !

O riches nuits ! Je me meurs,
La province dans le cœur !

Et la lune a, bonne vieille,
Du coton dans les oreilles.

Les Complaintes, 1885.

TEXTE XL   Solo de lune

Je fume, étalé face au ciel,
Sur l'impériale de la diligence,
Ma carcasse est cahotée, mon âme danse
Comme un Ariel ;
Sans miel, sans fiel, ma belle âme danse,
O routes, côteaux, ô fumées, ô vallons,
Ma belle âme, ah ! récapitulons.

Nous nous aimions comme deux fous,
On s'est quitté sans en parler,
Un spleen me tenait exilé,
Et ce spleen me venait de tout. Bon.

Ses yeux disaient : « Comprenez-vous ?
« Pourquoi ne comprenez-vous pas ? »
Mais nul n'a voulu faire le premier pas,
Voulant trop tomber *ensemble* à genoux.
(Comprenez-vous ?)

.Où est-elle à cette heure ?
Peut-être qu'elle pleure...
Où est-elle à cette heure ?
Oh ! du moins, soigne-toi, je t'en conjure !

O fraîcheur des bois le long de la route,
O châle de mélancolie, toute âme est un peu aux écoutes.
Que ma vie
Fait envie !
Cette impériale de diligence tient de la magie.

Accumulons l'irréparable !
Renchérissons sur notre sort !
Les étoiles sont plus nombreuses que le sable
Des mers où d'autres ont vu se baigner son corps ;
Tout n'en va pas moins à la Mort,
Y a pas de port.

Des ans vont passer là-dessus,
On s'endurcira chacun pour soi,
Et bien souvent et déjà je m'y vois,
On se dira : « Si j'avais su... »
Mais mariés de même ne se fût-on pas dit :
« Si j'avais su, si j'avais su !... » ?
Ah ! rendez-vous maudit !
Ah ! mon cœur sans issue !...
Je me suis mal conduit.

Maniaques de bonheur,
Donc, que ferons-nous ? Moi de mon âme,
Elle de sa faillible jeunesse ?
O vieillissante pécheresse,
Oh ! que de soirs je vais me rendre infâme
En ton honneur !

Jules Laforgue

Ses yeux clignaient : « Comprenez-vous ?
« Pourquoi ne comprenez-vous pas ? »
Mais nul n'a fait le premier pas
Pour tomber ensemble à genoux. Ah !...

La Lune se lève,
O route en grand rêve !...

On a dépassé les filatures, les scieries,
Plus que les bornes kilométriques,
De petits nuages d'un rose de confiserie,
Cependant qu'un fin croissant de lune se lève,
O route de rêve, ô nulle musique...

Dans ces bois de pins où depuis
Le commencement du monde
Il fait toujours nuit.
Que de chambres propres et profondes !
Oh ! pour un soir d'enlèvement !
Et je les peuple et je m'y vois,
Et c'est un beau couple d'amants,
Qui gesticulent hors la loi.
Et je passe et les abandonne,
Et me recouche face au ciel.
La route tourne, je suis Ariel,
Nul ne m'attend, je ne vais chez personne,
Je n'ai que l'amitié des chambres d'hôtel.

La lune se lève,
O route en grand rêve !
O route sans terme,
Voici le relais,
Où l'on allume les lanternes,
Où l'on boit un verre de lait,
Et fouette postillon,
Dans le chant des grillons,
Sous les étoiles de juillet.

O clair de lune,
Noce de feux de Bengale noyant mon infortune,
Les ombres des peupliers sur la route,...
Le gave qui s'écoute,...
Qui s'écoute chanter,...
Dans ces inondations du fleuve du Léthé...

O Solo de Lune,
Vous défiez ma plume,

Oh ! cette nuit sur la route !
O Étoiles, vous êtes à faire peur,
Vous y êtes toutes ! toutes !
O fugacité de cette heure...
Oh ! qu'il y eût moyen
De m'en garder l'âme pour l'automne qui vient !...

Voici qu'il fait très, très frais,
Oh ! si à la même heure,
Elle va de même le long des forêts,
Noyer son infortune
Dans les noces du clair de lune !...
(Elle aime tant errer tard !)
Elle aura oublié son foulard,
Elle va prendre mal, vu la beauté de l'heure !
Oh ! soigne-toi, je t'en conjure !
Oh ! je ne veux plus entendre cette toux !

Ah ! que ne suis-je tombé à tes genoux !
Ah ! que n'as-tu défailli à mes genoux !
J'eusse été le modèle des époux !
Comme le frou-frou de ta robe est le modèle des frou-frou.

Écrit vers 1886-1887, publié dans *Derniers Vers*, 1890.

Francis VIÉLÉ - GRIFFIN

Promoteur — avec Gustave Kahn — du *vers libre*, Viélé-Griffin est sans doute, de tous les symbolistes, celui chez qui cette forme, qui prétend être la libre et directe conséquence de l'inspiration, donne lieu à l'expression la plus authentique d'une spontanéité à la fois grave et capricieuse.

TEXTE XLI N'est-il une chose au monde...

« N'est-il une chose au monde,
Chère, à la face du ciel
— Un rire, un rêve, une ronde,
Un rayon d'aurore ou de miel —

N'est-il une chose sacrée
— Un livre, une larme, une lèvre,
Une grève, une gorge nacrée,
Un cri de fierté ou de fièvre —

N'est-il une chose haute,
Subtile et pudique et suprême
— Une gloire, qu'importe ! une faute,
Auréole ou diadème —

Qui soit comme âme en notre âme,
Comme un geste guetté que l'on suive,
Et qui réclame, et qui proclame,
Et qui vaille qu'on vive ?... »

Poèmes et Poésies, 1886-1893.
Mercure de France, éd.

TEXTE XLII Un oiseau chantait

Derrière chez mon père, un oiseau chantait,
Sur un chêne au bois,
— Autrefois —
Un rayon de soleil courait sur les blés lourds ;
Un papillon flottait sur l'azur des lents jours
Que la brise éventait ;
L'avenir s'érigeait en mirage de tours,
Qu'enlaçait un fleuve aux rets de ses détours :
C'était le château des fidèles amours
— L'oiseau me les contait...

Derrière chez mon père, un oiseau chantait,
Qui chante dans mon âme et dans mon cœur, ce soir ;
J'aspire l'ombre ardente où fume un encensoir,
O jardins radieux qui m'avez enfanté !
Et je revis chaque heure et toutes vos saisons ;
Joie, en rire de feuilles claires par la rive,
Joie, en sourires bleus de lac aux horizons,
Joie, en prostrations de la plaine passive,
Joie éclose en frissons ;
Les jeunes délices qui furent dans nos yeux
— Aurores et couchants — les étoiles des cieux,
Et le portail de Vie ouvert et spacieux
Vers les jeunes moissons !

Joie, 1886-1893.
Mercure de France, éd.

Gustave KAHN

La technique symboliste du vers libre se propose aussi de renouveler le lyrisme sans renoncer pour autant à son rythme strophique traditionnel ; ainsi naît, en particulier chez Gustave Kahn, la *strophe libre*, dont voici un exemple significatif.

TEXTE XLIII   L'Eau

    Sur un grand divan, soie d'argent
et grandes fleurs bleues sur le fond crémeux
et ses mains égrenant des perles,
bouquet du matin diligent
voici Thétis inconsolée.

Ses cheveux sont ondés comme la vague déferle
par un temps doux de belle arrivée
et ses yeux verts, languides, sont une caresse
même en ce temple de grâces paresseuses,
et les Néréides aux tresses emperlées
l'entretiennent des nouvelles
que les mouettes à tire-d'aile
apportent des terres fabuleuses...

Et les Néréides reprennent ce rouet
à l'accent si félin, si doux, que l'on entend
quand la voix colère de l'autan
n'effarouche pas l'éphémère,
ce rouet si ronronnant, ce fil d'herbe si parfumé,
que les pilotes croient respirer
quand cette aube s'élève des vagues de la mer
l'odeur lointaine des îles enchantées,
que les vivats de découverte
s'élancent, avec le rêve des lingots rapportés
vers les pontons rongés de mousses vertes.

Et qu'importe ! ceux-là passent.
Les belles nymphes sont immortelles,
comme le thyrse et le caducée,
comme la vague, comme la dentelle
de l'herbe et l'ouate des nuées,
comme la roche aux repos noirs sous l'ondée
arc-en-ciel par le même soleil,
comme le vin pourpre ou le vin vermeil
ou les chaînes de Prométhée.
Ils se penchent, c'est de l'ombre ; ils crient, c'est de l'écho ;
Ils meurent, c'est du silence ; ils chantent, c'est une phrase
à la beauté sereine du soleil et des flots.

Le Livre d'Images, 1897.
Mercure de France, éd.

Henri de RÉGNIER

Chez Henri de Régnier, qui eut des débuts parnassiens, le symbolisme est avant tout une musique qui cherche, dans la pratique du vers libre mêlé au vers régulier, le secret de la *flexibilité* verbale ; et ainsi s'achemine-t-on vers cette *préciosité* virtuellement présente, d'ailleurs, dans tout le symbolisme.

TEXTE XLIV Scènes au crépuscule

En allant vers la Ville où l'on chante aux terrasses
Sous les arbres en fleurs comme des bouquets de fiancées,
En allant vers la Ville où le pavé des places
Vibre au soir rose et bleu d'un silence de danses lassées,
Nous avons rencontré les filles de la plaine
Qui s'en venaient à la fontaine,
Qui s'en venaient à perdre haleine,
Et nous avons passé.

La douceur des ciels clairs vivait en leurs yeux tristes,
Les oiseaux du matin chantaient en leurs voix douces,
Oh ! si douces avec leurs yeux de bonne route
Et si tendres avec leurs voix de colombes indicatrices !
Elles s'assirent pour nous voir, tristes et sages,
Leurs mains jointes semblaient garder leurs cœurs en cage.

Les ballerines ont croisé nos chemins
Et nous avons suivi leurs fards, leurs rires, leurs tambourins
Pour les perdre un soir d'ombre au détour du chemin...

Nous allons vers la Ville où l'on chante aux terrasses
Sous les arbres en fleurs chercher les Fiancées,
O cloches d'allégresse au silence des places,
Les cloches tremblent comme des fleurs balancées.

Nos espoirs entreront par les portes ouvertes
En vols de papillons légers aux vastes ailes,
Avec les hirondelles
Qui s'en viennent inertes,
Lasses d'avoir passé et repassé les mers,
Et vers les angles noirs et sur les pavés clairs
Nos espoirs voletteront en ombres joyeuses
Comme les pétales de fleurs merveilleuses
Que pleut le soir d'avril aux tresses des fileuses.

Poèmes anciens et romanesques. 1887-1888.
Mercure de France, éd.

Albert SAMAIN

Reprenant le goût verlainien de l'*indécis (J'adore l'indécis, les sons, les couleurs frêles)* Albert Samain se rattache aussi à la tradition « décadente », du moins dans son aspect de langueur «fin-de-siècle». Ce pourquoi il fut sans doute le plus lu des symbolistes dans les années 1900 ! Ici la *préciosité* symboliste révèle à la fois son charme et sa faiblesse.

TEXTE XLV Je rêve de vers doux...

Je rêve de vers doux et d'intimes ramages,
De vers à frôler l'âme ainsi que des plumages,

De vers blonds où le sens fluide se délie
Comme sous l'eau la chevelure d'Ophélie,

De vers silencieux, et sans rythme et sans trame,
Où la rime sans bruit glisse comme une rame,

De vers d'une ancienne étoffe, exténuée,
Impalpable comme le son et la nuée,

De vers de soir d'automne ensorcelant les heures
Au rite féminin des syllabes mineures.

Je rêve de vers doux mourant comme des roses.

Au Jardin de l'Infante, 1893.
Mercure de France, éd.

SAINT – POL ROUX

Aux antipodes de cette préciosité, l'ultra-symbolisme de Saint-Pol Roux a été parfaitement défini par Éluard en 1925 : *Voici un homme qui n'a pas craint de se mêler au peuple insensé de son esprit, de se livrer entièrement au monde parfait de ses rêves.* De fait, Saint-Pol Roux est bien, en pleine époque symboliste, un chaînon vivant entre romantisme et surréalisme.

TEXTE XLVI   Seul et la Flamme

C'était au temps abstrait de Seul : futur, l'objet
S'essayait vers la ligne où le vœu sera chose ;
L'âme aux ailes de plan ouvertes pour le jet
Aspirait à l'argile en le gré de la Cause.

Or, Seul, hanté par l'odorance du Jardin
Prêt à jaillir des hauts sillons de sa pensée,
Vit se cabrer devant son mystère, soudain,
Le saisissable éclat d'une Flamme avancée.

« Ton nom, s'écria Seul, feu que n'a pas conçu
Mon enseallissime[1] et tranquille génie ?
Je ne t'ai pas pensé, tu n'es pas mon issu.
O Seul, serais-je Deux dans ma vierge harmonie ?

Oui, j'émettrai l'azur et ses ardents raisins,
Je gonflerai des monts et je suerai des fleuves,
Aux flots je donnerai les chênes pour voisins,
Je créerai l'olivier pour les colombes neuves.

---

1. Néologisme : adjectif au superlatif formé sur *en soi*

Saint-Pol Roux

Sublime apothéose offerte au devenir
Sans perdre le triomphe entier de sa corolle,
Me voici, grandiose au seuil de l'avenir
Car je vais m'effeuiller avec une parole.

Mais mon poème n'est encore qu'en zéros
Divinement couvés par ma caresse énorme ;
De ces œufs, prometteurs de nombres au chaos
Rien n'émana déjà dans l'arrêt d'une forme.

Espace pour l'oiseau, glèbe pour les moissons
De mon front chaque chose est toujours à descendre,
Les océans prochains ne sont que des frissons,
Les soleils imminents des tisons sous la cendre.

L'absolu récusant à jamais le sommeil,
Tu n'es donc pas l'inconscient effet d'un songe,
De l'ombre vaste où se pavane mon éveil
Non plus ne saurait sourdre une œuvre de mensonge.

Tu t'agrippes pourtant, ô pieuvre de lueur,
A même la prunelle interdite de l'Être,
Et ma science attend sous sa tempe en sueur
Le rayon divulguant ta raison d'apparaître.

Hypothèse d'un corps que Seul exprimera,
Il faut que son foyer soit géant dans le proche
Pour transsuder ainsi de ce qui germera
Et dès lors s'affirmer par l'éclat qui m'accroche.

Je crois donc, avenir d'une réalité,
Que tu viens, devançant l'Age des Créatures,
Ouraganer la paix de mon éternité
Afin que je m'apprête aux tempêtes futures.

Vite déchiffre-moi cette énigme de feu
Qu'alimentent, bizarre amas d'allégories,
Des fanfares, des paons, des blasphèmes à Dieu,
Des serments tronçonnés et des chocs de patries.

Oh dis, spectre à rebours, la Force de demain
Que tu fais pressentir par une telle emprise
Que ma barbe si blonde a blanchi de surprise ! »
Et la flamme lança : « Je suis l'Orgueil Humain. »

Mars 1885.
Anciennetés, 1903.
Mercure de France, éd.

LE SYMBOLISME ET SA SUITE

TEXTE XLVII La Carafe d'eau pure

A Jules Renard

Sur la table d'un bouge noir où l'on va boire du vin rouge.

Tout est sombre et turpitude entre ces quatre murs.
La mamelle de cristal, seule, affirme la merveille de son eau candide.
A-t-elle absorbé la lumière plénière de céans qu'elle brille ainsi, comme tombée de l'annulaire d'un archange ?

Dès le seuil de la sentine sa vue m'a suggéré le sac d'argent sage que lègue à sa louche filleule une ingénue marraine ayant cousu toute la vie.
Voici que s'évoque une Phryné d'innocence, jaillie d'un puits afin d'aveugler les Buveurs de sa franchise.
En effet j'observe que la crapule appréhende la vierge...
Il se fait comme une crainte d'elle...
Les ronces des prunelles glissent en tangentes sournoises sur sa panse...
Le crabe des mains, soucieuses d'amender leur gêne, va cueillir les flacons couleurs de sang...

Mais la Carafe, aucun ne la butine.

Quelle est donc sa farouche vertu ?

Viendrait-elle, cette eau, des yeux de vos victimes, Buveurs, et redoutez-vous que s'y reflètent vos remords, ou bien ne voulez-vous que soient éteints les brasiers vils de vos tempes canailles ?

Et je crus voir leur Conscience sur la table du bouge noir où l'on va boire du vin rouge !

Les Féeries intérieures, 1885-1906, 1907.
Mercure de France, éd.

SYMBOLISTES BELGES

Le symbolisme avait sans doute en lui quelque chose de « nordique » et connut en Belgique un développement particulier et fécond qu'une histoire de la poésie française ne peut ignorer. Il est là des poèmes singuliers et fascinants, dans l'œuvre, par exemple, de Max Elskamp ou de Charles Van Lerberghe.

TEXTE XLVIII Tour d'Ivoire

Mais geai qui paon se rêve aux [plumes,
Haut, ces tours sont-ce mes juchoirs ?
D'îles de Pâques aux fleurs noires
Il me souvient en loins posthumes :

Je suis un pauvre oiseau des îles.

Or, d'avoir trop monté les hunes
Et d'outre-ciel m'être vêtu,
J'ai pris le mal des ingénus
Comme une fièvre au clair de lune,

Je suis un pauvre oiseau des îles.

Et moins de joies me font des signes,
Et plus de jours me sont des cages,
Or, j'ai le cœur gros de nuages ;
Dans un pays de trop de cygnes,

Je suis un pauvre oiseau des îles.

Car trop loin mes îles sont mortes,
Et du mal vert qu'ont les turquoises,
J'ai serti mes bagues d'angoisse ;
Ma famille n'a plus de portes :

Je suis un pauvre oiseau des îles.

Max ELSKAMP, *Enluminures*, 1898.
Lacomblez, éd.

TEXTE XLIX   De mon mystérieux voyage...

De mon mystérieux voyage
Je ne t'ai gardé qu'une image,
Et qu'une chanson, les voici :
Je ne t'apporte pas de roses,
Car je n'ai pas touché aux choses,
Elles aiment à vivre aussi.

Mais pour toi de mes yeux ardents,
J'ai regardé dans l'air et l'onde,
Dans le feu clair et dans le vent,
Dans toutes les spendeurs du monde,
Afin d'apprendre à mieux te voir
Dans toutes les ombres du soir.

Afin d'apprendre à mieux t'entendre
J'ai mis l'oreille à tous les sons,
Écouté toutes les chansons,
Tous mes murmures, et la danse
De la clarté dans le silence.

Afin d'apprendre comme on touche
Ton sein qui frissonne ou ta bouche,
Comme en un rêve, j'ai posé
Sur l'eau qui brille, et la lumière,
Ma main légère, et mon baiser.

Ch. Van Lerberghe, Chanson d'Ève, 1904.
Mercure de France, éd.

Maurice MAETERLINCK

Théoricien du *symbole inconscient* (cf. texte 23, II), Maeterlinck, Belge lui aussi, puise dans les mystères lunaires, féériques et brumeux la source d'une audace d'imagination et de rêve, qui fait de lui l'un des précurseurs les moins contestables de la poésie contemporaine.

TEXTE L   Serre chaude

O serre au milieu des forêts !
Et vos portes à jamais closes !
Et tout ce qu'il y a sous votre coupole !
Et sous mon âme en vos analogies !

Les pensées d'une princesse qui a faim,
L'ennui d'un matelot dans le désert,
Une musique de cuivre aux fenêtres des incurables.

Allez aux angles les plus tièdes !
On dirait une femme évanouie un jour de moisson ;
Il y a des postillons dans la cour de l'hospice ;
Au loin, passe un chasseur d'élans, devenu infirmier.

Examinez au clair de lune !
(Oh rien n'y est à sa place !)
On dirait une folle devant les juges,
Un navire de guerre à pleines voiles sur un canal,
Des oiseaux de nuit sur des lys,

Un glas vers midi,
(Là-bas sous ces cloches!)
Une étape de malades dans la prairie,
Une odeur d'éther un jour de soleil.
Mon Dieu! mon Dieu! quand aurons-nous la pluie.
Et la neige et le vent dans la serre!

Serres chaudes, 1889.
Lacomblez, éd.

TEXTE LI   Oraison

Ayez pitié de mon absence
Au seuil de mes intentions !
Mon âme est pâle d'impuissance
Et de blanches inactions.

Mon âme aux œuvres délaissées,
Mon âme pâle de sanglots
Regarde en vain ses mains lassées
Trembler à fleur de l'inéclos.

Et tandis que mon cœur expire
Les bulles des songes lilas,
Mon âme, aux frêles mains de cire,
Arrose un clair de lune las ;

Un clair de lune où transparaissent
Les lys jaunis des lendemains ;
Un clair de lune où seules naissent
Les ombres tristes de mes mains.

Serres chaudes, 1889.
Lacomblez, éd.

TEXTE LII   Chansons

I

Les sept filles d'Orlamonde[1],
Quand la fée fut morte,
Les sept filles d'Orlamonde,
Ont cherché les portes.

Ont allumé leurs sept lampes,
Ont ouvert les tours,
Ont ouvert quatre cents salles,
Sans trouver le jour.

Arrivent aux grottes sonores,
Descendent alors ;
Et sur une porte close
Trouvent une clef d'or.

Voient l'océan par les fentes,
Ont peur de mourir,
Et frappent à la porte close,
Sans oser l'ouvrir.

II

Elle est venue vers le palais
— Le soleil se levait à peine —
Elle est venue vers le palais,
Les chevaliers se regardaient
Toutes les femmes se taisaient.

Elle s'arrêta devant la porte
— Le soleil se levait à peine —
Elle s'arrêta devant la porte
On entendit marcher la reine
Et son époux l'interrogeait.

---

1. Maeterlinck avait donné ce nom de fée au manoir où il passa la plus grande partie de sa vie.

Où allez-vous, où allez-vous ?
— Prenez garde, on y voit à peine —
Où allez-vous, où allez-vous ?
Quelqu'un vous attend-il là-bas ?
Mais elle ne répondait pas.

Elle descendit vers l'inconnue
— Prenez garde, on y voit à peine —
Elle descendit vers l'inconnue,
L'inconnue embrassa la reine,
Elles ne se dirent pas un mot
Et s'éloignèrent aussitôt.

Son époux pleurait sur le seuil
— Prenez garde, on y voit à peine —
Son époux pleurait sur le seuil
On entendait marcher la reine
On entendait tomber les feuilles.

III

Les trois sœurs ont voulu mourir
Elles ont mis leurs couronnes d'or
Et sont allées chercher leur mort.

S'en sont allées vers la forêt :
« Forêt, donnez-nous notre mort,
Voici nos trois couronnes d'or. »

La forêt se mit à sourire
Et leur donna douze baisers
Qui leur montrèrent l'avenir.

Les trois sœurs ont voulu mourir
S'en sont allées chercher la mer
Trois ans après la rencontrèrent :

« O mer, donnez-nous notre mort,
Voici nos trois couronnes d'or. »

Et la mer se mit à pleurer
Et leur donna trois cents baisers,
Qui leur montrèrent le passé.

Les trois sœurs ont voulu mourir
S'en sont allées chercher la ville
La trouvèrent au milieu d'une île :

« O ville donnez-nous notre mort,
Voici nos trois couronnes d'or. »

Et la ville s'ouvrant à l'instant
Les couvrit de baisers ardents,
Qui leur montrèrent le présent.

Douze Chansons, 1896.
Stock, éd.

Émile VERHAEREN

Autre pôle de la poésie belge, Verhaeren — qui fut sans doute le plus populaire des poètes de son école — transforme progressivement le symbolisme en méthode d'expression réaliste du monde moderne ; et sa vision des *villes tentaculaires* n'est pas seulement pittoresque ou fantastique : elle contient déjà l'unanimisme, et même, parfois, les germes de l'insolite urbain d'Apollinaire.

TEXTE LIII Les Usines

Se regardant avec les yeux cassés de leurs fenêtres
Et se mirant dans l'eau de poix et de salpêtre
D'un canal droit, marquant sa barre à l'infini,
Face à face, le long des quais d'ombre et de nuit,
Par à travers les faubourgs lourds
Et la misère en pleurs de ces faubourgs,
Ronflent terriblement usines et fabriques.

Rectangles de granit et monuments de briques,
Et longs murs noirs durant des lieues,
Immensément par les banlieues ;
Et sur les toits, dans le brouillard, aiguillonnées
De fers et de paratonnerres,
Les cheminées.

Les Villes tentaculaires, 1895.
Mercure de France, éd.

TEXTE LIV La vie ardente

Mon cœur, je l'ai rempli du beau tumulte humain.
Tout ce qui fut vivant et haletant sur terre,
Folle audace, volonté sourde, ardeur austère

Émile Verhaeren

Et la révolte d'hier et l'ordre de demain
N'ont point pour les juger refroidi ma pensée.
Sombres charbons, j'ai fait de vous un grand feu d'or
N'exaltant que sa flamme et son volant essor,
Qui mêlaient leur splendeur à la vie angoissée.
Je vous accueille tous avec tous vos contrastes
Afin que fût plus long, plus complexe et plus vaste
Le merveilleux frisson qui m'a fait tressaillir.
Mon cœur à moi ne vit dûment que s'il s'efforce.
L'humanité totale a besoin d'un tourment
Qui la travaille avec fureur, comme un ferment,
Pour élargir sa vie et soulever sa force.

Visages de la Vie, 1899.
Mercure de France, éd.

Jean MORÉAS

Pas de plus fort contraste qu'entre Verhaeren et Moréas qui, après avoir été le porte-drapeau du symbolisme militant (cf. texte 22), ne tarda pas à brûler ce qu'il avait adoré et à se lancer dans une entreprise de *restauration* poétique, en complète réaction à la fois contre le symbolisme et contre le modernisme naissant.

TEXTE LV Musique lointaine

Voici un exemple typique de poésie symboliste : ne pourrait-on même parler de *symbolisme systématique* ?

> La voix, songeuse voix de lèvres devinées,
> Éparses dans les sons aigus de l'instrument,
> A travers les murs sourds filtre implacablement,
> Irritant des désirs et des langueurs fanées.
>
> Alors, comme sous la baguette d'un sorcier,
> Dans mon esprit flottant la Vision se calque :
> *Blanche avec des cheveux plus noirs qu'un catafalque,*
> *Frêle avec des rondeurs plus lisses que l'acier.*
>
> *Dans le jade se meurt la branche de verveine.*
> *Les tapis sont profonds et le vitrail profond.*
> *Les coussins sont profonds et profond le plafond.*
> *Nul baiser attristant, nulle caresse vaine.*
>
> La voix, songeuse voix de lèvres devinées,
> Éparse dans les sons aigus de l'instrument,
> A travers les murs sourds filtre implacablement,
> Irritant des désirs et des langueurs fanées.

Premières Poésies, Les Syrtes, 1883-1884.
Mercure de France, éd.

Jean Moréas

TEXTE LVI Stances

Comme forme privilégiée de sa poésie « romane », Moréas choisit celle de la *stance* : mais il arrive souvent qu'en lui le poète l'emporte sur le théoricien qui cependant se manifeste toujours par un grave et rigoureux souci de la forme.

I

Belle lune d'argent, j'aime à te voir briller
Sur les mâts inégaux d'un port plein de paresse,
Et je rêve bien mieux quand ton rayon caresse,
Dans un vieux parc, le marbre où je viens m'appuyer.

J'aime ton jeune éclat et tes beautés fanées,
Tu me plais sur un lac, sur un sable argentin,
Et dans la vaste nuit de la plaine sans fin,
Et dans mon cher Paris, au bout des cheminées.

III, 10, 1901.

II

Ce canal qu'à cette heure une aube faible glace,
Où je vois reflétés paisiblement les cieux,
Entre deux mornes quais, loin de la vaine audace
Du fleuve dont il sort, croupit insoucieux.

Va-t-il donc se flatter d'un destin sans réplique ?
L'un peine en son repos, l'autre gît en courant ;
Et ce calme étendu sur cette eau métallique
N'est pas plus assuré que l'onde du torrent.

VI, 7, 1905.
Mercure de France, éd.

L'UNANIMISME

Baudelaire avait récusé le monde moderne, le symbolisme avait recherché l'Idée ; mais la poésie comme chant du monde et comme chant des hommes séduit à nouveau les poètes du groupe de l'Abbaye qui expérimentent ainsi une sorte de *néo-réalisme poétique*.

TEXTE LVII   Clan

La beauté des femmes,
Elle n'était pas parfaite et triomphale,
Ce n'était pas celle des anges et des fleurs.
Des doigts impérieux
S'étaient déjà posés sur ces visages
Et en avaient suivi les contours.

Quelques-unes croisaient des mains prostrées et tristes
Qui n'avaient jamais dû flâner dans l'eau courante
Et pour d'autres c'était le labeur ou l'attente
Qui avaient fatigué leur cou et leur sourire.

Mais leurs yeux à toutes, mais leurs voix...
Oh ! non leur beauté n'était pas
Celle impassible des fées
Non plus celle opulente des déesses,
Mais c'étaient des beautés de femmes.

La bonté des hommes
N'était pas constante ni tenace ;
Ce n'était pas celle hélas ! qu'on enseigne ;

L'unanimisme

On n'avait pas pu lui donner grand-place,
On lui défendait de parler trop fort ;
Si bien que, des ans, on la croyait morte.

Mais lorsque son jour arrivait,
Elle était aussi pénétrante et chaude
Qu'une eau-de-vie qu'on boit en fraude,
Dans les prisons.

Charles VILDRAC, *Poèmes*, 1905.
Gallimard, éd.

TEXTE LVIII   Propagations

Le moteur vit d'explosions obéissantes ;
Les atomes des gaz se battent en chantant ;
Leurs groupes meurent et naissent. Le métal tremble.
Chaque dent des engrenages est un tremplin
D'où la force prend son élan, les jambes jointes ;
Et celui qui conduit la voiture a vingt ans.
Il jouit qu'elle morde à pleines roues les pentes,
Et fasse rejaillir de l'espace alentour.
Les gens qui sont dans la voiture, coude à coude,
Baignés par la vitesse y perdent leur lourdeur.
Ils existent plus ardemment que tout à l'heure ;
Ils absorbent avec leurs têtes et leurs reins
Et changent en désir de puissance et d'étreinte
Toute la force insoumise qui fait grincer
Les essieux, donne des spasmes aux ressorts maigres,
Échauffe le piston, dilate les écrous,
Et qui bouscule l'air d'ondulations troubles.
Un enfant, dans le coin, voudrait un établi
Où pendraient des maillets, des rabots et des limes,
Pour se construire un char avec un gros timon.
Une femme se hait de ne pas être blonde :
« C'est à cause de mes cheveux et de mon teint
« Qu'il m'a quittée. » Un homme ayant besoin de vaincre
Serre pour qu'elle casse une canne en bois creux.
Le long du trottoir froid, les passants se calfeutrent
Dans un terrier d'habits dont ils ferment les trous.
Mais ils ont vu courir la voiture farouche ;
Ils se redressent tous, comme un gazon couché
Qu'on arrose.

Les boutiquiers quittent leur chaise,
Et viennent jusqu'au seuil attendre, bras croisés,
Que la cohue entre chez eux ses pointes grêles,

Happe la marchandise et distille de l'or.
Puis l'effluve, embrassant les nouveau-nés qui dorment
Les fait rêver qu'on les caresse et qu'on leur met
Du soleil sur les yeux et du lait sur les lèvres.
Dans sa cage un serin chante ainsi qu'en Avril.
Sous le plafond couleur d'infini, deux familles
Causent, âmes en rond comme des peupliers ;
La douceur d'être tant les joint comme du lierre ;
Entre eux l'amitié stagne en petit lac heureux.
Le souffle du moteur leur arrache des feuilles ;
Quelque chose d'eux tous s'envole en tournoyant,
Perce les portes et les murs, se faufile entre
Les éléments, se cogne aux atomes ventrus,
Les pousse avec effort, et s'exténue, et sue
Un frisson qui n'est pas encore une lueur.
Et l'esprit redevient de la force onduleuse
Qui se perd dans le sifflement d'un remorqueur.

Jules ROMAINS, *La Vie unanime*, 1904-1907.
Gallimard, éd.

TEXTE LIX Tandis que des quartiers...

Tandis que des quartiers se boursouflent et font,
Sous la brume qui tombe avant la fin du jour,
Partir, en un soudain épanouissement
De leur centre qu'un feu par le dedans tourmente,
Vers ce qui souffre seul dans les derniers faubourgs,
Plusieurs bourrelets mous qui grossissent, qui roulent,
Qui noient de glu les tas avant de les dissoudre,
Qui cerclent peu à peu de leur anneau plus grand
Plus de chair, étirant les groupes reployés,
Pressant les carrefours et les rassemblements,
La rue en marche et la famille qui se chauffe,
Pour qu'ils deviennent tous une ceinture accrue
Autour de l'âme en bloc qui se pense au milieu,
Et que jusqu'aux remparts la ville soit un dieu ;
Puisse un large remous naître dans le lointain,
Dans les corps les plus las des maisons mal fermées
Qui frissonnent au bout d'exsangues avenues,
Et puisse-t-il se rétrécir de plus en plus,
Avec les lents reculs d'une eau qui s'évapore,
Abandonner une âme, une autre, une autre encore,
Et si frileusement essayer de mourir
Qu'il ne soit plus, à l'heure où cette nuit commence,
Que moi-même étendu qui tremble sur mon lit.

Jules ROMAINS, *Prières*, 1908-1909.
Gallimard, éd.

CHAPITRE V

XXᵉ SIÈCLE : LES EXPÉRIENCES ET LES MAÎTRES

Paul FORT

Face au symbolisme métaphysique, la fantaisie de la gratuité et du caprice ; face au modernisme, le libre retour à la tradition : Paul Fort représente au mieux cette réaction qui fera de nombreux adeptes.

TEXTE LX La grenouille bleue

I

Prière au bon forestier

Nous vous en prions à genoux, bon forestier, dites-nous le ! à quoi reconnaît-on *chez vous* la fameuse grenouille bleue ?
  à ce que les autres sont vertes ? à ce qu'elle est pesante ? alerte ? à ce qu'elle fuit les canards ? ou se balance aux nénuphars ?

à ce que sa voix est perlée ? à ce qu'elle porte une houppe ? à ce qu'elle rêve par troupe ? en ménage ? ou bien isolée ?

Ayant réfléchi très longtemps et reluquant un vague étang, le bonhomme nous dit : Eh mais, à ce qu'on ne la voit jamais.

II

Réponse au forestier

Tu mentais, forestier. Aussi ma joie éclate ! Ce matin je l'ai vue : un vrai saphir à pattes ! Complice du beau temps, amante du ciel pur, elle était verte, mais réfléchissait l'azur.

Ballades françaises, 1894.
Flammarion, éd.

Paul-Jean TOULET

Le maître du groupe des *fantaisistes* inscrit dans ses arabesques verbales une légèreté qui n'exclut ni la mélancolie ni même parfois le désespoir. C'est un élégiaque qui porte comme un masque la grâce de son écriture.

TEXTE LXI Contrerimes

I

Toute allégresse a son défaut
    Et se brise elle-même
Si vous voulez que je vous aime
    Ne riez pas trop haut ;

C'est à voix basse qu'on enchante
    Sous la cendre d'hiver
Ce cœur pareil au feu couvert,
    Qui se consume et chante.

II

L'immortelle et l'œillet de mer
    Qui pousse dans le sable,
La pervenche trop périssable,
    Ou ce fenouil amer

Qui craquait sous la dent des chèvres,
    Ne vous en souvient-il,
Ni de la brise au sel subtil
    Qui nous brûlait aux lèvres ?

Contrerimes, 1895-1914.
Émile-Paul, éd.

Francis JAMMES

Francis Jammes a donné un jour, en 1897, la meilleure définition de sa poésie : *Toutes choses sont bonnes à décrire, lorsqu'elles sont naturelles.* Il est bien en effet le poète de la nature des choses et de la nature des êtres. Et tout langage lui est bon, comme est bon, aux yeux de cette âme franciscaine, tout ce qui est du monde et tout ce qui est de l'homme.

TEXTE LXII   La Salle à manger

Il y a une armoire à peine luisante
qui a entendu les voix de mes grand'-
[tantes,
qui a entendu la voix de mon grand-
[père
qui a entendu la voix de mon père.
À ces souvenirs l'armoire est fidèle.
On a tort de croire qu'elle ne sait
[que se taire,
car je cause avec elle.

Il y a aussi un coucou en bois.
Je ne sais pourquoi il n'a plus de
[voix.
Je ne veux pas le lui demander.
Peut-être bien qu'elle est cassée,
la voix qui était dans son ressort,
tout bonnement comme celle des
[morts.

Il y a aussi un vieux buffet
qui sent la cire, la confiture,
la viande, le pain, et les poires mûres.
C'est un serviteur fidèle qui sait
qu'il ne doit rien nous voler.

Il est venu chez moi bien des hommes
[et des femmes
qui n'ont pas cru à ces petites âmes.
Et je souris que l'on me pense seul
[vivant
quand un visiteur me dit en entrant :
— comment allez-vous, monsieur
[Jammes ?

De l'Angelus de l'aube à l'Angelus du soir,
1888-1897.
Mercure de France, éd.

TEXTE LXIII Clara d'Ellébeuse

J'aime dans les temps Clara d'Ellébeuse,
l'écolière des anciens pensionnats,
qui allait, les soirs chauds, sous les tilleuls
lire les magazines d'autrefois.
Je n'aime qu'elle, et je sens sur mon cœur
la lumière bleue de sa gorge blanche.
Où est-elle ? Où était donc ce bonheur ?
Dans sa chambre claire il entrait des branches.

Elle n'est peut-être pas encore morte
— ou peut-être que nous l'étions tous deux.
La grande cour avait des feuilles mortes
dans le vent froid des fins d'Été très vieux.

Te souviens-tu de ces plumes de paon,
dans un grand vase, auprès de coquillages ?
on apprenait qu'on avait fait naufrage,
on appelait Terre-Neuve : le Banc.

Viens, viens, ma chère Clara d'Ellébeuse ;
aimons-nous encore, si tu existes.
Le vieux jardin a de vieilles tulipes.
Viens toute nue, ô Clara d'Ellébeuse.

Clara d'Ellébeuse, 1898.
Mercure de France, éd.

Autre retour à la nature sous les espèces d'un lyrisme panthéiste et charnel, tandis que l'écriture reste fidèle à l'alexandrin romantique de Lamartine ou même de Hugo.

TEXTE LXIV Le Verger

Mon cœur indifférent et doux aura la pente
Du feuillage flexible et plat des haricots
Sur qui l'eau de la nuit se dépose et serpente
Et coule sans troubler son rêve et son repos.

Je serai libre enfin de crainte et d'amertume,
Lasse comme un jardin sur lequel il a plu,
Calme comme l'étang qui luit dans l'aube et fume,
Je ne souffrirai plus, je ne penserai plus,

Je ne saurai plus rien des choses de ce monde,
Des peines de ma vie et de ma nation,
J'écouterai chanter dans mon âme profonde
L'harmonieuse paix des germinations.

Je n'aurai pas d'orgueil, et je serai pareille,
Dans ma candeur nouvelle et ma simplicité,
A mon frère le pampre et ma sœur la groseille
Qui sont la jouissance aimable de l'été ;

Je serai si sensible et si jointe à la terre
Que je pourrai penser avoir connu la mort,
Et me mêler, vivante, au reposant mystère
Qui nourrit et fleurit les plantes par les corps.

Et ce sera très bon et très juste de croire
Que mes yeux ondoyants sont à ce lin pareils,
Et que mon cœur, ardent et lourd, est cette poire
Qui mûrit doucement sa pelure au soleil.

Le Cœur innombrable, 1901.
Calmann-Lévy, éd.

Paul VALÉRY

TEXTE LXV La Jeune Parque

Nous citons ici le début de ce poème où l'autobiographie intellectuelle accède, par le jeu subtil de l'image concrète et de l'abstraction symbolique, à cette pureté verbale où l'angoisse nostalgique se résout à la fois et s'exprime.

Qui pleure là, sinon le vent simple, à cette heure
Seule avec diamants extrêmes ?... Mais qui pleure,
Si proche de moi-même au moment de pleurer ?

Cette main, sur mes traits qu'elle rêve effleurer,
Distraitement docile à quelque fin profonde,
Attend de ma faiblesse une larme qui fonde,
Et qui de mes destins lentement divisé,
Le plus pur en silence éclaire un cœur brisé.
La houle me murmure une ombre de reproche,
Ou retire ici-bas, dans ses gorges de roche,
Comme chose déçue et bue amèrement,
Une rumeur de plainte et de resserrement...
Que fais-tu, hérissée, et cette main glacée,
Et quel frémissement d'une feuille effacée
Persiste parmi vous, îles de mon sein nu.
Je scintille, liée à ce ciel inconnu...
L'immense grappe brille à ma soif de désastres.

Tout-puissants étrangers, inévitables astres
Qui daignez faire luire au lointain temporel
Je ne sais quoi de pur et de surnaturel ;
Vous qui dans les mortels plongez jusques aux larmes

Ces souverains éclats, ces invincibles armes,
Et les élancements de votre éternité,
Je suis seule avec vous, tremblante, ayant quitté
Ma couche ; et sur l'écueil mordu par la merveille,
J'interroge mon cœur quelle douleur l'éveille,
Quel crime par moi-même ou sur moi consommé ?...
... Ou si le mal me suit d'un songe refermé,
Quand (au velours du souffle envolé l'or des lampes)
J'ai de mes bras épais environné mes tempes,
Et longtemps de mon âme attendu les éclairs ?
Toute ? Mais toute à moi, maîtresse de mes chairs,
Durcissant d'un frisson leur étrange étendue,
Et dans mes doux liens, à mon sang suspendue,
Je me voyais me voir, sinueuse, et dorais
De regards en regards, mes profondes forêts.
J'y suivais un serpent qui venait de me mordre

La Jeune Parque, 1-37, 1917.
Gallimard, éd.

TEXTE LXVI Poésie

La recherche de la *pureté* poétique, le culte du langage n'abolissent point le *lyrisme de l'aventure intérieure* : c'est même sans doute la perfection du poème et de son *charme*, lorsqu'atteignent leur unité le lyrisme de l'Ame et la pureté du Verbe.

Par la surprise saisie,
Une bouche qui buvait
Au sein de la Poésie
En sépare son duvet :

— O ma mère Intelligence,
De qui la douceur coulait,
Quelle est cette négligence
Qui laisse tarir son lait !

A peine sur ta poitrine,
Accablé de blancs liens,
Me berçait l'onde marine
De ton cœur chargé de biens ;

A peine, dans ton ciel sombre,
Abattu sur ta beauté,
Je sentais, à boire l'ombre,
M'envahir une clarté !

Dieu perdu dans son essence,
Et délicieusement
Docile à la connaissance
Du suprême apaisement,

Je touchais à la nuit pure,
Je ne savais plus mourir,
Car un fleuve sans coupure
Me semblait me parcourir...

Dis, par quelle crainte vaine,
Par quelle ombre de dépit,
Cette merveilleuse veine
A mes lèvres se rompit ?

O rigueur, tu m'es un signe
Qu'à mon âme je déplus !
Le silence au vol de cygne
Entre nous ne règne plus !

Paul Valéry

Immortelle, ta paupière　　　Des cieux même tu me sèvres,
Me refuse mes trésors,　　　　Par quel injuste retour ?
Et la chair s'est faite pierre　　Que seras-tu sans mes lèvres ?
Qui fut tendre sous mon corps !　Que serai-je sans amour ?

       Mais la Source suspendue
       Lui répond sans dureté :
       — Si fort vous m'avez mordue
       Que mon cœur s'est arrêté !

Charmes, 1921.
Gallimard, éd.

TEXTE LXVII Fragments du Narcisse, vers 48-75

La poésie est comme le miroir verbal de l'Esprit. Aussi le mythe de Narcisse est-il, au cœur de l'œuvre de Valéry, le lieu de concentration d'un « *beau reflet des désordres humains* ».

O douceur de survivre à la force du jour,
Quand elle se retire enfin rose d'amour,
Encore un peu brûlante, et lasse, mais comblée,
Et de tant de trésors tendrement accablée
Par de tels souvenirs qu'ils empourprent sa mort,
Et qu'ils la font heureuse agenouiller dans l'or,
Puis s'étendre, se fondre, et perdre sa vendange
Et s'éteindre en un songe en qui le soir se change.
Quelle perte en soi-même offre un si calme lieu !
L'âme, jusqu'à périr, s'y penche pour un Dieu
Qu'elle demande à l'onde, onde déserte, et digne
Sur son lustre, du lisse effacement d'un cygne...
A cette onde jamais ne burent les troupeaux !
D'autres, ici perdus, trouveraient le repos,
Et dans la sombre terre, un clair tombeau qui s'ouvre...
Mais ce n'est pas le calme, hélas ! que j'y découvre !
Quand l'opaque délice où dort cette clarté
Cède à mon corps l'horreur du feuillage écarté,
Alors, vainqueur de l'ombre, ô mon corps tyrannique,
Repoussant aux forêts leur épaisseur panique,
Tu regrettes bientôt leur éternelle nuit !
Pour l'inquiet Narcisse, il n'est ici qu'ennui !
Tout m'appelle et m'enchaîne à la chair lumineuse
Que m'oppose des eaux la paix vertigineuse !

Que je déplore ton éclat fatal et pur,
Si mollement de moi fontaine environnée,
Où puisèrent mes yeux dans un mortel azur
Les yeux mêmes et noirs de leur âme étonnée.

Charmes, 1921.
Gallimard, éd.

TEXTE LXVIII Les grenades

Intérieur

Il arrive aussi à Valéry, qui se souvient volontiers de sa jeunesse symboliste, de pratiquer avec un rare bonheur la *brièveté poétique*, qui se ramasse dans l'exacte ciselure d'une impression fugitive.

I

Dures grenades entr'ouvertes
Cédant à l'excès de vos grains,
Je crois voir des fronts souverains
Éclatés de leurs découvertes !

Si les soleils par vous subis,
O grenades entrebaillées,
Vous ont fait d'orgueil travaillées
Craquer les cloisons de rubis,

Et que si l'or sec de l'écorce
A la demande d'une force
Crève en gemmes rouges de jus,

Cette lumineuse rupture
Fait rêver une âme que j'eus
De sa secrète architecture.

II

Une esclave aux longs yeux chargés de molles chaînes
Change l'eau de mes fleurs, plonge aux glaces prochaines,
Au lit mystérieux prodigue ses doigts purs ;
Elle met une femme au milieu de ces murs
Qui, dans ma rêverie errant avec décence,
Passe entre mes regards sans briser leur absence,
Comme passe le verre au travers du soleil,
Et de la raison pure épargne l'appareil.

Charmes, 1922.
Gallimard, éd.

Charles PÉGUY

TEXTE LXIX La nuit

Dans la poésie de Péguy, le charnel est la figure du spirituel, le cosmique est la figure de l'éternité. Ainsi de la nuit qui est, dans le temporel, le signe permanent de l'unique nuit de la Rédemption. C'est Dieu qui parle.

O ma Nuit étoilée je t'ai créée la première.
Toi qui endors, toi qui ensevelis déjà une Ombre éternelle
Toutes mes créatures
Les plus inquiètes, le cheval fougueux, la fourmi laborieuse,
Et l'homme ce monstre d'inquiétude.
Nuit qui réussis à endormir l'homme
Ce puits d'inquiétude.
Comme tu endors l'eau du puits.
O ma nuit à la grande robe
Qui prends les enfants et la jeune Espérance
Dans le pli de ta robe
Mais les hommes ne se laissent pas faire.
O ma belle nuit je t'ai créée la première.
Et presque avant la première
Silencieuse aux longs voiles
Toi par qui descend sur terre un avant-goût
Toi qui répands de tes mains, toi qui verses sur terre
Une première paix
          Avant-coureur de la paix éternelle.
Un premier repos
          Avant coureur du repos éternel.
Un premier baume, si frais, une première béatitude
          Avant-coureur de la béatitude éternelle[...]

O douce, ô grande, ô sainte ; ô belle nuit, peut-être la plus sainte de mes filles,nuit à la grande robe, à la robe étoilée
Tu me rappelles ce grand silence qu'il y avait dans le monde
Avant le commencement du règne de l'homme.
Tu m'annonces ce grand silence qu'il y aura
Après la fin du règne de l'homme quand j'aurai repris mon sceptre,
Et j'y pense quelquefois d'avance, car cet homme fait vraiment beaucoup de bruit.
Mais surtout, Nuit, tu me rappelles cette nuit,
Et je me la rappellerai éternellement.
La neuvième heure avait sonné. C'était dans le pays de mon peuple d'Israël.
Tout était consommé. Cette énorme aventure.
Depuis la sixième heure il y avait eu des ténèbres sur tout le pays, jusqu'à la neuvième heure.
Tout était consommé. Ne parlons plus de cela. Ça me fait mal.
Cette incroyable descente de mon fils parmi les hommes.
Chez les hommes.
Pour ce qu'ils en ont fait.
Ces trente ans qu'il fut charpentier chez les hommes.
Ces trois ans qu'il fut une sorte de prédicateur chez les hommes.
Un prêtre.
Ces trois jours où il fut une victime chez les hommes.
Parmi les hommes.
Ces trois nuits où il fut un mort chez les hommes.
Parmi les hommes morts.
Ces siècles et ces siècles où il est une hostie chez les hommes.
Tout était consommé, cette incroyable aventure
Par laquelle, moi, Dieu, j'ai les bras liés pour mon éternité.
Cette aventure pour laquelle mon Fils m'a lié les bras.
Pour éternellement liant les bras de ma justice, pour éternellement déliant les bras de ma miséricorde.
Et contre ma justice inventant une justice même.
Une justice d'amour. Une justice d'Espérance. Tout était consommé.
Ce qu'il fallait. Comme il avait fallu. Comme mes prophètes l'avaient annoncé.
Le voile du temple s'était déchiré en deux, depuis le haut jusqu'en bas.
La terre avait tremblé ; des rochers s'étaient fendus.
Des sépulcres s'étaient ouverts, et plusieurs corps des saints qui étaient morts étaient ressuscités.
Et environ la neuvième heure mon Fils avait poussé
Le cri qui ne s'effacera point. Tout était consommé. Les soldats s'en étaient retournés dans leurs casernes.
Riant et plaisantant parce que c'était un service de fini.
Un tour de garde qu'ils ne prendraient plus.
Seul un centenier demeurait, et quelques hommes.
Un tout petit poste pour garder ce gibet sans importance.
La potence où mon Fils pendait.
Seules quelques femmes étaient demeurées.

Charles Péguy

La Mère était là.
Et peut-être aussi quelques disciples, et encore on n'en est pas bien sûr.
Or tout homme a le droit d'ensevelir son fils.
Tout homme sur terre, s'il a ce grand malheur
De ne pas être mort avant son fils. Et moi seul, moi, Dieu,
Les bras liés par cette aventure,
Moi seul à cette minute père après tant de pères,
Moi seul je ne pouvais pas ensevelir mon fils.
C'est alors, ô nuit, que tu vins.
O ma fille chère entre toutes et je le vois encore et je verrai cela dans mon éternité
C'est alors ô Nuit que tu vins et dans un grand linceul tu ensevelis
Le Centenier et ses hommes romains,
La Vierge et les saintes femmes,
Et cette montagne et cette vallée, sur qui le soir descendait,
Et mon peuple d'Israël et les pécheurs et ensemble celui qui mourait, qui était mort pour eux.

Et les hommes de Joseph d'Arimathie qui déjà s'approchaient

Portant le linceul blanc.

Le Porche du Mystère de la Deuxième Vertu,
Cahiers de la Quinzaine, XIII-4 du 22 octobre 1911.

TEXTE LXX   Eve (extraits)

L'unité du temporel et de l'éternel, du spirituel et du charnel, fait de Péguy — d'autre part admirateur de Corneille et de Hugo — un de nos plus grands poètes épiques. En témoignent les 7884 vers d'*Ève*, Légende des Siècles écrite selon la technique de la « *tapisserie* », le mot même de Péguy : les vers se répètent en effet, à travers l'ample déroulement des strophes, comme les points de la tapisserie, tandis que leurs variations internes produisent le lent et inépuisable progrès et du rythme et de la vision.

Jésus parle.

O mère ensevelie hors du premier jardin
Vous n'avez plus connu ce climat de la grâce,
Et la vasque et la source et la haute terrasse,
Et le premier soleil sur le premier matin.

Et les bondissements de la biche et du daim
Nouant et dénouant leur course fraternelle
Et courant et sautant et s'arrêtant soudain
Pour mieux commémorer leur vigueur éternelle.

Et pour bien mesurer leur force originelle
Et pour poser leurs pas sur ces moelleux tapis,
Et ces deux beaux coureurs sur soi-même tapis
Afin de saluer leur lenteur solennelle.

Et les ravissements de la jeune gazelle
Laçant et délaçant sa course vagabonde,
Galopant et trottant et suspendant sa ronde
Afin de saluer sa race intemporelle.

Et les dépassements du bouc et du chevreuil
Mêlant et démêlant leur course audacieuse
Et dressés tout à coup sur quelque immense seuil
Afin de saluer la terre spacieuse [...]

Une création naissante et sans mémoire
Tournante et retournante aux courbes d'un même orbe.
Et la faîne et le gland et le coing et la sorbe
Plus juteux sous les dents que la prune et la poire.

Vous n'avez plus connu la terre maternelle
Fomentant sur son sein les faciles épis,
Et la race pendue aux innombrables pis
D'une nature chaste ensemble que charnelle [...]

Mère voici vos fils qui se sont tant battus.
Qu'ils ne soient pas pesés comme on pèse un esprit.
Qu'ils soient plutôt jugés comme on juge un proscrit
Qui rentre en se cachant par des chemins perdus.

Mère voici vos fils et leur immense armée.
Qu'ils ne soient pas jugés sur leur seule misère.
Que Dieu mette avec eux un peu de cette terre
Qui les a tant perdus et qu'ils ont tant aimée.

Mère voici vos fils qui se sont tant perdus.
Qu'ils ne soient pas jugés sur une basse intrigue.
Qu'ils soient réintégrés comme l'enfant prodigue.
Qu'ils viennent s'écrouler entre deux bras tendus.

Qu'ils ne soient pas jugés comme un pauvre commis
À qui Dieu redemande un compte capital.
Qu'ils ne soient pas taxés comme un peuple soumis
À qui César demande un règlement total.

Qu'ils soient réhonorés comme de nobles fils.
Qu'ils soient réinstallés dans la noble maison,
Et dans les champs de blés et les champs de maïs.
Et qu'ils soient replacés dans la droite raison.

Et qu'ils soient reposés dans leur jeune saison.
Et qu'ils soient rétablis dans leur jeune printemps.
Et que sur leur épaule une blanche toison
Les refasse pasteurs de troupeaux importants.

Et qu'ils soient replacés dans le premier village.
Et qu'ils soient reposés dans l'antique chaumière.
Et qu'ils soient restaurés dans la splendeur première.
Et qu'ils soient remontés dans leur premier jeune âge [...]

Il[1] allait hériter des cavaliers numides
Et d'Assourbanipal et de Massinissa.
Il allait hériter du rude Micipsa.
Il allait hériter des hautes pyramides.

Et les pas d'Alexandre avaient marché pour lui,
De son jeune berceau jusqu'à sa jeune mort.
Il était le seigneur de l'un et l'autre port.
Il était le seigneur d'hier et d'aujourd'hui.

Et les pas d'Hérodote avaient marché pour lui.
Il était le seigneur de l'un et l'autre sort,
Il était le seigneur de l'une et l'autre mort.
Il était le seigneur d'hier et d'aujourd'hui.

Les pas même d'Hercule avaient marché pour lui.
Il était le seigneur de l'Averne et de Lerne,
Et de la monstrueuse et sanglante caverne,
Il était le seigneur d'hier et d'aujourd'hui.

Et les pas de Thésée avaient marché pour lui.
C'est lui qu'on attendait dans les pâles enfers.
C'est lui qu'on attendait dans l'immense univers.
Il était le seigneur d'hier et d'aujourd'hui.

Les pas de Darius avaient marché pour lui.
C'est lui qu'on attendait au fin fond de la Perse.
C'est lui qu'on attendait dans une âme disperse.
Il était le seigneur d'hier et d'aujourd'hui.

Et l'Asie et l'Europe avaient marché pour lui.
Il était le seigneur de l'un et l'autre bord.
Il était le preneur de l'un et l'autre fort
Et seul Poliorcète hier et aujourd'hui.

---

1. Le Christ.

Les pas de la phalange avaient marché pour lui,
Du fin fond de la Thrace aux portes de la Chine.
Pour lui les vieux sapins avaient courbé l'échine,
Pour lui les vents d'hiver et d'automne avaient fui.

Et les pas de César avaient marché pour lui,
Du fin fond de la Gaule aux rives de Memphis.
Tout homme aboutissait aux pieds du divin fils.
Et il était venu comme un voleur de nuit [...]

Et l'une[1] est morte un soir et le trois de janvier.
Tout un peuple assemblé la regardait mourir.
Le bourgeois, le manant, le pâtre et le bouvier
Pleuraient et se taisaient et la voyaient partir.

L'éblouissant manteau d'une sévère neige
Couvrait les beaux vallons du pays parisis.
L'amour de tout un peuple était tout son cortège,
Et ce peuple c'était le peuple de Paris.

L'éblouissant manteau d'une prudente neige
Couvrait les beaux recreux de la naissante France.
L'amour de tout un peuple était son espérance.
L'amour de tout un peuple était tout son cortège.

Et par France j'entends le pays parisis.
Et la neige éclatait, tunique grave et blanche.
On avait fabriqué comme une estrade en planche.
Et l'antique Lutèce était déjà Paris.

La neige déroulait un immense tapis.
L'histoire déroulait un immense discours.
La gloire encommençait un immense parcours.
Déjà l'humble Lutèce était le grand Paris.

La neige découpait un immense parvis.
L'histoire préparait un immense destin.
La gloire se levait dans un jeune matin.
Et la jeune Lutèce était le vieux Paris.

L'autre[2] est morte un matin et le trente de mai
Dans l'hésitation et la stupeur publiques.
Une forêt d'horreur, de haches et de piques
La tenaient circonscrite en un cercle fermé.

---

1. Sainte Geneviève.
2. Jeanne d'Arc.

Charles *Péguy*

Et l'une est morte ainsi d'une mort solennelle
Sur ses quatre-vingt-dix ou quatre-vingt-douze ans
Et les durs villageois et les durs paysans,
La regardant vieillir l'avaient crue éternelle.

Et l'autre est morte ainsi d'une mort solennelle
Elle n'avait passé ses humbles dix-neuf ans
Que de quatre ou cinq mois et sa cendre charnelle
    Fut dispersée aux vents.

28 décembre 1913.
Gallimard, éd.

TEXTE LXXI   L'Aveugle

Poète épique, Péguy rend hommage à Homère dans un sonnet où la brièveté de la forme enveloppe l'immensité de l'alexandrin.

D'innombrables rayons de toutes les lumières
Ont baigné vingt mille ans ces périssables yeux,
D'innombrables regards vers la terre et les cieux
Sont montés vingt mille ans de toutes les chaumières.

D'innombrables reflets des ténèbres premières
Ont roulé vingt mille ans leurs flots silencieux ;
D'innombrables regrets vers le monde et les dieux
Ont pleuré vingt mille ans sous l'arceau des paupières.

Dans le double parvis des deux faces de l'être,
Que d'autres soient Césars de tout ce qui se fait ;
Que témoins du paraître et greffiers du connaître,

Que d'autres soient savants de tout ce qui se sait :
L'aveugle vagabond sera toujours le maître,
Sous tout ce qui se dit, de tout ce qui se tait.

Gallimard, éd.

Paul CLAUDEL

TEXTE LXXII Les Muses

Au terme de la Première Ode consacrée à l'évocation des muses, selon le rythme incantatoire du « verset », une apparition qui se confond avec la muse, le souvenir d'une femme, *la* Femme, celle même qui deviendra Ysé de *Partage de Midi*.

O mon amie sur le navire ! (Car l'année qui fut celle-là,
Quand je commençai à voir le feuillage se décomposer et l'incendie du monde prendre,
Pour échapper aux saisons le soir frais me parut une aurore, l'automne le printemps d'une lumière plus fixe,
Je le suivis comme une armée qui se retire en brûlant tout derrière elle. Toujours
Plus avant, jusqu'au cœur de la mer luisante !)
O mon amie ! car le monde n'était plus là
Pour nous assigner notre place dans la combinaison de son mouvement multiplié,
Mais décollés de la terre, nous étions seuls l'un avec l'autre,
Habitants de cette noire miette mouvante, noyés,
Perdus dans le pur Espace, là où le sol même est lumière.
Et chaque soir, à l'arrière, à la place où nous avions laissé le rivage, vers l'Ouest,
Nous allions retrouver la même conflagration
Nourrie de tout le présent bondé, la Troie du monde réel en flammes !
Et moi, comme la mèche allumée d'une mine sous la terre, ce feu secret qui me ronge,
Ne finira-t-il point par flamber dans le vent ? qui contiendra la grande flamme humaine ?

Paul Claudel

    Toi-même, amie, tes grands cheveux blonds dans le vent de la mer,
     Tu n'as pas su les tenir bien serrés sur ta tête ; ils s'effondrent ! les lourds anneaux
      Roulent sur tes épaules, la grande chose joconde
      S'enlève, tout part dans le clair de la lune !
     Et les étoiles ne sont-elles point pareilles à des têtes d'épingles luisantes ? et tout l'édifice du monde ne fait-il pas une splendeur aussi fragile
      Qu'une royale chevelure de femme prête à crouler sous le peigne !
      Ô mon amie ! ô Muse dans le vent de la mer ! ô idée chevelue à la proue !
     O grief ! ô revendication !
     Érato ! tu me regardes, et je lis une résolution dans tes yeux !
     Je lis une réponse, je lis une question dans tes yeux ! Une réponse et une question dans tes yeux !
     Le hourra qui prend en toi de toutes parts comme de l'or, comme du feu dans le fourrage !
     Une réponse dans tes yeux ! Une réponse et une question dans tes yeux.

         Cinq Grandes Odes, I, 1900-1904.
         Gallimard, éd.

TEXTE LXXIII   L'Esprit   et   l'Eau

 « *Ivresse de l'eau qui est l'infini et la libération* » (argument de la Deuxième Ode). C'est ce symbolisme mystique de l'eau comme figure de l'esprit qui anime tout le lyrisme cosmique et religieux de Claudel.

     O mon Dieu, vous m'avez donné cette minute de lumière à voir,
      Comme l'homme jeune pensant dans son jardin au mois d'août qui voit par intervalles tout le ciel et la terre d'un seul coup,
      Le monde d'un seul coup tout rempli par un grand coup de foudre doré !
      O fortes étoiles sublimes et quel fruit entr'aperçu dans le noir abîme ! ô flexion sacrée du long rameau de la Petite-Ourse !
     Je ne mourrai pas.
     Je ne mourrai pas, mais je suis immortel !
     Et tout meurt, mais je crois comme une lumière plus pure !
     Et, comme ils font mort de la mort, de son extermination je fais mon immortalité.
     Que je cesse entièrement d'être obscur ! Utilisez-moi !
     Exprimez-moi dans votre main paternelle !
     Sortez enfin
      Tout le soleil qu'il y a en moi et capacité de votre lumière, que je vous voie

Non plus avec les yeux seulement, mais avec tout mon corps et ma substance et la somme de ma quantité resplendissante et sonore !
L'eau divisible qui fait la mesure de l'homme
Ne perd pas sa nature qui est d'être liquide
Et parfaitement pure par quoi toutes choses se reflètent en elle.
Comme ces eaux qui portèrent Dieu au commencement,
Ainsi ces eaux hypostatiques en nous
Ne cessent de le désirer, il n'est désir que de lui seul !
Mais ce qu'il y a en moi de désirable n'est pas mûr.
Que la nuit soit donc en attendant mon partage où lentement se compose de mon âme
La goutte prête à tomber dans sa plus grande lourdeur.
Laissez-moi vous faire une libation dans les ténèbres,
Comme la source montagnarde qui donne à boire à l'Océan avec sa petite coquille !

Cinq Grandes Odes, II. 1906.
Gallimard, éd.

TEXTE LXXIV Magnificat

« *Embrassement du devoir poétique qui est de trouver Dieu en toutes choses et de les rendre assimilables à l'Amour* » (Argument de la Troisième Ode). Ainsi l'aventure du poète et la création du poème s'assimilent-elles à l'histoire du peuple de Dieu, et le lyrisme personnel se confond avec l'épopée religieuse.

Soyez béni, mon Dieu, qui m'avez introduit dans cette terre de mon après-midi,
Comme vous avez fait passer les Rois Mages à travers l'embûche des tyrans et comme vous avez conduit Israël dans le désert,
Et comme après la longue et sévère montée un homme ayant trouvé le col redescend par l'autre versant.
Moïse mourut sur le sommet de la montagne, mais Josué entra dans la terre promise avec tout son peuple.
Après la longue montée, après les longues étapes dans la neige et dans la nuée,
Il est comme un homme qui commence à descendre, tenant de la main droite son cheval par le bridon.
Et ses femmes sont avec lui en arrière sur les chevaux et les ânes, et les enfants dans les bâts et le matériel de la guerre et du campement, et les Tables de la Loi sont par derrière,
Et il entend derrière lui dans le brouillard le bruit de tout un peuple qui marche.
Et voici qu'il voit le soleil levant à la hauteur de son genou comme une tache rose dans le coton,
Et que la vapeur s'amincit et que tout à coup
Toute la Terre Promise lui apparaît dans une lumière éclatante comme une pucelle neuve,

Paul Claudel

    Toute verte et ruisselante d'eaux comme une femme qui sort du bain !
    Et l'on voit çà et là du fond du gouffre dans l'air humide paresseusement s'élever de grandes vapeurs blanches,
    Comme des îles qui larguent leurs amarres, comme des géants chargés d'outres !
    Pour lui il n'y a ni surprise ni curiosité sur sa face, et il ne regarde même point Chanaan mais le premier pas à faire pour descendre.
    Car son affaire n'est point d'entrer dans Chanaan, mais d'exécuter votre volonté.
    C'est pourquoi suivi de tout son peuple en marche il émerge dans le soleil levant !
    Il n'a pas eu besoin de vous voir sur le Sinaï, il n'y a point de doute et d'hésitation dans son cœur.
    Et les choses qui ne sont point dans votre commandement sont pour lui comme la nullité.
    Il n'y a point de beauté pour lui dans les idoles, il n'y a point d'intérêt dans Satan, il n'y a point d'existence dans ce qui n'est pas.
    Avec la même humilité dont il arrêta le soleil,
    Avec la même modestie dont il mesura qui lui était livrée
    (Neuf et demie au delà et deux tribus et demi en deçà du [Jourdain),
    Cette terre de votre promesse sensible,
    Laissez-moi envahir votre séjour intelligible à cette heure [postméridienne !
    Car qu'est aucune prise et jouissance et propriété et aménagement
    Auprès de l'intelligence du poète qui fait
      de plusieurs choses ensemble une seule avec lui,
    Puisque comprendre, c'est refaire
    La chose même que l'on a prise avec soi.

            Cinq Grandes Odes, III, 1907.
            Gallimard, éd.

Guillaume APOLLINAIRE

TEXTE LXXV   L'Avion

L'Esprit nouveau, dont Apollinaire est le poète, est à l'affût de tout ce qui, dans la nouveauté moderne, peut être source de poésie. Aussi exprime-t-il son indignation lorsque, pour désigner la machine à voler, on préféra *aéroplane* à *avion.* Or l'usage a donné raison au poète !

Français, qu'avez-vous fait d'Ader l'aérien ?
Il lui restait un mot, il n'en reste plus rien.

Quand il eut assemblé les membres de l'ascèse
Comme ils étaient sans nom dans la langue française
Ader devint poète et nomma l'avion.

O peuple de Paris, vous, Marseille et Lyon,
Vous tous, fleuves français, vous françaises montagnes
Habitant des cités et vous gens des campagnes,
L'instrument à voler se nomme l'avion.

Cette douce parole eût enchanté Villon,
Les poètes prochains la mettront dans leurs rimes.

Non, tes ailes, Ader, n'étaient pas anonymes,
Lorsque pour les nommer vint le grammairien
Forger un mot savant sans rien d'aérien
Où le lourd hiatus, l'âne qui l'accompagne
Font ensemble un mot long comme un mot
[d'Allemagne.
Il fallait un murmure et la voix d'Ariel

Pour nommer l'instrument qui nous emporte au ciel.
La plainte de la brise, un oiseau dans l'espace
Et c'est un mot français qui dans nos bouches passe.

L'avion ! l'avion ! qu'il monte dans les airs,
Qu'il plane sur les monts, qu'il traverse les mers
Qu'il aille regarder le soleil comme Icare
Et que plus loin encore un avion s'égare
Et trace dans l'éther un éternel sillon
Mais gardons-lui le nom suave d'avion
Car du magique mot les cinq lettres habiles
Eurent cette vertu d'ouvrir les ciels mobiles.

Français, qu'avez-vous fait d'Ader l'aérien ?
Il lui restait un mot, il n'en reste plus rien.

1910.
Gallimard, éd.

TEXTE LXXVI Zone

Tandis que se télescopent, selon le principe du « *simultanéisme* »[1], les images banales ou étranges de l'actualité, se font jour, à travers ce film heurté ou oscillant, la mélancolie et le désespoir intérieurs : ainsi s'incarne dans le langage moderne de la « poésie cubiste » le lyrisme éternel.

A la fin tu es las de ce monde ancien
Bergère ô tour Eiffel le troupeau des ponts bêle ce matin
Tu en as assez de vivre dans l'antiquité grecque et romaine
Ici même les automobiles ont l'air d'être anciennes
La religion seule est restée toute neuve la religion
Est restée simple comme les hangars de Port-Aviation
Seul en Europe tu n'es pas antique ô Christianisme
L'Européen le plus moderne c'est vous Pape Pie X

Et toi que les fenêtres observent la honte te retient
D'entrer dans une église et de t'y confesser ce matin
Tu lis les prospectus les catalogues les affiches qui chantent tout haut
Voilà la poésie ce matin et pour la prose il y a les journaux
Il y a les livraisons à 25 centimes pleines d'aventures policières
Portraits des grands hommes et mille titres divers
J'ai vu ce matin une jolie rue dont j'ai oublié le nom
Neuve et propre du soleil elle était le clairon
Les directeurs les ouvriers et les belles sténo-dactylographes
Du lundi matin au samedi soir quatre fois par jour y passent

---

1. Théorie élaborée par le peintre Delaunay, qui visait à inscrire dans le langage pictural ou verbal la *simultanéité* des impressions et des sentiments.

Le matin par trois fois la sirène y gémit
Une cloche rageuse y aboie vers midi
Les inscriptions des enseignes et des murailles
Les plaques les avis à la façon des perroquets criaillent
J'aime la grâce de cette rue industrielle
Située à Paris entre la rue Aumont-Thiéville et l'avenue des Ternes

Voilà la jeune rue et tu n'es encore qu'un petit enfant
Ta mère ne t'habille que de bleu et de blanc
Tu es très pieux et avec le plus ancien de tes camarades René Dalize
Vous n'aimez rien tant que les pompes de l'Église
Il est neuf heures le gaz est baissé tout bleu vous sortez du dortoir en [cachette
Vous priez toute la nuit dans la chapelle du collège
Tandis qu'éternelle et adorable profondeur améthyste
Tourne à jamais la flamboyante gloire du Christ
C'est le beau lys que tous nous cultivons
C'est la torche aux cheveux roux que n'éteint pas le vent
C'est le fils pâle et vermeil de la douloureuse mère
C'est l'arbre toujours touffu de toutes les prières
C'est la double potence de l'honneur et de l'éternité
C'est l'étoile à six branches
C'est Dieu qui meurt le vendredi et ressuscite le dimanche
C'est le Christ qui monte au ciel mieux que les aviateurs
Il détient le record du monde pour la hauteur.

Pupille Christ de l'œil
Vingtième pupille des siècles il sait y faire
Et changé en oiseau ce siècle comme Jésus monte dans l'air
Les diables dans les abîmes lèvent la tête pour le regarder
Ils disent qu'il imite Simon Mage en Judée
Ils crient s'il sait voler qu'on l'appelle voleur
Les anges voltigent autour du joli voltigeur
Icare Énoch Élie Apollonius de Thyane
Flottent autour du premier aéroplane
Ils s'écartent parfois pour laisser passer ceux que transporte la Sainte-[Eucharistie
Ces prêtres qui montent éternellement en élevant l'hostie
L'avion se pose enfin sans refermer les ailes
Le ciel s'emplit alors de millions d'hirondelles
A tire d'aile viennent les corbeaux les faucons les hiboux
D'Afrique arrivent les ibis les flamands les marabouts
L'oiseau Roc célébré par les conteurs et les poètes
Plane tenant dans les serres le crâne d'Adam la première tête
L'aigle fond de l'horizon en poussant un grand cri
Et d'Amérique vient le petit colibri
De Chine sont venus les pihis longs et souples
Qui n'ont qu'une seule aile et qui volent par couples
Puis voici la colombe esprit immaculé
Qu'escortent l'oiseau-lyre et le paon ocellé

Guillaume Apollinaire

Le phénix ce bûcher qui soi-même s'engendre
Un instant voile tout de son ardente cendre
Les sirènes laissant les périlleux détroits
Arrivent en chantant bellement toutes trois
Et tous aigle phénix de la Chine
Fraternisent avec la volante machine

Maintenant tu marches dans Paris tout seul parmi la foule
Des troupeaux d'autobus mugissant près de toi roulent
L'angoisse de l'amour te serre le gosier
Comme si tu ne devais jamais plus être aimé
Si tu vivais dans l'ancien temps tu entrerais dans un monastère
Vous avez honte quand vous vous surprenez à dire une prière
Tu te moques de toi et comme le feu de l'Enfer ton rire pétille
Les étincelles de ton rire dorent le fonds de ta vie
C'est un tableau pendu dans un sombre musée
Et quelquefois tu vas la regarder de près
Aujourd'hui tu marches dans Paris les femmes sont ensanglantées
C'était et je voudrais ne pas m'en souvenir c'était au déclin de la beauté
Entourée de flammes ferventes Notre-Dame m'a regardé à Chartres
Le sang de votre Sacré-Cœur m'a inondé à Montmartre
Je suis malade d'ouïr les paroles bienheureuses
L'amour dont je souffre est une maladie honteuse
Et l'image qui te possède te fait survivre dans l'insomnie et dans l'angoisse
C'est toujours près de toi cette image qui passe
Maintenant tu es au bord de la Méditerranée
Sous les citronniers qui sont en fleur toute l'année
Avec tes amis tu te promènes en barque
L'un est Nissard il y a un Mentonasque et deux Turbiasques
Nous regardons avec effroi les peuples des profondeurs
Et parmi les algues nagent les poissons images du Sauveur

Tu es dans le jardin d'une auberge aux environs de Prague
Tu te sens tout heureux une rose est sur la table
Et tu observes au lieu d'écrire ton conte en prose
La cétoine qui dort dans le cœur de la rose
Épouvanté tu te vois dessiné dans les agates de Saint-Vit
Tu étais triste à mourir le jour où tu t'y vis
Tu ressembles au Lazare affolé par le jour
Les aiguilles de l'horloge du quartier juif vont à rebours
Et tu recules aussi dans ta vie lentement
En montant au Hradchin et le soir en écoutant
Dans les tavernes chanter des chansons tchèques

Te voici à Marseille au milieu des pastèques
Te voici à Coblence à l'hôtel du Géant
Te voici à Rome assis sous un néflier du Japon
Te voici à Amsterdam avec une jeune fille que tu trouves belle et qui est laide

Elle doit se marier avec un étudiant de Leyde
On y loue des chambres en latin Cubicula locanda
Je m'en souviens j'y ai passé trois jours et autant à Gouda

Tu es à Paris chez le juge d'instruction[1]
Comme un criminel on te met en état d'arrestation

Tu as fait de douloureux et joyeux voyages
Avant de t'apercevoir du mensonge et de l'âge
Tu as souffert de l'amour à vingt et à trente ans
J'ai vécu comme un fou et j'ai perdu mon temps
Tu n'oses plus regarder tes mains et à tous moments je voudrais sangloter
Sur toi sur celle que j'aime sur tout ce qui t'a épouvanté

Tu regardes les yeux pleins de larmes ces pauvres émigrants
Ils croient en Dieu ils prient les femmes allaitent les enfants
Ils emplissent de leur odeur le hall de la gare Saint Lazare
Ils ont foi dans leur étoile comme les rois-mages
Ils espèrent gagner de l'argent dans l'Argentine
Et revenir dans leur pays après avoir fait fortune
Une famille transporte un édredon rouge comme vous transportez votre
Cet édredon et nos rêves sont aussi irréels   [cœur
Quelques-uns de ces émigrants restent ici et se logent
Rue des Rosiers ou rue des Écouffes dans des bouges
Je les ai vus souvent le soir ils prennent l'air dans la rue

Et se déplacent rarement comme les pièces aux échecs
Il y a surtout des juifs leurs femmes portent perruque
Elles restent assises exsangues au fond des boutiques
Tu es debout devant le zinc d'un bar crapuleux
Tu prends un café à deux sous parmi les malheureux
Tu es la nuit dans un grand restaurant

Ces femmes ne sont pas méchantes elles ont des soucis cependant

Toutes même la plus laide a fait souffrir son amant
Elle est la fille d'un sergent de ville de Jersey

Ses mains que je n'avais pas vues sont dures et gercées
J'ai une pitié immense pour les coutures de son ventre

J'humilie maintenant à une pauvre fille au rire horrible ma bouche

---

[1]. Allusion à l'incident au cours duquel Apollinaire fut compromis — à tort — dans le scandale du vol de la Joconde.

Tu es seul le matin va venir
Les laitiers font tinter leurs bidons dans les rues

La nuit s'éloigne ainsi qu'une belle Métive
C'est Ferdine la fausse ou Léa l'attentive

Et tu bois cet alcool brûlant comme ta vie
Ta vie que tu bois comme une eau-de-vie

Tu marches vers Auteuil tu veux aller chez toi à pied
Dormir parmi tes fétiches d'Océanie et de Guinée
Ils sont des Christs d'une autre forme et d'une autre croyance
Ce sont les Christs inférieurs des obscures espérances

Adieu Adieu

Soleil cou coupé

Alcools, 1913.
Gallimard, éd.

TEXTE LXXVII La Chanson du Mal-Aimé (Extrait)

Au-delà de l'aventure du modernisme subsiste la tradition du lyrisme personnel[1]; le désespoir d'amour inspire à Apollinaire cette *chanson* dont la mélancolie ne réussit pas à détruire la richesse de l'imagination : contrepoint poétique du sentimental et de l'imaginaire.

Et je chantais cette romance
En 1903 sans savoir
Que mon amour à la semblance
Du beau Phénix s'il meurt un soir
Le matin voit sa renaissance

. . . .

Sept épées de mélancolie
Sans morfil ô claires douleurs
Sont dans mon cœur et la folie
Veut raisonner pour mon malheur
Comment voulez-vous que j'oublie

Les sept épées

La première est toute d'argent
Et son nom tremblant est Pâline
Sa lame un ciel d'hiver neigeant
Son destin sanglant gibeline
Vulcain mourut en la forgeant

La seconde nommée Noubosse
Est un bel arc-en-ciel joyeux
Les dieux s'en servent à leurs noces
Elle a tué trente Bé-Rieux
Et fut douée par Carabosse

La troisième bleu féminin
N'en est pas moins un chibriape
Appelé Lul de Faltenin
Et que porte sur une nappe
L'Hermès Ernest devenu nain

La quatrième Malourène
Est un fleuve vert et doré
C'est le soir quand les riveraines
Y baignent leurs corps adorés
Et des chants de rameurs s'y traînent

---

[1] Cf. texte 31.

La cinquième Sainte-Fabeau
C'est la plus belle des quenouilles
C'est un cyprès sur un tombeau
Où les quatre vents s'agenouillent
Et chaque nuit c'est un flambeau

La sixième métal de gloire
C'est l'ami aux si douces mains
Dont chaque matin nous sépare
Adieu voilà votre chemin
Les coqs s'épuisaient en fanfares

    Et la septième s'exténue
    Une femme une rose morte
    Merci que le dernier venu
    Sur mon amour ferme la porte
    Je ne vous ai jamais connue

Voie lactée ô sœur lumineuse
Des blancs ruisseaux de Chanaan
Et des corps blancs des amoureuses
Nageurs morts suivrons-nous d'ahan
Ton cours vers d'autres nébuleuses

Un jour le roi dans l'eau d'argent
Se noya puis la bouche ouverte
Il s'en revint en surnageant
Sur la rive dormir inerte
Face tournée au ciel changeant

Les démons du hasard selon
Le chant du firmament nous mènent
A sons perdus leurs violons
Font danser notre race humaine
Sur la descente à reculons

Juin ton soleil ardente lyre
Brûle mes doigts endoloris
Triste et mélodieux délire
J'erre à travers mon beau Paris
Sans avoir le cœur d'y mourir

Destins destins impénétrables
Rois secoués par la folie
Et ces grelottantes étoiles
De fausses femmes dans vos lits
Aux déserts que l'histoire accable

Les dimanches s'y éternisent
Et les orgues de Barbarie
Y sanglotent dans les cours grises
Les fleurs aux balcons de Paris
Penchent comme la tour de Pise

Luitpold le vieux prince régent[1]
Tuteur de deux royautés folles
Sanglote-t-il en y songeant
Quand vacillent les lucioles
Mouches dorées de la Saint-Jean

Soirs de Paris ivre du gin
Flambant de l'électricité
Les tramways feux verts sur l'échine
Musiquent au long des portées
De rails leur folie de machines

Près d'un château sans châtelaine
La barque aux barcarols chantants
Sur un lac blanc et sous l'haleine
Des vents qui tremblent au printemps
Voguait cygne mourant sirène

Les cafés gonflés de fumée
Crient tout l'amour de leurs tziganes
De tous leurs siphons enrhumés
De leurs garçons vêtus d'un pagne
Vers toi toi que j'ai tant aimée

    Moi qui sais des lais pour les reines
    Les complaintes de mes années
    Des hymnes d'esclave aux murènes
    La romance du mal-aimé
    Et des chansons pour les sirènes.

Alcools, 1913, Gallimard, éd.

---

1. Régent de Bavière. Les deux rois fous sont Louis II et Othon.

Guillaume Apollinaire

TEXTE LXXVIII Il y a...

Sous ce titre, parut en 1925 un recueil posthume de poèmes divers, parmi lesquels il en est où Apollinaire applique sa poétique de la simultanéité à son expérience de la guerre et où s'incarne, dans la litanie énumérative, sa recherche d'une poésie qui soit vraiment une *incantation du monde*.

Il y a un vaisseau qui a emporté ma bien-aimée[1]
Il y a dans le ciel six saucisses et la nuit venue on dirait des asticots dont
[naîtraient les étoiles
Il y a un sous-marin ennemi qui en voulait à mon amour
Il y a mille petits sapins brisés par les éclats d'obus autour de moi
Il y a un fantassin qui passe aveuglé par les gaz apshyxiants
Il y a que nous avons tout haché dans les boyaux de Nietzsche de Gœthe et
[de Cologne
Il y a que je languis après une lettre qui tarde
Il y a dans mon porte-cartes plusieurs photos de mon amour
Il y a les prisonniers qui passent la mine inquiète
Il y a une batterie dont les servants s'agitent autour des pièces
Il y a le vaguemestre qui arrive au trot par le chemin de l'Arbre isolé
Il y a dit-on un espion qui rôde par ici invisible comme l'horizon dont il s'est
[indignement revêtu et avec quoi il se confond
Il y a dressé comme un lys le buste de mon amour
Il y a un capitaine qui attend avec anxiété les communications de la T.S.F. sur
[l'Atlantique
Il y a à minuit des soldats qui scient des planches pour les cercueils
Il y a des femmes qui demandent du maïs à grands cris devant un Christ
[sanglant à Mexico
Il y a le Gulf-Stream qui est si tiède et si bienfaisant
Il y a un cimetière plein de croix à 5 kilomètres
Il y a des croix partout de ci de là
Il y a des figues de Barbarie sur ces cactus en Algérie
Il y a les longues mains souples de mon amour

. . . .

Il y a des hommes dans le monde qui n'ont jamais été à la guerre
Il y a des Hindous qui regardent avec étonnement les campagnes occidentales
Ils pensent avec mélancolie à ceux dont ils se demandent s'ils les reverront
Car on a poussé très loin durant cette guerre l'art de l'invisibilité.

Gallimard, éd.

---

1. La femme aimée vient de partir pour l'Algérie, cf. v. 20.

TEXTE LXXIX Bestiaire

 Enfin le portrait d'Apollinaire serait incomplet si nous ne faisions place au *poète de l'humour pur* : c'est ici le parfait accomplissement de cette fantaisie, de cette gratuité, qui définissent, en tous temps, le *jeu* poétique. Mais, au cœur même de ce jeu, transparaît le lyrisme contenu de l'inévitable mélancolie.

I

LE DROMADAIRE

Avec ses quatre dromadaires
Don Pedro d'Alfaroubeira
Courut le monde et l'admira.
Il fit ce que je voudrais faire
Si j'avais quatre dromadaires.

II

LA CARPE

Dans vos viviers, dans vos étangs,
Carpes, que vous vivez longtemps !
Est-ce que la mort vous oublie,
Poissons de la mélancolie ?

III

LES SIRÈNES

Saché-je d'où provient, Sirènes, votre ennui
Quand vous vous lamentez, au large, dans la nuit ?
Mer, je suis comme toi, plein de voix machinées
Et mes vaisseaux chantants se nomment les années.

Le Bestiaire ou Cortège d'Orphée, 1911.
Gallimard, éd.

Blaise CENDRARS

TEXTE LXXX La Prose du Transsibérien
(Extraits)

Vérité et poésie. Car c'est une histoire vraie, celle du voyage de l'auteur jusqu'en Mandchourie. C'est aussi le triomphe poétique de l'impressionnisme immédiat, transcription de la substance même d'une durée bergsonienne qui produit son *merveilleux* par l'effet de sa seule *présence*.

Dédiée aux Musiciens

En ce temps-là j'étais dans mon adolescence
J'avais à peine seize ans et je ne me souvenais déjà plus de mon enfance
J'étais à seize mille lieues du lieu de ma naissance
J'étais à Moscou, dans la ville des mille et trois clochers et des sept gares
Et je n'avais pas assez des sept gares et des mille et trois tours
Car mon adolescence était alors si ardente et si folle
Que mon cœur, tour à tour, brûlait comme le temple d'Éphèse ou comme la
                              Place Rouge de Moscou
Quand le soleil se couche.
Et mes yeux éclairaient des voies anciennes.
Et j'étais déjà si mauvais poète
Que je ne savais pas aller jusqu'au bout.

Le Kremlin était comme un immense gâteau tartare
Croustillé d'or,
Avec les grandes amandes des cathédrales toutes blanches
Et l'or mielleux des cloches...
Un vieux moine me lisait la légende de Novgorode
J'avais soif

Et je déchiffrais les caractères cunéiformes.
Puis, tout à coup, les pigeons du Saint-Esprit s'envolaient sur la place
Et mes mains s'envolaient aussi, avec des bruissements d'albatros
Et ceci, c'était les dernières réminiscences du dernier jour
Du tout dernier voyage
Et de la mer

. . . .

Or un vendredi matin, ce fut aussi mon tour
On était en décembre
Et je partis moi aussi pour accompagner le voyageur en bijouterie qui se
        rendait à Kharbine
Nous avions deux coupés dans l'express et 34 coffres de joaillerie de Pforzheim
De la camelote allemande « Made in Germany »
Il m'avait habillé de neuf, et en montant dans le train, j'avais perdu un bouton
— Je m'en souviens, je m'en souviens, j'y ai souvent pensé depuis —
Je couchais sur les coffres et j'étais tout heureux de pouvoir jouer avec le
        browning nickelé qu'il m'avait aussi donné

J'étais très heureux insouciant
Je croyais jouer aux brigands
Nous avions volé le trésor de Golconde
Et nous allions, grâce au transsibérien, le cacher de l'autre côté du monde
Je devais le défendre contre les voleurs de l'Oural qui avaient attaqué les
        saltimbanques de Jules Verne
Contre les Khoungouzes, les boxers de la Chine
Et les enragés petits Mongols du Grand Lama
Alibaba et les quarante voleurs
Et les fidèles du terrible Vieux de la Montagne
Et surtout, contre les plus modernes
Les rats d'hôtel
Et les spécialistes des express internationaux.

Et pourtant, et pourtant
J'étais triste comme un enfant
Les rythmes du train
La *moelle chemin de fer* des psychiâtres américains
Le bruit des portes des voix des essieux grinçant sur les rails congelés
Le ferlin d'or de mon avenir
Mon browning le piano et les jurons des joueurs de cartes dans le compartiment
        d'à-côté
L'épatante présence de Jeanne
L'homme aux lunettes bleues qui se promenait nerveusement dans le couloir
        et qui me regardait en passant
Froissis de femmes
Et le sifflement de la vapeur
Et le bruit des roues en folie dans les ornières du ciel
Les vitres sont givrées
Pas de nature !

Blaise Cendrars

Et derrière les plaines sibériennes le ciel bas et les grandes ombres des
                              Taciturnes qui montent et qui descendent
Je suis couché dans un plaid
Bariolé
Comme ma vie
Et ma vie ne me tient pas plus chaud que ce châle
Écossais
Et l'Europe tout entière aperçue au coupe-vent d'un express à toute vapeur
N'est pas plus riche que ma vie
Ma pauvre vie
Ce châle
Éffiloché sur des coffres remplis d'or
Avec lesquels je roule
Que je rêve
Que je fume
Et la seule flamme de l'univers
Est une pauvre pensée...

. . . .

« Blaise, dis, sommes-nous bien loin de Montmartre ? »
Nous sommes loin, Jehanne, tu roules depuis sept jours
Tu es loin de Montmartre, de la Butte qui t'a nourrie du Sacré-Cœur contre
                              lequel tu t'es blottie
Paris a disparu et son énorme flambée
Il n'y a plus que les cendres continues
La pluie qui tombe
La tourbe qui se gonfle
La Sibérie qui tourne
Les lourdes nappes de neige qui remontent
Et le grelot de la folie qui grelotte comme un dernier désir dans l'air bleu
Le train palpite au cœur des horizons plombés
Et ton chagrin ricane...

« Dis, Blaise, sommes-nous bien loin de Montmartre ? »
Les inquiétudes
Oublie les inquiétudes
Toutes les gares lézardées obliques sur la route
Les fils téléphoniques auxquels elles pendent
Les poteaux grimaçants qui gesticulent et les étranglent
Le monde s'étire s'allonge et se retire comme un harmonica qu'une main
                              sadique tourmente
Dans les déchirures du ciel, les locomotives en furie
S'enfuient
Et dans les trous
Les roues vertigineuses les bouches les voix
Et les chiens du malheur qui aboient à nos trousses
Les démons sont déchaînés

Ferrailles
Tout est un faux accord
Le *broun-roun-roun* des roues
Chocs
Rebondissements
Nous sommes un orage sous le crâne d'un sourd.

. . . .

Tsitsikar et Kharbine
Je ne vais plus loin
C'est la dernière station
Je débarquai à Kharbine comme on venait de mettre le feu aux bureaux de
                                                                                             la Croix-Rouge.

O Paris
Grand foyer chaleureux avec les tisons entrecroisés de tes rues et tes vieilles
                maisons qui se penchent au-dessus et se réchauffent
Comme des aïeules

Et voici les affiches, du rouge du vert multicolores comme mon passé bref du
                                                                                            jaune
Jaune la fière couleur des romans de la France à l'étranger
J'aime me frotter dans les grandes villes aux autobus en marche
Ceux de la ligne Saint-Germain-Montmartre m'emportent à l'assaut de la Butte
Les moteurs beuglent comme les taureaux d'or
Les vaches du crépuscule broutent le Sacré-Cœur
O Paris
Gare centrale débarcadère des volontés carrefour des inquiétudes
Seuls les marchands de couleur ont encore un peu de lumière sur leur porte
La compagnie Internationale des Wagons-Lits et des Grands Express
                            Européens m'a envoyé son prospectus
C'est la plus belle église du monde
J'ai des amis qui m'entourent comme des garde-fous
Ils ont peur quand je pars que je ne revienne plus
Toutes les femmes que j'ai rencontrées se dressent aux horizons
Avec les gestes piteux et les regards tristes des sémaphores sous la pluie
Bella, Agnès, Catherine et la mère de mon fils en Italie
Et celle la mère de mon amour en Amérique
Il y a des cris de sirènes qui me déchirent l'âme
Là-bas en Mandchourie un ventre tressaille encore comme dans un
                                                                                accouchement
Je voudrais
Je voudrais n'avoir jamais fait mes voyages
Ce soir un grand amour me tourmente
Et malgré moi je pense à la petite Jehanne de France.
C'est par un soir de tristesse que j'ai écrit ce poème en son honneur

Jeanne
La petite prostituée
Je suis triste je suis triste
J'irai au *Lapin agile* me ressouvenir de ma jeunesse perdue
Et boire des petits verres
Puis je rentrerai seul

Paris

Ville de la Tour unique du grand Gibet et de la Roue

Prose du Transsibérien et de la petite Jehanne de France, 1913.
Denoël, éd.

TEXTE LXXXI Orion

Cendrars poursuit inlassablement l'exploration poétique du voyage jusqu'à l'identification du rêve et du monde, de l'objet et du sujet.

C'est mon étoile
Elle a la forme d'une main
C'est ma main montée au ciel
Durant toute la guerre je voyais Orion par un créneau
Quand les Zeppelins venaient bombarder Paris ils venaient toujours d'Orion
Aujourd'hui je l'ai au-dessus de ma tête
Le grand mât perce la paume de cette main qui doit souffrir
Comme ma main coupée me fait souffrir percée qu'elle est par un dard continuel[1]

TEXTE LXXXII Écrire

Ma machine bat en cadence
Elle sonne au bout de chaque ligne
Les engrenages grasseyent

---

1. Cendras avait perdu un bras à la guerre.

De temps en temps je me renverse dans mon fauteuil de jonc et je lâche une
grosse bouffée de fumée
Ma cigarette est toujours allumée
J'entend alors le bruit des vagues
Les gargouillements de l'eau étranglée dans la tuyauterie du lavabo
Je me lève et trempe ma main dans l'eau froide
Ou je me parfume
J'ai voilé le miroir de l'armoire à glace pour ne pas me voir écrire
Le hublot est une rondelle de soleil
Quand je pense
Il résonne comme la peau d'un tambour et parle fort

TEXTE LXXXIII Iles

Iles
Iles
Iles où l'on ne prendra jamais terre
Iles où l'on ne descendra jamais
Iles couvertes de végétations
Iles tapies comme des jaguars
Iles muettes
Iles immobiles
Iles inoubliables et sans nom
Je lance mes chaussures par-dessus bord car je voudrais bien aller jusqu'à vous

Feuillets de Route, 1924.
Denoël, éd.

CHAPITRE VI

XXᵉ SIÈCLE : LA POÉSIE PERDUE ET RETROUVÉE

LE SURRÉALISME

Le surréalisme littéraire et poétique, avant d'inspirer des poètes à qui il sert de tremplin pour exprimer leur personnalité, a revêtu essentiellement le caractère d'une expérience sur le langage. Voici quelques textes caractéristiques de cette période d'expérimentation.

TEXTE LXXXIV
La grande complainte de mon obscurité trois

chez nous les fleurs des pendules s'allument et les plumes encerclent la clarté
le matin de soufre lointain les vaches lèchent les lys de sel
mon fils
mon fils

traînons toujours par la couleur du monde
qu'on dirait plus bleue que le métro et que l'astronomie
nous sommes trop maigres
nous n'avons pas de bouche
nos jambes sont raides et s'entrechoquent
nos visages n'ont pas de forme comme les étoiles
cristaux points sans force feu brûlée la basilique
folle : les zigzags craquent
téléphone
mordre les cordages se liquéfier
l'arc
grimper
astrale
la mémoire
vers le nord par son fruit double
comme la chair crue
faim feu sang

Tristan TZARA, Vingt-Cinq Poèmes, 1918.

TEXTE LXXXV Les champs magnétiques

(Extrait)

  La lumière galopante meurt continuellement en éveillant les bruissements infinis des plantes grasses. Les richesses chimiques importées brûlaient aussi lourdement que l'encens. Horizontalement les charmes festonnés de rêves actuels s'étendaient. Dans ce ciel bouillant, les fumées se transformaient en cendres noires et les cris s'appliquaient aux degrés les plus hauts. A perte de vue les théories monstrueuses des cauchemars dansaient sans suite.

  A cette heure tumultueuse les fruits pendus aux branches brûlaient. L'heure des météores n'est pas encore venue.

  La pluie simple s'abat sur les fleuves immobiles. Le bruit malicieux des marées va au labyrinthe d'humidités. Au contact des étoiles filantes, les yeux anxieux des femmes se sont fermés pour plusieurs années. Elles ne verront plus que les tapisseries du ciel de juin et des hautes mers ; mais il y a les bruits magnifiques des catastrophes verticales et des événements historiques.

  Un homme ressuscite pour la deuxième fois. Sa mémoire est plantée de souvenirs arborescents et il y coule des fleuves aurifères ; les vallées parallèles et les sommets incultes sont plus silencieux que les cratères éteints. Son corps de géant abritait des nids d'insectes poisseux et des tribus de cantharides.

André BRETON et Philippe SOUPAULT, 1919.

TEXTE LXXXVI Bonheur nouveau

Nous aimer les uns les autres
Est un sentiment lointain
lointain comme la patrie
vaincue ou victorieuse ;
Je me sens le devoir de devenir
un type contraire —
contraire à tout.
Les hommes sont mal renseignés,
Je suis le contraire d'un examen,
le contraire d'une analyse,
le contraire d'une croyance ;
je travaille à fonder celui qui va venir
rythme et rime
comme les libres-anarchistes.

Les hommes ont toujours l'idée
fixée d'avance,
intercalée conformément au but,
but identique
chanson populaire de sons familiers.
L'essor est trop lourd,
les courbes et les détours
comme la propriété
profitent aux zones tempérées.
La morale est le contraire du bonheur
depuis que j'existe.

Francis PICABIA, Littérature ; n° 11-12, 1923.

TEXTE LXXXVII Texte surréaliste

Des canons de neige bombardent les vallées du désastre permanent. Cadavres périmés, les périmètres de l'azur ne sont plus chambres pour l'amour et la peste au sourire d'argent entoure les fenêtres de cerceaux de platine. Les métaux en fusion sont filtrés sur des buvards de pigeons géants ; puis, concassés, ils sont expédiés vers les volcans et les mines. Traînées de plomb, traînées de marbre, minéraux et carbones, monde souterrain où personne ne voyagea, n'êtes-vous pas l'esprit chu aux pieds de la mort ? Limon rouge des océans, lacs métalliques, poissons aveugles, algues blanchâtres, mystères de la profondeur, insolubles reflets du ciel ! Et voilà la périphérie des météores et les orbites des comètes qui s'évanouissent dans la gloire d'un chêne plus vieux que la lune. Les astéroïdes se dispersent sur toutes les nations. Des femmes en recueillent pour orner leur piano, des hommes tendent leur chapeau, les enfants crient et les chiens pissent contre les murs tachés de cervelle.

Les raisins ne mûriront pas cette année ; les fleurs mourront sans fruits aux premières clameurs de la subversion des champs. La terre arable, la marne et le calcaire, l'humus et le terreau, des hommes les projettent dans l'atmosphère où l'orgueil du travail humain se disperse joyeusement. Les minerais qui déchirent si agréablement les mains, les fossiles, le granit et le feldspath, les cristaux, le mica, le sable d'or — les hommes les pétrissent de leurs doigts sanglants, ils les piétinent afin que leurs pieds même partagent leur bonheur ; ils creusent sans fin, les tunnels deviennent carrières, l'ardeur de ce monde sans vie conquiert l'humanité aux premières lueurs d'un nouvel ascétisme.

Araignée géante qui pétrifie au centre de notre planète les épopées et les fastes des peuples, pourquoi gardes-tu si longtemps ces fossiles dans tes coffres de dentelles ? Donne-nous ces pierres comiques, ces rhomboèdres obscènes, ces résidus de vie, ces débris de vengeances et de sang, afin que nous en riions une dernière fois. Et vous, poulpes, donnez-nous ces astres et ces passions que vous conservez dans vos cavernes de l'Océan Pacifique, sinon la terre se dispersera dans le ciel, et sur chaque aérolithe né de sa mort, un homme se desséchera dans la pureté de l'éther.

Raymond QUENEAU, La Révolution surréaliste, 1925.

André BRETON

Irréductible et incorruptible théoricien du surréalisme, André Breton lui est resté fidèle jusqu'à ce jour. Son œuvre poétique témoigne de la diversité des sources du mouvement, et il y a chez lui, parfois, comme une traduction surréaliste, c'est-à-dire essentiellement onirique, de thèmes romantiques, baudelairiens ou symbolistes.

TEXTE LXXXVIII Tournesol

A Pierre Reverdy

La voyageuse qui traversa les Halles à la tombée de l'été
Marchait sur la pointe des pieds
Le désespoir roulait au ciel ses grand arums si beaux
Et dans le sac à main il y avait mon rêve ce flacon de sels
Que seule a respirés la marraine de Dieu
Les torpeurs se déployaient comme la buée
Au Chien qui fume
Où venaient d'entrer le pour et le contre
La jeune femme ne pouvait être vue d'eux que mal et de biais
Avais-je affaire à l'ambassadrice du salpêtre
Ou de la courbe blanche sur fond noir que nous appelons pensée
Le bal des innocents battait son plein
Les lampions prenaient feu lentement dans les marronniers
La dame sans ombre s'agenouilla sur le Pont-au-Change
Rue Gît-le-Cœur les timbres n'étaient plus les mêmes
Les promesses des nuits étaient enfin tenues
Les pigeons voyageurs les baisers de secours
Se joignaient aux seins de la belle inconnue
Dardés sous le crêpe des significations parfaites
Une ferme prospérait en plein Paris
Et ses fenêtres donnaient sur la voie lactée

Mais personne ne l'habitait encore à cause des survenants
Des survenants qu'on sait plus dévoués que les revenants
Les uns comme cette femme ont l'air de nager
Et dans l'amour il entre un peu de leur substance
Elle les intériorise
Je ne suis le jouet d'aucune puissance sensorielle
Et pourtant le grillon qui chantait dans les cheveux de cendre
Un soir près de la statue d'Étienne Marcel
M'a jeté un coup d'œil d'intelligence
André Breton a-t-il dit passe

Clair de Terre, 1923.
Gallimard, éd.

Robert DESNOS

TEXTE LXXXIX Le fard des Argonautes (Extrait)

Spécialiste du rêve à volonté et de l'écriture automatique, Desnos est aussi un virtuose du rythme et du langage, ce qui lui permet d'intégrer l'inspiration surréaliste dans la forme de l'alexandrin et dans le symbolisme des mythes traditionnels.

Mais Orphée sur la lyre attestait les augures ;
Corneilles et corbeaux hurlant rauque leur peine
De l'ombre de leur vol rayaient les sarcophages
Endormis au lointain de l'Égypte sereine.

J'endormirai pour vous le dragon vulgivague
Pour prendre la toison du bouc licornéen.
J'ai gardé de jadis une fleur d'oranger
Et mon doigt portera l'hyménéenne bague.

Mais la seule toison traînée par un quadrige
Servait de paillasson dans les cieux impudiques
A des cyclopes nus couleur de prune et de cerise
Hors nul d'entre eux ne vit le symbole ironique.

— Oh ! les flots choqueront des arêtes humaines
Les tibias des titans sont des ocarinas
Dans l'orphéon joyeux des stridentes sirènes
Mais nous mangerons l'or des juteux ananas.

Car nous incarnerons nos rêves mirifiques
Qu'importe que Phœbus se plonge sous les flots
Des rythmes vont surgir ô Venus Atlantique
De la mer pour chanter la gloire des héros.

Ils mangèrent chacun deux biscuits moisissants
Et l'un d'eux psalmodia des chansons de Calabre
Qui suscitent la nuit les blêmes revenants
Et la danse macabre aux danseurs doux et glabres.

Ils revinrent chantant des hymnes obsolètes
Les femmes entr'ouvrant l'aisselle savoureuse
Sur la toison d'or clair s'offraient à leur conquête
Les maris présentaient de tremblantes requêtes
Et les enfants baisaient leurs sandales poudreuses.

Corps et Biens, écrit en 1919, publié en 1930.
Gallimard, éd.

TEXTE XC A la mystérieuse

S'il fallait prouver que le surréalisme, dans son effort de destruction et de réinvention d'un langage, n'a pas pour autant tari les sources du lyrisme, l'œuvre de Desnos, auprès de celle d'Éluard, en fournirait aisément la preuve.

Dans la nuit il y a naturellement les sept merveilles du monde et la grandeur et le tragique et le charme
Les forêts s'y heurtent confusément avec des créatures de légende et cachées dans les fourrés.
Il y a toi.
Dans la nuit il y a le pas du promeneur et celui de l'assassin et celui du sergent de ville et la lumière du réverbère et celle de la lanterne du chiffonnier.
Il y a toi.
Dans la nuit passent les trains et les bateaux et le mirage des pays où il fait jour. Les derniers souffles du crépuscule et les premiers frissons de l'aube.
Il y a toi.
Un air de piano, un éclat de voix.
Une porte claque. Une horloge.
Et pas seulement les êtres et les choses et les bruits matériels.
Mais encore moi qui me poursuis ou sans cesse me dépasse.
Il y a toi l'immolée, toi que j'attends.
Parfois d'étranges figures naissent à l'instant du sommeil et disparaissent.
Quand je ferme les yeux, des floraisons phosphorescentes apparaissent et se fanent et renaissent comme des feux d'artifice charnus.
Des pays inconnus que je parcours en compagnie de créatures.
Il y a toi sans doute, ô belle et discrète espionne.
Et l'âme palpable de l'étendue.
Et les parfums du ciel et des étoiles et le chant du coq d'il y a 2000 ans et le cri du paon dans des parcs en flammes et des baisers.
Des mains qui se serrent sinistrement dans une lumière blafarde et des essieux qui grincent sur des routes médusantes.
Il y a toi sans doute que je ne connais pas, que je connais au contraire.

Mais qui, présente dans mes rêves, t'obstines à s'y laisser deviner sans y
paraître.
Toi qui restes insaisissable dans la réalité et dans le rêve.
Toi qui m'appartiens de par ma volonté de te posséder en illusion mais qui
n'approches ton visage du mien que mes yeux clos aussi bien au rêve qu'à
la réalité.
Toi qu'en dépit d'une rhétorique facile où le flot meurt sur les plages,
où la corneille vole dans des usines en ruines,
où le bois pourrit en craquant sous un soleil de plomb,
Toi qui es la base de mes rêves et qui secoues mon esprit plein de métamor-
phoses et qui me laisses ton gant quand je te baise la main.
Dans la nuit, il y a les étoiles et le mouvement ténébreux de la mer, des
fleuves, des forêts, des villes, des herbes, des poumons de millions et
millions d'êtres.
Dans la nuit il y a les merveilles du monde.
Dans la nuit, il n'y a pas d'anges gardiens mais il y a le sommeil.
Dans la nuit il y a toi.
Dans le jour aussi.

Corps et Biens, 1930, écrit en 1926.
Gallimard, éd.

Paul ÉLUARD

La révolte surréaliste a sans doute libéré le lyrisme en autorisant une écriture plus libre et finalement plus simple. De cette liberté du langage, et du cœur, et de l'imagination, il n'est pas d'exemple plus pur que la poésie d'Éluard, porte-parole de la tendresse précaire et pathétique.

TEXTE XCI Dormeur

Triste, il va mourir d'étrange façon
Les yeux tomberont dans le sac des
[joues
    Lèvres aspirées, nez étroit,
        Espoir : il dormira.
    Les mains, les pieds balancés
Sur tant de mers, tant de planchers
        Un marin mort,
        Il dormira.

Fouets accrochés, poches, goussets,
    La chaise est plus lourde
      Le sol plus étroit
Mais le sommeil ne compte en
[promenade.
    Jeune mort, mort d'avenir.

*Les Nécessités de la Vie
et les conséquences des rêves*, 1921.
Sans Pareil, éd.

TEXTE XCII L'amoureuse

Elle est debout sur mes paupières
Et ses cheveux sont dans les miens
Elle a la forme de mes mains
Elle a la couleur de mes yeux
Elle s'engloutit dans mon ombre
Comme une pierre sur le ciel.

Elle a toujours les yeux ouverts
Et ne me laisse pas dormir.
Ses rêves en pleine lumière
Font s'évaporer les soleils,
Me font rire, pleurer et rire,
Parler sans avoir rien à dire.

Mourir de ne pas mourir, 1924.
Gallimard, éd.

Paul Éluard

TEXTE XCIII Armure de Proie

Armure de proie le parfum noir rayonne
Les arbres sont coiffés d'un paysage en amande
Berceau de tous les paysages les clés les dés
Les plaines de soucis les montagnes d'albâtre
Les lampes de banlieue la pudeur les orages
Les gestes imprévus voués au feu

Les routes qui séparent la mer de ses noyés
Tous les rébus indéchiffrables

La fleur de chardon construit un château
Elle monte aux échelles du vent
Et des graines à tête de mort.
Des étoiles d'ébène sur les vitres luisantes
Promettent tout à leurs amants
Les autres qui simulent
Maintiennent l'ordre de plomb.

Muet malheur de l'homme
Son visage petit matin
S'ouvre comme une prison
Ses yeux sont des têtes coupées
Ses doigts lui servent à compter
A mesurer à prendre à convaincre
Ses doigts savent le ligoter.

Ruine du public
Son émotion est en morceaux
Son enthousiasme à l'eau
Les parures suspendues aux terreurs de la
  [foudre
Pâturages livides où des rochers bondissent
Pour en finir
Une tombe ornée de très jolis bibelots
Un voile de soie sur les lenteurs de la luxure
Pour en finir
Une hache dans le dos d'un seul coup.

Dans les ravins du sommeil
Le silence dresse ses enfants
Voici le bruit fatal qui crève les tympans
La poussiéreuse mort des couleurs
L'idiotie

Voici le premier paresseux
Et les mouvements machinaux de l'insomnie
L'oreille les roseaux à courber comme un casque
L'oreille exigeante l'ennemie oubliée dans la brume
Et l'inépuisable silence
Qui bouleverse la nature en ne la nommant pas
Qui tend des pièges souriants
Où des absences à faire peur
Brise tous les miroirs des lèvres.

En pleine mer dans des bras délicats
Aux beaux jours les vagues à toutes voiles
Et le sang mène à tout
C'est une place sans statue
Sans rumeurs sans pavillon noir
Une place nue irisée
Où toutes les fleurs errantes
Les fleurs au gré de la lumière
Ont caché des féeries d'audace
C'est un bijou d'indifférence
A la mesure de tous les cœurs
Un bijou ciselé de rires
C'est une maison mystérieuse
Où des enfants déjouent les hommes.

Aux alentours de l'espoir
En pure perte
Le calme fait le vide.

L'Amour la Poésie, 1929.
Gallimard, éd.

Max JACOB

Désignant en 1917 sa poésie par l'image du *Cornet à Dés*, Max Jacob y souligne lui-même la part du hasard, objectif et subjectif. Mais l'humour poussé parfois jusqu'au burlesque est le langage d'une sensibilité aiguë, d'une vulnérabilité qui s'arme de mots et d'images pour exorciser à la fois le monde et le démon intérieur, jusqu'à ce que, dans une conversion mystique, elle rencontre Dieu. Tout cela, le plus souvent, dans le cadre d'une exemplaire brièveté.

TEXTE XCIV Petit poème

Je me souviens de ma chambre d'enfant. La mousseline des rideaux sur la vitre était griffonnée de passementeries blanches, je m'efforçais d'y retrouver l'alphabet et quand je tenais les lettres, je les transformais en dessins que j'imaginais. H, un homme assis ; B, l'arche d'un pont sur un fleuve. Il y avait dans la chambre plusieurs coffres et des fleurs ouvertes sculptées légèrement sur le bois. Mais ce que je préférais, c'était deux boules de pilastres qu'on apercevait derrière les rideaux et que je considérais comme des têtes de pantins avec lesquels il était défendu de jouer.

Le Cornet à Dés, 1917.
Gallimard, éd.

TEXTE XCV La rue Ravignan

Importuner mon Fils à l'heure où tout repose
Pour contempler un mal dont toi-même souris ?
L'incendie est comme une rose
Ouverte sur la queue d'un paon gris.
Je vous dois tout, mes douleurs et mes joies...
J'ai tant pleuré pour être pardonné !
Cassez le tourniquet où je suis mis en cage !

Adieu, barreaux, nous partons vers le Nil ;
Nous profitons d'un Sultan en voyage
Et des villes bâties avec du fil
L'orange et le citron tapisseraient la trame
Et les galériens ont des turbans au front.
Je suis mourant, mon souffle est sur les cimes !
Des émigrants j'écoute les chansons
Port de Marseille, ohé ! la jolie ville,
Les jolies filles et les beaux amoureux !
Chacun ici est chaussé d'espadrilles :
La Tour de Pise et les marchands d'oignons.
Je te regrette, ô ma rue Ravignan !
De tes hauteurs qu'on appelle antipodes
Sur les pipeaux m'ont enseigné l'amour
Douces bergères et leurs riches atours
Venues ici pour nous montrer les modes.
L'une était folle ; elle avait une bique
Avec des fleurs à ses cornes de Pan ;
L'autre pour les refrains de nos fêtes bachiques
La vague et pure voix qu'eût rêvée Malibran.
L'impasse de Guelma a ses corrégidors
Et la rue Caulaincourt ses marchands de tableaux
Mais la rue Ravignan est celle que j'adore
Pour les cœurs enlacés de mes porte-drapeaux.
Là, taillant des dessins dans les perles que j'aime,
Mes défauts les plus grands furent ceux de mes poèmes.

Le Laboratoire central, 1921.

Gallimard, éd.

TEXTE XCVI Les trente-six ports

Les trente-six ports ! quels coteaux en couteaux
Les trente-six ports ont trente-six portes
   Et cent bateaux.
Les trente-six fraises sur le buis du buisson
Les trente-six fraises c'est trente-six braises
   Et leur charbon
Trente-six veilleurs au congrès des veilleurs
Des chapeaux rouges en peau de chat
   Pour les meilleurs.
Les trente-six cors au bois de l'Hellespont
Les trente-six cordes aux trente-six cors
Et leurs façons
Et tout le mal et les dures leçons
Qui de mon cœur ont fait un entrepont.

Le Laboratoire central, 1921.

Gallimard, éd.

Max Jacob

TEXTE XCVII Bienfaits de Dieu

Créateur des mers et des ciels, des continents, de tout l'impondérable et de ce qui se dénombre et de ce qui ne se dénombre pas, c'est pour le bien qui me soulage et pour le mal qui m'accable que je m'adresse à vous. Ce n'est pas au Créateur de l'innombrable que je m'adresse aujourd'hui, mais au créateur du coupable Max Jacob que je suis...

Que ma foi se fortifie quotidiennement au souvenir du faîte de ma pauvre vie ! Que ce jour de septembre 1909 où votre ange a visité ma demeure pour me faire connaître votre miséricorde soit honoré comme saint anniversaire ! Que la révolution de mon âme dépêtrée par vous soit bénie et que cette âme ne cesse de répéter votre louange, Dieu, attentif surveillant de vos créations. Se peut-il qu'on vous ignore, qu'on vous méconnaisse. Mais, moi, je penserai cette apparition tant que Vous me conserverez une mémoire, je m'arrêterai à cet ange jaune et bleu. J'opposerai à toute argumentation, aux pichenettes des athées ou des discoureurs et penseurs trompés et trompeurs le texte de mes yeux, l'ivresse de ma poitrine, les larmes de ma joie. Je souhaiterai avec la conviction de la vue que les autres voient aussi pour se convertir à Vous comme je suis converti à Vous. Les autres sauront le faire plus complètement, étant plus forts et plus intelligents que je le suis. Mais toi, ô ma foi, mène-moi à une vie plus conforme à ta fièvre et ne me laisse pas encrasser par les calamiteux contacts. Donc, personne ne doit être plus reconnaissant à Dieu que moi.

Maintenant, Vous avez atteint votre bienfaisant but qui était de me relever jusqu'à votre troupeau de brebis, comme vous dites, et me voici, moi, pauvre Juif vieux et stupide, au milieu de cette merveilleuse cohorte de chrétiens aux âmes d'ivoire[1]. Quel bonheur vous dois-je : la rémission de mes péchés, le don du repentir, le don quotidien de l'Hostie et l'espoir de la vie éternelle.

Méditations religieuses, posthume, 1947.
Gallimard, éd.

---

[1]. Max Jacob s'était retiré auprès de l'Abbaye bénédictine de Saint-Benoît sur Loire.

Jean COCTEAU

Spécialiste de l'étonnement, dramaturge, romancier, cinéaste aussi bien que poète, poète dans ses drames, ses romans et ses films, personnage-vedette de la littérature et finalement académicien, Jean Cocteau est aussi le poète des obsessions, obsession de la mort et de l'au-delà, personnifiés dans les mythes d'Orphée ou de l'Ange ; il n'est peut-être pas de poète dont on puisse plus exactement dire que son univers est un univers *peuplé* : population d'êtres et d'images à la fois bigarrés et convergents, formant comme un inépuisable défilé d'*allégories*.

TEXTE XCVIII Les alliances

Ce sont les anges qui préparent
Les boules bleues de la lessive,
Aussi les blanchisseuses lavent
A genoux dans le lavoir.

Puis tordent les ailes de linge
Puis suspendent partout des anges.

Comme l'ange et comme Jacob,
Femmes et anges se battent,
Se tirent les cheveux, les robes,
A pleines mains, à quatre pattes.

Le lavoir est un lieu cruel :
Parfois on se démet la hanche
Mais toujours reviennent les anges
Apporter les boules de ciel.

Batteuses d'anges, de tapis,
Prenez garde à vos alliances !
Car les anges sans surveillance
Sont pis encore que des pies.

Opéra, 1925-1927.
Stock, éd.

TEXTE XCIX Cherchez Apollon

L'instrument d'Apollon ! Les colonnes du temple
Seraient-elles plusieurs cordes pétrifiées

Jean Cocteau

Par la foudre, ou par un sortilège des *simples* ?
(Herbes dont la vertu prête à se méfier.)

Sur la vertu de l'herbe interrogez l'oracle.
Sa bouche d'ombre imite un bâillement de fleur,
Dont la gorge à points blancs que du feu rose râcle
Laisse entendre une voix lointaine de souffleur.

Le bâillement de cette gorge d'orchidée
Sauvage (le poète est aussi médecin)
Délivre le pollen d'une petite idée,
Faisant la mère inceste et le fils assassin.

Dimanche. Un coup de feu déchire les régates
En mille papiers blancs sur le fleuve : un dieu meurt.
Son sang ressemble au lait des veines de l'agate,
Et ronde, sa blessure, aux lèvres du fumeur.

Au cirque, le filet des princes du trapèze
Leur donne une démarche en l'air de morts récents
Encore habitués au poids rouge du sang ;
Membres lourds dont plus un ne se pose, ne pèse...

L'express hurle, entraînant des grappes de sommeil.
Les horloges, les chiens, les coqs de l'insomnie,
Le rêve illuminé d'un funeste soleil,
Veulent nous obscurcir ce rébus de génie :

Apollon démoli par la foudre et qui ne
Veut pas tomber et tombe et, dans sa folle rage,
Fait de sa chute habile un temple ruineux,
Une autre majesté sans nom et sans visage.

N'oublions pas cet air de berger foudroyé
Que composent la lune et les manches de veste,
Lorsque l'épouvantail, le pendu, le noyé,
Invectivent la mort avec le même geste.

Quelquefois on découvre au bout d'un projecteur
Le calme solennel d'une route qui tue,
La vitesse aussitôt transformée en statue,
Les cris silencieux poussés par les acteurs.

Le sommeil, avec goût, disloque ses poupées ;
De leurs bras engourdis indolemment drapées,
Elles, sans se mouvoir, nagent indolemment
A la surface d'un immobile élément.

Autre est l'épouvantail que la mort articule ;
Il appelle au secours les corbeaux inhumains,
Et, vers l'ombre du puits où son geste bascule,
Coule à pic entraîné par le poids de sa main.

Je pense aux jeunes gens tourmentés par leur âge
Et par la poésie. Ils dorment seuls en haut
Des maisons et, parfois, mal réveillés, en nage,
Rafraîchissant, la nuit, leur fièvre au pot à eau.

Rois morts les yeux ouverts et costumés de boîtes,
Que dit le sphinx ? « *Le grec ne se doutait de rien* ».
Giboulée au soleil d'automne, sa main droite
Brandissant haut le frais grillage aérien.

Théatral, relevant du coude une farouche
Draperie, Apollon, bouclé d'or, de profil.
(On dirait un cheval qui se cabre : la bouche
Et l'œil, soleil obscur, rayonnement de cils !)

Bref, on voit le chanteur derrière les cordages
De l'instrument orné mieux que proue et château
De poupe ; on voit du vent qui roule des nuages,
Et la lyre pencher, vibrer, comme un bateau.

Soudain c'est le cyclone inattendu ; la foudre,
La lutte que j'ai dite ; Apollon stupéfait,
Cherchant à ne se point laisser réduire en poudre,
Tirant de son désastre un maximum d'effet.

Jeunes hommes, pieds nus dans le froid des mansardes,
Où donc se cache-t-il, le prince du soleil ?
Dormez. Peut-être bien que sa face hagarde
Éclaire, après sa mort, les drames du sommeil.

Peut-être l'arc-en-ciel, qui colore les bulles,
A-t-il moins de richesse et de fragilité
Que l'énigme guidant les pieds du somnambule
Le long des toits en pente au bord de la cité.

L'épilogue serait un entrelacs de lierre
Figurant, au poitrail d'on ne sait quels chevaux,
Le système veineux d'un quadrige de pierre.

SOLUTION :

Un dieu vaincu de l'homme imite les travaux.

Allégories, 1941. Daté de 1931-1932.
Gallimard, éd.

Pierre REVERDY

Poésie secrète, s'il en fut, le lyrisme de Reverdy tend à l'intensité par le dépouillement ; lyrisme d'une âme vulnérable et cependant rigoureuse face à un monde qui blesse à la fois et fascine : poésie du dialogue tendu entre l'âme et le monde pour susciter des correspondances douloureuses et rédemptrices. Effacement d'une technique cependant subtile devant cette vérité spirituelle avec quoi coïncide l'expression poétique.

TEXTE C Encore l'amour

Je ne veux plus partir vers ces grands bois du soir
Serrer les mains glacées des ombres les plus proches
Je ne peux plus quitter ces airs de désespoir
Ni gagner les grands ronds qui m'attendent au large
C'est pourtant vers ces visages sans forme que je vais
Vers ces lignes mouvantes qui toujours m'emprisonnent
Ces lignes que mes yeux tracent dans l'incertain
Ces paysages confus ces jours mystérieux
Sous le couvert du temps grisé quand l'amour passe
Un amour sans objet qui brûle nuit et jour
Et qui use sa lampe ma poitrine si lasse
D'attacher les soupirs qui meurent dans leur tour
Les lointains bleus les pays chauds les sables blancs
La grève où roule l'or, où germe la paresse
Le môle tiède où le marin s'endort
L'eau perfide qui vient flatter la pierre dure
Sous le soleil gourmand qui broute la verdure
La pensée assoupie lourde clignant des yeux
Les souvenirs légers en boucles sur le front
Les repos sans réveil dans un lit trop profond
La pente des efforts remis au lendemain
Le sourire du ciel qui glisse dans la main

Mais surtout les regrets de cette solitude
O cœur fermé ô cœur pesant ô cœur profond
Jamais de la douleur prendras-tu l'habitude

Sources du Vent, 1929.
Gallimard, éd.

TEXTE CI Le cœur écartelé

Il se ménage tellement
Il a si peur des couvertures
Les couvertures bleues du ciel
Et les oreillers de nuages
Il est mal couvert par sa foi
Il craint tant les pas de travers
Et les rues taillées dans la glace
Il est trop petit pour l'hiver
Il a tellement peur du froid
Il est transparent dans sa glace
Il est si vague qu'il se perd
Le temps le roule sous ses vagues
Parfois son sang coule à l'envers
Et ses larmes tachent le linge
Sa main cueille les arbres verts
Et les bouquets d'algues des plages
Sa foi est buisson d'épines
Ses mains saignent contre son cœur
Ses yeux ont perdu la lumière
Et ses pieds traînent sur la mer
Comme les bras morts des pieuvres
Il est perdu dans l'univers
Il se heurte contre les villes
Contre lui-même et ses travers
Priez donc pour que le Seigneur
Efface jusqu'au souvenir
De lui-même dans sa mémoire.

Ferraille, 1937.
Gallimard, éd.

TEXTE CII Outre-mesure

Le monde est ma prison
Si je suis loin de ce que j'aime
Vous n'êtes pas trop loin barreaux
[de l'horizon
L'amour la liberté dans le ciel trop
[vide
Sur la terre gercée de douleurs
Un visage éclaire et réchauffe les
[choses dures
Qui faisaient partie de la mort
A partir de cette figure
De ces gestes de cette voix
Ce n'est que moi-même qui parle
Mon cœur qui résonne et qui bat
Un écran de feu abat-jour tendre
Entre les murs familiers de la nuit
Cercle enchanté des fausses solitudes
Faisceaux de reflets lumineux
Regrets
Tous ces débris du temps crépitent au
[foyer
Encore un plan qui se déchire
Un acte qui manque à l'appel
Il reste peu de chose à prendre
Dans un homme qui va mourir

Le Chant des Morts, 1948.
Tériade, éd.

Jules SUPERVIELLE

La poésie de Supervielle est faite d'abandon, mais un abandon contrôlé par son expression. Il explore lui aussi les eaux profondes du rêve et du souvenir, mais sans connaître la tentation du délire verbal : au contraire. Ici le désespoir lui-même est doux, et le merveilleux n'éblouit pas.

TEXTE CIII Un poète

Je ne vais pas toujours seul au fond de moi-même
Et j'entraîne avec moi plus d'un être vivant.
Ceux qui seront entrés dans mes froides cavernes
Sont-ils sûrs d'en sortir même pour un moment ?
J'entasse dans ma nuit, comme un vaisseau qui sombre,
Pêle-mêle, les passagers et les marins.
Et j'éteins la lumière aux yeux, dans les cabines,
Je me fais des amis des grandes profondeurs.

Les Amis inconnus, 1934.
Gallimard, éd.

TEXTE CIV La goutte de pluie

Je cherche une goutte de pluie
Qui vient de tomber dans la mer.
Dans sa rapide verticale
Elle luisait plus que les autres
Car seule entre les autres gouttes
Elle eut la force de comprendre
Que, très douce dans l'eau salée,
Elle allait se perdre à jamais.

Alors je cherche dans la mer
Et sur les vagues, alertées,
Je cherche pour faire plaisir
A ce fragile souvenir
Dont je suis seul dépositaire.

Mais j'ai beau faire, il est des choses
Où Dieu même ne peut plus rien
Malgré sa bonne volonté
Et l'assistance sans paroles
Du ciel, des vagues et de l'air.

La Fable du Monde, 1938,
Gallimard, éd.

TEXTE CV Oublieuse mémoire

Regarde, sous mes yeux tout change de couleur
Et le plaisir se brise en morceaux de douleur,
Je n'ose plus ouvrir mes secrètes armoires
Que vient bouleverser ma confuse mémoire.
Je lui donne une branche elle en fait un oiseau,
Je lui donne un visage elle en fait un museau,
Et si c'est un museau elle en fait une abeille.
Je te voulais sur terre, en l'air tu t'émerveilles !

Je te sors de ton lit, te voilà déjà loin,
Je te cache en un coin et tu pousses la porte,
Je te serrais en moi tu n'es plus qu'une morte,
Je te voulais silence et tu chantes sans fin.

Qu'as-tu fait de la tour qu'un jour je te donnai
Et qu'a fait de l'amour ton cœur désordonné ?

Oublieuse Mémoire, 11, 1948.
Gallimard, éd.

CHAPITRE VII

LIGNES DE FORCE CONTEMPORAINES

René CHAR

Poursuite de l'immédiat, chasse de l'instant, lyrisme de la soudaineté, la poésie de René Char réunit dans le même acte la saisie concrète du temps (non le temps de l'histoire, mais celui de la croissance vitale dans la nature et dans l'homme) et la révélation du mystère verbal : à la limite, cette poésie tend à la figuration de l'instant par un condensé de parole.

TEXTE CVI Commune présence

Tu es pressé d'écrire
Comme si tu étais en retard sur la vie.
S'il en est ainsi fais cortège à tes
  [sources.
Hâte-toi.
Hâte-toi de transmettre
Ta part de merveilleux de rébellion
  [de bienfaisance.

Effectivement tu es en retard sur la
  [vie,
La vie inexprimable,
La seule en fin de compte à laquelle tu
  [acceptes de t'unir,
Celle qui t'est refusée chaque jour par
  [les êtres et par les choses,

Dont tu obtiens péniblement de-ci
[de-là quelques fragments décharnés
Au bout de combats sans merci.
Hors d'elle, tout n'est qu'agonie
[soumise, fin grossière.
Si tu rencontres la mort durant ton
[labeur
Reçois-la comme la nuque en sueur
[trouve bon le mouchoir aride,
En t'inclinant.
Si tu veux rire,
Offre ta soumission,

Jamais tes armes.
Tu as été créé pour des moments peu
[communs.
Modifie-toi, disparais sans regret
Au gré de la rigueur suave.
Quartier suivant quartier la liquida-
[tion du monde se poursuit
Sans interruption,
Sans égarement.

Essaime la poussière.
Nul ne décèlera votre union.

Le Marteau sans Maître, 1934.
Gallimard, éd.

TEXTE CVII Je me voulais événement

Je me voulais *événement*. Je m'imaginais *partition*. J'étais gauche. La tête de mort qui, contre mon gré, remplaçait la pomme que je portais fréquemment à la bouche, n'était aperçue que de moi. Je me mettais à l'écart pour mordre correctement la chose. Comme on ne déambule pas, comme on ne peut prétendre à l'amour avec un tel fruit aux dents, je me décidais, quand j'avais faim, à lui donner le nom de pomme. Je ne fus plus inquiété. Ce n'est que plus tard que l'objet de mon embarras m'apparut sous les traits ruisselants et tout aussi ambigus de *poème*.

Premières alluvions, 1945.
Gallimard, éd.

TEXTE CVIII Redonnez-leur...

Redonnez-leur ce qui n'est plus présent en eux,
Ils reverront le grain de la moisson s'enfermer dans l'épi et s'agiter sur l'herbe.
Apprenez-leur, de la chute à l'essor, les douze mois de leur visage,
Ils chériront le vide de leur cœur jusqu'au désir suivant ;
Car rien ne fait naufrage ou ne se plaît aux cendres ;
Et qui sait voir la terre aboutir à des fruits,
Point ne l'émeut l'échec quoiqu'il ait tout perdu.

Fureur et Mystère, 1948.
Gallimard, éd.

René Char

TEXTE CIX A la santé du serpent (Extraits)

Nous donnons ici quelques exemples de cette forme de la « *maxime poétique* » qui est comme la rigoureuse correspondance verbale d'une poésie de l'instantanéité.

I
Je chante la chaleur à visage de nouveau-né, la chaleur désespérée.

IV
Dans la boucle de l'hirondelle un orage s'informe, un jardin se construit.

VI
Produis ce que la connaissance veut garder secret, la connaissance aux cent passages.

XVI
Il reste une profondeur mesurable là où le sable subjugue sa destinée.

XIII
Pouvoir marcher, sans tromper l'oiseau, du cœur de l'arbre à l'extase du fruit.

XXII
Néglige ceux aux yeux de qui l'homme passe pour n'être qu'une étape de la couleur sur le dos tourmenté de la terre. Qu'ils dévident leur longue remontrance. L'encre du tisonnier et la rougeur du nuage ne font qu'un.

XXIV
Si nous habitons un éclair, il est le cœur de l'éternel.

XXVI
La poésie est de toutes les eaux claires celle qui s'attarde le moins aux reflets de ses ponts.

Poésie, la vie future à l'intérieur de l'homme requalifié.

Fureur et Mystère, 1948.
Gallimard, éd.

TEXTE CX Pourquoi la journée vole ?

Le poète s'appuie, durant le temps de sa vie, à quelque arbre, ou mer, ou talus, ou nuage d'une certaine teinte, un moment, si la circonstance le veut. Il n'est pas soudé à l'égarement d'autrui. Son amour, son saisir, son bonheur ont leur équivalent dans tous les lieux où il n'est pas allé, où jamais il n'ira, chez les étrangers qu'il ne connaîtra pas. Lorsqu'on élève la voix devant lui, qu'on le presse d'accepter des égards qui retiennent, si l'on invoque à son propos les astres, il répond qu'il est du pays d'*à côté*, du ciel qui vient d'être englouti.

Le poète vivifie puis court au dénouement.

Au soir, malgré sur sa joue plusieurs fossettes d'apprenti, c'est un passant courtois qui brusque les adieux pour être là quand le pain sort du four.

La Parole en archipel. 1961.

TEXTE CXI Devancier

J'ai reconnu dans un rocher la mort fuguée et mensurable, le lit ouvert de ses petits comparses sous la retraite d'un figuier. Nul signe de tailleur : chaque matin de la terre ouvrait ses ailes au bas des marches de la nuit.

Sans redite, allégé de la peur des hommes, je creuse dans l'air ma tombe et mon retour.

Retour amont, publié dans Commune présence, 1964.

Oscar Vladislas de Lubicz-MILOSZ

TEXTE CXII Cantique de la connaissance (Extrait)

L'esprit et le corps luttent quarante ans ; c'est là le fameux âge critique dont parle leur pauvre science, la femme stérile.

Le mal a-t-il ouvert une porte dans ton visage ? Le messager de paix. Melchisedech entrera par cette porte et elle se refermera sur lui et sur son beau manteau de larmes. Mais répète après moi : *Pater noster*.

Vois-tu, le Père des Anciens, de ceux qui parlaient le langage pur, a joué avec moi comme un père avec son enfant. Nous, nous seuls, qui sommes ses petits enfants nous connaissons ce jeu sacré, cette danse sainte, ce flottement heureux entre la pire obscurité et la meilleure lumière.

Il faut se prosterner plein de doutes, et prier. Je me plaignais de ne le point connaître ; une pierre où il était tout entier m'est descendue dans la main et j'ai reçu au même instant la couronne de lumière.

Et regarde-moi ! environné d'embûches, je ne redoute plus rien.

Des ténèbres de la conception à celles de la mort, un fil de catacombes court entre mes doigts dans la vie obscure.

Et pourtant qu'étais-je ? Un ver de cloaque, aveugle et gras, à queue aiguë, voilà ce que j'étais. Un homme créé par Dieu et révolté contre son créateur.

« Quelles qu'en soient l'excellence et la beauté, aucun avenir n'égalera jamais en perfection le non-être. » Telle était ma certitude unique, telle était ma pensée secrète : une pauvre, pauvre pensée de femme stérile.

Comme tous les poètes de la nature, j'étais plongé dans une profonde ignorance. Car je croyais aimer les belles fleurs, les beaux lointains et même les beaux visages pour leur seule beauté.

J'interrogeais les yeux et le visage des aveugles : comme tous les courtisans de la sensualité, j'étais menacé de cécité physique. Ceci est encore un enseignement de l'heure ensoleillée des nuits du Divin.

Jusqu'au jour où, m'apercevant que j'étais arrêté devant un miroir, je regardai derrière moi. La source des lumières et des formes était là, le monde des profonds, sages, chastes archétypes.

La Confession de Lemuel, in *Poésies II*,
André Silvaire, éd.

Henri MICHAUX

Sous les apparences de la fantaisie, de la gratuité et même du bizarre, Henri Michaux, dans ses poèmes comme dans ses dessins, poursuit avec une singulière assiduité son expérience de désintégration du monde et du langage, mais pour opérer une re-création à partir de cette « contre-création » (cf. texte 49).

TEXTE CXIII[1] Le grand combat

    Il l'emparouille et l'endosque contre terre ;
    Il le rague et le roupète jusqu'à son drâle ;
    Il le pratèle et le libucque et lui barufle les ouaillais ;
    Il le tocarde et le marmine,
    Le manage rape à ri et ripe à ra.
    Enfin il l'écorcobalisse.
    L'autre hésite, s'espudrine, se défaisse, se torse et se ruine.
    C'en sera bientôt fini de lui ;
    Il se reprise et s'emmargine... mais en vain
    Le cerceau tombe qui a tant roulé.
    Abrah ! Abrah ! Abrah !
    Le pied a failli !
    Le bras a cassé !
    Le sang a coulé !
    Fouille, fouille, fouille,
    Dans la marmite de son ventre est un grand secret.

---

1. Nous citons ce texte comme illustration du goût de Henri Michaux pour le « langage en liberté », et pour la poésie argotique (selon une tradition qui remonte jusqu'à Rabelais).

Mégères alentour qui pleurez dans vos mouchoirs ;
On s'étonne, on s'étonne, on s'étonne
Et vous regarde
On cherche aussi, nous autres, le Grand Secret.

Qui je fus, 1927.
Gallimard, éd.

TEXTE CXIV Emportez-moi

Emportez-moi dans une caravelle
Dans une vieille et douce caravelle,
Dans l'étrave, ou si l'on veut, dans l'écume,
Et perdez-moi au loin, au loin.
Dans l'attelage d'un autre âge.
Dans le velours trompeur de la neige.
Dans l'haleine de quelques chiens réunis.
Dans la troupe exténuée de feuilles mortes.
Emportez-moi sans me briser, dans les baisers,
Dans les poitrines qui se soulèvent et respirent,
Sur les tapis des paumes et leur sourire,
Dans les corridors des os longs, et des articulations.
Emportez-moi, ou plutôt enfouissez-moi.

Mes Propriétés, 1929.
Fourcade, éd.

TEXTE CXV Dans la nuit

Dans la nuit
Dans la nuit
Je me suis uni à la nuit
A la nuit sans limites
A la nuit.

Mienne, belle, mienne.

Nuit
Nuit de naissance
Qui m'emplis de mon cri
De mes épis
Toi qui m'envahis
Qui fais houle houle
Qui fais houle tout autour
Et fume, es fort dense
Et mugis
Es la nuit.

Nuit qui gît. Nuit implacable.
Et sa fanfare, et sa plage
Sa plage en haut, sa plage partout,
Sa plage boit, son poids est roi, et tout
                        [ploie sous lui

Sous lui, sous plus ténu qu'un fil
Sous la nuit
La Nuit.

Plume. Lointain intérieur, 1937.
Gallimard, éd.

Henri Michaux

TEXTE CXVI La paix des sabres

Sur le trajet d'une interminable vie de cahots et de coups, je rencontrai une grande paix. Après des traverses et des revers, et encore en pleine défaite, je la rencontrai et plutôt elle était trop grande que pas assez.

Même une feuille dans une atmosphère parfaitement calme de fin d'après-midi bougeait à l'excès pour moi.

Le roc lui-même n'était pas solide ni puissant à suffisance. Par les passages sur lui de la lumière et de l'ombre évasive fâcheusement il se relâchait du rocher intransigeant dont je caparaçonnais la nature entière.

Immobilité ! Immobilité ! Immobilité était mon seul commandement. Les vivants n'avaient pas grâce. Loin de là. C'étaient eux que je me sentais le plus impérieux besoin de fixer à jamais imperturbés.

Les lardant de sabres, de cimeterres, d'épées, je ne m'arrêtais pas avant que, inflexibles, tout en lames, ils ne s'arrêtassent eux-mêmes.

Toute faiblesse résorbée, farouches, indiciblement farouches, ils entraient dans une éternité qui ne pouvait plus rien contre eux.

Exorcismes, 1943.
Gallimard, éd.

Francis PONGE

Face à la subjectivité du lyrisme, quels qu'en soient les accents, il y a une poésie objective, comparable à ce qu'est en peinture la nature morte. Francis Ponge s'attache à cette poésie des choses que le langage est seulement chargé d'enregistrer et d'amplifier.

TEXTE CXVII De la nature morte et de Chardin
(Extraits)

       A chaque instant
       J'entends
       Et, lorsque m'en est donné le loisir,
       J'écoute
       Le monde comme une symphonie

Et, bien qu'en aucune façon je ne puisse croire que j'en dirige l'exécution,
Néanmoins, il est en mon pouvoir de manier en moi certains engins ou
       dispositifs,
Comparables aux amplificateurs, sélecteurs, écrans, diaphragmes,
Fort en usage, depuis quelque temps, dans certaines techniques.

. . . .

Peut-être est-ce un vice, mais je m'y adonne à tout bout de champ.

Par exemple, quand je suis en auto avec des amis et qu'ils s'exclament sur le
       paysage, je me paye le luxe, *in petto*, de reporter soudain mon regard
       sur le poignet du chauffeur ou sur le velours de son siège — et j'y
       prends des plaisirs inouïs.

Francis Ponge

Rien ne me paraît valoir ce spectacle.
Le paysage, j'en ai joui en un clin d'œil.
Là, il faut un petit peu d'attention, mais quelles récompenses !

. . . .

Ces pêches, ces noix, cette corbeille d'osier, ces raisins, cette timbale, cette
    bouteille avec son bouchon de liège, cette fontaine de cuivre, ce mortier
    de bois, ces harengs saurs.
Il n'y a aucun honneur, aucun mérite à choisir de tels sujets.
Aucun effort, aucune invention ; aucune preuve ici de supériorité d'esprit.
    Plutôt une preuve de paresse, ou d'indigence.
Partant de si bas, il va falloir dès lors d'autant plus d'attention, de prudence,
    de talent, de génie pour les rendre intéressants.
Nous risquons à chaque instant la médiocrité, la platitude ; ou la mièvrerie,
    la préciosité.

Mais certes, *leur* façon d'encombrer notre espace, de venir en avant, de se
    faire (ou de se rendre) plus importants que notre regard,
Le drame (la fête aussi bien) que constitue leur rencontre,
Leur respect, leur mise en place,
Voilà un des plus grands sujets qui soient.

. . . .

Rabaissant tranquillement notre regard sur les biens proches, l'âme et l'esprit
    ainsi se rassérènent, provisoirement.
Mais la grandeur, le drame aussitôt s'y retrouvant (l'enthousiasme et la fête
    aussi bien).
L'on retrouve le pas.

La mort n'est-elle pas présente dans la pulsation normale du cœur, dans le
    tempo normal de la respiration ?
— Certes, elle y est présente, mais elle y va sans précipitation.
Entre le paisible et le fatal, Chardin tient un méritoire équilibre.
Le fatal, quant à moi, m'est d'autant plus sensible qu'il va d'un pas égal,
    sans éclats démonstratifs, va de soi.

Voilà donc la « santé ».
Voilà notre beauté.
Quand tout se réordonne, sans endimanchement, dans un éclairage de destin.

Voilà aussi pourquoi la moindre nature morte est un paysage métaphysique.
Peut-être tout vient-il de ce que l'homme, comme tous les individus du règne
    animal, est en quelque façon *en trop* dans la nature[1] : une sorte de

---

    1. On reconnaît la formule de J.P. Sartre. De fait cette poésie objective se rattache
à l'existentialisme et par là appartient au domaine de la « poésie métaphysique »

vagabond, qui, le temps de sa vie, cherche le lieu de son repos enfin : de sa mort.
Voilà pourquoi il attache tant d'importance à l'espace, qui est le lieu de son vagabondage, de sa divagation, de son slalom.
Voilà pourquoi le moindre arrangement des choses, dans le moindre fragment d'espace, le fascine ;
D'un coup d'œil, il y juge de son slalom, de son destin.
Le moindre arrangement des choses, dis-je, dans le moindre fragment d'espace,
Et non seulement la disposition des entrailles des poulets sacrés, celle des cartes battues puis étalées sur la table, celle du marc de café, celle des dés quand ils viennent d'être jetés.
Les grands signes ne sont pas qu'aux cieux.
Et il n'y a pas d'instant fatal, ou plutôt tout instant est fatal.
Ce n'est pas seulement le dernier matin qu'un homme sensible goûte dans une juste lumière la cigarette ou le verre de rhum.
Il se réveille dans cette disposition chaque jour.

Certes le temps s'écoule, mais pourtant jamais rien n'arrive.
Tout est là.
Tout l'avenir, aussi bien, — dans le moindre fragment d'espace.
Tout y est lisible,
Pour qui veut bien, pour qui sait bien l'y voir.

Pourtant, chez quelques-uns seulement parmi les plus grands artistes, un pas de plus est fait.
L'indifférence est atteinte.
Par un certain adoucissement, ou gommage de la hiératisation,
Il est redit, une seconde fois, que tout est simple ;
Que si le fatal va de soi,
L'inconscience aussi du fatal est fatale ;
Que la tranquillité est de droit.

Ce n'est qu'après ceux-là qu'on peut tirer l'échelle.

Art de France, n° III, 1963.

Joë BOUSQUET

Échanges symboliques entre le réel, l'intérieur et le métaphysique, oscillant entre pudeur et effusion, angoisse universelle de la signification, enrichissement du lyrisme par l'introspection, langage partagé entre la nature et le surnaturel : c'est à la fois l'originalité et l'universalité d'une œuvre située vraiment « à part ».

TEXTE CXVIII Le sème-chemins

Est-ce une vie ou le vent
Qui dévide à la fontaine
Son fuseau d'herbe et d'argent ?

Les jours donnés aux absents
Qui de mourir se souviennent !

Notre enfance a fait le temps
D'un seul jour au cœur errant
Qui nous entoure en rêvant
Ses ombres nous appartiennent

— Rouet semeur de chemins
Ce qui roule avec la terre
Tourne ton orgue à chagrin.

Et la pierre du moulin
Lance un fil de sable fin
Aux rouets de la rivière

Lance au fil de nos regrets
Le rouet de la forêt
Où souffre la feuille haute

C'est un chemin dans le chant
Pour une voix qui consent !
Roule la meule aux tourments
Rien n'est rien que par sa faute

— Cloches du sang qu'on entend
Battre au poing du jour levant
Quelle main vous a nouées
Au rouet de ses années ?

— C'est une main qui demande
Qu'au fil du jour on lui rende
La pierre qui fait le pain
Quand l'eau qui coule pour elle
Fait sa prière au moulin

Et veut qu'il sauve du flot
L'oiseau qui vole sans ailes

— Eau d'argent, eau de grelots
Où sont tes ailes d'oiseau ?

Au flanc des bœufs qui m'ont bue
Avec les ailes entre eux

Du jour qui vole où je veux
Où mènent-ils la charrue ?
— Entre leurs cornes de bœufs
Au cœur des pierres qu'ils raient

— Je ne vois pas cette raie
— Une chèvre l'a broutée
Avec les herbes du toit

Si tu l'entends tu la vois
Au rouet de la pluie haute
Unir les autres et toi
Et vous conter qu'une fois
Un fou pleurait sur le roi
Qu'il devenait par sa faute.

Le Sème-Chemins, Cahiers de la Pléiade, 1948.

TEXTE CXIX La neige d'un autre âge

Une captive triste : si belle qu'elle semblait innocente de tout. Transparente, naïve ; elle effaçait le jour : elle était la source du jour. Jamais, en effet, la lumière n'avait monté si haut, n'eût-elle reculé devant la profondeur de ses yeux noirs.

Elle ne pleure pas ; sourit à tout. On ne lui montre rien qu'elle ne paraisse l'avoir voulu. Ainsi, ignorait son sort. Son calme a terrifié ses ennemis. C'est une enfant. Elle sera toujours en enfance. Elle sera l'enfance de nos enfants. Quel nom lui donner ? avec ses yeux où tout ce qu'on lui apprend paraît s'engloutir dans une nuit sans fond. Dans quel abîme a-t-elle vécu pour nous connaître si bien ? On dirait que son cœur est un charbon éteint. Le devin a dit qu'on l'entendrait chanter, le jour où elle aurait appris son malheur...

On lui a appris que son père avait été supplicié : elle a hoché la tête. Puis, elle a souri...

On lui a montré sans l'émouvoir le corps égorgé de sa mère, on a jeté dans son cachot les mains coupées de ses frères : elle a joué avec ces tristes débris.

Rien ne la surprend...

Elle n'a pas de larmes. Ses yeux sont trop grands : elle ne se connaît pas. On voudrait lui faire un nom avec le mot qu'elle prononcerait en s'apitoyant sur elle-même. Crimes... ce sont des faits dont elle ne reconnaît que l'aube.

Ce nom la baptiserait : il la rendrait innocente de tout ce qu'elle est ; la rachèterait de cette existence où tout ce qu'un homme peut accomplir de pire est pressenti et conçu. Lui donner un nom d'enfant. La baptiser avec ses larmes. Dissiper la nuit qui est au fond de ses yeux... Elle se voit dans les yeux de l'homme qui ne s'est pas accepté.

« J'avais imaginé, dit-elle, la mort de mon père, l'exécution de ma mère. »

Hélas, elle se fait de la liberté une idée aussi monstrueuse que la nôtre.

Joe Bousquet

Quand sa liberté sera-t-elle ignorance de soi ?
Quand lui consentirons-nous un aveu qu'elle n'entende pas ?
Elle serait ignorante : elle serait avenir. Nous survivant, elle libérerait de nous nos enfants. Ainsi ne serons-nous plus condamnés à sacrifier ce que nous avons mis au monde.
Elle n'est pas notre prisonnière tant qu'elle se reconnaît dans nos actes. « Vous avez cueilli, dit-elle, en souriant, toutes les roses du jardin. C'était devancer mon moindre désir et aussi la suppression de mes serviteurs : c'est obtenir sans bruit le souhait d'une femme qui, cent fois le jour, appelait la foudre sur eux ».
Elle ne pleurera qu'en se sachant captive. Mais elle n'est pas captive : elle aime sa prison. Elle avait rêvé de tout ce qu'elle y voit : elle n'y voit que son rêve. Elle ne sait que nous sommes.
A-t-elle vu dans ses yeux la nuit qui fait tous les crimes ?
La nuit qui les conçoit, les dissipe, il n'y a que l'amour de soi pour les accepter.

La Neige d'un autre âge, posthume, 1953.
Cercle du Livre, éd.

SAINT - JOHN PERSE

Dans le langage solennel d'un verset d'allure claudélienne, cultivant un hermétisme dynamique tantôt contemplatif, tantôt explosif, toute l'œuvre de Saint-John Perse est comme une incessante proclamation de l'aristocratie poétique : lyrisme de la solitude, symbolisme de la rareté, éclat de la lumière, rythme processionnel, imagerie précieuse, c'est le triomphe de la pure cérémonie poétique.

TEXTE CXX Chanson

Mon cheval arrêté sous l'arbre plein de tourterelles, je siffle un sifflement si pur, qu'il n'est promesses à leurs rives que tiennent tous ces fleuves (Feuilles vivantes au matin sont à l'image de la gloire)...

Et ce n'est point qu'un homme ne soit triste, mais se levant avant le jour et se tenant avec prudence dans le commerce d'un vieil arbre, appuyé du menton à la dernière étoile, il voit au fond du ciel à jeun de grandes choses pures qui tournent au plaisir...

Mon cheval arrêté sous l'arbre qui roucoule, je siffle un sifflement plus pur... Et paix à ceux, s'ils vont mourir, qui n'ont point vu ce jour. Mais de mon frère le poète on a eu des nouvelles. Il a écrit une chose très douce. Et quelques-uns en eurent connaissance.

Anabase, 1924-1948.
Gallimard, éd.

TEXTE CXXI Exil

A nulles rives dédiée, à nulles pages confiée la pure amorce de ce chant...
D'autres saisissent dans les temples la corne peinte des autels :
Ma gloire est sur les sables ! ma gloire est sur les sables !... Et ce n'est point errer, ô Pérégrin,
Que de convoiter l'aire la plus nue pour assembler aux syrtes de l'exil un grand poème né de rien, un grand poème fait de rien...
Sifflez, ô frondes par le monde, chantez, ô conques sur les eaux !
J'ai fondé sur l'abîme et l'embrun et la fumée des sables. Je me coucherai dans les citernes et dans les vaisseaux creux,
En tous lieux vains et fades où gît le goût de la grandeur.

«... Moins de souffles flattaient la famille des Jules ; moins d'alliances assistaient les grandes castes de prêtrise.
Où vont les sables à leur chant s'en vont les Princes de l'exil,
Où furent les voiles haut tendues s'en va l'épave plus soyeuse qu'un songe de luthier,
Où furent les grandes actions de guerre déjà blanchit la mâchoire d'âne,
Et la mer à la ronde roule son bruit de crânes sur les grèves,
Et que toutes choses au monde lui soient vaines, c'est ce qu'un soir, au bord du monde, nous contèrent
Les milices du vent dans les sables d'exil... »

Sagesse de l'écume, ô pestilences de l'esprit dans la crépitation du sel et le lait de chaux vive !
Une science m'échoit aux sévices de l'âme... Le vent nous conte ses flibustes, le vent nous conte ses méprises !
Comme le Cavalier, la corde au poing, à l'entrée du désert,
J'épie au cirque le plus vaste l'élancement des signes les plus fastes.
Et le matin pour nous mène son doigt d'augure parmi de saintes écritures.
L'exil n'est point d'hier ! l'exil n'est point d'hier ! « O vestiges, ô prémisses »,
Dit l'Étranger parmi les sables, « toute chose au monde m'est nouvelle !... »
Et la naissance de son chant ne lui est pas moins étrangère.

Exil, II, 1942.
Gallimard, éd.

TEXTE CXXII Neiges

Et puis vinrent les neiges, les premières neiges de l'absence, sur les grands lés tissés du songe et du réel ; et toute peine remise aux hommes de mémoire, il y eut une fraîcheur de linges à nos tempes. Et ce fut au matin, sous le sel gris de l'aube, un peu avant la sixième heure, comme en un havre de fortune, un lieu de grâce et de merci où licencier l'essaim des grandes odes du silence.

Saint-John Perse

Et toute la nuit, à notre insu, sous ce haut fait de plume, portant très haut vestige et charge d'âmes, les hautes villes de pierre ponce forée d'insectes lumineux n'avaient cessé de croître et d'exceller, dans l'oubli de leur poids. Et ceux-là seuls en surent quelque chose, dont la mémoire est incertaine et le récit est aberrant. La part que prit l'esprit à ces choses insignes, nous l'ignorons.

Nul n'a surpris, nul n'a connu, au plus haut front de pierre, le premier affleurement de cette heure soyeuse, le premier attouchement de cette chose fragile et très futile, comme un frôlement de cils. Sur les revêtements de bronze et sur les élancements d'acier chromé, sur les moellons de sourde porcelaine et sur les tuiles de gros verre, sur la fusée de marbre noir et sur l'éperon de métal blanc, nul n'a surpris, nul n'a terni

Cette buée d'un souffle à sa naissance, comme la première transe d'une lame mise à nu... Il neigeait, et voici, nous en dirons merveilles : l'aube muette dans sa plume, comme une grande chouette fabuleuse en proie aux souffles de l'esprit, enflait son corps de dahlia blanc. Et de tous les côtés il nous était prodige et fête. Et le salut soit sur la face des terrasses, où l'Architecte, l'autre été, nous a montré des œufs d'engoulevent !

Exil, Neiges, I, 1944.
Gallimard, éd.

TEXTE CXXIII Vents

Des terres neuves, par là-haut, comme un parfum puissant de grandes femmes mûrissantes,

Des terres neuves, par là-haut, sous la montée des hommes de tout âge, chantant l'insigne mésalliance,

Toute la terre aux arbres, par là-haut, dans le balancement de ses plus beaux ombrages, ouvrant sa tresse la plus noire et l'ornement grandiose de sa plume, comme un parfum de chair nubile et forte au lit des plus beaux êtres de ce monde.

Et c'est une fraîcheur d'eaux libres et d'ombrages, pour la montée des hommes de tout âge, chantant l'insigne mésalliance,

Et c'est une fraîcheur de terres en bas âge, comme un parfum des choses de toujours, de ce côté des choses de toujours,

Et comme un songe prénuptial où l'homme encore tient son rang, à la lisière d'un autre âge, interprétant la feuille noire et les arborescences du silence dans de plus vastes syllabaires.

Toute la terre nouvelle par là-haut, sous son blason d'orage, portant cimier de filles blondes et l'empennage du Sachem,

Toute la terre nubile et forte, au pas de l'Étranger, ouvrant sa fable de grandeur aux songes et fastes d'un autre âge,

Et la terre à longs traits, sur ses plus longues laisses, courant, de mer à mer, à de plus hautes écritures, dans le déroulement lointain des plus beaux textes de ce monde.

Vents, II, 1, 1946
Gallimard, éd.

Pierre – Jean JOUVE

Souvenirs d'épopée, prophétisme apocalyptique, concentration visionnaire : retour à une tradition poétique qui remonte jusqu'au XVIe siècle, on songe à Agrippa d'Aubigné ; mais c'est aussi une poésie toute nourrie des acquisitions du symbolisme moderne.

TEXTE CXXIV Tancrède et Clorinde
(Souvenir du Tasse)

O vêtue de l'armure étonnée et secrète
Elle erre sur la cime amère de la montagne
Cherchant une autre porte. Et funèbres pensées
Qui voltigez autour du sein de la plus belle
Masquée dans le guerrier,
La nuit piquée des folles pointes claires
Vous cache à ses yeux mêmes
Grands yeux tristes et perçants. Un pas profond
Ébranle la terre obscure des cailloux
Renvoyé par les échos sombres, le cavalier
Accourt noirement sur la marche de pierre ;
Il la fait se tourner vers le bruit de ses armes
Qui est pareil à un torrent rempli de fer.

Cavalier de triste rôle dans ma nuit
Que me veux-tu ? La main prenant dans l'ombre
La garde, sa voix franchit la fraîcheur et elle dit.
Et Tancrède forçant la suante encolure
Arrête son cheval nu devant elle, il dit :
Soldat que je ne connais pas encore

Pierre-Jean Jouve

Je veux guerre et mort ! — Guerre et mort
Tu auras. Je ne refuse pas
De te donner la mort si tu la cherches.
Clorinde tient le glaive mâle par sa croix
Posant la pointe dans la terre des bêtes noires,
Elle aussi noire pour l'étoile immense et le combat.
Et lui qui ne veut prendre indûment l'avantage
Par le cheval descend du haut flanc respirant
Va lier la bête à un arbre, elle attend.
Et fous d'orgueil et de colère s'affrontent
A pas lents, deux taureaux massifs et furieux.

Nuit ! toi qui recouvres de noirceur bénie
Les hauts faits de cet affreux désir jaloux
Dignes du grand soleil et d'une arène emplie
De peuple spectateur avec l'horreur qui joue !
O calme nuit du parfum de bruyère
Nuit de la plus lointaine des clarines
Puissé-je arracher ces hauts faits à ton ombre
A ta douleur dormante et à ta paix.
O calme nuit des vents devenus frais
Que j'arrache à ta nuit
Leur renommée éternellement vive
Et par la gloire de l'approche ensanglantée
Que resplendisse ton obscurité...

Gloire, 1942.
L.U.F., éd.

TEXTE CXXV Résurrection des morts (Extraits)

Rassemblés les vrais os de vos chairs amoureuses
Vous êtes devenus légers et transparents
O soleils quel espoir
Quelle électricité coulent dans un vrai sang !
Ces corps faits de triomphe de pardon
Transportent la patrie subtile à leurs talons
Ils regardent au fond des portes d'émeraude
Le pouvoir de pitié fonder l'espèce d'aube
Où l'âme ne craint plus d'être récompensée.

Et morts soleils ! vous pénétrez en corps dans la justice
Évadés des pouvoirs meurtriers de vos morts
Vous perdez le sommeil trop longtemps satisfaits

Vous reprenez le combat singulier
Qui à toute éternité est la vie même
Éclatants, c'est l'esprit qui ne peut pas mourir
Ce fils de Dieu ! mais c'est le corps qui ne peut pas
Quitter son esprit bien-aimé qui l'a fait vivre
Ni le corps ni l'esprit ne pouvant quitter Dieu.

Gloire, 1942.
L.U.F., éd.

TEXTE CXXVI Hymne

> *Car j'installe, par la science,*
> *L'hymne des cœurs spirituels*
> *En l'œuvre de ma patience.*
>
> Stéphane MALLARMÉ

Et toujours à travers le vent
Et toujours au seuil de l'orage
Et toujours le crime comptant
Le ciel pur est inaltérable

Toujours à travers le sans-être
Les atomes défaits la fin
Du monde proche à la fenêtre
Cet amour le pain et le vin

Toujours je mangerai ton bien
Toujours je connaîtrai ton centre
Toujours je verrai ton œil peint
Et j'aurai ta présence absente

La beauté traverse le temps
Le silence conquiert une arme
Je suis depuis longtemps ton sang
Ta pensée unie et ta flamme

Tu es mon maître et ma victime
J'écoute mon aimé dormir
L'amante me quitte à la cime
Et je me hasarde à mourir.

Univers livré aux durs anges
Coupes abîmées sur la mer
Monde en ruines et sales langes
Et peuple de victoire amer

Archange ! fais donc une pause
Au sang précieux. Suspends-toi
Retiens quatre vents d'épouvante
Avant la marque sur Juda

Archange que la vérité
Soulève ma mort d'une eau pure
Jamais ne sera chaud l'été
Tant qu'une éternité obscure.

Hymne, 1947.
L.U.F., éd.

LA POÉSIE DE LA RÉSISTANCE

Deux générations engagées dans la même expression poétique du malheur public et personnel : Paul Éluard, un poète venu du surréalisme, qui retrouve la simplicité du langage pour chanter l'absolu de l'émotion ; Pierre Emmanuel, un disciple de Pierre-Jean Jouve, pour qui l'apocalypse de la vision poétique coïncide avec l'apocalypse de l'histoire.

TEXTE CXXVII La dernière Nuit

Ce petit monde meurtrier
Est orienté vers l'innocent
Lui ôte le pain de la bouche
Et donne sa maison au feu
Lui prend sa veste et ses souliers
Lui prend son temps et ses enfants.

Ce petit monde meurtrier
Confond les morts et les vivants
Blanchit la boue, gracie les traîtres,
Transforme la parole en bruit.

Merci minuit douze fusils
Rendent la paix à l'innocent
Et c'est aux foules d'enterrer
Sa chair sanglante et son ciel noir
Et c'est aux foules de comprendre
La faiblesse des meurtriers.

Paul ÉLUARD, *Poésie et Vérité 1942*
Cahiers du Rhône 1943.

La poésie de la Résistance

TEXTE CXXVIII Prière pour nos ennemis (Extraits)

à Emmanuel Mounier

L'Ombre des ruines pèse au front cendreux des peuples
le sang les cerne et les assoiffe mais où fuir
eux dont les pas rougissent l'air et dont les gestes
sont des ronces de sang étouffant les lointains ?
L'ouïe martelée d'horreur l'œil grand ouvert aux flammes
les mains crispées sur les leviers de la folie
ils sentent bouillonner la terre courroucée
des hécates de sang se mirer en leur âme
et soulever les morts abrupts énormes lames
par-dessus les charniers où grouillent les vivants.
En vain se jettent-ils dans l'étendue béante
noirs fœtus de la peur ils butent à quel ventre
nourricier atrocement de leur démence
et qui les séparant de dieu du ciel du jour
les resserre en un nœud d'enfers qui se dévorent
sans pouvoir rassasier de néant leur amour.

. . . .

Ose une arche de liberté qui soit fondée
sur ces genoux craintifs et ces fronts abaissés
donne à Ton ciel l'élan d'une courbe si pure
que par elle rejoints les mondes ennemis
connaissent la clarté du temps et de l'histoire
sainte révolution qui des foules ruinées
des peuples dispersés pierre à pierre des blés
glorieux dominant les colonnes tuées
fera jaillir le nombre et la limpide essence
monument d'Ame vraie tonnante au haut des tours
les nations debout affrontant Ta justice
les étendards noyés dans le Chant et les morts
entonnant le futur naïf par leurs blessures.

Pierre EMMANUEL, *Jour de Colère*, 1942.
Charlot, éd.

Pierre EMMANUEL

Ressuscitant la poésie visionnaire, Pierre Emmanuel s'attache aux grands mythes prophétiques de la Grèce ou de la Bible, Orphée ou Babel. A la recherche, aussi, d'une poésie chrétienne, son œuvre est d'autre part dominée par l'image du Crucifié.

TEXTE CXXIX Babel   (Extrait)

La raison, ce chiendent qui descelle la terre
Et d'un réseau de nerfs en relie les fragments,
Souffre et ne suffit plus à retenir l'abîme ;
Des blocs de profondeur se détachent, voici
Cahoter le grand char céleste sur le monde.
La peur gagne le sol aux entrailles. L'éclair
Attiré par le feu central fend les montagnes :
La cendre pleut du front des astres. Un lion,
— Le cœur — gronde et disjoint la poitrine des hommes.
Mais tout résiste à bout d'espoir : les lois rouillées,
Les digues qui s'enraient, les pierres près de choir.
On ne s'adosse plus aux murs crainte qu'ils tombent,
Les générations campent dans un futur
Jonché d'avance de ruines. Ces vestiges
Leur sont encore des casernes, des palais
Des temples, des témoins de quoi ? Les salles vides
Ne pourraient supporter l'écho d'un pas d'enfant,
Et leur façade oscille au rythme des marées,
Tant l'obsèdent les mers retirées de longtemps.

Comme un arbre dément secoue ses feuilles mortes
Sur la lande livrée aux traques du vent noir,

Pierre Emmanuel

> Prophétisent les mains cendreuses des Cassandres
> Semant à la volée la poudre des cités.
> Idole creuse et jusqu'aux yeux pleine de sable
> L'homme jalonne de sa gloire les déserts.
> Assis en cercle à l'horizon, les chacals veillent
> Ameutés par les Grands Muets qui vont battant
> De leur fléau les os rompus des races vieilles
> Sur l'aire nette où Dieu sonne l'appel des temps.

Babel 1952.
Desclée éd.

TEXTE CXXX Golgotha   (Extraits)

I

Cet autel en forme de crâne
Sur lequel je plante la croix
C'est la tête de la géhenne
Qui se love au centre de moi

Au centre de la vie quotidienne
Le gibet s'allonge toujours
Plus s'aggrave l'espèce humaine
Plus le corps du Christ s'y fait lourd

Ceux qu'on force à manger leur boue
Qu'on parque pour les battre au fléau
Qu'on électrocute et qu'on roue
Puis jette membres liés aux canaux

Marchant au suprême supplice
Ils entrent dans la passion du
　　　　　　　　　　　　　[Seigneur
Mourant avec lui d'injustice
Tout leur sang est versé par son cœur

II

Née du néant dont elle est l'orpheline
L'âme somnole entée sur l'agonie
Du Fils ayant pour père un linceul
　　　　　　　　　　　　　　[vide
Ciel d'outre en outre insensible à son
　　　　　　　　　　　　　　[cri

Cri astringent dont la strideur
　　　　　　　　　　　　[dessèche
Au plus lointain de ses nerfs l'infini
J'ai soif L'abîme est cette éponge
　　　　　　　　　　　　　[rèche
Jésus pour nous en exprime la nuit

Bu jusqu'au fond l'abandon désaltère
La chair dont l'âme a brûlé les replis
Jésus sourit de parfaite misère
Tout est maintenant accompli

O froid des mots ultimes sur ma face
Quand il s'incline et remet son esprit
Je vis Je veux ignorer quelle grâce
Nous fait le Mort qui nous offusque ici

La nuit vient tôt Je ne vois plus les
　　　　　　　　　　　　　　[autres
Chacun regagne en hâte son secret
La boue nous aide à descendre la côte
O ville enfin tes flaques tes reflets

Pris malgré nous dans l'Acte salutaire
Nous fuyons la croix tel un piège
　　　　　　　　　　　　　　[odieux
Seul un centurion regardant la Mère
Dit Vraiment cet homme était Fils
　　　　　　　　　　　　　　[de Dieu.

La nouvelle naissance, 1963.
Éditions du Seuil, éd.

Patrice de LA TOUR DU PIN

Poésie et spiritualité, c'est la recherche d'une unité essentielle, par le langage, entre ces deux termes qui caractérise sans doute l'œuvre de La Tour du Pin : aussi ses poèmes sont-ils les épisodes diversifiés d'une « légende » où se réunissent le naturel et le surnaturel.

TEXTE CXXXI L'ensoleillé

Il avait eu la grâce d'être de soleil...
De petites clartés veillaient sur sa naissance,
Mais autour quels détroits, quels abîmes immenses !
Peu à peu des frissons avaient donné l'éveil,
Des choses fait leur lumière, des églantiers
Leur fleur, des villes leur ciel mordoré,
Des femmes leur tendresse... Il gardait ces
                                            [empreintes
Enfouies, lentement clarifiant les fonds,
N'exprimant au-dehors que sa fièvre ou sa plainte :
C'était bien autre chose que nous attendions.
Nous devinions aussi qu'il ne comprenait guère,
Quand nous allions vers lui par besoin de lumière,
Étant l'inconnaissable, mais le transparent.
Il devenait toujours, plus lointain, plus extrême,
Nous le vîmes descendre encor plus en lui-même
Combattre l'ombre ou des reflets désespérants.
Il riait, et nous lui crûmes moins de tendresse,
Il s'écartait de nous, beaucoup moins d'amitié,
Il se taisait, et nous doutions de son courage.
— Il n'avouait jamais qu'il était en détresse :
« Pourquoi, demandions-nous, restez-vous si sauvage,
N'allez-vous pas au monde en toute nudité,
Frappant l'obscur, et le masqué, et le stérile ? »
Il répondait, craintif : « Je dérive autre part ».
Il s'en inquiétait en lui-même, le soir ;
Nous le savions, suivant sa marche difficile,
A travers une nuit que rien n'orientait
Vers ce qu'il pressentait être un lever de jour.

L'ensoleillé cherchait plus avant sa lumière,
Seul, avec sa maladresse et sa sûreté,
Son rire et son apparence grave, et toujours
Ce secret de soi-même à soi-même sur terre.

Le Jeu du Seul, l'Ensoleillé, I, 1946.
Gallimard, éd.

Patrice de La Tour du Pin

TEXTE CXXXII Légende

Va dire à ma chère Ile, là-bas, tout là-bas,
Près de cet obscur marais de Foulc, dans la lande,
Que je viendrai vers elle ce soir, qu'elle attende,
Qu'au lever de la lune elle entendra mon pas.

Tu la trouveras baignant ses pieds sous les rouches,
Les cheveux dénoués, les yeux clos à-demi,
Et naïve, tenant une main sur sa bouche
Pour ne pas réveiller les oiseaux endormis.

Car les marais sont tout embués de légende,
Comme le ciel que l'on découvre dans ses yeux,
Quand ils boivent la bonne lune sur la lande
Ou les vents tristes qui dévalent des Hauts-Lieux.

Dis-lui que j'ai passé des aubes merveilleuses
A guetter les oiseaux qui revenaient du nord,
Si près d'elle, étendue à mes pieds et frileuse
Comme une petite sauvagine qui dort.

Dis lui que nous voici vers la fin de septembre,
Que les hivers sont durs dans ces pays perdus,
Que devant la croisée ouverte de ma chambre,
De grands fouillis de fleurs sont toujours répandus.

Annonce-moi comme un prophète, comme un prince,
Comme le fils d'un roi d'au-delà de la mer ;
Dis-lui que les parfums inondent mes provinces
Et que les Hauts-Pays ne souffrent pas l'hiver.

Dis-lui que les balcons ici seront fleuris,
Qu'elle se baignera dans des étangs sans fièvre,
Mais que je voudrais lire en ses yeux assombris
Le sauvage secret qui se meurt sur ses lèvres,

L'énigme d'un regard de pure connaissance
Et qui brille parfois du fascinant éclair
Des grands initiés aux jeux de connaissance
Et des coureurs du large, sous les cieux déserts...

La Quête de Joie, Une Somme de Poésie, 1939-1946.

Gallimard, éd.

Jean – Claude RENARD

Nostalgie de l'enfance, nostalgie d'un ordre du langage et du monde, nostalgie enfin d'une « incantation » universelle, l'expérience poétique est ici à la fois un pouvoir et une impuissance : aussi est-elle orientée, sans qu'elle renie son immanence humaine, vers l'illumination de la transcendance divine. Poésie d'une découverte du sacré à partir de la « métamorphose du monde ».

TEXTE CXXXIII Incantation des enfances

I

Dans quels pays sont morts les enfants que j'aimais,
les enfants en allés dans la nuit de la mer,
quels pays de varechs les ont-ils recouverts,
où sont-ils, où sont-ils les enfants aux corps frais ?

Les sorciers m'ont redit quels étaient leurs secrets,
quelle était la lumière épaisse de leur chair,
ils m'ont dit des secrets qu'on a chargés d'enfer,
les grands secrets perdus qu'ils avaient inventés.

Où sont les doux enfants qui savaient des voyages,
les enfants envoûtés dont j'ai gardé l'odeur
et qui laissent en moi des paradis sauvages ?

Ils sont morts dans la mer, ils sont partis ailleurs,
Ils se sont endormis comme des princes blancs,
ils dorment dans la nuit qui ressemble à mon sang...

II

Ils ne reviendront plus pour consoler mon mal
les enfants fabuleux qui pleurent dans la tour,
qui pleurent les pays où je n'ai plus d'amour,
ils sont les princes morts de mon pays natal.

Ils sont les princes noirs, ils sont les princes tristes
qui m'ont exorcisé des nouvelles légendes,
ils sont les mal-aimés, ils sont ceux qui m'attendent
et qui hantent mon cœur comme des alchimistes.

Les enfants m'ont tenté, les enfants m'ont tué,
ils m'ont enseveli dans l'ennui de ma chair
pour que d'autres démons troublent ma cruauté.

Ils sont mon maléfice, ils ont sondé la mer,
ils sont partis sans moi dans des pays ardents,
dans les pays profonds où j'étais innocent...

III

Où les retrouverais-je, où sont les princes blancs,
les princes des pays de feuilles et de pluies
que moi, que nul d'ici, que nul d'ailleurs n'oublie,
les princes anciens dont l'amour est poignant ?

Je ne sais plus le nom qu'ils avaient pris pour moi,
femme verte, sang roux et corps ensorcelé,
et les mots dont mon cœur est encor désolé,
tous les mots émouvants qui meurent dans le froid.

Qui me rendra le Philtre et me dira le Mot,
le mot pour réveiller les princes endormis,
qui me dira le mot de mes derniers pays ?

J'ai versé sur le feu le sang des grands oiseaux,
j'ai cherché les pays pareils à ma mémoire
et j'ai brûlé mon sang avec des plantes noires :

— j'ai brûlé mon amour jusqu'au matin glacé...

Métamorphose du Monde, 1951.
Points et Contrepoints éd.

ÉPILOGUE

Léopold SÉDAR SENGHOR

Cette voix venue d'Afrique parle en français la langue d'un lyrisme à la fois universel et charnellement incarné dans un terroir et une tradition.

TEXTE CXXXIV Ndessé

Mère, on m'écrit que tu blanchis comme la brousse à l'extrême hivernage
Quand je devais être ta fête, la fête gymnique de tes moissons
Ta saison belle avec sept fois neuf ans sans nuages et les greniers pleins à craquer de fin mil
Ton champion *Kor-Sanou* ! Tel le palmier de Katamague
Il domine tous ses rivaux de sa tête au mouvant panache d'argent
Et les cheveux des femmes s'agitent sur leurs épaules, et les cœurs des vierges dans le tumulte de leur poitrine.

Voici que je suis devant toi, Mère, soldat aux manches nues
Et je suis vêtu de mots étrangers, où tes yeux ne voient qu'un assemblage de bâtons et de haillons.
Si je te pouvais parler Mère ! Mais tu n'entendrais qu'un gazouillis précieux et tu n'entendrais pas
Comme lorsque, bonnes femmes de sérères, vous déridiez le dieu aux troupeaux de nuages
Pétaradant des coups de fusil par-dessus le cliquetis des mots *paragnessés*.

Mère, parle-moi. Ma langue glisse sur nos mots sonores et durs.
Tu les sais faire doux et moelleux comme à ton fils chéri autrefois.
Ah! me pèse le fardeau pieux de mon mensonge
Je ne suis plus le fonctionnaire qui a autorité, le marabout aux disciples charmés.
L'Europe m'a broyé comme le plat guerrier sous les pattes pachydermes des tanks
Mon cœur est plus meurtri que mon corps jadis, au retour des lointaines escapades aux bords enchantés des Esprits.

Je devais être, Mère, le palmier florissant de ta vieillesse, je te voudrais rendre l'ivresse de tes jeunes années.
Je ne suis plus que ton enfant endolori, et il se tourne et retourne sur ses flancs douloureux
Je ne suis plus qu'un enfant qui se souvient de ton sein maternel et qui pleure.
Reçois-moi dans la nuit qu'éclaire l'assurance de ton regard
Redis-moi les vieux contes des veillées noires, que je me perde par les routes sans mémoire.
Mère, je suis un soldat humilié qu'on nourrit de gros mil.

Dis-moi donc l'orgueil de mes pères !

Front-Stalag 230[1].
Hosties Noires, 1948.
Éditions du Seuil.

TEXTE CXXXV Tu as gardé longtemps...

Tu as gardé longtemps, longtemps entre tes mains le visage noir du guerrier
Comme si l'éclairait déjà quelque crépuscule fatal.
De la colline, j'ai vu le soleil se coucher dans les baies de tes yeux.
Quand reverrai-je mon pays, l'horizon pur de ton visage ?
Quand m'assiérai-je de nouveau à la table de ton sein sombre ?

Et c'est dans la pénombre le nid des doux propos.

Je verrai d'autres cieux et d'autres yeux
Je boirai à la source d'autres bouches plus fraîches que citrons
Je dormirai sous le toit d'autres chevelures à l'abri des orages.
Mais chaque année, quand le rhum du Printemps fait flamber la mémoire
Je regretterai le pays natal et la pluie de tes yeux sur la soif des savanes.

Nocturnes, 1961.
Éditions du Seuil.

---

1. Écrit alors que l'auteur était prisonnier en Allemagne.

ANNEXES

1. Chronologie

La grande révolution artistique, qui commence au temps de Baudelaire, qui eut sur sa poétique une telle influence et dont la peinture fut, avec la poésie, le principal interprète à la fin du XIXe et au début du XXe siècles, s'est faite autour de ce que les historiens de l'Art appellent *l'École de Paris*. La même formule pourrait servir pour désigner la révolution poétique qui se développe dans le même temps, et, de même, après Wagner, au moins en partie, la révolution musicale : qu'il suffise de rappeler à ce propos l'événement que fut, en 1902, la représentation de *Pelléas*.

C'est dire toute l'importance du milieu artistique français, d'autre part en constante communication, par les hommes et par les œuvres, avec le cosmopolitisme d'une révolution qui fut essentiellement une révolution esthétique, peut-être une révolution spirituelle, selon le pressentiment prophétique de Charles Baudelaire. C'est enfin le moment où prend le départ un nouveau langage, un art nouveau, lui aussi à caractère cosmopolite : le cinématographe.

Aussi nous semble-t-il que cette chronologie doit surtout mettre en parallèle, non pas le mouvement poétique « en France » et « hors de France », mais plutôt le *Mouvement poétique français* et le *Mouvement intellectuel et artistique international* : l'interpénétration de la poésie française et du cosmopolitisme artistique est un des grands faits dominants de ce siècle. De plus, l'unité du langage poétique tend alors à s'affirmer au-delà de la diversité des techniques et des modes d'expression, comme l'avaient déjà pressenti certains précurseurs, tels William Blake et Victor Hugo : c'est le sens profond des expériences d'un cinéaste-poète comme Cocteau et de peintres-poètes comme les surréalistes Arp ou Picabia, ou, encore aujourd'hui, Henri Michaux[1].

---

[1] Cf. à ce sujet l'article d'Alain Jouffroy : « Henri Michaux, précurseur », *L'Œil*, déc. 1964.

DATE	MOUVEMENT POÉTIQUE FRANÇAIS	DATE	MOUVEMENT INTELLECTUEL ET ARTISTIQUE INTERNATIONAL
			PHILOSOPHIE (Fr.)
		1830-1842	*Cours de philosophie positive* Auguste Comte (1798-1857)
1832	*Albertus*. Préface Th. Gautier (1811-1872)		
1834	*Mademoiselle de Maupin*. Préface Th. Gautier		
1842	*Les Cariatides* Th. de Banville (1823-1891)		
			ESTHÉTIQUE (G.-B.)
		1843-1846, 1856-1860	*Les Peintres modernes* John Ruskin (1819-1900)
			MUSIQUE (All.)
		1845	*Tannhäuser* Richard Wagner (1813-1883)
			ESTHÉTIQUE-CRITIQUE (Fr.)
		1845-1859 (pub. 1868)	*Curiosités esthétiques* Charles Baudelaire (1821-1867)
1846	*Prométhée délivré* Louis Ménard (1822-1901, cf. 1876)		
			MUSIQUE (All.)
		1847	*Lohengrin* Richard Wagner
			PHILOSOPHIE (Fr.)
		1848-1890	*L'Avenir de la science* Ernest Renan (1823-1892)
			PEINTURE (G.-B.)
		1849 sqq.	Confrérie préraphaélite D.-G. Rossetti (1828-1882)
			POÉSIE (E.-U.)
		1849	Mort d'Edgar Poe (1809-1849)
			LITTÉRATURE (E.-U.)
		1850-1851	*Mardi. Moby Dick* Hermann Melville (1819-1891)

Chronologie

DATE	MOUVEMENT POÉTIQUE FRANÇAIS	DATE	MOUVEMENT INTELLECTUEL ET ARTISTIQUE INTERNATIONAL
			PEINTURE (G.-B.)
		1851	Mort de J.-M. W. Turner (1775-1851)
1852-1872	*Émaux et Camées* Th. Gautier		
1852-1874	*Poèmes antiques* Leconte de Lisle (1818-1894)		
			PHILOSOPHIE (Fr.)
		1853	*Du Vrai, du Beau, du Bien* Victor Cousin (1792-1867)
			GRAVURE (Fr.)
1854	*Les Filles du Feu. Les Chimères* Gérard de Nerval (1808-1855)	1854	*Paris* Charles Meryon (1821-1868)
			LITTÉRATURE (E.-U., Fr.)
1854-1860	(publié en 1891) *La Fin de Satan* Victor Hugo (1802-1885)	1854-1856	Traductions d'Edgar Poe Charles Baudelaire
			PHILOSOPHIE (D)
1855	(publié en 1886) *Dieu* Victor Hugo	1855	Mort de Kierkegaard (1813-1855)
			PEINTURE (Fr.)
1855	*Aurélia* Gérard de Nerval	1855	Exposition Gustave Courbet (1819-1877)
1857	*Odes funambulesques* Th. de Banville		
1857	*Les Fleurs du Mal* Ch. Baudelaire (1821-1867)		
1859-1883	*La Légende des Siècles* Victor Hugo		
			MUSIQUE (All.)
		1860	*Lettres sur la musique* Richard Wagner
			PHILOSOPHIE (All.)
		1860	Mort de Schopenhauer (1788-1860)

ANNEXES

DATE	MOUVEMENT POÉTIQUE FRANÇAIS	DATE	MOUVEMENT INTELLECTUEL ET ARTISTIQUE INTERNATIONAL
			MUSIQUE (Fr.)
1861-1866	*Petits poèmes en prose* Ch. Baudelaire	1861	Première de *Tannhäuser* à Paris Richard Wagner Article de Charles Baudelaire
			POÉSIE (E.-U.)
		1861	*Feuilles d'herbe* Walt Whitman (1819-1892)
1862-1878	*Poèmes barbares* Leconte de Lisle		
			PEINTURE (Fr.)
		1863	Mort d'Eugène Delacroix (1798-1863)
			PEINTURE (Fr.)
			Le Déjeuner sur l'herbe Édouard Manet (1832-1883)
			ESTHÉTIQUE (Fr.)
			La Vie et les œuvres d'E. Delacroix Charles Baudelaire
			PEINTURE (Fr.)
		1865	*Olympia* Édouard Manet
			ESTHÉTIQUE (Fr.)
		1865-1869	*Philosophie de l'art* Hippolyte Taine (1828-1893)
1866	Premier Parnasse contemporain		
1866	*Poèmes saturniens* Paul Verlaine (1844-1896)		
			PEINTURE (Fr.)
		1867	*Femmes au jardin* Claude Monet (1840-1920)
1868	*Les Chants de Maldoror* Lautréamont (Isidore Ducasse, 1846-1870)		
			ESTHÉTIQUE (All.)
1869-1871	Second Parnasse contemporain	1869-1871	*L'Origine de la tragédie* Frédéric Nietzsche (1844-1900)
1869	*Les Solitudes* Sully-Prudhomme (1839-1907)		

Chronologie

DATE	MOUVEMENT POÉTIQUE FRANÇAIS	DATE	MOUVEMENT INTELLECTUEL ET ARTISTIQUE INTERNATIONAL
1869	*Igitur* St. Mallarmé (1842-1898)		
1869	*Les Fêtes galantes* Verlaine		PHILOSOPHIE (G.-B.)
1871	*Le Bateau ivre* Arthur Rimbaud (1854-1891)	1871	*Premiers Principes* Herbert Spencer (1820-1903)
1873	*Romances sans paroles* Verlaine		MUSIQUE (All.)
1873	*Une Saison en Enfer* Rimbaud	1873	*Crépuscule des Dieux* Richard Wagner
1873	*Les Amours jaunes* Tristan Corbière (1845-1875)		
1873	*Le Coffret de santal* Charles Cros (1842-1888)		PHILOSOPHIE (Fr.)
1874	*Art Poétique* Verlaine	1874	*De la Contingence des lois de la nature* Émile Boutroux (1845-1921)
			PEINTURE (Fr.)
		1874-1886	Salons impressionnistes
			PEINTURE (Fr.)
		1874	*La Loge* Auguste Renoir (1841-1920)
			PEINTURE (Fr.)
		1874	*Danseuses* Edgar Degas (1834-1917)
			PEINTURE (Fr.)
		1875	*Le Moulin de la galette* Auguste Renoir
			ESTHÉTIQUE (Fr.)
1876	Troisième Parnasse contemporain	1876	*Les Maîtres d'autrefois* Eugène Fromentin (1820-1876)
1876	*Rêveries d'un païen mystique* Louis Ménard (cf. 1846)		
1876	*Le Zénith* Sully-Prudhomme		
1876	*Après-midi d'un Faune* Mallarmé		

339

ANNEXES

DATE	MOUVEMENT POÉTIQUE FRANÇAIS	DATE	MOUVEMENT INTELLECTUEL ET ARTISTIQUE INTERNATIONAL
			PHILOSOPHIE (All.)
		1877	*Philosophie de l'inconscient* Hartmann (1842-1906)
1878	*La Justice* Sully-Prudhomme		
1878	Cabaret et revue : *Les Hydropathes*		
			GRAVURE (Fr.)
		1879	*Dans le Rêve* Odilon Redon (1840-1916)
1881	*Sagesse* Verlaine		
1881	Revue : *La jeune Belgique*		
			GRAVURE (Fr.)
		1882	*A Edgar Poe* Odilon Redon
			PHILOSOPHIE (All.)
1883	*Les Névroses* Maurice Rollinat (1846-1903)	1883	*Ainsi parlait Zarathoustra* Frédéric Nietzsche
1883	Cabaret et revue : *Le Chat noir*		
1884	Groupe : Les Zutistes		
1884	*Jadis et Naguère* Verlaine		
1884	*Les Poètes maudits* Verlaine		
1884	*A Rebours* J.-K. Huysmans (1848-1907)		PEINTURE (Fr.)
1885 sqq.	« Mardis » de Mallarmé	1885	*Joueurs de cartes* Paul Cézanne (1839-1906)
1885	*Les Complaintes* Jules Laforgue (1860-1887)		ESTHÉTIQUE-MUSIQUE (Fr.)
1885	*Les Déliquescences d'Adoré Floupette*	1885-1887	*La Revue wagnérienne*
1886	*Les Cantilènes* Jean Moréas (1856-1910)		CRITIQUE (Fr.)
		1886	*Le Roman russe* Melchior de Vogüé
1886	*Traité du Verbe* René Ghil (1862-1925) avec un *Avant-Dire* de Mallarmé		MUSIQUE (Fr.)
		1886-1888	*Symphonie en ré mineur* César Franck (1822-1890)

Chronologie

DATE	MOUVEMENT POÉTIQUE FRANÇAIS	DATE	MOUVEMENT INTELLECTUEL ET ARTISTIQUE INTERNATIONAL
1886	*Illuminations* Rimbaud		
1886 10 sept.	*Manifeste littéraire* Moréas		MUSIQUE (Fr.)
1887	*Poésies* Mallarmé	1887	Première de *Lohengrin* à Paris
			MUSIQUE (Fr.)
		1887	*Requiem* Gabriel Fauré (1845-1924)
1888	*Amour* Verlaine		PEINTURE (Fr.)
1889	*Serres chaudes* Maeterlinck (1862-1949)	1889	*Lutte de Jacob avec l'Ange* Paul Gauguin (1848-1903)
			PHILOSOPHIE (Fr.)
		1889	*Essai sur les données immédiates de la conscience* Henri Bergson (1859-1941)
			PEINTURE (Fr.)
		1889-1891	*Œuvres d'Océanie* Paul Gauguin
			PEINTURE (Fr.)
		1890	*Les Yeux clos* Odilon Redon
			PEINTURE (Fr.)
		1890 sqq.	Mouvement nabi Maurice Denis (1870-1943)
			ESTHÉTIQUE (G.-B.)
1891	*Bonheur* Verlaine	1891	*Intentions - Le Portrait de Dorian Gray* Oscar Wilde (1856-1900)
1891	*Symbolistes et décadents* Brunetière (1849-1906)		
1891	*Enquête littéraire* de Jules Huret		
1891	Manifeste de l'École romane Moréas		
1893	*Les Trophées* J.-M. de Heredia (1842-1905)		

ANNEXES

DATE	MOUVEMENT POÉTIQUE FRANÇAIS	DATE	MOUVEMENT INTELLECTUEL ET ARTISTIQUE INTERNATIONAL
			PEINTURE (Fr.)
		1894	*Cathédrale de Rouen* Claude Monet
			MUSIQUE (Fr.)
		1894	*Prélude à l'après-midi d'un Faune* Claude Debussy (1862-1918)
1895	*Les Villes tentaculaires* Émile Verhaeren (1855-1916)		
1896	*Le Livre des Masques, portraits symbolistes* Remy de Gourmont (1858-1915)		
1896	*Ubu roi* Alfred Jarry (1873-1907)		
1896	*Douze Chansons* Maeterlinck		
1897	*Jamais un coup de dés...* Mallarmé		
1897	*De l'Angelus de l'aube à l'angelus du soir* Francis Jammes (1868-1938)		
1897-1937	*Ballades françaises* Paul Fort (1872-1960)		
1897	Première *Jeanne d'Arc* Charles Péguy (1873-1914)		
1897 sqq.	(publié en 1920) *Album de Vers anciens* Paul Valéry (1871-1945)		
			PEINTURE (Fr.)
		1898	Mort de Puvis de Chavannes (1824-1898)
			MUSIQUE (Fr.)
1899	*Clara d'Ellébeuse* Francis Jammes	1899	*Pavane pour une Infante défunte* Maurice Ravel (1875-1937)
1899	*Poèmes des décadences* O.-V. de L. Milosz (1877-1939)		GRAVURE (Fr.)
1899-1905	*Stances* Moréas	1899	*L'Apocalypse* Odilon Redon
1900	*Connaissance de l'Est* Paul Claudel (1868-1955)		

342

Chronologie

DATE	MOUVEMENT POÉTIQUE FRANÇAIS	DATE	MOUVEMENT INTELLECTUEL ET ARTISTIQUE INTERNATIONAL
1901	*Le Cœur innombrable* Anna de Noailles (1876-1933)		
			MUSIQUE (Fr.)
		1902	*Pelléas et Mélisande* Claude Debussy
			CINÉMA (Fr.)
		1902	*Voyage dans la lune* Georges Méliès (1861-1938)
			PEINTURE (Fr.)
		1903-1908	*Clowns* Georges Rouault (1871-1958)
			CINÉMA (Fr.)
		1904	*Le Voyage à travers l'Impossible* Georges Méliès
1905	*Les Muses*, ode Paul Claudel		
1906-1908	Groupe de l'abbaye de Créteil		ESTHÉTIQUE-POÉSIE (Fr.-G.-B.)
1907	*Art poétique* Paul Claudel	1907	Pierre Berger : *Mysticisme et Poésie* William Blake (1757-1827)
			ESTHÉTIQUE-PHILOSOPHIE (All.)
		1907	*Cahiers de Malte Laurids Brigge* Rainer-Maria Rilke (1875-1926)
			PEINTURE (Fr.)
		1907	*Les Demoiselles d'Avignon* Pablo Picasso
			PEINTURE (Fr.)
1908	*La Vie unanime* Jules Romains	1908	Exposition des peintres cubistes
		1909-1914	Le Futurisme Marinetti (1870-1944)
		1909	Manifeste du Futurisme
		1910	Manifeste des peintres futuristes. Revue *Poesia*. Milan
		1911	Manifeste des musiciens futuristes
		1913	L'antitradition futuriste
		1912-1914	L'Esprit nouveau. Revue *Les Soirées de Paris*

ANNEXES

DATE	MOUVEMENT POÉTIQUE FRANÇAIS	DATE	MOUVEMENT INTELLECTUEL ET ARTISTIQUE INTERNATIONAL
			MUSIQUE-DANSE (Russie-Fr.)
1910	*Cinq grandes Odes* Paul Claudel	1910 sqq.	Ballets russes
1910	*Victor-Marie, comte Hugo* *Mystère de la charité de Jeanne d'Arc* Ch. Péguy		
1912-1913	*Tapisseries* Ch. Péguy		
			MUSIQUE (Au.-All.)
1912	*Pâques à New-York* Blaise Cendrars (1887-1961)	1912	*Pierrot lunaire* Arnold Schoenberg (1874-1951)
	Miguel Manara O.-V. de L. Milosz		MUSIQUE (Fr.)
1913	*Ève* Ch. Péguy	1913	*Pénélope* Gabriel Fauré
			PEINTURE (Fr.)
1913	*Prose du Transsibérien* Blaise Cendrars	1913	*Jeune Fille à la guitare* Georges Braque (1882-1962)
1913	*Alcools* Guillaume Apollinaire (1880-1918)		MUSIQUE (Russie-Fr.)
1913	*Les Peintres cubistes* Apollinaire	1913	*Le Sacre du Printemps* Igor Strawinski
			PEINTURE (Fr.-E.-U.)
		1913	Exposition de l'*Armory Show*, New York Marcel Duchamp, Francis Picabia Man Ray
			LITTÉRATURE-ESTHÉTIQUE (G.-B.)
		1914	*The Dubliners* James Joyce (1882-1941)
1915	*Poèmes en prose* Pierre Reverdy (1889-1960)		
			PHILOSOPHIE (Au.)
1916	*La Première Aventure céleste de Monsieur Antipyrine* Tristan Tzara (1896-1963)	1916	*Introduction à la psychanalyse* Sigmund Freud (1856-1947)
			MUSIQUE-DANSE (Fr.)
		1916	*Parade*, ballet Jean Cocteau, Éric Satie, Pablo Picasso, Ballets russes
1917	*Le Cornet à dés* Max Jacob (1876-1944)		

Chronologie

DATE	MOUVEMENT POÉTIQUE FRANÇAIS	DATE	MOUVEMENT INTELLECTUEL ET ARTISTIQUE INTERNATIONAL
1917	*Manifestes Dada* Tristan Tzara		
1917	*La Jeune Parque* Paul Valéry		POÉSIE (G.-B.)
1918	*Calligrammes* Apollinaire	1918	Publication des *Poèmes* de Gerard Manley Hopkins (1844-1889)
1918	*Vingt-cinq poèmes* Tristan Tzara		
1919	*Cap de Bonne-Espérance* Jean Cocteau (1889-1963)		PEINTURE (Fr.)
1920	*Le Cimetière marin* Paul Valéry	1920	Mouvement expressionniste La Patellière, Gromaire, Goerg
1920	*Le Laboratoire central* Max Jacob		CINÉMA (Fr.)
		1920	*Le Silence* Louis Delluc (1890-1924)
1920	*Champs magnétiques* André Breton et Philippe Soupault		CINÉMA (Suède)
		1920	*La Charrette fantôme* Sjöström
1920	*Poésies* Jean Cocteau		CINÉMA (All.)
		1920	*Le Cabinet du Docteur Caligari* Wiene
			MUSIQUE-DANSE (Fr.)
1921	*Charmes* Paul Valéry	1921	*Les Mariés de la Tour Eiffel*, ballet Jean Cocteau — Groupe des « Six »
			POÉSIE (All.)
		1921	*Sonnets à Orphée. Elégies de Duino* Rainer-Maria Rilke
			LITTÉRATURE-POÉSIE (G.-B.)
1922	*Art poétique* Max Jacob	1922	*Ulysses* James Joyce
1922	*Débarcadères* Jules Supervielle (1884-1960)		LITTÉRATURE-POÉSIE (G.-B.)
1922	*Confession de Lemuel.* O.-V. de L. Milosz	1922	*The Waste Land* Thomas Stearns Eliot (1889-1965)
			CINÉMA (All.)
		1922	*Nosferatu* Murnau

ANNEXES

DATE	MOUVEMENT POÉTIQUE FRANÇAIS	DATE	MOUVEMENT INTELLECTUEL ET ARTISTIQUE INTERNATIONAL
			CINÉMA (All.)
		1922	*Docteur Mabuse* Fritz Lang
			MUSIQUE-DANSE-PEINTURE (Fr.)
1923	*Plain-Chant* Jean Cocteau	1923	École d'Arcueil : Éric Satie, Jean Cocteau, Serge de Diaghilev, Pablo Picasso, Darius Milhaud, Henri Sauguet
			POÉSIE (Fr.-G.-B.)
		1923	André Gide : Traduction du *Mariage du Ciel et de l'Enfer* William Blake
			POÉSIE-PEINTURE (Fr.)
1924	Premier Manifeste du surréalisme	1924	Surréalisme : Les Peintres-poètes Jean Arp, Francis Picabia, Salvador Dali
1924	*Anabase* Saint-John Perse		
			DESSIN (Fr.)
		1924	*Dessins automatiques* André Masson
			CINÉMA-MUSIQUE (Fr.)
		1924	*Entracte* René Clair, Éric Satie
			CINÉMA-MUSIQUE (Fr.)
		1924	*Ballet mécanique* Fernand Léger
			MUSIQUE (Au.-All.)
1925	*Grande Nature* Pierre Reverdy	1925	*Wozzeck* Alban Berg (1885-1935)
1925	*Le Mouvement perpétuel* Louis Aragon		LITTÉRATURE (Tchéc.)
		1925	*Le Procès* Franz Kafka (1883-1924)
1925	*L'Ange Heurtebise* Jean Cocteau		
			CINÉMA (All.)
1926	*Capitale de la douleur* Paul Éluard (1895-1952)	1926	*Metropolis* Fritz Lang
			PHILOSOPHIE (All.)
1927	*Qui je fus* Henri Michaux	1927	*Sein und Zeit* Heidegger

Chronologie

DATE	MOUVEMENT POÉTIQUE FRANÇAIS	DATE	MOUVEMENT INTELLECTUEL ET ARTISTIQUE INTERNATIONAL
			LITTÉRATURE (Tchéc.)
1927	*Opéra* Jean Cocteau	1927	*Le Château* Franz Kafka
			POÉSIE (Fr.-G.B.)
		1927	Philippe Soupault : Traduction des *Chants d'Innocence et d'Expérience* William Blake
			DESSIN (Fr.)
		1927	*Ecritures imaginaires* Henri Michaux
			CINÉMA (Fr.)
		1927	*La Chute de la maison Usher* Jean Epstein (1897-1953)
			PHILOSOPHIE (Fr.)
1928	*Nadja* André Breton	1928	*Journal métaphysique* Gabriel Marcel
			CINÉMA (Fr.)
		1928	*Le Chien andalou* Luis Bunuel
1929	*L'Amour la Poésie* Paul Éluard		
1929	*Sources du vent* Pierre Reverdy		
1930	Second Manifeste du surréalisme		
1930	*Un Certain Plume* Henri Michaux		
			POÉSIE (E.)
		1931	*Poema del Cante hondo* Federico Garcia Lorca (1898-1936)
			CINÉMA (Fr.)
		1931	*L'Age d'or* Luis Bunuel, Salvador Dali
			CINÉMA (All.)
		1931	*L'Opéra de Quat'sous* Georg Wilhelm Pabst

347

ANNEXES

DATE	MOUVEMENT POÉTIQUE FRANÇAIS	DATE	MOUVEMENT INTELLECTUEL ET ARTISTIQUE INTERNATIONAL
			PHILOSOPHIE (Fr.)
1932	*Gravitations* J. Supervielle	1932	*Les Deux Sources de la morale et de la religion* Henri Bergson
			PEINTURE (Fr.)
1933-1939	*La Quête de Joie* Patrice de La Tour du Pin	1933	*La Sainte Face* Georges Rouault
1933	*Sueur de Sang* Pierre-Jean Jouve		
1934	*La Rose publique* Paul Éluard		
1934	*Le Marteau sans Maître* René Char		
			MUSIQUE (Fr.)
		1935	*Jeanne au bûcher* Honegger, Paul Claudel
			THÉATRE-POÉSIE (G.-B.)
		1935	*Meurtre dans la Cathédrale* Thomas Stearns Eliot
1936	*Les Yeux fertiles* Paul Éluard		
1936	*Traduit du silence* Joë Bousquet (1897-1950)		
1936	*Chants sauvages* Marie Noël		
			PHILOSOPHIE (Fr.)
1937	*Ferraille* Pierre Reverdy	1937	*Psychanalyse du Feu* Gaston Bachelard (1884-1963)
1937	*Plume. Lointain intérieur* Henri Michaux		
			ESTHÉTIQUE-PEINTURE (Fr.)
		1938	Exposition internationale du Surréalisme Max Ernst, Salvador Dali
			PHILOSOPHIE (Fr.)
		1940	*L'Imaginaire* Jean-Paul Sartre

Chronologie

DATE	MOUVEMENT POÉTIQUE FRANÇAIS	DATE	MOUVEMENT INTELLECTUEL ET ARTISTIQUE INTERNATIONAL
			MUSIQUE (Au.)
		1940	*Variations pour orchestre* Anton Webern (1883-1945)
			PHILOSOPHIE (Fr.)
1941	*Allégories* Jean Cocteau	1941	*L'Eau et les rêves* Gaston Bachelard
			PEINTURE (Fr.)
1941	*Le Crève-Cœur* Aragon	1941	Exposition : Jeunes peintres de tradition française Pignon, Bazaine, Estève, Manessier, Guischia
1941	*Tombeau d'Orphée* Pierre Emmanuel		
			PHILOSOPHIE (Fr.)
1942	*Les Yeux d'Elsa* Aragon	1942	*Le Mythe de Sisyphe* Albert Camus (1913-1960)
			CINÉMA (S.)
1942	*Exil* Saint-John Perse	1942	*Le Chemin du Ciel* Sjöberg
1942	*Poésie et Vérité 42* Paul Éluard		
1942	*Gloire* P.-J. Jouve		
1942	*Poèmes de la France malheureuse* J. Supervielle		
			CINÉMA (D.)
1942	*Jour de Colère* *Combats avec tes défenseurs* *Orphiques* P. Emmanuel	1942	*Jour de colère* Carl Dreyer
			PHILOSOPHIE (Fr.)
1943	*Exorcismes* Henri Michaux	1943	*L'Être et le Néant* Jean-Paul Sartre
1943	*Le musée Grévin* (édition clandestine) Aragon		
			POÉSIE (G.-B.)
1944	*Au Rendez-vous allemand* Paul Éluard	1944	*Four Quartets* Thomas Stearns Eliot
1944	*Sodome* P. Emmanuel		
			CINÉMA (Fr.)
1945	*Derniers Poèmes* Max Jacob	1945	*Les Dames du Bois de Boulogne* Robert Bresson

DATE	MOUVEMENT POÉTIQUE FRANÇAIS	DATE	MOUVEMENT INTELLECTUEL ET ARTISTIQUE INTERNATIONAL
			CINÉMA (It.)
1945	*La Genèse* P. de la Tour du Pin	1945	*Rome, ville ouverte* Roberto Rossellini
1945	*Chants d'Ombre* L.-S. Senghor		
			MUSIQUE (G.-B.)
1946	*Œuvres complètes (posthume)* O.-V. de L. Milosz	1946	*Le Viol de Lucrèce* Benjamin Britten
			CINÉMA (Fr.)
1946	*Vents* Saint-John Perse	1946	*La Belle et la Bête* Jean Cocteau
1946	*Le Meneur de lune* Joë Bousquet		
1946	*Feuillets d'Hypnos* René Char		
1946	*Une somme de Poésie* P. de la Tour du Pin		
			MUSIQUE (Au.)
1947	*Chants d'Automne* Marie Noël	1947	*Le Survivant de Varsovie* Arnold Schoenberg
			CINÉMA (Fr.)
1947	*Le Poème pulvérisé* René Char	1947	*Le Tempestaire* Jean Epstein
1947	*Poésie, raison ardente* P. Emmanuel		
			MUSIQUE (Fr.)
1948	*Meidosems* Henri Michaux	1948	*Turângalila-Symphonie* Olivier Messiaen
			CINÉMA (It.)
1948	*Hosties noires* L.-S. Senghor	1948	*Voleurs de bicyclettes* Vittorio de Sica
1949	*Main-d'œuvre* Pierre Reverdy		
			GRAVURE (Fr.)
		1948	*Miserere* Georges Rouault
			MUSIQUE (Fr.)
1949	*Oublieuse Mémoire* J. Supervielle	1949-1950	*Etudes de rythmes* Olivier Messiaen
			CINÉMA (Fr.)
		1950	*Orphée* Jean Cocteau

Chronologie

DATE	MOUVEMENT POÉTIQUE FRANÇAIS	DATE	MOUVEMENT INTELLECTUEL ET ARTISTIQUE INTERNATIONAL
			CINÉMA (S.)
		1950	*Mademoiselle Julie* Sjöberg
			PHILOSOPHIE (Fr.)
1951	*Métamorphose du monde* Jean-Claude Renard	1951	*Les Hommes contre l'humain* Gabriel Marcel
			PHILOSOPHIE (Fr.)
		1951	*L'Homme révolté* Albert Camus
			ESTHÉTIQUE (Fr.)
		1951	*Les Voix du silence* André Malraux
			MUSIQUE (Fr.)
		1951	*Livre d'orgue* Olivier Messiaen
			CINÉMA (It.)
		1951	*Europe 51* Roberto Rossellini
			DESSIN (Fr.)
		1951-1960	*Mouvements* Henri Michaux
1952	*Babel* P. Emmanuel		
1952	*Le Chiffre sept* Jean Cocteau		
			CINÉMA (Fr.)
		1953	*Les Vacances de M. Hulot* Jacques Tati
			CINÉMA (It.)
1954	*Clair-Obscur* Jean Cocteau	1954	*La Strada* Federico Fellini
			PHILOSOPHIE (Fr.)
		1955	*Le Phénomène humain* Pierre Theilhard de Chardin (1881-1955)
1956	*Lyrique* P.-J. Jouve		

ANNEXES

DATE	MOUVEMENT POÉTIQUE FRANÇAIS	DATE	MOUVEMENT INTELLECTUEL ET ARTISTIQUE INTERNATIONAL
1956	*Éthiopiques* L.-S. Senghor		
			PEINTURE (Fr.)
		1958	Exposition : De l'Impressionnisme à nos jours
			DESSIN (Fr.)
1959	*Le Second Jeu* P. de la Tour du Pin	1959	*Encres* Henri Michaux
			CINÉMA (S.)
		1959	*Le Septième Sceau* Ingmar Bergman
			BEAUX-ARTS (Fr.)
1960	*Évangéliaire* P. Emmanuel	1960	Exposition : Les Sources du XXe siècle
			CINÉMA (Fr.)
1960	*Chronique* Saint-John Perse	1960	*Hiroshima mon amour* Alain Resnais
1961	*Nocturnes* L.-S. Senghor		
1961	*Chants d'arrière-saison* Marie Noël		
1961	*La Parole en archipel* René Char		
1962	*Incantation du Temps* J.-C. Renard		
			PEINTURE (Fr.)
1963	*La Nouvelle Naissance* P. Emmanuel	1963	Exposition Eugène Delacroix
			CINÉMA (Fr.)
		1963	*Les Parapluies de Cherbourg* Jacques Demy
1964	*Commune Présence* René Char		
			DESSIN (Fr.)
		1965	Exposition Henri Michaux Musée national d'Art moderne

2. Bibliographie

GÉNÉRALITÉS

Très nombreux sont les ouvrages consacrés à la théorie poétique générale ou à tel ou tel aspect de l'esthétique de la poésie. Nous n'en retiendrons ici que quelques-uns, ceux qui nous paraissent les plus aptes à favoriser une initiation à cette sorte de problèmes, ceux aussi qui concernent plus spécialement les données modernes du problème poétique.

Signalons auparavant un choix de textes théoriques empruntés à toute l'histoire de la poésie universelle :

J. Charpier et P. Seghers, *L'Art poétique*, Seghers, 1953.

Autre choix de textes poétiques, avec commentaire, pour la période qui va de Rimbaud au surréalisme :

G. E. Glancier, *De Rimbaud au Surréalisme*, Seghers, 1964.

Enfin, pour la période contemporaine :

J. Rousselot, *Les Nouveaux Poètes français*, Seghers, 1965.

Pour une compréhension en profondeur de la continuité poétique moderne, l'ouvrage de base est :

M. Raymond, *De Baudelaire au surréalisme*, Corti, 2ᵉ éd., 1940.

On aura une vue assez juste de la variété des points de vue sur les problèmes de la Poésie en comparant et confrontant :

H. Bremond, *La Poésie pure*, Grasset, 1926.
J. Maritain, *Situation de la poésie*, Desclée, 1938.
J. Hytier, *Le Plaisir poétique*, P.U.F., 1943.
R. Caillois, *Les Impostures de la poésie*, Gallimard, 1945.
St. Fumet, *La Poésie à travers les Arts*, Alsatia, 1953.
B. Croce, *Poesia e non poesia*, Bari, Laterza, 1955.
J.-P. Richard, *Poésie et profondeur*, Seuil, 1955.
G. Bachelard, *Poétique de l'espace*, P.U.F., 1957.
A. Blanchet, *La Littérature et le spirituel*, Aubier, 1960 (en partic. Tome II)
G. Bachelard, *Poétique de la rêverie*, P.U.F., 1960.
M. Dufrenne, *La Poétique*, P.U.F., 1963.
M. Raymond, *Vérité et poésie*, Neuchâtel, La Baconnière, 1964.
P. Carminade, *Image et métaphore. Un problème de poétique contemporaine*, Bordas, 1970.

Les problèmes de la langue poétique ont fait l'objet d'une intéressante étude historique publiée en Italie :

A. Sauro, *La lingua poetica in Francia dal Romanticismo al Simbolismo*, Bari, Éd. Adriatica, 1954.

On étudiera l'évolution de la forme typiquement moderne du poème en prose dans :

S. Bernard, *Le Poème en prose de Baudelaire à nos jours*, Nizet, 1959.

Enfin pour la période qui nous occupe, chacun des poètes importants à fait l'objet d'un volume dans la Collection éditée par Pierre Seghers sous le titre *Poètes d'aujourd'hui*. Chaque volume comporte, avec une illustration, une étude, un choix de textes et une bibliographie. Nous donnons ici la liste des poètes de notre période étudiés et représentés dans cette collection à la date de fin 1964, avec le numéro du volume :

ANNEXES

L. Decaunes, *Baudelaire* (31). — Ph. Soupault, *Lautréamont* (6). — P.-O. Walzer, *Mallarmé* (94). — C.-E. Magny, *Rimbaud* (12). — J. Richer, *Verlaine* (38). — J. Rousselot, *Tristan Corbière* (23). — J.-H. Levesque, *Alfred Jarry* (24). — Th. Briant, *Saint-Pol-Roux* (28). — M.-J. Durry, *Laforgue* (30). — A. Figueras, *Jules Romains* (33). — F. Hellens, *Verhaeren* (34). — R. Guiette, *Max Elskamp* (45). — J. Brenner, *Charles Cros* (47). — S.-A. Peyre, *Frédéric Mistral* (68). — Menanteau et Bouquet, *Charles Vildrac* (69). — R. Bodart, *Maeterlinck* (87). — L. Perche, *Anna de Noailles* (116). — A. Billy, *Apollinaire* (8). — L. Perche, *Claudel* (10). — L. Parrot, *Blaise Cendrars* (11). — R. Mallet, *Francis Jammes* (20). — J. Charpier, *Valéry* (51). — P. Berger, *André Salmon* (53). — L. Perche, *Péguy* (60). — P. Béarn, *Paul Fort* (76). — L. Parrot et J. Marcenac, *Eluard* (1). — C. Roy, *Aragon* (2). — A. Billy, *Max Jacob* (3). — R. Lannes, *Cocteau* (4). — C. Roy, *Supervielle* (15). — P. Berger, *Denos* (16). — J.-L. Bédouin, *André Breton* (18). — Manoll et Rousselot, *Reverdy* (25). — R. Lacote, *Tzara* (32). — H.-J. Dupuy, *Ph. Soupault* (58). — G. Charbonnier, *Antonin Artaud* (66). — J. Queval, *Raymond Queneau* (72). — J.-L. Bédouin, *Benjamin Péret* (78). — Ch. le Quintrec, *Alain Bosquet* (117). — R. Bertelé, *Henri Michaux* (5). — P. Guerre, *René Char* (22). — A. Bosquet, *Saint-John Perse* (35). — P. Daix, *Guillevic* (44). — R. Micha, *Pierre-Jean Jouve* (48). — J. Rousselot, *Maurice Fombeure* (57). — S. André, H. Juin, G. Massat, *Joë Bousquet* (62). — A. Bosquet, *Pierre Emmanuel* (67). — E. Kushner, *La Tour du Pin* (79). — A. Blanchet, *Marie Noël* (89). — Ph. Sollers, *Francis Ponge* (95). — L. Kesteloot, *Aimé Césaire* (85). — A. Guibert, *L.-S. Senghor* (82). — Ch. Estienne, *Léo Ferré* (93). — A. Bonnafé, *Georges Brassens* (99). — J. Clouzet, *Jacques Brel* (119).

C'est dans cette collection que les textes sont le plus aisément accessibles. Signalons, à toutes fins utiles, que la plupart de ces volumes sont éventuellement accompagnés d'un album de disques.

CHAPITRE I

Parmi les œuvres théoriques des poètes eux-mêmes, certaines sont devenues difficilement accessibles, faute d'avoir été rééditées. Nous signalons pour mémoire les plus importantes, qui peuvent se trouver dans les bibliothèques :

    Ch. Nodier, *Du fantastique en littérature*, 1832.
    Leconte de Lisle, *Préfaces (Poèmes antiques*, 1852. *Poèmes et Poésies*, 1855).
    Sully-Prudhomme, *Réflexions sur l'art des vers*, 1892.

En revanche, nous avons une bonne réédition critique de :

    Th. Gautier, *Albertus et Mademoiselle de Maupin, Préfaces*, Droz-Minard, 1946.

Pour l'étude de cette période, on consultera principalement :

    M. Ibrovac, *J.-M. de Hérédia*, 2 vol., Presses françaises, 1923.
    J. Charpentier, *Théodore de Banville*, Perrin, 1925.
    M. Souriau, *Histoire du Parnasse*, Spes, 1929.
    P. Flottes, *Sully-Prudhomme et sa pensée*, Perrin, 1930.
    H. Peyre, *Louis Ménard*, P.U.F., 1932 (étude du principal représentant de « l'École Païenne »).
    P. Flottes, *Leconte de Lisle*, Hatier, 1954 *(Connaissance des Lettres)*.
    M.-J. Durry, *Gérard de Nerval et le mythe*, Flammarion, 1956.
    P. Martino, *Parnasse et symbolisme*, A. Colin, 11ᵉ éd., 1964.
    H.-B. Riffaterre, *L'Orphisme dans la poésie romantique. Thèmes et style surnaturalistes*, La Baconnière, 1970.
    L. Badesco, *La Génération poétique de 1860*, Nizet, 1971.

Sur les origines romantiques du poème en prose :

    B. d'Harcourt, *Maurice de Guérin et le poème en prose*, Belles-Lettres, 1932.

CHAPITRE II

L'ensemble de l'œuvre critique et esthétique de Baudelaire est rassemblée, avec étude critique, notes et bibliographie, dans :

    Ch. Baudelaire, *Curiosités esthétiques. Art romantique*, Classiques Garnier, 1963.

Bibliographie

De l'abondante bibliographie baudelairienne, nous retiendrons pour notre propos :

P. VALÉRY, *Situation de Baudelaire* dans *Variété II*, Gallimard, 1930.
J. POMMIER, *La Mystique de Baudelaire*, Belles-Lettres, 1932.
A. FERRAN, *L'Esthétique de Baudelaire*, Hachette, 1933.
J. RIVIÈRE, *Baudelaire* dans *Études*, Gallimard, 1936.
G. BLIN, *Baudelaire*, Gallimard, 1939.
G. BLIN, *Le Sadisme de Baudelaire*, Corti, 1948.
H. PEYRE, *Connaissance de Baudelaire*, Corti, 1951.
J. PRÉVOST, *Baudelaire, essai sur l'inspiration et la création poétique*, Mercure de France, 1953.
M.-A. RUFF, *L'Esprit du mal et l'esthétique baudelairienne*, A. Colin, 1955.
L.-J. AUSTIN, *L'Univers poétique de Baudelaire*, Mercure de France, 1956.
P.-M. WETHERILL, *Baudelaire et la poésie d'Edgar Poe*, Nizet, 1963.
P. EMMANUEL, *Baudelaire*, Desclée, 1967.
P. ARNOLD, *Esotérisme de Baudelaire*, Nizet, 1972.

CHAPITRES III-IV-V

Sur l'ensemble du mouvement poétique de 1870 à 1914, dans la mesure où il est marqué par le symbolisme, de Baudelaire à Claudel et Valéry, l'ouvrage fondamental et indispensable est :

Guy MICHAUD, *Message poétique du symbolisme*, Nizet, 1961.

(Trois parties : *L'Aventure poétique, La Révolution poétique, L'Univers poétique*, auxquelles est jointe une quatrième partie : *La Doctrine symboliste*, particulièrement précieuse parce qu'elle est constituée par une abondante anthologie de textes documentaires, généralement devenus à peu près inaccessibles.)

P.-O. WALZER, *La Révolution des Sept* [Lautréamont, Mallarmé, Rimbaud, etc.], La Baconnière, 1970.

CHAPITRE III

Lautréamont : G. BACHELARD, *Lautréamont*, Corti, 1956.
M. PHILIP, *Lectures de Lautréamont*, A. Colin, 1971.
Rimbaud : J. RIVIÈRE, *Rimbaud*, Kra, 1930.
J.-M. CARRÉ, *Vie de Rimbaud*, Plon, 1939.
ÉTIEMBLE et GAUCLÈRE, *Rimbaud*, Gallimard, 1950.
A. DHOTEL, *Rimbaud et la Révolte moderne*, Gallimard, 1952.
R. ÉTIEMBLE, *Le Mythe de Rimbaud*, 2 vol., Gallimard, 1954.
H. MONDOR, *Rimbaud ou le génie impatient*, Gallimard, 1955.
S. FUMET, *Rimbaud mystique contrarié*, Plon, 1966.
Mallarmé : A. THIBAUDET, *La Poésie de Stéphane Mallarmé*, Nelle éd. N.R.F., 1930.
H. MONDOR, *Vie de Mallarmé*, Gallimard, 1941.
J. GENGOUX, *Le Symbolisme de Mallarmé*, Nizet, 1950.
G. DELFEL, *L'Esthétique de Mallarmé*, Flammarion, 1951.
G. MICHAUD, *Mallarmé*, Hatier, 1952 (Connaissance des Lettres).
L. CELLIER, *Mallarmé et la morte qui parle*, P.U.F., 1959.
J.-P. RICHARD, *L'univers imaginaire de Mallarmé*, Seuil, 1961.

Sur l'évolution de la technique symboliste à partir de l'influence d'Edgar Poe :

J. CHIARI, *Symbolism from Poe to Mallarmé*, Londres, Rockliff, 1956.

Verlaine : A. ADAM, *Verlaine*, Hatier, 1953 (Connaissance des Lettres).
O. NADAL, *Paul Verlaine*, Mercure de France, 1961.
C. CUÉNOT, *Le style de Paul Verlaine*, Nizet, 1963.
J.-H. BORNECQUE, *Verlaine*, Éd. du Seuil, 1966.

Une bonne étude avec interprétation personnelle intéressante en anglais :

L. et E. HANSON, *Verlaine, Prince of Poets*, Londres, Chatto and Windus, 1958.

ANNEXES

CHAPITRE IV

Sur l'ensemble du mouvement symboliste, deux bonnes mises au point de l'essentiel :
    A.-M. SCHMIDT, *La littérature symboliste*, P.U.F., 1942 *(Que sais-je ?)*.
(comme son titre l'indique, cet ouvrage ne concerne pas seulement la poésie).
    P. MARTINO, *Parnasse et symbolisme* (cf. Bibliographie du Chap. I).

Deux numéros spéciaux de la *Revue des Sciences Humaines* traitent de divers problèmes soulevés par la poésie symboliste :
    Autour du symbolisme, janvier-mars et avril-juin 1955.

Sur l'histoire de la formation et du développement de l'École décadente :
    Noël RICHARD, *A l'aube du symbolisme*, Nizet, 1961.

Études particulières sur :
Corbière :   H. MARTINEAU, *Tristan Corbière*, Le Divan, 1925.
Laforgue :   Outre la remarquable introduction de M.-J. DURRY au volume de la collection *Poètes d'Aujourd'hui*, qui constitue une étude complète de Laforgue, l'homme et l'œuvre,
    L. GUICHARD, *J. Laforgue et ses poésies*, P.U.F., 1950.
    W. RAMSEY, *Laforgue and the ironic inheritance*, New York, Oxford Univ. Press., 1953.
Samain :   G. BONNEAU, *Albert Samain, Poète symboliste*, Mercure de France, 1925.
Régnier :   R. HONERT, *Henri de Régnier*, Nouvelle Revue Critique, 1923.
Maeterlinck :   J.-M. ANDRIEU, *Maurice Maeterlinck*, Éd. Universitaires, 1961.
Moréas :   R. GEORGIN, *Jean Moréas*, Nouvelle Revue Critique, 1930.
    R. NIKLAUS, *Jean Moréas, poète lyrique*, P.U.F., 1936.
Verhaeren :   L. CHRISTOPHE, *Verhaeren*, Éd. Universitaires, 1955.
L'Unanimisme : A. CUISENIER, *J. Romains et l'Unanimisme*, Flammarion, 1935.

CHAPITRE V

Sur la poésie féminine (ouvrage général sur le sujet) :
    J. MOULIN, *La Poésie féminine*, Seghers, 1960.

Une intéressante étude comparative en italien sur Francis Jammes confronté avec Sully-Prudhomme, dans le cadre d'une recherche sur l'évolution poétique du Parnasse à la Poésie moderne :
    L. SORRENTO, *Dal Parnasso al Simbolismo con particulare studio sulla poesia di Sully-Prudhomme e di Francis Jammes con brevi note di critica e di bibliografia.* Milan, La Goliardica, 1952.

Francis Jammes : M. PARENT, *Rythme et versification dans la poésie de F. Jammes*, Belles-Lettres, 1957.
Mme de Noailles : J. LARNAC, *La Comtesse de Noailles, sa vie, son œuvre*, Sagittaire, 1931.
Apollinaire :   Textes édités chez Gallimard (édition courante et Bibliothèque de la Pléiade), pour *Alcools :* édition Tristan Tzara, Club du Meilleur Livre, 1953.

Un recueil de textes inédits avec étude et commentaire :
    J. MOULIN, *G. Apollinaire, textes inédits*, Genève, Droz, 1952.

Un témoignage sur l'homme et le poète d'après l'œuvre :
    P. PIA, *Apollinaire par lui-même*, Éd. du Seuil, 1954.

Une étude d'ensemble :
    R. COUFFIGNAL, *Apollinaire*, Desclée, 1966.

Une étude d'*Alcools :*
    M.-J. DURRY, *Alcools*, Sté d'Éd. de l'Enseignement Supérieur, 1956.

Pour la biographie :
    M. ADEMA, *Guillaume Apollinaire*, Plon, 1952.

Cendrars :   J. ROUSSELOT, *Blaise Cendrars*, Éd. Universitaires, 1955.
    M. MANOLL, *Blaise Cendrars vous parle*, (recueil d'interviews radiophoniques), Denoël, 1952.

Bibliographie

Valéry :   Textes édités chez Gallimard (édition courante et Bibliothèque de la Pléiade). Édition critique : O. NADAL, *La Jeune Parque* (Club du Meilleur Livre, 1957).

Les différents aspects de l'œuvre et de son interprétation sont étudiés dans :
- J. POMMIER, *Paul Valéry et la création littéraire*, Encyclopédie Française, 1946.
- M. BÉMOL, *Paul Valéry*, Belles-Lettres, 1950.
- A. HENRY, *Langage et poésie chez Paul Valéry*, Mercure de France, 1952.
- M. DOISY, *Paul Valéry : Intelligence et Poésie*, Cercle du Livre, 1952.
- J. HYTIER, *La Poétique de Valéry*, A. Colin, 1953.
- L. JULIEN-CAIN, *Trois Essais sur Paul Valéry*, Gallimard, 1958.

Péguy :   Textes édités chez Gallimard, *Œuvres Poétiques complètes* dans la Bibliothèque de la Pléiade.

Tout d'abord le témoignage, à lire comme tel, de :
  Romain ROLLAND, *Péguy*, 2 vol., A. Michel, 1944.

Nous retiendrons d'autre part des « interprétations » de Péguy, toutes intéressantes :
- A. BÉGUIN, *La Prière de Péguy*, Seuil, 1942.
- R. SECRÉTAIN, *Péguy soldat de la Vérité*, Sagittaire, 1945.
- A. ROUSSEAUX, *Le Prophète Péguy*, 2 vol., Le Seuil, 1946.
- J. ROUSSEL, *Mesure de Péguy*, Corréa, 1946.
- A. BÉGUIN, *L'Ève de Péguy*, Seuil, 1948.
- P. SUIRE, *Le Tourment de Péguy*, Laffont, 1956.
- J. BONENFANT, *L'Imagination du mouvement dans l'œuvre de Péguy*, Montréal, 1969.
- S. FRAISSE, *Péguy et le monde antique*, A. Colin, 1973.

Enfin, l'ouvrage de base sur Péguy est :
  J. DELAPORTE, *Connaissance de Péguy*, 2 vol., Plon, 1944.

Deux excellents volumes d'initiation :
- J. ROUSSEL, *Péguy*, Éd. Universitaires, 1953.
- B. GUYON, *Péguy*, Hatier, 1957 (Connaissance des Lettres).

Une étude technique et esthétique :
  A. CHABANON, *La Poétique de Péguy*, Laffont, 1947.

Claudel :   Textes édités chez Gallimard et au Mercure de France. *Œuvre poétique* dans la Bibliothèque de la Pléiade.

Édition critique :
  P. ANGERS, *Commentaire à l'Art Poétique avec le texte de l'Art Poétique*, Mercure de France, 1949.

Deux anthologies intéressantes :
  Morceaux choisis composés par R. MALLET, Gallimard, 1956.
  Claudel, avec une remarquable étude de St. FUMET, Gallimard, 1958, (Coll. La Bibliothèque idéale).

L'ouvrage de base reste :
  J. MADAULE, *Le Génie de Paul Claudel*, Desclée, 1933.

Un excellent volume d'initiation :
  L. BARJON, *Paul Claudel*, Éd. Universitaires, 1953.

Cf. aussi :
- J. SAMSON, *Claudel, poète et musicien*, Milieu du monde, 1954.
- M. PLOURDE, *P. Claudel. Une musique du silence*, Montréal, 1970.

On trouvera enfin une étude de la technique et du langage dans :
- A. MAVROCORDATO, *L'Ode de Paul Claudel*, Genève, Droz, 1955.
- H. GUILLEMIN, *Claudel et son art d'écrire*, Gallimard, 1955.

La Revue *La Table Ronde* a consacré un numéro spécial à Claudel au lendemain de sa mort en avril 1955.

ANNEXES

Valéry et Claudel : P.-H. SIMON, *Témoins de l'homme*, A. Colin, 1953.

CHAPITRE VI

Sur le surréalisme en général, six ouvrages fondamentaux :
  André BRETON, *Les Manifestes du surréalisme*, Rééd. Sagittaire, 1955.
  M. NADEAU, *Histoire du surréalisme*, Le Seuil, 1945.
  J.-L. BÉDOUIN, *La Poésie surréaliste* (Introduction et Anthologie), Seghers, 1964.
  P. WALDBERG, *Chemins du surréalisme*, Bruxelles, 1966.
  C. ABASTADO, *Introduction au surréalisme*, Bordas, 1971.
  R. BRÉCHON, *Le Surréalisme*, A. Colin, 1971.

Sur la « poésie moderne » : J.-P. RICHARD, *Onze études sur la poésie moderne*, Seuil, 1964.

Sur les principaux poètes on consultera les volumes déjà signalés de la Collection *Poètes d'aujourd'hui* :

En outre :
  M. CARROUGES, *Éluard et Claudel*, Le Seuil, 1945 (Coll. Pierres Vives).
  J. ROUSSELOT, *Max Jacob*, Laffont, 1946.
  J. GRACQ, *André Breton*, Corti, 1948.
  Cl. MAURIAC, *André Breton*, Éd. de Flore, 1949.
  F. GARNIER, *Max Jacob*, 1, 1876-1921, Éd. de Paris, 1953.
  T.W. GREENE, *Supervielle*, Droz-Minard, 1958.
  Catalogue de l'Exposition *Jean Cocteau*, musée Jacquemart-André, 1965.
  J. BROSSE, *Cocteau*, Gallimard, 1970.
  R. VIVIER, *Lire Supervielle*, Corti, 1972.

CHAPITRE VII

Pour ce chapitre, comme pour le précédent, la bibliographie du sujet est principalement constituée par les volumes de la Collection *Poètes d'aujourd'hui*.

En outre :

Un témoignage de poète sur la Poésie dans ses rapports avec la Connaissance :
  Pierre EMMANUEL, *Qui est cet homme ?*, L.U.F., 1947.
  Pierre EMMANUEL, *Poésie raison ardente*, L.U.F., 1948.
  Pierre EMMANUEL, *Le Goût de l'Un*, Le Seuil, 1963.

Signalons enfin quelques études :
  A. GIDE, *Découvrons Henri Michaux*, Gallimard, 1941.
  G. MOUNIN, *Avez-vous lu Char ?*, Gallimard, 1946.
  G.-I. ZIDONIS, *O.-V. de Lubicz Milosz*, Perrin, 1951.
  A. LEBOIS, *L'Œuvre de Milosz*, Denoël, 1960.
  A. RICHTER, *Milosz*, Éd. Universitaires, 1965.
  J. BUGE, *Connaissez-vous Milosz ?*, A. Silvaire, 1965.
  R. BRÉCHON, *Henri Michaux* (Étude avec anthologie), Gallimard, 1959 (Coll. La Bibliothèque idéale).
  J.-P. SARTRE, *L'Homme et les Choses* (à propos de F. Ponge), dans *Situations I*, Gallimard, 1947.
  M. SAILLET, *Saint-John Perse, poète de la gloire*, Mercure de France, 1952.
  R. CAILLOIS, *Poétique de Saint-John Perse*, Gallimard, 1954.
  R. ESCHOLIER, *La Neige qui brûle : Marie Noël*, Fayard, 1957.
  M. MANOLL, *Marie Noël*, Éd. Universitaires, 1962.
  J. DECREUX, *Poésie et Transcendance (Jean-Claude Renard)*, Points et Contrepoints, 1957.
  Lamine DIAKHATE, *Essai sur la Poésie de L.-S. Senghor*, numéro spécial de *Paris-Dakar*, Dakar, avril 1961.
  Wallace FOWLIE, *An Essay on French Poetry Today*, numéro spécial de *Poetry*, Chicago août 1964, avec des poèmes inédits de P.-J. Jouve, René Char, Jean Grosjean, Jean-Claude Renard (textes français accompagnés d'une remarquable traduction anglaise).

3. Index des auteurs

Les références en caractère gras renvoient aux passages de la première partie plus spécialement consacrés aux auteurs indiqués, et aux extraits de leurs œuvres. Cet index comprend aussi les noms cités dans la chronologie, mais non ceux de la bibliographie.

A

ALAIN, 12
ALIBERT, 49
AMIEL, 43.
ANNUNZIO (D'), 54
APOLLINAIRE, 8, 12, 14, 24, 26, 37, 45, 46, 49, 52, **53-54**, 61, 63, 66, 70, 71, 76, 119, 122, **123-124**, 240, **268-276**, 346, 347
ARAGON, 63, **65**, 67, **68**, 348, 351
ARP, 348
ARTAUD, 64.
ASSELINEAU (Ch.), 189
ASSELINEAU (R.), 119
AUBIGNÉ (D'), 7, 68, 72, 323

B

BACHELARD, 350, 351
BANVILLE, **17-18**, 51, **170-171**, 338, 339
BARBEY D'AUREVILLY, 41
BATTISTINI, 143
BAUDELAIRE, 7, 8, 9, 10, 14, 15, 16, 17, 18, 19, 20, 21, **22-30**, 31, 33, 35, 36, 37, 41, 42, 49, 50, 53, 57, 58, 63, 65, 71, 76, 79, 83, **89-99**, 119, 120, 138, 156, 168, 170, 174, **181-196**, 199, 201, 208, 244, 338, 339, 340
BAZAINE, 351
BEAUCLAIR, **109-110**
BÉDOUIN, 64
BERG, 348
BERGER, 140
BERGNAN, 354
BERGSON, 57, 58, 343, 350
BERTRAND, 15, 194
BIEMEL, 145
BILLY, 54
BLAKE, 12, 345, 348, 349
BODART, 48
BOILEAU, 112
BOULANGER, 85
BOUSQUET, **71**, **155**, **317-319**, 350, 352
BOUTROUX. 341
BRAQUE, 346
BREMOND, 68, 73, 127
BRESSON, 351
BRETON, 61, 62, **63-64**, **136-138**, 284, **287-288**, 347, 348, 349
BRITTEN, 352
BRUNETIÈRE, 43, 44, 343
BUNUEL, 349

C

CAMP (DU), 189
CAMUS, 351, 353
CATULLE-MENDÈS, 18, 19, 20.
CAZALIS, 39, 209
CENDRARS, 45, 49, **53-54**, 119, **277-282**, 346
CÉSAIRE, 75
CÉZANNE, 342

ANNEXES

CHAPLIN, 70
CHAR, 13, **69**, 71, **142-143**, **305-308**, 350, 352, 354
CHARDIN, 314, 315
CHENAVARD, 23
CHRISTOPHE, 23
CLAIR, 348
CLAUDEL, 7, 8, 10, 11, 12, 14, 20, 21, 24, 25, 28, 34, 36, 40, 43, 52, 56, **58-60**, 61, 71, 72, 73, **129-134**, **264-267**, 344, 345, 346, 350
CLÉDAT, 127
COCTEAU, 24, 26, 52, 63, **65-66**, 76, **146**, **298-300**, 347, 348, 349, 351, 352, 353
COMINES, 112
COMTE, 338
COPPÉE, 19, 20
CORBIÈRE, 9, 10, 41, **45-46**, 48, 52, **217-219**, 220, 341
CORNEILLE, 7, 20, 58, 259
COROT, 24
COURBET, 24, 31, **81**, 339
COUSIN, **80**, 339
CROS, 341

D

DALI, 348, 349, 350
DANTE, 83
DANTON, 139
DAUMIER, 18
DAVID, 25
DEBUSSY, 344, 345
DECAMPS, 85
DEGAS, 340
DELACROIX, 17, 22, 23, 28, 29, **81-82**, 96, 98, 340, 354
DELARUE-MARDRUS, 52
DELAUNAY, 53, 54, 269
DELLUC, 347
DEMENY, 28, 33
DEMY, 354
DENIS, 343
DESNOS, 63, **65**, 67, **139-140**, **289-291**
DIAGHILEV, 348
DIERX, 19, 20
DREYER, 351
DUCHAMP, 346
DUMAS, 83
DUVAL, 182

E

ELIOT, 55, 347, 349, 351
ELSKAMP, 42, 43, **48**, **235**
ELUARD, 8, 37, **65**, 66, 67, **68**, **140-141**, 232, 290, **292-294**, **326**, 348, 349, 350, 351

EMMANUEL, 13, 20, 21, 24, **72-73**, **157-159** 326, **327-329**, 351, 352, 353, 354
EPSTEIN, 349, 352
ERNST, 350
ESTÈVE, 351
ETIEMBLE, 34

F

FAURÉ, 343, 346
FELLINI, 353
FORT, **52**, **247-248**, 344
FOURIER, 17, 18
FRANCK, 342
FREUD, 9, 63, 346
FROMENTIN, 341
FUMET, 21

G

GAUGUIN, 205, 343
GAUTIER, **17**, 18, 19, 20, 22, 23, 29, 83, **85-86**, 87, 94, **167-169**, 173, 189, 338, 339
GHIL, 44, 106, **113**, 342
GIDE, 52, 55, 348
GOERG, 347
GOETHE, 275
GOUNOD, 41
GOURMONT (DE), 34, 344
GOYA, 23, 182, 186
GROMAIRE, 347
GUÉRIN (DE), 194
GUISCHIA, 351
GUYS, 22, 24

H

HARTMANN, 342
HEGEL, 84
HEIDEGGER, 348
HEINE, 25
HERACLITE, 142, 143
HEREDIA, **18**, 19, 20, 49, 174, 343
HOMÈRE, 7, 263
HONEGGER, 350
HOPKINS, 347
HORACE, 11, 153
HOUSSAYE, 26
HUGO, 7, 8, 11, 12, 16, 19, **20-21**, 22, 41, 52, 57, 58, 68, 73, 90, **176-180**, 184, 186, 252, 259, 339
HURET, 43, 107, 343
HUYSMANS, 42, 342

Index des auteurs

I - J

INGRES, 17, 85
IZAMBARD, 101
JACOB, 52, 63, **65**, 66, **147-148**, **295-297**, 346 347, 351
JALOUX, 35
JAMMES, **52**, **250-251**, 344
JARRY, 10, 344
JOUVE, 13, 24, 28, **72**, **156**, **323-325**, 326, 350, 351, 353
JOYCE, 346, 347

K

KAHN, **46-47**, 225, **227-228**
KAFKA, 348, 349
KIERKEGAARD, 339

L

LACROIX, 32
LA FONTAINE, 118
LAFORGUE, 9, 10, 32, 37, **46**, 48, 52, 109, 170, **220-224**, 342
LAMARTINE, 16, 35, **165-166**, 252
LANG, 348
LA PATELLIÈRE, 347
LAUTRÉAMONT, 9, 25, 26, **32-35**, 36, 39, 43, 45, 63, 70, **100-103**, 140, **197-200**, 340
LECONTE DE LISLE, 17, 18, **19-20**, 79, **172-173**, 339, 340
LÉGER, 348
LEPELLETIER, 36
LORCA, 349
LUCRÈCE, 49

M

MAETERLINCK, 42, 44, **48**, 54, **113-114**, **237-239**, 343, 344
MALHERBE, 29
MALLARMÉ, 8, 10, 11, 17, 18, 19, 20, 28, 29, 35, 36, **37-40**, 41, 42, 43, 44, 48, 52, 54, 55, 56, 60, 65, 82, **106-108**, 125, 170, **207-212**, 325, 341, 342, 343, 344
MALRAUX, 353
MANESSIER, 351
MANET, 188, 340
MAN RAY, 346
MARCEL, 349, 353
MARINETTI, 121, **122-123**, 345
MASSENET, 41

MASSON, 348
MAURRAS, 49, 118
MEISSONIER, 23
MÉLIÈS, 345
MELVILLE, 338
MÉNARD, 18, 338, 341
MERYON, 23, 186, 339
MESSIAEN, 352, 353
MICHAUX, 9, 10, **70**, **153-154**, **311-313**, 348, 349, 350, 351, 352, 353, 354
MICHEL-ANGE, 72, 92
MILHAUD, 348
MILOSZ, **69-70**, **309-310**, 344, 347, 352
MISTRAL, 49
MOCKEL, **114**
MONET, 340, 344
MORÉAS, 42, 43, 44, **49**, 53, **111-112**, 118, **242-243**, 342, 343, 344
MOUNIER, 327
MURNAU, 347
MUSSET, 29

N

NERVAL, 7, 8, 9, 10, 15, 16, 17, 32, 34, 64, **83-84**, 165, **166**, 194, 339
NIETZSCHE, 275, 340, 342
NOAILLES (DE), **52**, **252**, 345
NODIER, **79-80**, 83
NOËL, 52, 350, 352

O

OVIDE, 173

P

PABST, 349
PÉGUY, 12, 14, 20, 21, 28, 52, **57-58**, 61, 73, 74, **257-263**, 344, 346
PÉTRARQUE, 7, 8
PICABIA, 139, **285**, 346, 348
PICASSO, 345, 346, 348
PIGNON, 351
PINDARE, 11, 72
PIRANESE, 170
PLATON, 12
PLESSYS (DU), 118
POE, 23, 24, 26, 27, 34, 42, 53, 79, 83, 94, 96, 98, 108, 119, 338, 339
PONGE, **70-71**, 76, **314-316**
PONTMARTIN, 42
PUVIS DE CHAVANNES, 344

ANNEXES

Q - R

QUENEAU, **65**, **285-286**

RABELAIS, 112, 311
RACINE, 7, 118, 126
RAPHAËL, 92
RAVEL, 344
RAYNAUD, 49, 118
REDON, 342, 343, 344
RÉGNIER (DE), 44, **47**, 49, **114**, **229-230**
RENAN, 338
RENARD, (J.-C.), 13, 21, **74**, **160-161**, **333-334**, 353, 354
RENARD (Jules), 234
RENOIR, 341
RESNAIS, 354
RETHEL, 23
REVERDY, 13, 65, **66**, **148-149**, 287, **301-302**, 346, 348, 349, 350, 351
RICARD (DE), 18
RILKE, 345, 347
RIMBAUD, 8, 9, 10, 11, 20, 23, 25, 26, 28, **32-35**, 36, 37, 38, 39, 41, 43, 45, 48, 58, 63, 70, **100-103**, 104, **201-206**, 341, 343
RODENBACH, 42
ROLLINAT, 41, 43, 342
ROMAINS, 45, **49**, 119, **121**, **245-246**, 345
RONSARD, 7, 8, 11, 58, 68, 118
ROSSELLINI, 352, 353
ROSSETTI, 337
ROUAULT, 345, 349, 350, 352
ROUSSEAU (Th.), 24
RUSKIN, 338
RUTEBŒUF, 112

S

SAINTE-BEUVE, 15
SAINT-JOHN PERSE, 7, 10, 13, 28, **71-72**, **150-152**, **320-322**, 348, 351, 352
SAINT-POL ROUX, 45, 46, **47-48**, **116-117**, **232-234**
SAMAIN, **47**, 48, 52, **231**
SAQUI, 170
SARTRE, 70, 316, 350, 351
SATIE, 346, 348, 349
SAUGUET, 348
SAUVAGE, 52
SCHOENBERG, 346, 352
SCHOPENHAUER, 339
SENGHOR, **75**, **335-336**, 352, 354
SHAKESPEARE, 86
SICA (DE), 352
SJÖBERG, 351, 353
SJÖSTRÖM, 347
SOUPAULT, 63, **65**, **284**, 347, 348, 349
SPENCER, 341
STRAWINSKI, 346
STUART-MERRILL, 44, **46-47**, **115**

SULLY-PRUDHOMME, 17, 18, **19**, 20, **174-175**, 340, 341, 342
SUPERVIELLE, 7, 32, 52, 65, **66**, **303-304**, 347, 350, 351, 352
SWEDENBORG, 17, 84, 138

T - U

TAILHÈDE (DE LA), 49, 118
TAINE, 340
TASSE, 83, 323
TATI, 353
THEILHARD DE CHARDIN, 353
THIBAUDET, 212
TÖPPFER, 86
TOULET, **51-52**, **249**
TOUR DU PIN (DE LA), 13, **74**, **330-332**, 350, 352, 354
TURNER, 339
TZARA, **62**, 65, **135-136**, **283-284**, 346, 347

V - W

VACHÉ, 63
VALÉRY, 11, 12, 13, 24, 28, 29, 31, 43, 44, 49, **54-57**, 58, 60, 61, 63, 68, **125-128**, **253-256**, 344, 347
VAN GOGH, 49
VANIER, 41, 42, 43
VAN LERBERGHE, 42, **48**, **236**
VAUGELAS, 112
VERHAEREN, 42, 45, **48-49**, 53, 119, **120**, 121, **240-241**, 242, 344
VERLAINE, 9, 18, 19, 20, 33, 34, **35-37**, 38, 40, 41, 42, 43, 45, 47, 60, **87-88**, **104-105**, **213-216**, 217, 340, 341, 342, 343
VICAIRE, **109-110**
VIÉLÉ-GRIFFIN, **46-47**, **225-226**
VIGNY, 20
VILDRAC, **49**, **244-245**
VILLIERS DE L'ISLE-ADAM, 60
VILLON, 37, 112
VIRGILE, 49, 133, 166
VIVIEN, 52
VOGÜE (DE), 342
VOLTAIRE, 86

WAGNER, 22, 33, 338, 339, 340, 341
WEBERN, 351
WHITMAN, 49, **119**, 340
WIENE, 347
WILDE, 343
WINCKELMANN, 25

X - Y - Z

ZOLA, 19, 20, 120

TABLE DES MATIÈRES

Ire PARTIE : HISTOIRE DE LA POÉSIE FRANÇAISE DEPUIS BAUDELAIRE

Pages

INTRODUCTION.. 7
CHAPITRE   I : Bilan et succession du romantisme 15
CHAPITRE   II : La quête de Charles Baudelaire 1821-1867 22
CHAPITRE III : Les grandes découvertes 31
CHAPITRE   IV : Le symbolisme et sa suite 41
CHAPITRE   V : xxe siècle : Les expériences et les maîtres............ 51
CHAPITRE   VI : xxe siècle : La poésie perdue et retrouvée............ 61
CHAPITRE VII : Lignes de force contemporaines 67
ÉPILOGUES :   I. Poésie africaine 75
             II. La chanson est-elle de la poésie ? 76

IIe PARTIE : ANTHOLOGIE THÉORIQUE

CHAPITRE I : BILAN ET SUCCESSION DU ROMANTISME

Texte 1 : Charles NODIER, *Vers une poétique de l'insolite* 79
Texte 2 : Victor COUSIN, *Vers une poétique de l'Art pour l'Art* 80
Texte 3 : *Propos de peintres : le réel ou l'imaginaire ?* 81
Texte 4 : Gérard DE NERVAL, *La poétique du rêve*........................... 83
Texte 5 : Théophile GAUTIER, *La poétique de l'Art pour l'Art* 85
Texte 6 : Théophile GAUTIER, *Définition de l'Art pour l'Art* 86
Texte 7 : Paul VERLAINE, *A la limite* 87

CHAPITRE II : LA QUÊTE DE CHARLES BAUDELAIRE

Texte 8 : Charles BAUDELAIRE, *Qu'est-ce que le romantisme ?* 89
Texte 9 : Charles BAUDELAIRE, *L'ange du bizarre* 90
Texte 10 : Charles BAUDELAIRE, *La poésie contre le positivisme* 91

TABLE DES MATIÈRES

Pages

Texte 11 : Charles Baudelaire, *La poésie contre la nature* 92
Texte 12 : Charles Baudelaire, *La poésie contre l'utilité* 94
Texte 13 : Charles Baudelaire, *La poésie contre la plastique* 95
Textes 14 : Charles Baudelaire, *Spiritualité et surnaturalisme* 96
Textes 15 : Charles Baudelaire, *Réhabilitation de la forme* 98

CHAPITRE III : LES GRANDES DÉCOUVERTES

Texte 16 : Lautréamont, *La révolte* 100
Texte 17 : Arthur Rimbaud, *De la révolte à la voyance* 101
Textes 18 : Lautréamont et Rimbaud, *Découverte de l'inconnu* 101
Texte 19 : Paul Verlaine, *Beauté musicale et alchimie de la nuance* 104
Textes 20 : Stéphane Mallarmé, *Poétique du verbe* 106

CHAPITRE IV : LE SYMBOLISME ET SA SUITE

Textes 21 : Gabriel Vicaire et Henri Beauclair, *Caricature du poète décadent*.. 109
Texte 22 : Jean Moréas, *Manifeste du Symbolisme* 111
Textes 23 : René Ghil, Maurice Maeterlinck, Albert Mockel, Henri de
    Régnier, *Qu'est-ce que le symbole ?* 113
Texte 24 : Stuart Merrill, *Suggestion de l'infini* 115
Texte 25 : Saint Pol Roux, *Par le symbolisme, au-delà du symbolisme* 116
Texte 26 : Jean Moréas, *Rupture avec le symbolisme : l'École romane* 118
Texte 27 : Walt Withman, *Découverte poétique du monde moderne* 119
Texte 28 : Émile Verhaeren, *Symbolisme et réalité* 120
Texte 29 : Jules Romains, *Poésie et Unanimisme* 121

CHAPITRE V : LES EXPÉRIENCES ET LES MAÎTRES

Textes 30 : Guillaume Apollinaire, *L'Esprit nouveau* 122
Texte 31 : Guillaume Apollinaire, *La jolie rousse* 123
Texte 32 : Paul Valéry, *Le poète et le langage* 125
Texte 33 : Paul Valéry, *La poésie absolue* 127
Texte 34 : Paul Claudel, *Réflexions et propositions sur le vers français* 129
Texte 35 : Paul Claudel, *La forme vibratoire* 131
Texte 36 : Paul Claudel, *L'inspiration* 132
Texte 37 : Paul Claudel, *Le poète et la muse* 132
Texte 38 : Paul Claudel, *Poésie, foi et vérité* 134

CHAPITRE VI : LA POÉSIE PERDUE ET RETROUVÉE

Textes 39 : Tristan Tzara, *Dadaïsme et surréalisme. Démolition du langage et
    angoisse de l'expression* 135
Texte 40 : André Breton, *Définition du surréalisme* 136
Texte 41 : André Breton, *L'analogie poétique* 138
Texte 42 : Robert Desnos, *Poésie automatique* 139
Texte 43 : Paul Éluard : *Liberté absolue de la parole* 140
Texte 44 : René Char, *Poésie de la pensée. A propos d'Héraclite d'Éphèse* ... 142

Table des matières

Pages

Texte 45 : Rainer-Maria RILKE, *Poésie et solitude* 144
Texte 46 : Jean COCTEAU, *Décalquer l'invisible* 146
Textes 47 : Max JACOB et Pierre REVERDY, *Maximes diverses sur la poésie, ses tenants et ses aboutissants* 147

CHAPITRE VII : LIGNES DE FORCE CONTEMPORAINES

Texte 48 : SAINT-JOHN PERSE, *Nous qui mourrons peut-être un jour, disons l'homme immortel au foyer de l'instant* 150
Texte 49 : Henri MICHAUX, *Contre-création*................................ 153
Texte 50 : Joë BOUSQUET, *L'esprit de la parole* 155
Texte 51 : Pierre-Jean JOUVE, *Tel qu'en lui-même enfin...* 156
Texte 52 : Pierre EMMANUEL, *Poésie, raison ardente* 157
Texte 53 : Pierre EMMANUEL, *Poésie et discours* 158
Texte 54 : Jean-Claude RENARD, *Poésie et réalité*........................ 160

IIIᵉ PARTIE : ANTHOLOGIE POETIQUE

CHAPITRE I : BILAN ET SUCCESSION DU ROMANTISME

Textes I   : LAMARTINE, *Tristesse* ; Gérard DE NERVAL, *Myrtho* 165
Texte II   : Théophile GAUTIER, *Symphonie en blanc majeur* 167
Texte III   : Théophile GAUTIER, *L'impassible* 168
Texte IV   : Théodore DE BANVILLE, *Le saut du tremplin* 170
Texte V   : Théodore DE BANVILLE, *Le thé*....................... 171
Texte VI   : Leconte DE LISLE, *Niobé* 172
Texte VII   : Sully PRUDHOMME, *Le cygne* 174
Texte VIII   : Victor HUGO, *Là-haut* 176
Texte IX   : Victor HUGO, *Satan pardonné* 178

CHAPITRE II : LA QUÊTE DE CHARLES BAUDELAIRE

Texte X   : Charles BAUDELAIRE, *Correspondances* 181
Texte XI   : Charles BAUDELAIRE, *L'ennemi* 182
Texte XII   : Charles BAUDELAIRE. *Duellum*....................... 182
Texte XIII   : Charles BAUDELAIRE, *Spleen* 183
Texte XIV   : Charles BAUDELAIRE, *Le cygne* 184
Texte XV   : Charles BAUDELAIRE, *Les petites vieilles* 186
Texte XVI   : Charles BAUDELAIRE, *Le voyage*..................... 189
Texte XVII   : Charles BAUDELAIRE, *Les veuves*..................... 194
Texte XVIII   : Charles BAUDELAIRE, *Les fenêtres*................... 196

CHAPITRE III : LES GRANDES DÉCOUVERTES

Texte XIX   : LAUTRÉAMONT, *Vieil océan*........................... 197
Texte XX   : LAUTRÉAMONT, *Rue Vivienne* 199
Texte XXI   : Arthur RIMBAUD, *Voyelles* 201

TABLE DES MATIÈRES

Pages

Texte XXII	: Arthur Rimbaud, *Le bateau ivre*	201
Texte XXIII	: Arthur Rimbaud, *Mystique*	204
Texte XXIV	: Arthur Rimbaud, *Vies*	205
Texte XXV	: Arthur Rimbaud, *Aube*	206
Texte XXVI	: Stéphane Mallarmé, *Tristesse d'été*	207
Texte XXVII	: Stéphane Mallarmé, *L'azur*	207
Texte XXVIII	: Stéphane Mallarmé, *Le faune*	208
Texte XXIX	: Stéphane Mallarmé, *Eventail de Mademoiselle Mallarmé*.	211
Texte XXX	: Stéphane Mallarmé, *Sonnet*	212
Texte XXXI	: Paul Verlaine, *En sourdine*	213
Texte XXXII	: Paul Verlaine, *La bonne chanson VI et XVI*	213
Texte XXXIII	: Paul Verlaine, *Romances sans paroles*	214
Texte XXXIV	: Paul Verlaine, *Sagesse*	214
Texte XXXV	: Paul Verlaine, *Sagesse*	215
Texte XXXVI	: Paul Verlaine, *Pantoum négligé*	215

CHAPITRE IV : LE SYMBOLISME ET SA SUITE

Texte XXXVII	: Tristan Corbière, *Litanie du sommeil*	217
Texte XXXVIII	: Jules Laforgue, *Complainte, variation sur le mot « falot, falote »*	220
Texte XXXIX	: Jules Laforgue, *Complainte de la lune en province*	221
Texte XL	: Jules Laforgue, *Solo de lune*	221
Texte XLI	: Francis Viélé-Griffin, *N'est-il pas une chose au monde*.	225
Texte XLII	: Francis Viélé-Griffin, *Un oiseau chantait*	225
Texte XLIII	: Gustave Kahn, *L'eau*	227
Texte XLIV	: Henri de Régnier, *Scènes au crépuscule*	229
Texte XLV	: Albert Samain, *Je rêve de vers doux*	231
Texte XLVI	: Saint-Pol Roux, *Seul et la flamme*	232
Texte XLVII	: Saint-Pol Roux, *La carafe d'eau pure*	234
Texte XLVIII	: Max Elskamp, *Tour d'ivoire*	235
Texte XLIX	: Ch. van Lerberghe, *De mon mystérieux voyage*	235
Texte L	: Maurice Maeterlinck, *Serre chaude*	237
Texte LI	: Maurice Maeterlinck, *Oraison*	238
Texte LII	: Maurice Maeterlinck, *Chansons*	238
Texte LIII	: Émile Verhaeren, *Les usines*	240
Texte LIV	: Émile Verhaeren, *La vie ardente*	240
Texte LV	: Jean Moréas, *Musique lointaine*	242
Texte LVI	: Jean Moréas, *Stances*	243
Texte LVII	: Charles Vildrac, *Clan*	244
Texte LVIII	: Jules Romains, *Propagations*	245
Texte LIX	: Jules Romains, *Tandis que des quartiers*	246

CHAPITRE V : XXᵉ SIÈCLE : LES EXPÉRIENCES ET LES MAÎTRES

Texte LX	: Paul Fort, *La grenouille bleue*	247
Texte LXI	: Paul-Jean Toulet, *Contrerimes*	249

Table des matières

Pages

Texte LXII	: Francis JAMMES, *La salle à manger*	250
Texte LXIII	: Francis JAMMES, *Clara d'Ellebeuse*................	251
Texte LXIV	: Anna DE NOAILLES, *Le verger*....................	252
Texte LXV	: Paul VALÉRY, *La jeune Parque*	253
Texte LXVI	: Paul VALÉRY, *Poésie*...........................	254
Texte LXVII	: Paul VALÉRY, *Fragments du Narcisse*..............	255
Textes LXVIII	: Paul VALÉRY, *Les grenades. Intérieur*	256
Texte LXIX	: Charles PÉGUY, *La nuit*	257
Texte LXX	: Charles PÉGUY, *Ève*............................	259
Texte LXXI	: Charles PÉGUY, *L'aveugle*	263
Texte LXXII	: Paul CLAUDEL, *Les muses*	264
Texte LXXIII	: Paul CLAUDEL, *L'esprit et l'eau*	265
Texte LXXIV	: Paul CLAUDEL, *Magnificat*	266
Texte LXXV	: Guillaume APOLLINAIRE, *L'avion*	268
Texte LXXVI	: Guillaume APOLLINAIRE, *Zone*...................	269
Texte LXXVII	: Guillaume APOLLINAIRE, *La chanson du Mal-Aimé*	273
Texte LXXVIII	: Guillaume APOLLINAIRE, *Il y a*...	275
Texte LXXIX	: Guillaume APOLLINAIRE, *Bestiaire*	276
Texte LXXX	: Blaise CENDRARS, *La prose du Transsibérien*	277
Texte LXXXI	: Blaise CENDRARS, *Orion*	281
Texte LXXXII	: Blaise CENDRARS, *Écrire*........................	281
Texte LXXXIII	: Blaise CENDRARS, *Iles*..........................	282

CHAPITRE VI : XXᵉ SIÈCLE : LA POÉSIE PERDUE ET RETROUVÉE

Texte LXXXIV	: Tristan TZARA, *La grande complainte de mon obscurité trois*	283
Texte LXXXV	: André BRETON et Philippe SOUPAULT, *Les champs magnétiques*	284
Texte LXXXVI	: Francis PICABIA, *Bonheur nouveau*..................	285
Texte LXXXVII	: Raymond QUENEAU, *Texte surréaliste*	285
Texte LXXXVIII	: André BRETON, *Tournesol*	287
Texte LXXXIX	: Robert DESNOS, *Le fard des Argonautes*	289
Texte XC	: Robert DESNOS, *A la mystérieuse*	290
Texte XCI	: Paul ÉLUARD, *Dormeur*..........................	292
Texte XCII	: Paul ÉLUARD, *L'amoureuse*	292
Texte XCIII	: Paul ÉLUARD, *Armure de proie*	293
Texte XCIV	: Max JACOB, *Petit poème*........................	295
Texte XCV	: Max JACOB, *La rue Ravignan*....................	295
Texte XCVI	: Max JACOB, *Les trente-six ports*	296
Texte XCVII	: Max JACOB, *Bienfaits de Dieu*	297
Texte XCVIII	: Jean COCTEAU, *Les alliances*	298
Texte XCIX	: Jean COCTEAU, *Cherchez Apollon*	298
Texte C	: Pierre REVERDY, *Encore l'amour*	301
Texte CI	: Pierre REVERDY, *Le cœur écartelé*	302
Texte CII	: Pierre REVERDY, *Outre-mesure*	302
Texte CIII	: Jules SUPERVIELLE, *Un poète*	303

TABLE DES MATIÈRES

Pages

Texte CIV : Jules SUPERVIELLE, *La goutte de pluie* 303
Texte CV : Jules SUPERVIELLE, *Oublieuse mémoire* 304

CHAPITRE VII : LIGNES DE FORCE CONTEMPORAINES

Texte CVI : René CHAR, *Commune présence* 305
Texte CVII : René CHAR, *Je me voulais événement* 306
Texte CVIII : René CHAR, *Redonnez-leur*... 306
Texte CIX : René CHAR, *A la santé du serpent* 307
Texte CX : René CHAR, *Pourquoi la journée vole* 307
Texte CXI : René CHAR, *Devancier* 308
Texte CXII : Oscar Vladislas DE LUBICZ MILOSZ, *Cantique de la connaissance* 309
Texte CXIII : Henri MICHAUX, *Le grand combat* 311
Texte CXIV : Henri MICHAUX, *Emportez-moi* 312
Texte CXV : Henri MICHAUX, *Dans la nuit* 312
Texte CXVI : Henri MICHAUX, *La paix des sabres* 313
Texte CXVII : Francis PONGE, *De la nature morte et de Chardin* ... 314
Texte CXVIII : Joë BOUSQUET, *Le sème-chemins* 317
Texte CXIX : Joë BOUSQUET, *La neige d'un autre âge* 318
Texte CXX : SAINT-JOHN PERSE, *Chanson* 319
Texte CXXI : SAINT-JOHN PERSE, *Exil* 320
Texte CXXII : SAINT-JOHN PERSE, *Neiges* 320
Texte CXXIII : SAINT-JOHN PERSE, *Vents* 321
Texte CXXIV : Pierre-Jean JOUVE, *Tancrède et Clorinde (Souvenir du Tasse)* 322
Texte CXXV : Pierre-Jean JOUVE, *Résurrection des morts* 323
Texte CXXVI : Pierre-Jean JOUVE, *Hymne* 324
Texte CXXVII : Paul ÉLUARD, *La dernière nuit* 325
Texte CXXVIII : Pierre EMMANUEL, *Prière pour nos ennemis* 326
Texte CXXIX : Pierre EMMANUEL, *Babel* 327
Texte CXXX : Pierre EMMANUEL, *Golgotha* 328
Texte CXXXI : Patrice DE LA TOUR DU PIN, *L'ensoleillé* 329
Texte CXXXII : Patrice DE LA TOUR DU PIN, *Légende* 330
Texte CXXXIII : Jean-Claude RENARD, *Incantation des enfances* 331

ÉPILOGUE

Texte CXXXIV : Léopold Sedar SENGHOR, *Ndessé* 333
Texte CXXXV : Léopold Sedar SENGHOR, *Tu as gardé longtemps* 334

ANNEXES

CHRONOLOGIE 335
BIBLIOGRAPHIE 353
INDEX 359

I.M.E. - 25-Baume-les-Dames - Dépôt légal février 1993 - N° éditeur 10383 - Printed in France